国家社科基金项目优秀成果（11BZJ003）

# 佛道与宋代儒学内部结构调整研究

高建立　王　蕾　著

河南人民出版社

# 目录

# 引　言

儒学在中国思想史上影响最为显著的三个阶段，可以概括为先秦儒学的产生、两汉儒学成为官方意识形态和宋代儒学的新形态——理学的形成。在儒学的发展过程中，经过经学化的剥蚀、魏晋玄学的冲击、南北朝佛道的影响，使得儒学呈现不同程度的衰微现象。特别是晚唐的藩镇割据和五代的战乱，极大地扰乱了封建伦理纲常，儒学发展受到严重削弱。尽管这一时期一些儒家士人知识分子如韩愈、柳宗元、刘禹锡等，在复兴儒学上作出了积极努力，但终究于事无补。

赵宋王朝建立后，虽然在政治军事上基本上统一了全国，结束了长达半个世纪的社会动荡，但由于唐末五代长期的战乱，造成了社会经济萧条，恢复的努力一时难以奏效，加之党派之争和军力不足，社会矛盾复杂，内忧外患依然。在这一情势下，与大一统封建政治相应的大一统意识形态呼之欲出。重建社会新理论、新秩序，成为时代发展的必然要求。历史的发展证明，只有具有鲜明伦理政治特色的儒家哲学，才能担当这一使命，因此，对传统儒学进行认真清理和改造乃势之必然。那么，儒学改造的基础是什么？究竟应该如何对儒学进行改造呢？这必须对唐末宋初期间的社会思潮进行分析。在这一时期，意识形态领域呈现多元化发展态势，东汉时期传入中国的佛教，经过魏晋南北朝时期的积累、发展，到唐代中期后，完成了中国化改造，形成了天台宗、禅宗、华严宗等八大宗派的中国化佛教。特别是统治者对佛教发展的大力提倡，使得唐代佛教发展迅速，渗透到当时社会的各个阶层。与此同时，唐代统治者又尊道家创始人老子为祖，把土生土长于东汉时期的道教立为国教，而兴起发展于隋唐的科举考试又以儒家经典为依据和主要内容，因此，在唐代，儒佛道发展已经呈现融合情状，其鲜明特点可以体现为以下两点：一是佛道两教特别是佛教，为了在社会上立足，吸引更多教众，开始对中国固有文化尤其是儒家文化进行吸收，在借鉴、融合、发展中一定程度上丰富了自身的思想理论体系；二是儒学由于长期的边缘化，也在实践中认识到自身理论的不足，转而借鉴消化佛道两教的思想，从而又进一步丰富了中国传统文化。

佛教自东汉传入中国后，为了佛教自身在中土的立足、发展，就必须适应中国的传统社会，因此，其向中国传统文化靠拢并进入中国化的过程不可避免。以禅宗为例，禅宗是中国化佛教宗派的典型，中晚唐之后，成为影响后世的主流派宗教。禅宗发展到六祖慧能，已经形成了一套比较完备的理论体系，其核心思想是主张“平常心即道心”，认为在日常生活中的砍柴担水，都可以修道，一扫过去佛教繁琐的修行方式，从而一定程度上降低了佛教的出世性质，使之进一步世俗化和民间化。与此同时，道教尽管是中国土生土长的宗教，并且产生于社会的下层，但在其发展过程中也大力吸收佛教、儒学的精华，许多道教经典都是在它们影响下形成的，如《太玄真一本际经》源于《般若经》，《太上灵宝元阳妙经》源于《涅槃经》，《洞玄灵宝太上真人问疾经》源于《法华经》等。儒、释、道三教合流，尤其是儒佛的相互渗透，为儒学的新生提供了滋养，特别是佛学较强的思辨性，使得哲学思想相对贫乏的儒学有了完善自身理学体系的良机，对传统儒学进行理论再造的时机成熟。

## 一、学界研究现况之检讨与本文之立意

就佛道二教如何影响宋代儒学问题，学界已做了不少工作，尽管多是松散且非系统的。这类研究可大致分为中国大陆和港台海外两个部分：一是中国大陆学者以理学作为主要研究对象的著作，比较有代表性的如张立文《宋明理学研究》（1985）、侯外庐等《宋明理学史》（1987）、潘富恩等《程颢程颐哲学思想研究》（1988）、陈来《朱子哲学研究》（2000）、漆狭《宋学的发展与演变》（2002）等，这些著作论述佛道与宋代儒学之关系，多是放在理学发生的视野下进行分析，认为佛道与宋代儒学三者混一而成新儒学即理学，彰显了儒佛道互补互融的格局和特点；此外还有任继愈、杨曾文、麻天祥、魏道儒、胡孚琛、冯达文、徐洪兴、李承贵、吴重庆、孔令宏、安继民等学者也对此做了研究工作，都或多或少地涉及了佛道二教与宋代儒学共生互长的内在关联，以及宋代儒学发展对佛道二教的反哺关系；而熊琬《宋代理学与佛学之探讨》（1985）、赖永海《佛学与儒学》（1992）、冯远宁《中国佛教与宋明理学》（1999）、高建立《程朱理学与佛学》（2006）等，这些著作则比较详细地探讨了佛教对宋代儒学的深刻影响，特别是在宋代新儒学体系建构上佛教思想的重要影响和作用，但对于道教则没有涉及。二是港台及海外学者涉及佛道二教与宋代儒学关系的研究，代表性著作如罗光《中国哲学思想史》（1980）、劳思光《新编中国哲学史》（1984）、余英时《士与中国文化》（1987）、蔡仁厚《宋明理学》（2009 大陆版）、钱穆《中国学术思想史论丛之四》（2009 大陆新版）等，都间或谈到了佛道与理学发生发展的关系问题。另外，日本的水田虔次《朱子学与阳明学》（1986）、荒木见悟《佛教与儒教》（2005 中国版）、德国的马克斯·韦伯《儒教与道教》（1993）等这些外国学人及其著作，以及美籍华人陈荣捷、杜维明等，也对佛道二教与宋代儒学关系问题进行了一定的分析研究，并且为我们提供了新的研究视角和研究向度。

从总体上看，研究尚存在诸多不足，举其要者：（1）已有的研究成果

比较松散，缺乏系统性、综合性，没有充分全面地彰显出宋代儒学在其内部结构调整中佛道二教思想所发挥的关键作用;（2）没有系统厘清宋代儒学与佛道二教发展所存在的内在逻辑关系和发展理路;（3）缺乏系统的专门的就佛道二教与宋代儒学发生发展关系研究的著作，这对于影响中国封建社会后期长达700余年的新儒学即宋明理学在学理上、思想发展理路上都是缺憾。

为解决这一研究上存在的不足，本书进行了一系列较为深入的探讨和分析，力求在一定程度上弥补这一缺失。具体来说，本书的学术价值体现在以下几个方面:（1）提出宋代儒学内部结构调整研究视角：认为宋代儒学吸收整合了佛道思想中的有关宇宙论、心性论、工夫论和境界论的思辨内容，实现了对儒学内部结构的调整，从而使儒学转变成为一种以封建伦理作为宇宙万物本原的思辨哲学。（2）肯定了宋代新儒学形成过程中传统儒学的主导地位：认为以往研究中把"儒表佛里""阳儒阴释"或儒佛道"三教融合""三教合流""三教归一"等命题作为宋代新儒学形成的语言表述，往往容易给人以不分主客体、没有方向性的简单合并的误解。其实，宋代儒学在其吸收佛道思想进行内部结构调整过程中始终居于主导地位。（3）在厘清佛道与宋代儒学关系的逻辑发展理路、彰显佛道思想在宋代儒学内部结构调整中的关键性作用的同时，进一步拓展了宋代儒学发展研究的视野。

本书将在"遵循一条主线，围绕两个问题，梳理三大关系"的总体思路上开展研究:（1）遵循一条主线：将宋代儒学内部结构调整置于唐宋时期儒学中衰和佛道快速发展的大背景下进行细致研究;（2）围绕两个问题：一是佛教中国化发展及其对宋代儒学之影响，二是道教发展对宋代儒学之影响;（3）梳理三大关系：一是佛教与儒学的关系；二是道教与儒学的关系；三是儒佛道三者之间的关系。

具体来说，本研究拟在以下几种研究方法和在几个研究角度上尝试取得突破，在研究方法上主要是:（1）加强实证研究：本课题将坚持从历史典籍和资料出发，使课题研究建立在充分、扎实、可信的资料基础之上，不轻下臆测性的主观结论；（2）开展跨学科研究：本课题研究涉及哲学、宗教学、政治学、历史学、社会学等领域，在课题研究时博采相关学科的理论方法，以期达到最佳效益；（3）强调历时性探讨和共时性比较研究：以此方法剖析儒佛道各自发展的历史文化背景、发展态势、发展特点，注意防止孤立、机械地进行分析。

研究可能体现的创新之处：（1）研究路径上的创新：首次全面系统地将佛道思想置于宋代社会发展大背景下，探讨其与儒家思想学说的关系问题，以期为学界提供一个较为客观全面的研究儒释道思想的综合完整材料；（2）方法理论上的创新：遵循实证研究的原则，借鉴哲学、宗教学、政治学、社会学、历史学等学科的理论方法，对佛道与宋代儒学思想的发展及其相互关系进行综合分析研究；（3）认识观点上的创新：提出了宋代儒学内部结构调整的新视角，预计随着研究的进展，佛道在儒学新生过程中的地位和作用将会突破过往传统观点。

## 二、时代背景与问题意识

公元960年，赵匡胤在陈桥驿发动兵变，建立赵宋王朝，从而结束了唐末五代以来长期藩镇割据的局面。为巩固新生政权、消除不稳定因素，宋太祖对兵制、官制、政制进行了一系列改革，进一步巩固了王权。但是，宋初推行的一系列改革也带来了诸多后遗症，如政府机构臃肿，冗员激增，军力削弱，社会矛盾不断激化等。为解决新生矛盾，急需要大一统思想为政治统治服务，而儒佛道三教发展的时代特点，为传统儒学的新生提供了契机。特别是随着庆历新政和熙宁变法，北宋学术思想界掀起了一股复兴儒学的浪潮，其表现主要体现在疑经思潮的泛起，冲击目标是汉唐以来的传统经学。自汉至唐，学者治经，一贯固守章句注疏和训诂之学，各个学派都固守师说，使得经学发展愈加繁琐，严重束缚了人们的思维和创造力。因此，从唐代啖助等人治《春秋》，开始怀疑三传旧说的拘束，到北宋庆历年间，逐渐由疑传发展为疑经。陆游曾叙述过庆历年间学术思想界所发生的变化，他说："唐及国初，学者不敢议孔安国，郑康成，况圣人乎！自庆历后，诸儒发明经旨，非前人所及。然排《系辞》，毁《周礼》，疑《孟子》，讥《书》之《胤》、《顾命》，黜《诗》之《序》，不难于议经，况传注乎！"[1] 欧阳修在《易童子问》中提出《系辞》非孔子所作，首开疑经之风。同时期的北宋经学家刘敞（1019—1068 年）著有《春秋权衡》《七经小传》等，主张"改易经字,以就己说"。不过,刘敞治《春秋》有一个特点,即"不尽从传,亦不尽废传"[2]。这标志着怀疑思潮已从疑传派的凡传皆疑、唯经是从的绝对化立场转为疑经派唯善是从、非善则经传皆所不取的灵活态度。换言之，怀疑思潮开始走上了比较成熟的发展道路。

怀疑经传引起了学术思想界重新研讨儒家经典的兴趣，并逐步形成了一种新的治经方法，即自由解经的方法。所谓自由解经，即是摆脱章句训诂的束缚，凭己意发挥经传义理。这种方法，在当时充满了革新精神，显示出强大的学术生命力。庆历时期，许多著名的思想家受这种怀疑思潮的影响,大多"各出新意以解经,蕲以矫学究专己守残之陋"[3]。如范仲淹"病注说之乱六经,六经之未明"[4],主张解释儒家经典要"随义而发"[5]；孙明复治《春秋》"不惑于传注"，主张重新训释六经，考其"归趋"，推阐"微义"。他所著《春秋尊王发微》，"上祖陆淳，下开胡安国"[6]，是以义理解《春秋》的范例。及至王安石"网罗六艺之遗文，断以己意，糠秕百家之陈迹"[7]，撰为《三经新义》行世，更是"视汉儒之学若土梗"[8]，给章句训诂之学以一决定性打击，使其无可挽回地衰落下去。代之而起的，便是义理之学——一

[1] 王应麟:《困学纪闻》卷 8 引，上海古籍出版社 2008 年版。
[2]《四库全书总目》卷 26《经部 · 春秋类一》，清乾隆六十年刻本。
[3] 钱大昕:《重刻孙明复小集序》，见《潜研堂集》, 上海古籍出版社 1989 年版 , 第 430 页。
[4]《孙明复小集 · 寄范天章书》，上海晨光出版公司 1947 年版。
[5]《范文正公集》卷 5《易义》，见 1919 年《四部丛刊》初编本。
[6]《四库全书总目》卷 26《经部 · 春秋类一》，乾隆六十年刻本。
[7] 苏轼:《东坡外制集》上《王安石赠太傅敕》，见《东坡七集》，明成化刻本。
[8] 王应麟:《困学纪闻》卷 8, 上海古籍出版社 2008 年版。

种新形态的儒学。

理学兴起后，学者们不再整日埋头于书本之中“皓首穷经”，而是开始关注社会人生和人的自身价值，将学问转向于对天道性命之学的探讨。这一时期的学术研究气氛活跃而热烈，内容丰富而广泛，体系博大而缜密，呈现出多样化的态势，成为中国古代哲学思想发展的高峰。对于理学发展的情况，《宋史·道学传》作出了较为详尽的论述，我们可以从中发现这一时期理学发展之盛况：

“道学之名，古无是也。三代盛时，天子以是道为政教，大臣百官有司以是道为职业，党、庠、术序师弟子以是道为讲习，四方百姓日用是道而不知。是故盈覆载之间，无一民一物不被是道之泽，以遂其性。于斯时也，道学之名，何自而立哉。文王、周公既没，孔子有德无位，既不能使是道之用渐被斯世，退而与其徒定礼乐，明宪章，删《诗》，修《春秋》，赞《易象》，讨论《坟》《典》，期使五三圣人之道昭明于无穷……孔子没，曾子独得其传，传之子思，以及孟子，孟子没而无传。两汉而下，儒者之论大道，察焉而弗精，语焉而弗详，异端邪说起而乘之，几至大坏。千有余载，至宋中叶，周敦颐出于舂陵。乃得圣贤不传之学，作《太极图说》、《通书》，推明阴阳五行之理，命于天而性于人者，了若指掌。张载作《西铭》，又极言理一分殊之旨，然后道之大原出于天者，灼然而无疑焉。仁宗明道初年，程颢及弟颐实生，及长，受业周氏，已乃扩大其所闻，表章《大学》、《中庸》二篇，与《语》、《孟》并行，于是上自帝王传心之奥，下至初学入德之门，融会贯通，无复余蕴。迄宋南渡，新安朱熹得程氏正传，其学加亲切焉。大抵以格物致知为先，名善诚身为要，凡《诗》、《书》六艺之文，与夫孔孟之遗言，颠错于秦火，支离于汉儒，幽沉于魏晋、六朝者，至是皆焕然而大明，秩然而各得其所。此宋儒之学所以度越诸子而上接孟氏者欤。”

理学从创始期开始，就以其思辨化的学术形态显示了强大的生命力。

在理学先驱的基础上，出现了“北宋五子”，即第一代理学家群体，如周敦颐、邵雍、张载和二程。虽然由于不同的人生经历，使得他们在学术取向和风格上有所不同，但他们能够结合自己的时代与人生，扬弃佛道二教的学说，并在前人的基础上，创造性地转化了儒学，使之成为一种以心性本体论为根基、以义理之学为特征的崭新学术思想。

在二程之后，对理学进行研究的学者虽然很多，但缺少像北宋五子那样的大家。这种局面一直持续到南宋，直到朱熹、陆九渊等大儒出现后才有了改观。这一时期的学术团体很多，主要的有考亭学派、象山学派、金华学派、永康学派、永嘉学派等。他们在学术上屡有争论辩难，如关于朱陆异同的争论、陈亮与朱熹的义利王霸之辩等，出现了学术发展的多样化。在本体论、心性论和工夫论上也都出现了不同的理论体系，如以“天理”为最高哲学范畴，以“格物致知、居敬穷理”为工夫的朱熹理学和以“心”为最高范畴，以“发明本心、切己自反”为工夫的陆九渊心学等。理学在这一时期发展的状况虽盛，但它的学术地位却不高，在北宋中叶兴起之后，就一直因为政治的、经济的、社会的以及其他的各种原因，在很长时间内遭受压制。理学家们也常常因此受到打击和不公正的待遇。如程颐所遭遇的编管涪州、朱熹所经历的“庆元党禁”等。

以儒治国是中国封建社会传统政治的主流，尽管由于佛道的冲击，魏晋南北朝时期儒学衰微，但以儒治国的主导方针并没有从根本上改变。在隋唐时期，无论是佛教的中国化发展，还是道教被尊为国教，或者是封建政治结构的再编制，都没能阻挡住科举取士制度的发展，并且这一时期的科举考试内容仍然以儒家经典为主，即使唐代玄宗时开辟了道举，但毕竟不是科举的主流，并且很快湮没无闻。到宋代，佛道在唐以来的三教合流基础上，依然得到迅速发展，谈佛论道之风不息，士人阶层中“大率谈禅”，甚至“唯释氏之说衍蔓迷溺至深”，以至“人人谈之，弥漫滔天”，“终无有不入禅学者”[1]。程颐本人也承认，“泛滥诸家，出入于老释者几十年”，并

[1]《二程集》，中华书局 1981 年版，第 171 页。

认为“释氏之道诚弘大”，“佛说直有高妙处，庄周气象，大抵浅近”[1]，肯定了佛道都有其合理之处，甚至赞扬说：“今之学释氏者，往往皆高明之人。”[2]不但如此，二程与僧客亦有交往，《程氏外书》记有程颐专程拜访嵩山僧人董五经之事。佛道之高僧大德亦以融合三教为标榜，如道士张伯端，系金丹派南宗五祖之一，他力倡儒佛道三教融合，认为“汉魏伯阳引易道阴阳交姤之体，作《参同契》，以明大丹之作用。唐忠国师于语录首序老庄言，以显至道之本末。如此，岂非教虽分三，道乃归一，奈何后世黄缁之流，各自专门，互相非是，致使三家宗要迷没邪岐，不能混一而同归矣”[3]。因此，他主张三教“混而同归”；天台宗名僧智圆“好读周孔、杨、孟书”，自号“中庸子”，主张“修身以儒，治心以释”[4]，认为儒释两家，其言虽异而其理相通。

唐宋时期的儒佛道三教合流，不但表明先秦儒学经过两汉经学、魏晋玄学以及隋唐佛学的发展阶段，已与其初创时的义理多有变化，而且还表明经历唐末藩镇割据和五代战乱后建立起来的赵宋王朝，急需构建一种新的纲常伦理道德以维护专制皇权统治，因此，吸收佛道思想丰富的思辨性成果，成为新生、发展儒学的必然要求。尽管宋儒以儒家道义的弘扬为己任，反对和批评佛道对社会的危害，但出入佛老的儒家知识分子也不得不承认佛道较强的思辨性有利于填补儒学思想理论所存在的不足，因此，宋儒在矛盾复杂的心态中还是走上了援佛道入儒的道路，这便是佛道与宋代儒学内部结构调整之真谛。

---

[1]《二程集》，中华书局 1981 年版，第 425 页。

[2]《二程集》，中华书局 1981 年版，第 196 页。

[3] 张伯端：《悟真篇·序》，见王沐《悟真篇浅解》，中华书局 1990 年版。

[4] 智圆：《闲居编》卷 19《中庸子传》上，见《续藏经》第 101 册，台湾新文丰出版有限公司 1994 年版。

第一章

# 宋之前儒学发展的历史特点及其逻辑演变

中国传统文化的发展是以儒家为主体，以佛道为两翼，三者并存，不可或缺，但儒家以其鲜明的伦理政治特色而成为中国人思维的主体。司马谈在《论六家要旨》中对阴阳、儒、墨、名、法、道诸家进行了分析，在评价儒家时，他说："儒者博而寡要，劳而少功，是以其事难尽从；然其序君臣父子之礼，列夫妇长幼之别，不可易也。"明确将君臣父子、夫妇长幼的等级差别进行定位，认为伦理政治是儒家思想的核心，也是安定国家社会秩序的根本所在。班固《汉书·艺文志》亦对儒家进行了综合评价："儒家者流，盖出于司徒之官，助人君顺阴阳教化者也，游文于六经之中，留意于仁义之际，祖述尧舜，宪章文武，宗师仲尼，以重其言，于道最为高。"认为儒家主张教化民众，施行仁政，以帮助统治者治理国家。距离孔子生活年代不太遥远的韩非，作为法家杰出的代表人物，他则评价儒家为"显学"，如说："世之显学，儒、墨也。儒之所至，孔丘也。墨之所至，墨翟也。"[1]

[1]《韩非子·显学》。

先秦是中国历史上少有的百家争鸣的时期，儒家在与其他各家斗争的过程中形成了自身比较完整的学理体系，如道德形上学、社会政治学说等，其多样的论证方法、深沉的价值理念、人格修养的无限魅力，都展示了儒家学说面向未来的生机盎然。

从秦朝灭亡到北宋建立，长达千年的漫长时光，这是儒学发展的另一个重要时期。在此一段时间内，“罢黜百家，独尊儒术”“玄学兴盛”“三教争衡”，特别是外来佛教文化与思想在中国的立足与传播，以及中国本土宗教道教的繁盛，所有这些都给儒学的发展带来了巨大的挑战，也带来了新的活力和发展前景。不断的汇通与融合，便是此一阶段儒学发展的真实情状，它是动态的、生动的，也正因此打下了牢固的理论基础，才能够在宋代形成新的儒学思潮——理学。

## 第一节　隋唐之前儒学发展的历史特点

自孔子继承西周以来的王道政治、伦理道德以及礼仪制度的内容，创立儒家学派以来，儒学便开始了它长达2000多年的深入影响中国人的思想、行为以及社会发展的漫长历史。宋代之前的儒学发展又可划分为与法、墨、道等学派争鸣从而初步形成思想系统的先秦时期，汉代大一统帝国建立之后，在经学大儒董仲舒等人的努力下初次成为封建帝国官方意识形态的辉煌时期，以及佛教传入中国、道教形成之后，儒道释三教的互争互斗又彼此融合的魏晋南北朝时期。隋唐以后，儒学虽表面仍是官方哲学，但事实上却再难有往昔的风光。

## 一、先秦儒学的发展及其思想特征

先秦时期，儒家被韩非视为“世之显学”。儒家学说的创始人孔子率领众弟子历尽艰难，栖栖遑遑周游列国13年，目的就是想通过周游列国宣传推销自己的政治伦理学说，盼望通过际遇明君，使自己的政治思想得到统治者的采纳和利用。但是，由于当时处于霸道之世，孔子思想中的王道思想与时代不入，所以秦以前的儒家思想也只能作为一种政治伦理学说而存在。

孔子之后，孟子对其思想作了进一步发展，提出了“民贵君轻”思想，认为“民为贵，社稷次之，君为轻”[1]，指出了老百姓的重要性。他在此基础上还强调统治者要重视人民的利益，如果轻视劳动人民，就难免危及自己的统治，如说：“君之视臣如手足，则臣视君如腹心；君之视臣如犬马，则臣视君如国人；君之视臣如土芥，则臣视君如寇仇。”[2]孟子强调施行仁义，主张人与人之间的和谐相处，认为“无恻隐之心，非人也；无羞恶之心，非人也；无辞让之心，非人也；无是非之心，非人也。恻隐之心，仁之端也；羞恶之心，义之端也；辞让之心，礼之端也；是非之心，智之端也”[3]。提出仁义礼智是为人的根本，并由此延伸出其“仁政”学说，提醒统治者要“以不忍人之心，行不忍人之政，治天下可运之掌上”[4]。荀子继孟子之后，也明确提出“从道不从君”[5]，突出了“道”的重要性。荀子则明确提出“隆礼重法”思想，强调礼法并用，才有利于统治者治国理政。

先秦儒家以孔、孟、荀为代表，继承和发展了自远古而来的中华文明，

---

[1]《孟子·尽心下》。

[2]《孟子·离娄下》。

[3]《孟子·告子上》。

[4]《孟子·告子上》。

[5]《荀子·臣道》。

特别是天道、天命的传统，并结合社会时代的发展，配以礼乐文化与伦理制度，凸显了人的生命之神圣庄严，形成了他们对自然、人生和社会的独特理解。

（一）天道思想

黑格尔曾说，中国古代只有思想史而无哲学史。在当今学界，大多数人已经认为他的研究比较片面，当时他的立论依据便是在中国古代（先秦时期），中国人大多只重视道德律令而缺乏对天道自然的认识。事实绝非如此。

远古时期，人们对天道的认识我们无从考察，但殷商时期，人们已经开始通过卜筮与上天进行对话的形式来认识宇宙自然、人类自身，在祈祷的过程中对生死也有了新的理解。“殷人尊神，率民以事神，先鬼而后礼”[1]，这是对殷商时期人们生活的真实写照。到了西周时期，在经历了几次朝代更替之后，更多的人发现“天命靡常”，天神的地位受到挑战，人们开始用自己的意志取代至高无上的天的地位，并将自己的意志说成是天的意志，德的地位便不断上升。《诗经·大雅·烝民》曰：“天生烝民，有物有则；民之秉彝，好是懿德”，便是将天命与道德相关联，开启了儒家学者对人生意义和价值的探索。

东周时期，人们对“天”“天道”和“天命”作出了详解，概括来说有两种含义。一是自然之天，也即对宇宙大化流行、四季更替、风霜雨雪作出文字性说明。如《论语·阳货》曰：“天何言哉？四时行焉，百物生焉，天何言哉？”二是义理之天，将宇宙自然现象与社会人生中的事件相联系，来说明当事人所作所为的正确与否，并进一步将事件的正确与否与文化、风俗信仰相对比。如《论语·颜渊》曰：“死生有命，富贵在天。”《论语·子罕》曰：“天之将丧斯文也，后死者不得与于斯文也；天之未丧斯文也，匡人其如予何？”郭店楚简《穷以达时》中则有“有天有人，有人有分，察天人之分，

[1]《礼记·表记》。

而知所行矣”[1]。孟子指出:“莫之为而为者,天也;莫之至而至者,命也”[2],将天与命并提,指出了社会人生中有很多事非人力所能企及,所以不得不把一些偶然与必然性的事件归之于天和命。《中庸》中则开宗明义地指出:“天命之谓性,率性之谓道”[3],将天道与人性放在一起,指出天是义理之天、道德之天,拥有人世间最美好的德性。因此,人应效法天,做到“诚之”“择善而固执之”。可见,《中庸》对天道的描述已具有形而上的性质,为人类社会的道德标准找到了一个比较合理的依据,开启了哲学史上天人贯通的道德之路。

总之,先秦时期的思想家,特别是儒家强烈主张“以德配天”,提倡施行“仁政”“德治”,一方面体现了先秦儒家思想家初步的天道思想,另一方面也展示了儒家治国理政的美好愿景。这一天道理念,发展到理学时代而日臻完善。宋儒之所以要归复孔孟、直指先秦,其实便是对思想界已经滥觞的佛道空无本体的一种批判和创造性的回应。特别是由于汉代儒学的神学目的论无法对人的主体性作出明确回答,所以宋儒便更多地使用先秦特别是《四书》中的理论来抗衡佛道,这是后话,此不赘述。

### (二)人性学说

在中国哲学史上,关于人性问题的探讨十分重要,正如唐君毅先生所指出的,“世皆知中国思想,素重人性问题之论述”[4]。如儒家创始人孔子就非常重视对人性问题的探索,他说:“性相近也,习相远也。”[5]认为人的本质差别不大,但由于后天环境的影响,个人学习能力的高低,造成了社会中不同层次的人群。相比起人生之性,孔子更重视后天的教化与影响,所

[1]《郭店楚墓竹简》,文物出版社 1998 年版。

[2]《孟子·万章上》。

[3]《中庸·第一章》。

[4] 唐君毅:《中国哲学原论·原性篇》,中国社会科学出版社 2005 年版,第 1 页。

[5]《论语·阳货》。

以他的弟子曾感叹“性与天道,不可得而闻焉”[1]。“不可得而闻”,说明孔子虽然谈到了“性与天道”的问题，却又语焉不详。孔子之后，儒家学者对性与天道的问题继续展开探讨，如郭店楚简中的解释:“四海之内，其性一也,其用心各异,教使之然也。”[2]进一步指出教化与后天习染对人性的影响。

孟子在推出人性学说时，专门加强了对人性的界定，提出“性善”说，认为人生而具有恻隐、羞恶、辞让、是非之心，并将它们与人的仁义礼智四种道德相匹配，认为这是人之所以为人的本质，是人与禽兽的根本区别。为了让更多的人以“四端”之心行仁义之事，他又极力赞美此心，将之与人之所以为人的本质与至高无上的天道并提,提出了他的“尽心、知性、知天”的认识路线，认为人们要做的工作是善养此心、扩充此心，如说:“君子所性，仁义礼智根于心。其生色也，睟然见于面，盎于背，施于四体，四体不言而喻。”[3]这样就可以成就一个大写的人——君子。君子存心养性，经过知性、知天的阶段后，使生命与天道融为一体，自然生命尽数化为德性生命，便可做到舍生取义、杀身成仁，“富贵不能淫，贫贱不能移，威武不能屈”[4]。这就为后世儒者的“为仁由义”即自觉自愿地按照内心的道德意愿去做对整个社会有意义的事情而不是被迫(无论是迫于天命还是人世间的法律)提出了价值依据。

荀子则根据现实社会中善恶现象的来源提出人性本恶的观点，他说:“人之性，恶，其善者伪也。”[5]认为人生来本具的是恶的本质，社会人生中善良、美好的一面是为了适应生活的后天习得。他举出各种例子说明人的本性是“目好色，耳好生，心好利，骨体肤理好愉佚”[6]。但是，人要生存，社会要发展，国家要兴盛，都需要一大批人的无私奉献，如果人人都秉持

[1]《论语·公冶长》。

[2]《郭店楚墓竹简》，文物出版社1998年版。

[3]《孟子·尽心上》。

[4]《孟子·滕文公下》。

[5]《荀子·性恶》。

[6]《荀子·性恶》。

这样一种好逸恶劳的生活态度，那么不仅不能过得愉佚，还有可能面临生存的危险。所以，荀子一方面断定人的本性会为了自己的私利而不择手段，另一方面他又认为作为一个具有高级思维能力的生存者——人，他会在维持自己基本生存权利的同时，让渡一些利益给社会和他人，形成一个更加宜居的生存共同体，即“性伪合而天下治”[1]。

人性思想发展到汉唐时期，又有了新的进步和成就。董仲舒、韩愈根据对人的进一步了解，将人性化为“性三品说”，即将人性分为上、中、下三品，认为拥有上品之性的人不需要教化，他具备完美无缺的自然品性，德才兼备；下品之性的人顽劣不堪，他们不能被教化，即使通过刑罚的高压，他们也不一定能安分守己，所以也不必在他们身上浪费时间；而中品之性，这些人如果把他们教化好了，就会成为社会的有用之才，教化不好则有可能危害社会。所以，他们认为当政者应着力对这部分人进行关注和更多教化。这些心性思想都为宋代理学心性论的产生奠定了理论基础。

### （三）工夫论

工夫大体上起源于西周初年人文主义的兴起，当时社会中出现了“以德配天”的政治思潮。与此相应，周人十分重视“敬德”，也就是对主体道德素养的培养过程。西周的思想家认为，作为一个理想的国家治理者，应该是一个具有君子风范的人。孔子一生追随周礼，并在此基础上提出“仁”的学说。孔子认为，“仁者爱人”，“仁人”是最佳的社会人。那么，如何才能成为“仁人”？孔子提出的修养方法是“克己复礼”，这包括两方面的内容：对自己约束，严格要求，同时还要按照周礼的要求去做。孟子继承了孔子的尊礼思想，认为人可以通过一定的方式获得圣贤的资质，无论是“尽心、知性、知天”，还是“不虑而知，不学而能”，“人皆可以为尧舜”。孟子始终把“性善”作为一个先验的前提，作为一个后天实践工夫的理论依据。也就是说，在孟子那里，实践的工夫可以随时发生，这种工夫使得本体之

[1]《荀子·礼论》。

开展成为可能；而人性则是贯通天道本体与工夫的桥梁，这就从内在的角度为人们的道德修养方法提供了理论依据。荀子则根据他的性恶论提出了“化性起伪”的方法。他认为，人性本恶，但又具有理性，所以最佳的方法是通过外在制约即礼法的方式来规范人们的思想行为，从而达到天下大治之目的。

先秦的工夫思想对宋明理想家影响很大。众所周知，理学家极重工夫，在他们看来，天道本体构成了一种思考宇宙、社会与人生的思维模式，天在他们那里继承了先秦儒家的美好德性，人自然要效法天，以获取人之所以为人的本质。但是，人生又大多是不完美的，如何使之变得好一些，理学家提出“工夫”的为学方法，即“明体达用”。正如余敦康先生所言，“胡瑗所首倡的‘明体达用’是理学复兴儒学的总纲领”[1]。“明体达用”即本体与工夫，是实现实然向应然的过渡。本体指的是事物的应然状态即本体，工夫则是现实中的事物如何通过一定的途径达到这样一种理想的应然。就儒家而言，工夫就是儒家实现内圣外王的具体途径，包括内圣的达成，即主体道德修养的实现和外王的政治实践过程。显然，这些思想与先秦儒家有相通之处。

（四）境界论

儒家思想在哲学史上是一种积极入世的学说，儒家学者作为儒家思想的实践者，积极追求现世生活的美好，这种追求体现得真实而内在。正是基于这一追求，儒家学者特别注重对自已、家人乃至整个社会的担当，并由此形成了儒家特有的高尚境界。

孔子一生孜孜以求，既平淡又非凡。在他的一生中，既有周游列国的壮烈，又有删改六经的心如止水的生活，更多的是在与弟子的日常交流中细细品味人生。但无论何时，他都根据真实的场景将儒学的各种理念作出最佳的诠释，为学生、为后人提供了可资借鉴之路。关于人生境界，孔子

[1] 余敦康:《内圣外王的贯通——北宋易学的现代阐释》，学林出版社 1997 年版，第 10 页。

将之分成不同的层次，如君子、成人和圣人的区分。他认为，在社会中有善恶的分野，在《论语》中他多次对君子和小人进行辨析，鼓励学生（子夏）做君子儒而不做小人儒："汝为君子儒，无为小人儒。"[1]但是，君子与小人的分别在哪里呢？这便是一个道德素养的问题，所以孔子进一步指出君子与小人的最大不同在于君子是仁人，"君子无终食之间违仁"[2]，认为君子是"仁"的化身，其境界便是"仁"的境界。何谓"仁"？孔子曰："能行五者于天下为仁矣，请问之，曰：恭、宽、信、敏、惠。恭则不侮，宽则得众，信则人任焉，敏则有功，惠则足以使人。"[3]这五个字把社会人生中所必备的人的品质全部显现出来。在孔子看来，一个人如能具备这些品质，自然可以随心所欲地立足于社会，成就个人，更能够为社会作出贡献，这便是君子。进一步说，如能德才兼备、全面发展，就是"成人"；再进一步，便是"圣人"。关于"圣人"，孔子认为非常难做到，甚至他都没见过，如说："圣人，吾不得而见之矣，得见君子者，斯可矣。"[4]孟子则将圣人定义为："大而化之之谓圣"[5]，也就是说一个人完美无缺，能够参赞天地化育的过程就是圣人，这是儒家学者的最高境界。关于三者的区别，郭齐勇先生进行了发挥，认为圣人是理想的至上境界，成人是现实的理想境界，君子是现实的道德境界。[6]

《中庸》则将"诚"描述为崇高的人生境界，说："诚者，不勉而中，不思而德，从容中道，圣人也。"孟子继承发展了子思的思想，认为具有完美品质的人（圣人）有四个特征："伯夷，圣之清者也，伊尹，圣之任者也，柳下惠，圣之和者也，孔子，圣之时者也。"[7]最佳的状态是与时偕行，做

[1]《论语·雍也》。

[2]《论语·里仁》。

[3]《论语·阳货》。

[4]《论语·述而》。

[5]《孟子·尽心下》。

[6] 郭齐勇：《中国儒学之精神》，复旦大学出版社 2009 年版，第 267 页。

[7]《孟子·万章下》。

到身心合一、天人合一。如说:“形色，天性也；惟圣人然后可以践形。”[1]并将这种对社会的责任概括为“五百年有王者出，舍我其谁”的儒家之责任。这些都为理学的境界学说提供了丰富的资源。

隋唐之后，有责任感和担当感的儒家学者为了重振儒学雄风，他们将儒家境界作了极大提升，如宋儒之“仁者浑然与物同体”“孔颜乐处”“宇宙即是吾心”等，无疑是在与佛道抗衡后复归先秦君子、圣人境界的尝试，其主要目的在于宋儒充分认识到宗教具有教化的功能，而它们对社会人的教化在于编织了一个美好的超人世之境界，无论是西方之极乐还是长生久视之仙境。所以，宋儒极重境界学说当与此相关，他们的任务是用儒家的“内圣外王”之境界来替换佛道境界在世人心目中的地位，而且儒学的境界不在虚无缥缈中，它很真实地展现在社会人生之中，与人们的生活息息相关。正如郭齐勇先生所说:“由于儒教的特殊性，它的教化作用更明显地表现出来，而作为个人内心信仰的方面往往掩映在其社会功能之中。”[2]这一评价是非常中肯的。

## 二、儒学在汉代的经学化发展

秦统一六国后，实行了一系列政治改革，特别是全面推行郡县制对中国封建社会影响尤大。汉承秦制，基本上形成了封建专制统一的国家制度。西汉初期的七十年，汉代在意识形态上主要采取的是黄老之学，这一学说的核心是黄老道家思想，在政治上表现为无为而治，使得长期战乱后的西汉社会得到了一定程度的休养生息。这一时期，社会经济得到恢复发展，王权得到巩固，民生得到改善。到汉武帝时期，历史发展出现了重大转折，随着国力的不断增强，武帝开始了开疆拓土的伟业。政治的集权利于疆土的扩展，而疆土的扩展需要坚强的意识形态为先导，所以董仲舒应时顺势，

[1]《孟子·尽心上》。

[2] 郭齐勇:《中国儒学之精神》，复旦大学出版社 2009 年版，第 258 页。

提出了著名的“罢黜百家，独尊儒术”，由此拉开了儒家学说走上统治阶级意识形态的序幕，实现了元典原始儒学的转型发展。

陆贾是西汉第一位力倡儒学的思想家，也可以说是复兴儒学的先驱。其实，在西汉初年，儒家学说并没有得到应有的待遇，也许是前朝影响的缘故，高祖刘邦就不买儒家的账。《史记·郦生陆贾列传》载有刘邦与陆贾的对话：“陆生时时前说称《诗》、《书》，高帝骂之曰：‘乃公居马上而得之，安事《诗》、《书》！’陆生曰：‘居马上得之，宁可以马上治之乎？且汤武逆取而以顺守之，文武并用，长久之术也。昔者，吴王夫差、智伯极武而亡，秦任刑法不变，卒灭赵氏。乡向使秦已并天下，行仁义，法先圣，陛下安得而之有？”可见刘邦起初对儒学是持反感态度的。但刘邦毕竟是一代雄主，他最终理解并听取了陆贾的建议，并要求陆贾从秦亡汉兴中去总结经验教训。也正因此，促成了陆贾《新语》十二篇的诞生。

陆贾是汉代儒学改造的始作俑者，《新语》通篇以推行儒家思想、实行仁政为主题，并充分体现了儒家对法家、道家和阴阳家思想的吸收。为了适应汉初的社会政治形势，陆贾巧妙地将儒家“仁义”道德思想与道家“无为”政治思想结合起来，赋予道家“无为”思想以新的内涵，从而也满足了汉初休养生息的政策和实行黄老政治的上层要求。但儒学的确有其不足之处，过分注重道德教育和礼仪熏陶，深层哲学思辨不足，这也是其在先秦未能成为统治阶级意识形态的重要原因。所以，陆贾便将法家思想的某些精义纳入其思想体系之中，用以弥补儒家学说之不足。在陆贾看来，礼法必须并重，法令刑罚虽不能劝善，然可以诛恶；礼法虽然不能直接诛恶，但非常利于劝善，所以他主张“文武并用”，认为这是治国理政的长久之术。在《慎微》篇中，他提出了“道因权而立，德因势而行，不在其位者是无以齐其政，不操其柄者则无以制其刚（罚）”[1]，反映了汉初儒家欲实现道德与权势结合的迫切愿望，试图借助权柄而施行赏罚，以补充道德教化之不足。这一思想其实就是中国封建社会“王霸并用”“阳儒阴法”的君主政治特色。

---

[1]《新语·慎微》。

到汉武帝时期，国力日益增强，以专制为特征的大一统政治呼之欲出。有鉴于时代发展的需要，董仲舒适时地提出了“罢黜百家，独尊儒术”的思想主张，他将儒家思想与阴阳五行观念相比附，从而篡改了原始儒学，形成了天人感应的神学目的论。董仲舒以天道阴阳来论证三纲思想，如说：“君臣父子夫妇之义，皆取诸阴阳之道。”[1]认为“不当阳者，臣子是也。当阳者，君父是也。故人主南面，以阳为位也。阳贵而阴贱，天之制也”[2]。并说：“王道之三纲，可求于天。”[3]这就为封建君主实行专制统治提供了强大的理论支持。建元五年，“置《五经》博士”，意味着儒家学说的经学化开始。经学独尊，既促使儒学与封建政治紧密地结合在一起，也赋予了儒学以无上的光荣与权力。治经可以免赋税，治经可以得官禄，以《易》至两千石者，不乏其人，“而公孙弘以《春秋》白衣为天子三公，封以平津侯。天下之学士靡然乡风矣”[4]。两汉经学，可谓盛极一时。

武帝时开始设立《五经》博士，有力地推动了经学的快速发展，到汉宣帝“石渠阁会议”之后，经学发展达到高峰。这一时期，新增立了多个博士席位。据《汉书·儒林传》载：“初，《书》唯有欧阳，《礼》后，《易》杨，《春秋》公羊而已。至孝宣世，复立大、小夏侯《尚书》，大、小戴《礼》，施、孟、梁丘《易》，谷梁《春秋》。”共立14家博士。元帝时期，逐渐分支为16个家派，且全部是今文经学，西汉政治开始进入了儒学化时代，不但儒学研究得到较快发展，而且儒生入仕且出居高位的越来越多，古文经学也开始兴起，出现了诸如刘欲、郑兴、郑众、杜林、卫宏、陈元、贾逵、许慎、马融等古文大师。到东汉末年，郑玄融合今古文经学，使得经学出现了统一的局面，郑玄也成为汉代经学的集大成者。

两汉时期对经学的重视以及经学的发展、今古文经学之争，最终导致

---

[1]《春秋繁露·基义》，中华书局2011年版。

[2]《春秋繁露·天辩在人》，中华书局2011年版。

[3]《春秋繁露·基义》，中华书局2011年版。

[4]《史记·儒林列传》，中华书局1982年版（全十册本）。

了经学自身发展出现了危机。由于今文经学迷信色彩严重，特别是和谶纬之学结合后，几乎发展到荒诞地步，使得经学有补王道政治成为笑柄。另外，统治者重视五经，尤其是对经学的大力提倡，也使得经学在汉代成为入仕的敲门砖，引起了对经学的大量注疏，因严守师说家法，一生皓首穷经，而缺乏创新与创造，“故幼童而守一艺，白首而后能言”[1]，使得本富有活力的儒学思想走向迂腐、繁琐，甚至以儒学沽名钓誉者比比皆是。由此迫使儒学进入了历史上从未有过的困局。

## 三、魏晋南北朝时期儒道之合流

三国两晋南北朝时期，社会政治动荡，封建军阀割据，王朝不断更迭，儒学处于佛道发展的夹缝之中，走向了其发展的低潮期，同时也进入了思想史上第一次的儒道合流期。

魏晋时期，统治者倡导名教，宣扬以孝治天下。但是，皇权的削弱，封建纲常不断受到冲击，迫使儒学开始走与道家思想融合的路子，以求自身的生存与发展。这一时期，《易经》与《老子》《庄子》合流，形成新的思潮——玄学。玄学分为以王弼、何晏为代表的“贵无论”、以裴頠为代表的“崇有论”、以郭象为代表的“独化论”和以阮籍、嵇康为代表的“自然论”，他们各自具有特色，反映了这一时期玄学思想的光怪陆离。玄学派对于儒家有不同的认识，如阮籍、嵇康鄙薄儒学，尤其是嵇康“以六经为芜秽，以仁义为臭腐”[2]；郭象主张“内圣外王”等。

公元 317 年，司马睿在今南京称帝，重建晋朝，是为东晋。这一时期，儒学开始有回升的趋势，但玄学与儒学的斗争一直存在。东晋政权初建，“王与马，共天下”，王导提出了笃道崇儒主张，认为“夫风化之本在于正人伦，人伦之正存乎设庠序。庠序设，王教明，德礼洽通，彝伦攸叙，而有耻且

[1]《汉书·艺文志》，中华书局 2005 年版（全三册本）。

[2]《全上古三代秦汉三国六朝文》卷 50，中华书局 1958 年版。

格，父子、兄弟、夫妇、长幼之序顺，而君臣之义固矣。《易》所谓‘正家而天下定’者也”[1]。但这一思想主张遭到了显贵子弟的反对，因为这些显贵子弟不但握有重权，而且多崇尚玄学，倡导逍遥、放达。这样，以王导为代表的儒学派同以殷浩等为代表的玄学派矛盾日益凸显。由于王导的地位和影响，双方斗争的结果，最终儒学一派取得胜利，玄学开始淡出政治舞台。尽管王导、桓温等倡导的儒学取得了斗争的胜利，但这一时期的儒学已不同于汉代的儒学，它是融入了老庄道家思想之后的新型儒学，特别是魏晋玄风的风靡，使得儒学深深地烙上了玄学的印痕。葛洪、张湛的理论是这一时期新型儒学的代表，他们主张不泥古、应世务，尚礼简义，集中反映了门阀集团对待儒学的态度。如葛洪主张“匠之以六艺，轨之以忠信，莅之以慈和，齐之以礼刑”[2]，努力融合儒道两家，客观上对儒学的改造和完善起了推动作用。

## 第二节　承前启后、别开生面的隋唐儒学

儒学在经历了先秦的形成、汉代的官学化以及魏晋南北朝的衰落之后，虽渐趋沉寂，却终未消亡。在不久之后的公元581年，隋朝建立，结束了中国社会长达数百年的战乱与朝代更替频繁的社会情状。新朝的当政者开始积极恢复生产，重建大一统封建帝国。有责任感的儒家学者也顺时应势，开始积极探索如何在佛道占据思想领域的社会现实中重建儒学的价值体系，以焕发其生命力。

[1]《晋书・王导传》，中华书局1974年版（全十册本）。

[2]《抱朴子・君道》，见《道藏》第28册，文物出版社等三家出版社1988年联合出版。

## 一、经学在隋唐的发展演变

汉代末年，中国进入了极其混乱的历史时期，无论是三国争雄，还是两晋南北朝的混战，都给中华民族造成了极大的危害。在经历了近300年的痛苦离乱之后，公元581年，杨坚建立了隋朝。8年之后，实现了国家统一，期盼已久的和平终于降临。历史的经验证明，只能马上打天下而不能马上治理天下，对旧有的政治思想和意识形态进行改造乃势之必然。因此，具有丰富大一统基因的儒家经学又重新走到了历史的前台，这既是儒学本身发展的需要，也是历史发展的必然。

隋朝虽然以武力统一了国家，但却是一个短命的王朝，仅历两代，即隋文帝杨坚和隋炀帝杨广。作为大一统国家的统治者，他们都积极提倡和扶植儒学，一定程度上促进了儒学的复兴。《隋书·儒林传序》对隋代儒学的发展演变作了概括性总结，指出隋文帝时期“齐、鲁、赵、魏，学者尤多，负籍追师，不远千里，讲诵之声，道路不绝。中州儒雅之盛，自汉、魏以来，一时而已”，甚至达到了“四海九州强学待问之士靡不毕集焉”的繁盛状况。当时出现了一批经学大师，如房晖远，“幼有志行，治《三礼》、《春秋三传》、《诗》、《书》、《周易》”[1]，太常卿牛弘称誉他为“五经库”。房晖远“以教授为务，远方负籍而从者，动以千计”[2]。可以说规模盛大、影响广泛。

经学的发展在董仲舒时期及其之后的一段时间，达到了鼎盛阶段。两汉之际，今古文之争大大削弱了经学的地位，到魏晋南北朝时期，经学则由衰落走到了分离，出现了南学和北学。一直发展到隋朝，南北经学仍未统一。但这一时期的经学家已经认识到经学分裂的危害，并试图付出努力，融会二家，如这一时期以“二刘”并称的刘焯、刘炫，以研究经学闻名，特别是刘焯，撰《五经述义》，初步融合了南北经学，代表了隋朝经学研究的

---

[1]《隋书》卷七五《房晖远传》，中华书局1982年版。

[2]《隋书》卷七五《房晖远传》，中华书局1982年版。

最高成就。魏征称赞其“博学通儒，无能出其右者”[1]。另外，隋朝对经学发展的最大贡献是推行科举取士制度，这一制度不但影响了封建社会官僚机构的组成，而且影响了儒家学说在以后的发展，是对儒学发展的一大贡献。因为科举制度主要以儒家经典作为考试内容，并且科举取士制度一直延续到封建社会的终结，长达1300年之久，显然对于弘扬儒家学说发挥了无可替代的作用。

公元618年，唐代取代了短命的隋朝，使中国历史发展驶入了快车道。唐高祖即位之始，即下令恢复儒学。唐太宗时更加重视儒学，他曾说：“朕今所好者，唯在尧舜之道，周孔之教。”[2]即位之初，太宗就积极开设文学馆、弘文馆以优待儒生学士。据史料记载：“太宗初践阼，即于正殿之左置弘文馆，精选天下文儒，令以本官兼署学士，给以五品珍膳，更日宿直，以听朝之隙引入内殿，讨论坟典，商略政事，或至夜分乃罢。又诏勋贤三品以上子孙为弘文学生。”[3]唐太宗还以经学著作“去圣久远，文字讹谬”[4]为由，诏国子监祭酒孔颖达等编撰《五经正义》，明令“天下传习”[5]，并开始了大规模的史书修撰和古籍整理工作。可以说，太宗对儒学发展是非常重视的。太宗时期著名的诤臣魏征在其所撰《隋书·经籍志》序言中也明确表达了官方对儒学的态度，指出：“儒之为教，大矣！其利物博矣！笃父子，正君臣，尚忠节，重仁义，贵廉耻，贱贪鄙，开政化之本源，凿生民之耳目。百王损益，一以贯之。”认为儒学对于国家政事、民众教化、人伦关系等都具有非常重要的指导作用。唐高宗时期，下诏令大臣进一步考订《五经正义》，从而确立了其在官方的地位，使得魏晋以来南北经学的分裂局面最终得以统一。清代学者皮锡瑞说：“自唐至宋，明经取士，皆遵此本……以经学论，

[1] 魏征：《隋书·儒林传》，中华书局1982年版。

[2] 司马光：《资治通鉴》，中华书局1956年版，第6045页。

[3] 吴兢：《贞观政要》，贵州人民出版社1991年版，第394页。

[4] 吴兢：《贞观政要》，贵州人民出版社1991年版，第394页。

[5] 刘昫：《旧唐书》，中华书局1975年版，第4941页。

未有统一若此之大且久者。”[1]

孔颖达编撰的《五经正义》是唐代南北经学统一的标志，也是传统儒学统一的标志。自此以后，经学一改繁琐、腐朽的面目，朝着简明、实用的方向发展。但是，也存在着明显的弊端，那就是儒学的发展依然存在着思辨性的不足，真正从哲学的高度发展儒学还远远不够。

唐代儒学的发展，一方面得力于统治者的重视，另一方面也得益于科举取士制度的逐渐完备。唐代的科举考试分常科与制科两种，常科主要有明经、进士等，考试内容以儒家经典为主，唐代的许多宰相多是进士出身，他们都是饱读诗书和儒家经典的生徒，由州县考试，到乡试、贡试一路考来。也正是这一考试制度把儒学与封建政治权力联系起来，使得唐代封建政治结构发生了根本性转变。由此，一些庶族地主可以通过科举考试进入政治上层，从而彻底打破了过去的世家大族垄断把持封建政治的局面。儒学也借此日益渗透到当时的社会政治文化生活当中去。

隋唐儒学的发展还有一个鲜明的特点，那就是与佛道的同生共长。在这一时期，儒学思想尽管受到唐代尤其是唐初统治者的大力提倡和尊崇，比如高祖、太宗就非常重视儒学，但也同时受到了当时多种思想的冲击和影响，比如佛道对其冲击就非常严重。佛教自东汉传入中国后，发展到魏晋南北朝时期，其势力影响越来越大，特别是经过两晋时期佛经翻译、格义传译等，佛教已经在当时的上层取得了重要位置，产生了很大的影响。到唐代中国化佛教的形成，使得其思想理论更加紧密结合了中国的社会现实，具有了极强的现实适应性；同时，佛教在其中国化发展过程中，积极吸收其他思想，使得自己的思辨水平达到了新的高度，显然对于思辨性不足的儒学带来了严重挑战。不但如此，唐代的道教发展也进入了空前繁荣的时期，尤其是道教进入了自身理论创建和完善的时期。统治者在发展佛教的同时，也有力推动了道教的发展。唐代统治者为李姓，他们不但重视道教，还把道家道教的始祖老子推为李唐王朝的祖先，把道教定为国教。

[1] 皮锡瑞：《经学历史》，中华书局 1981 年版，第 198 页。

玄宗皇帝时期，他不但亲自为道家经典作注，还在科举考试中设道举一科，考试内容为道家经典作品。因此，唐代的儒学发展是在与佛道的并列竞争中进行的，并且在当时佛道大有压倒儒学之势。可以想象当时儒学发展之艰辛。

## 二、隋唐儒学发展的转向

唐代儒佛道三教并立，特别是佛道的快速发展和统治者的日益重视，给儒学的生存发展带来了冲击和挑战，但从另一个角度看，却也为儒学发展提供了丰富的思想资源和新生契机。这一时期的儒学发展呈现以下几个特点。

第一，儒学发展的平民化、世俗化趋向。

在隋唐时期，之所以会出现儒学发展的世俗化、平民化趋向，这与当时的社会政治经济制度密切相关。在经济上，隋唐时期对土地制度实行了改革，在维护地主阶级利益的基础上，广泛推行均田制。这一制度的推行，摧毁了魏晋以来延续的门阀士族的经济基础，有力促进了当时社会小农经济的发展；在政治上，受经济制度变革的影响，政治制度也发生了重大变化，一改魏晋南北朝时期的九品中正制，而采取科举取士制度，考生无论士族、庶族，都可以通过考试成绩定官职、论品级，这就使得选拔官吏的权力从过去的世家门阀大族转移到封建政府手中，庶族地主阶层兴起，利于封建政治结构的重组。所以，与魏晋南北朝时期的门阀世家大族社会相比，隋唐时代，社会呈现向平民社会发展的趋势。从一定意义上可以说，儒学发展在这一时期的世俗化、平民化的趋向，正反映了这一历史发展趋势。

隋唐尤其是唐代，是一个开放包容的时代。庶族地主阶层的兴起，科举制度的逐步完善，教育机构的发展，官方对儒学发展的重视，以及佛道影响在这一时期的扩张，都决定了学术的世俗化和平民化发展趋势。特别是科举制度与个人命运的紧密相连，使得士人知识分子以实用化的态度对待经学和儒家思想，一些实用化的儒家文本在社会上得到广泛传抄，对于普及儒家思想发挥了重要作用。另外，伴随着科举制度的发展，官学和私学也发展起来，儒家思想成为学校教育的主要内容，显然这是由于科举制度的指挥棒所导致的。与科举制度相配套，唐代建立了非常完备的教育体制，在中央设立有国子学、太学、四门学等，地方政府则设立州学、县学等，这些都成为传播儒学的重要阵地。另外，统治者还在州县设立孔庙，和学校结合起来，以推动儒学的官方普及教育。不但如此，唐代以儒家思想为基础制定的乡规民约、家族祠堂开展的祭祀活动等，都是对儒学的世俗化发展和弘扬，也是传播弘扬儒学的有效途径。

另外，唐代前期兴起的疑经思潮，也大大推动了儒家思想的平民化、世俗化发展。由于《五经正义》的颁行，唐代初期构建了统一的意识形态。但统得过死则容易僵化，唐代经学的发展亦是如此。这就在儒学内部出现了对经学的反动，一些士人知识分子结合时代的发展和自己的思索，开始怀疑五经的理论系统，如著名的史学家刘知几即敢于直笔批评孔子。在其著名的史学著作《史通》中，他明确提出了对神化儒家经典做法的质疑，并大胆地对儒家经典作出人文主义解释，开启了对儒家经典的怀疑主义思潮。之后的啖助、赵匡、陆淳等人依此思路进一步发展，掀起了疑经思潮的洪流。这一疑经思潮打破了五经的神圣光环，还儒家以真实的历史本来面目，揭开了经学的神秘主义面纱，推动了儒学的世俗化、平民化转型发展。

第二，儒学理论的主体性、心性化倾向。

唐代经学已由汉代五经发展为九经，即将原来的《礼》拆分为《周礼》《仪礼》和《礼记》,将《春秋》拆分为《左氏春秋》《公羊春秋》和《谷梁春秋》。唐代的经学体系是汉代经学的延续，也正是因为这种延续，使得唐代经学并没有摆脱汉代经学的束缚，没有突破汉代经学发展的限制和禁锢，即偏重对政治伦理教化作用的发挥，而忽视了作为人的个体主体性和人生的现实关怀。所以，以经学为代表的儒学在唐代的衰落乃势之必然。

唐代儒佛道并存，但佛教更为突出，其突出之处不仅在于中唐以后中国化佛教宗派的形成以及唐代民间佛教和世俗佛教的发展，而且还表现在其心性思想理论的创新。正是由于佛教的超强思辨性，吸引了唐代许多士大夫沉醉于佛教的精致理论之中，这不仅是对儒家思想的背离，也是对经学的极大嘲讽。加之道教的发展，传统儒学开始步入发展的狭窄胡同，这是佛道冲击的结果，也是历史发展的必然。思想领域佛学的领先，并不代表它可以成为大唐治国的主导意识形态。国家作为世俗政治的载体，唐代统治者仍然是主要采取儒学政治治理方式，此一时期的科举制度就是以儒学为主要考试内容进行取士的有效制度。思想上的佛学化和政治作为的儒学化，折磨着唐代的士林官僚阶层。他们毕竟是通过学习儒家学说而进入官僚政治集团的，对儒学的一往情深和对佛学思辨性的膜拜，使得士子们两顾依违。那么，儒学到底该向何处去呢？这就成为儒生士子需要深入思考的问题。唐宪宗即位当年，柳宗元遭贬永州，寄宿龙兴寺，他在《永州龙兴寺西轩记》中记述了自己开悟的心态："因悟夫佛之道，可以转惑见为真智，即群迷为正觉，舍大暗为光明。夫性岂异物哉？孰能为余凿大昏之墉、辟灵照之户、广应物之轩者，吾将与为徒。"[1]很显然，柳宗元认为儒学已经不能为他"凿大昏之墉、辟灵照之户、广应物之轩"，但佛教却似乎可以为其提供心灵的皈依之所，所以他对佛教给予高度称赞，认为佛教"与《易》、《论语》合"，说"道本为一，离为异门；以性为姓，乃归其根"。[2]提出了统合儒释的思想。不但如此，同一时期的刘禹锡、韩愈、李翱等著名复兴儒学的代表人物，也都表达了这一共同的见解，以见性而复兴儒学。如力主反佛的韩愈明确提出"性三品"说，认为人之性可分为上、中、下三品，所谓"性之品有三……上焉者，善焉而已矣；中焉者，可导而上下也；下焉者，恶焉而已矣"[3]。韩愈认为，上品之性具有仁而行于其余四者，下品之性反于仁而违背其余四者，中品之性仁有不足，其余四者也杂而不纯，并以此反对佛教的灭情见性说。李翱更是提出复性说，他借水为喻，说："水之性清澈，其浑之者沙泥也。方其浑也，性岂遂无有耶？久而不动，沙泥自沉，清明之性鉴于天地，非自外来也。放其浑也，性本弗失；及其复也，

[1]《全唐文》卷581，中华书局1983年版。

[2] 柳宗元：《无姓和尚碑》，见《柳宗元集》，中华书局1979年版。

[3] 韩愈：《原性》，见钱仲联等点校《韩愈全集》，上海古籍出版社1997年版。

性亦不生。”[1] 认为人性是不生不灭的。这是对佛教禅宗心性思想的进一步探讨。无论是柳宗元、刘禹锡，还是韩愈、李翱，他们的思想行为代表了唐代特别是中唐以后士人儒生的普遍心态，那就是如何复兴儒学、振兴儒学的问题。也正是他们的不辍努力，使得唐代儒学开始发生潜在的转型和变化，心性思想逐渐进入儒学之中，使得儒学的主体性、心性化发展趋向愈发明显。这也是唐代儒学发展的重要特点之一，为以后宋学的兴起作了思想和理论上的准备。

## 第三节 政道与思想的融会——儒学政治本体意识之彰显

从儒学的发展历程来看，我们认为它不仅是一种学术思潮，同时也是一种文化与制度。它的核心与主旨是提倡礼乐文明，这是与中国传统社会宗法制的家国天下一体的国家治理方式相适应的意识形态。所以，尽管儒学在出现之后经历种种磨难，却始终没有失去其应有的社会地位，其秘诀就在于它的积极性、主动性与进取性。儒学的积极性与佛道相比，体现在它的经世致用与积极入世，也即与大一统政治的不解之缘；儒学的主动性则表现为其学理之建构，无论是著作还是思想内容，无论是“礼乐教化”还是“德主刑辅”，都是为了与大一统政权力量的紧密结合；进取性则表现为儒学是一种具有生命力的学术思潮，它随着时代的发展不断更新变化，不僵化守旧，以一种“日日新，又日新”的姿态挺立于它所应该出现的各种领域，完成它所担当的历史使命。

---

[1] 李翱:《复性书·中》，见《李文公集》，上海古籍出版社 1987 年版。

## 一、儒学与大一统政治的不解之缘

儒学作为一种政治伦理学说，自从西汉董仲舒提出“罢黜百家，独尊儒术”之后，就正式走向了历史的前台，成为历代统治阶级进行封建专制统治的重要工具，即使是在魏晋南北朝隋唐时期儒学处于衰微状态，统治者采取的统治策略仍是沿用了儒家的政治伦理思想，主流上一直是中国封建社会的统治思想与精神支柱。

儒学自其产生之日起，就以一种积极入世的姿态呈现于世人面前。遗憾的是，孔子生于春秋末期，当时的社会重霸道而轻王道，是一个政治权威失灵、道德规范缺失、文化传承断裂的时代。面对这样的残局，孔子创立了儒学，其初衷是想利用周朝的礼乐制度和文化为混乱的世道重新树立新的规范，以使社会秩序走上礼乐教化的坦途。所以，他删《诗经》、修《春秋》，提出了一系列伦理道德思想以规范社会秩序，强调为仁、修身、中庸、立德，并继续鼓吹王道政治。但孔子生不逢时，其思想也不为时用，虽然栖栖遑遑周游列国 13 年，自己的政治伦理学说仍被束之高阁。孟子继承孔子思想，提出仁义礼智四端，主张良知思想，可以说继承发展了孔子的衣钵，并且仿效孔子周游列国 20 余年，但在政治上仍是一无所获。荀子继承发展了孔孟，提出“隆礼重法”主张，“隆礼”没能成功，“重法”却取得了成效。随着战国的烟消云散和秦王朝的兴起，法治走上极端，礼制被抛诸脑后，这一方面酿成了秦朝短命的苦果，另一方面也为儒学的崛起奠定了思想上、政治上的基础。所以，在汉初 70 年的休养生息后，儒学在汉武帝的大力推行下，轰轰烈烈地登上了历史舞台，成为耀眼的思想明星。董仲舒提出的“三纲五常”大大充实了儒学的世俗政治教化内容，使儒学正式成为汉代的官方哲学和主流意识形态。

董仲舒“三纲五常”思想的提出，既发展了原始儒家学说，又满足了封建专制统治者的心态，同时也适应了时代发展的需要。因此，这一思想在当时充满了生机与活力，可以说是儒家学说创新发展的一个飞跃。这一飞跃，不但大大影响了中国封建专制政治的进程，而且也深入到华夏民族的血液之中，影响了中国社会2000多年。即使到现在，儒家思想的因子还深深地根植于人们的日常生活之中，影响着人们的思想和行为方式。

从历史上看，无论是汉代的经学、魏晋南北朝的玄学、隋唐的三教并立，还是宋元明清的理学，都与儒学有着千丝万缕的联系，并且儒学几乎始终发挥着主导作用。特别是在封建专制统治方面，儒学的作用更是不容抹杀。汉文化和汉民族之所以具有强大的融合力，主要是儒学发挥了中流砥柱的历史作用。这点也可以从中国封建社会历代王朝中的典章制度、朝纲礼仪等方面看出儒家思想的影响，因为无论是汉民族统治，还是少数民族入主中原，每一次封建政权的更迭，无不依据儒家经典来确立朝纲礼仪和典章制度，甚至于有关立国的诏书、告书、奏章等，都是以儒家经典为依据而制定确立的。除了三纲五常之外，儒家的忠孝之道也是历代王朝中整个社会所必须遵循的基本行为规范，即使在东晋门阀世家大族统治时期，经学凋敝，但礼学依然发展不衰；又如少数民族统治时期的北朝，也自觉地把儒家宗法制度移植于本民族，并受到高度的重视，在政治生活中发挥了重要作用。所以，著名哲学家汤用彤说："胡人入主，渐染华风。而其治世，翻须经术。"[1]胡人入主中原尚且需用儒家思想，何况汉人乎？正是儒家思想有补于世，利于维护社会的长期稳定，完全迎合了封建专制的口味，满足了封建统治的需要，符合封建社会统治阶级的长远利益，从而使得历代王朝都把它作为治国理政的法宝和圭臬。

## 二、儒学与政权力量的水乳交融

儒学在西汉登上政治舞台后，其在治国理政上发挥了无可替代的作用，不但成为封建社会的统治意识形态和巨大精神支柱，同时也是历代封建统治者的施政法宝和治国经典。儒家经典由汉代的五经，发展到唐代的九经，

[1] 汤用彤：《汉魏两晋南北朝佛教史》，中华书局1983年版，第381页。

又发展到宋代的十三经，就很好地印证了这一论断。

儒家经典不但成为封建统治者的治国理念和社会道德的标准规范，而且在隋唐科举制度发展之后，成为取士的重要考试内容。隋唐科举制度不但高度肯认了儒家学说的政治特性，而且通过考试儒家内容而录取庶族地主的知识分子加入政治官僚集团，使得封建政治结构发生了再编制，从而实现了儒家政治化和政治儒家化，达到了儒家思想和政治统治的密切联姻。尤其在宋以后，这种联姻愈来愈紧密，严重影响了中国封建后期社会长达700余年，直到封建社会的终结。

正是基于儒家思想在封建社会政治思想文化中的巨大影响，尤其是在封建社会的日常生活中的极大渗透，所以任继愈先生把儒家称为儒教。实际上，儒家学说不能称为严格意义上的宗教，尽管自汉高祖刘邦到曲阜祭孔，历代王朝不乏追随者，且在各地大建孔庙，进行春秋祭祀，但儒家依然脱离不了其政治伦理本色，与佛道二教具有根本性的区别。其巨大影响的根本性标志，不是使儒家成为正式的宗教，而是使得古代中国形成了“道德国家”的传统。

儒家思想的重心在礼乐教化，是道德说教，所以具有浓郁的说教色彩。周朝兴起的宗法制度，体现了家国一体的特色，并且对中国封建社会政治影响深远；周朝的“以德配天”的重德思想也为孔子所继承，以至于孔子发出“郁郁乎文哉，吾从周”的感叹。家国一体，体现的政治方式只能是以人治为主，所以有“德主刑辅”之说。而人治可以说就是礼治，就是德治，故而儒家提出的内圣之道自然受到追捧，因此三纲五常、三从四德等封建儒家伦理条目成为封建社会治国理政、人伦教化的鲜明特色，这是时代发展的要求，也是儒家思想和封建政治结合的需要，同时也是中国封建社会发展的历史必然。两千多年的封建社会发展历程已经充分证明了这一点。

## 三、儒学本身的自我改造与发展

儒家思想在其创立的初期，并不能为诸侯国的统治者所采纳，这主要是未能适应当时时代发展所致。在“王纲解纽，周礼不张”的乱世，武力是诸侯国立足的基础，王道伦理派不上用场，所以孔孟费尽口舌而不遂其愿也是正常的。汉代大一统政权建立后，特别是随着国力的增强和社会的稳定，武力已经不是国家政治的根本，意识形态问题则日益凸显，因此儒家在董仲舒等儒生吸收阴阳五行思想的努力改造中，获得了创新性发展，特别是董仲舒提出的天的至高无上论、天子论、天人感应论和君权神授论，把儒学进一步神话化，使之更加适应时代发展的需要和统治阶级的口味，故而自然而然地走上政治前台。这显然是儒家思想改造、更新的结果。

儒家思想之所以能影响中国古代政治长达两千多年，这也与儒学的自我更新能力密切相关。汉代经学发展是一个例证，宋明理学的形成更充分说明了这一点。汉代儒学经学化之后，由于统治阶级的腐朽，魏晋南北朝时期佛道发展的冲击，儒学进入了衰落期。尽管发展低迷，但儒学在社会政治生活中并没有完全被忽略，这也就为其日后的重新崛起埋下了伏笔。唐代儒佛道并立，甚至一度佛道压倒了儒学，但以科举出身的士子们，他们都是熟读儒家经典出身，难免有深深的儒学情结，所以即使在佛道大兴的年度，他们身肩的儒家道义精神也从来没有泯灭过。韩愈、李翱的反佛兴儒努力，柳宗元的立倡儒佛统合，都是复兴儒学的尝试，并且为五代宋初的儒学复兴发了先声。到宋初疑经思潮的泛起，加之庆历新政和熙宁变法，使得儒学的复兴成为必然趋势。但传统儒学属于政治伦理学说，缺乏佛道的高度思辨性，所以在思想领域的影响不及佛道。有鉴于此，宋代儒家士子积极吸收借鉴佛道思辨成果，将心性理论纳入儒学之中，大大提高了儒学的思辨性特点，使其成为真正意义上的思辨性哲学，抬高了其形而上地位。所以，儒学在宋代实现了华丽转身，形成了新儒学即理学。理学不但继承发扬了传统儒学的理论框架和基本结构，同时还吸收了佛道思想，进一步发展改造了儒学，使得儒学既具有政治伦理特征，又具有思辨哲学特征，达到了儒学发展的完善阶段，故而为宋以后封建统治者所崇尚和追捧，从而影响中国封建社会直至终结。这是儒学对外来思想吸收演化和自身结构调整、改造、更新的结果。

# 第二章 宋之前佛教与道教的发展与递变

佛教与道教是我国的主要传统宗教，距今已有近两千年的历史。佛教本源于迦毗罗卫国，由王子乔达摩·悉达多所创。后传入中国，经过许多代来华僧人的不懈努力，历经社会上层、底层的传播以及与中国传统文化的融合，佛教终于获得了它应有的地位，并在隋唐时期完成了佛教中国化的转变，正式成为中国人所认可的宗教。不仅如此，佛教还是一个体系庞大的哲学流派，包括了哲学、道德、文献、文学、艺术、科学和社会心理等诸多方面。道教则起源于汉代农民起义，起义军为了有充足的反对当政者的理由，他们在历数当政者统治弊端的同时，借用神仙方术和老庄的哲学思想为自己的起义开辟道路。虽然他们的起义失败了，这些神仙方术和道教哲学思潮的融合，却最终形成了我国本土的宗教体系——道教。无论是佛教还是道教，都包含了深邃的哲学思想，对宇宙、人生、体用、工夫、心性、伦理、思维方式等社会人生问题都作出了自己的解答，对国人的政治生活与世俗人生产生了重大影响。

# 第一节　汉魏南北朝时期佛教与道教的发展

佛教传入中国的过程并非一帆风顺，关于佛教初传如何进入中国，不同的学者有不同的看法。进入中国之后又遭遇许多问题，诸如：佛教应该以什么样的方式传播？佛经应以何种方式让社会大众接受？道教初期的创立发展是怎样的？在它漫长的发展岁月中，对中国古代的政治、经济、哲学、文学以及民俗、艺术等产生了什么样的影响？基于此，我们在研究宋代儒学内部结构调整的方方面面时，必须涉及佛教、道教对儒学的重大影响，且只有对此有通透的把握，才能够进一步深入宋儒的内心世界，一窥其“出入佛老、返于六经”之风采。然而，要想清晰明确地理解宋代佛教、道教与儒学之互诠互显，必须对宋代及以前之佛教、道教的发展概貌有一扼要了解，才能更好地把握这一主题。

## 一、汉魏南北朝时期佛教的发展与传播

### （一）东汉佛教之初传与发展

关于佛教正式传入中国的时间，存有多种说法，如南朝宋人宗炳说：“如来大慈之训矣，固亦既闻于三五之世也。”[1] 认为三皇五帝时期就有佛教的流传。梁人僧佑则认为，“大法萌兆，已见周初；感应之渐，非起汉世”[2]，认为西周时期佛教已经传入中国。一般的看法是在东汉明帝永平年

[1] 僧佑：《弘明集》卷 2，见《四库释家集成》上卷，北京同心出版社 1994 年版。

[2] 僧佑：《弘明集》之《后序》，见《四库释家集成》上卷，北京同心出版社 1994 年版。

间（58—75 年），来华的天竺僧人摄摩腾与竺法兰在洛阳白马寺译出了著名的《四十二章经》，这是我国最早的一部汉译佛经，也是佛教开始传入中国的标志。

佛教最初传入中国，影响并不大，在当时的中国人眼里，佛教同中土流行的天地鬼神、神仙方术、阴阳五行、谶纬神学等一样，都属于同一形态，甚至认为它属于道教的一支。公元 1 世纪到公元 3 世纪，中原地区有许多关于佛屠与神仙合一的艺术形象，如在河南孟津发现的东汉永元五年（93 年）“老子佛屠铜镜”等，就反映了佛教刚刚传入中土时的概略情况。

东汉时期，随着僧人如安世高、支娄迦谶等到达中土，佛经翻译日益繁荣。安世高系安息国的太子，自幼好学，知识渊博，出家后潜心佛学研习，以小乘禅学和阿毗昙见长。来到中国洛阳后，翻译出了《安般守意经》《阴持入经》《十二门经》《人本欲生经》等 30 余部佛教经典。僧佑对其给予了高度评价，认为“唯世高出经，为群译之首”[1]。安世高翻译的经文主要是禅数之学方面，是小乘佛教上座部的重要内容，相当于定、慧学说。《安般守意经》是安世高的重要译经，主旨是阐明数息观；安般守意相当于数息、止观，所谓数息就是控制呼吸，获得精神统一，专注观察无阴之苦。安世高在翻译时，为了适应时人的接受和理解，还与中国道家、道教的呼吸吐纳之术结合起来，大量使用了道家、道教的固有术语。这种和中国传统思想文化术语比附结合的翻译方式，对后来的佛经翻译产生了较大影响。例如，安世高在翻译佛经时，将佛教修行者称为“道人”，将修学佛教称为“修道”；将佛教的因果“业报”思想与儒道及民间流传的宿命观念混同，目的是让佛教思想利于汉地人接受和学习。

安世高的《阴持入经》是其另一部重要的译经，主旨是阐明五阴、十二入、十八界等概念，讨论佛教关于人生本质和意义以及生命解脱的基本判断、观念。

安世高的译经，作为早期传入的佛教经典，虽然有诸多不尽完满之处，

---

[1] 僧佑:《出三藏记集》卷 13，中华书局 1995 年版。

但他能将印度小乘佛教中的定、慧之学的基本内容介绍来中国，使得中国佛教发展获得了一个较高的起点。

支娄迦谶与安世高大约同时代人，他在翻译佛经方面也作出了积极的贡献。但是，与安世高不同的是，支娄迦谶主要在大乘佛教方面用力，以介绍般若思想为核心，是最早将大乘般若思想介绍到中土内地的佛教学者。其主要译著有《般舟三昧经》《般若道行经》《首楞严三昧经》等。《般舟三昧经》主要阐述大乘佛教的观想法，般舟三昧的意思是通过该经指导，进行一心念佛修行，由此可以见到十方诸佛立于眼前。此经后成为中国化佛教净土宗经典的先驱，深深影响了中国佛教的信仰意识。《般若道行经》是支娄迦谶的重要代表性译著，所谓般若，是指超越世俗认识而直接把握佛教真理的特殊智慧。其核心思想是般若空观。所谓空，是指一切法空，也就是说一切事物都是无独立、实在的自体，无恒常、主宰的自我。由于空观认为一切事物和现象均由因缘而起，是“缘起性空”，所以并非是“虚无”，而是一切事物的本质即“实相”是不可言说的最高真理。《般若道行经》还有多处出现“自然”的概念，以表达“真如”“真性”和般若智慧。真如或真性是指宇宙人生的最高真理，只可体悟而不可言说。支娄迦谶以中国传统文化中的“自然”概念与之对应，意在对真理的体悟重在顺其自然，所谓“般若波罗蜜，于一切法悉皆自然”[1]，意思是说一切法是自然，最高智慧也是自然，与先秦老庄思想颇为相似。在这里，支娄迦谶已经成功地将大乘佛教般若思想与中国文化进行了有效结合，对早期佛教学者融合中国文化与佛教思想多有启发意义。这也是佛教大乘般若思想在进入中国内地后能够为当时上层社会和知识分子阶层所接受的重要原因。到两晋时期，始终是中国佛教中的最重要的力量，名僧与名士在不断的交流中，不但推动了老庄思想的创新，也有力助推了佛教般若学的发展。

支娄迦谶的后继者如支谦在译经和传播般若学方面也作出了重大贡献，他翻译的《维摩诘经》即与般若空观相通，经中塑造了维摩诘式的完

---

[1]《高丽大藏经》编辑委员会编:《高丽大藏经》第 9 册,北京线装书局 2004 年版,第 430 页。

美的在家菩萨形象，提倡在现实世间的智慧解脱。而所谓的解脱即是心净，认为现实世间与佛国净土的差别不在外部，而在个人的自我意识即自心清净与否。潘桂明评价其为“这一观念的确立，有可能使佛教的修行简捷化，即把原来繁琐的累世修行变为个人思想的转化，其实际影响决不可低估”[1]。

《维摩诘经》以般若空观对待一切现象，把一切现象都视为相对的、无差别的，因而也就确立起“不二”法门，人们之所以存在认识上的差别，就在于未能“净意”，即没有获得自心清净。只要能做到一心清净，不论出家与否，都可成就佛道，这就从根本上解决了寺院生活与世俗生活的对立问题，化解了出家僧侣与在家居士的隔阂，从而克服了小乘佛教以家庭为牢笼的偏见，为佛教的人间化实现奠定了理论基础。也正因为如此，魏晋南北朝时期，社会上层和知识分子多以《维摩诘经》中的维摩诘为楷模，把维摩诘形象树为他们的崇高理想。

而另一位重要的译经家康僧会，也在译经事业中作出了突出贡献，如翻译的《六度集经》《旧杂譬喻经》等，既与安世高的小乘佛教有联系，又深受支谦大乘佛教思想的影响。康僧会在《六度集经》中，围绕儒家“仁政”和“仁道”进行编译和展开论说，并附以悲悯孝慈观念，这是康僧会以儒家学说对印度佛教的积极改造，其意义和影响十分深远。他不但贯通了儒佛两家的学说，而且还把佛教中的某些消极因素改造成为积极的精神，同时也有助于儒家学者进一步认识佛教思想，在佛教的中国化实现方面，康僧会可以说是迈出了重要而坚实的一步。

随着佛经的翻译，佛教也开始在皇族及上层士大夫阶层的少数人中产生影响。当时的信奉者大都以浮屠黄老并称，认为佛教和中国黄老之术差不多。如汉明帝在给楚王英的诏书里说：“又闻宫中立黄老浮屠之祠。”当代著名学者汤用彤也认为，“佛教在汉世，本视为道术之一种。其流行之教理行为，与当时中国黄老方技相通”。指出“《四十二章经》自称佛教为释道，为道法。而学佛则曰：为道，行道，学道。盖汉代佛教道家本可相通，而

---

[1] 潘桂明：《中国佛教思想史稿》第1卷，江苏人民出版社2009年版，第35页。

时人则往往并为一谈也”[1]。

整个东汉，佛教的传播依然缓慢，并没有非常大的突破。东汉末年，社会发生了巨大的震荡，两汉神学化的儒学受到怀疑，经学和明教思想受到批判，从而为佛道两教的传播创造了条件。这一时期思想界的特点表现为或儒道并重，或儒佛兼习。生活于汉末的牟子所著的《理惑论》就明显反映了这一时期思想界的发展特点。

在牟子看来，无论是佛家之道，还是道家之道，最终都是与儒家道德原则相适应的，如说：“立事不失道德，犹调弦不失宫商。天道法四时，人道法五常。”认为道之为物，“居家可以事亲，宰国可以治民，独立可以治身。履而行之，充乎天地；废而不用，消而不离”。儒佛两家“金玉不相伤，精魄不相妨”。对于来自儒家对佛教的诘难，如认为佛教是“夷狄之术”，僧人出家“不合孝道”“业报轮回”“妄说生死鬼神”等问题，牟子提出了自己的见解，认为“书不必孔丘之言，药不必扁鹊之方。合义者从，愈病者良。君子博取众善，以辅其身”[2]，对儒家批评者进行了尖锐批评。当然，牟子在理解佛教教义上，作为早期的佛教崇信者，由于时代原因，在许多方面存在着理解上的差异，特别是对于佛教教义的把握上，以及用儒道思想解释佛教思想上难免会有较大的偏差，但在《理惑论》中能够对儒佛道一视同仁，体现出了牟子恢弘的融合众家的思想气度和进步文化观，对佛教思想文化在中国的传播起到了积极的推动作用。

无论是佛教初传中土被作为方术思想对待，并且把佛陀和黄老同祀，还是早期佛教为了传播的需要而积极吸收儒道思想，都说明在早期的传播中，无论是佛教传入的思想，还是社会对佛教的容纳，都是处于初级阶段的。在以后的发展中，随着佛经的翻译和佛教思想的大量引入，佛教思想体系渐渐明朗，就会自然脱离黄老和方术的藩篱而自立门户；同时在其发展的过程中，愈加积极地吸收中土丰富的传统儒道文化来丰富完善自身，以提

[1] 汤用彤:《汉魏两晋南北朝佛教史》，上海书店出版社 1991 年版，第 120 页。
[2] 牟子:《理惑论》，见《中国佛教思想资料选编》第 1 卷，中华书局 1981 年版。

高自身的适应能力，从而为中国化佛教的形成开辟了更为广阔的道路。

### （二）魏晋南北朝时期佛教的传播和发展

佛教在中国的真正兴起是在魏晋南北朝时期。魏晋南北朝是我国历史上民族大分裂、社会大动荡和人民生活最为痛苦的黑暗时期。正是由于社会现实的黑暗、统治阶级的残暴和广大下层劳动人民生活的极端痛苦，从而为宗教的传播孕育了条件，滋生了土壤。另外，东晋统治阶级为了麻醉人民，也大力宣扬佛教，鼓吹佛教“内可以系心，外可以招功”。到了南朝时期，佛教发展日盛，影响更大。宋文帝刘义隆曾说：“六经典文，本在济俗为政，必求性灵真奥，岂得不以佛理为指南耶？”[1]梁武帝更是崇信佛教，他于天监三年（504年）正式宣布佛教为国教，并宣称：“道有九十六种，唯佛一道，是为正道；其余九十五种，皆是外道，朕舍外道，以事如来。”[2]梁武帝不但笃信佛教，把佛教定为国教，而且自己还多次舍身入寺为佛家弟子。可见其对佛教之推崇。在他当政时期，南方佛教香火达到鼎盛。

当时入主中原的北方部族首领对佛教的崇信也为佛教的传播创造了有利条件，如残暴的后赵石勒、石虎等就很尊敬僧人佛图澄，兴建佛寺800多所。佛图澄的弟子道安及其友人习凿齿等在襄阳归于前秦苻坚，苻坚高兴异常，说：“朕以十万师取襄阳，所得唯一人半，安公一人，习凿齿半人。”[3]后来，苻坚出兵征讨西域，意欲得鸠摩罗什，没有成功。到后秦姚兴，再次出兵西域，夺得鸠摩罗什，把他迎接到长安，以国师礼待之。至于北方部族首领采取何种办法得到高僧，我们姑且不加评论，但他们想得到高僧弘法的迫切性是显而易见的。

除了社会黑暗、统治阶级大力倡导外，佛教在这一时期能被中国人接受，还有其他重要原因。如葛兆光总结认为，信教者首先是为自己及父母祖先等祈福禳灾；其次是把这种美好的愿望扩大到芸芸众生；再次是进一

---

[1] 道宣：《广弘明集》卷1，明万历十四年丙戌吴惟明刻本。

[2] 梁武帝：《敕舍道事佛》，见《大正藏》第52册，台湾新文丰出版有限公司1996年版。

[3] 慧皎：《高僧传》卷5，陕西人民出版社2010年版。

步扩而大之，把宗教信仰与世俗政治连接在一起，为国家祈祷。[1] 长期战乱，人生无常，人们最易于将心灵寄予神灵保佑。而佛教教义恰好重视并宣扬灵魂转世，提倡积德行善、因果报应说，符合当时人们的心灵需要，易于取得民众的信服。汤用彤针对魏晋南北朝佛教的兴盛，亦指出了两点原因，一是佛教借助于方术进行传播，二是魏晋清谈的推波助澜，认为名教衰落，士大夫追求清谈，探求玄理，转而研究老庄之学，而玄学与佛教皆重无轻有，从而在一定程度上助推了佛教的发展与繁荣。[2]

在这一时期，佛教的兴盛主要体现在以下几个方面：

一是佛寺兴建规模大。佛教自东汉传入中土后，至魏晋南北朝时期迅速发展，如唐代诗人杜牧所描述的："南朝四百八十寺，多少楼台烟雨中。"少数民族政权尤为崇信佛教，以北朝的北魏为例，自高宗继位以后，佛教发展迅速，不仅在都市里有佛寺，而且在"诸州郡县，于众居之所，各听建佛图一区，任其财用，不制会限"。与之伴随的是大量僧侣的涌现，"至延昌（512—515 年）中，天下州郡僧尼寺，积有一万三千七百二十七所，徒侣逾众"。正光（520 年）以后，"略而计之，僧尼二百万矣，共寺三万有余"。[3] 天平元年（534 年）迁都邺城后，洛阳佛寺仍存四百二十一所。[4]

佛教在北方兴盛的同时，也在江南逐渐流传。梁朝武帝（萧衍）于天监三年（504 年）舍道奉佛后，开始提倡佛教。他不仅对佛教进行多次改革，而且还亲自为僧俗登坛讲经说法，亲自撰写佛学论著。如此还不够，自己又四次舍身同泰寺，其中大通元年（529 年），"群臣以钱一亿万奉赎皇帝"[5]。帝王尚且如此，信佛出家自然蔚成一时风气，甚至出现"竭财以赴僧，破产以趋佛"的社会现象。由于梁武帝舍身奉佛，大兴佛教，致使南朝佛教发展达到鼎盛阶段，计有僧尼八万二千七百余人，寺庙二千八百四十六

[1]《中国思想史》卷 1，复旦大学出版社 1998 年版。

[2] 汤用彤：《汉魏两晋南北朝佛教史》，上海书店出版社 1991 年版，第 134 页。

[3]《魏书・释老志》，中华书局 1974 年版（全八册本）。

[4] 杨炫之著，范祥雍校注：《洛阳伽蓝记》，上海古籍出版社 1978 年版。

[5]《南齐书》卷 54《顾欢传》，中华书局 1972 年版。

所[1]。

二是出家为僧者人数众多。佛教刚传入中土时，多被视为异端邪说而加以排斥。汉代时还明确规定，汉人不得出家为僧。后来魏国人朱士行出家，成为第一个出家为僧的汉人，以后剃度出家才逐渐合法化。北朝时的北魏文成帝重视佛教的发展，并下诏对出家予以鼓励："其好乐道法，欲为法门，不问长幼，出于良家，性行笃素，无诸嫌秽，乡里所明者，听其出家。"不管年龄大小，只要热心向佛，都可以出家，至于出家的人数，"率大州五十，小州四十人，其郡遥远台者十人"。[2]

三是开窟造像越来越多。佛教初传中国，立足未稳，传教说法成为主要宣传佛教的方式。随着佛教在内地的传播，其方式也愈加多样化，到东晋十六国时期，陆续出现了开窟造像。例如，著名的甘肃敦煌莫高窟即开凿于前秦，至今仍保存完好，被列入世界文化遗产；天水麦积山石窟创建于西秦、北魏，造像奇伟，壮观天地。北魏时期，统治者力倡佛教，开凿的石窟寺也较多，且规模宏大，以河南洛阳龙门石窟、巩县石窟，山西大同的云冈石窟最为著名。此外，还有庆阳北石窟、太原天龙山石窟、渑池鸿庆寺石窟、邯郸南北响堂石窟、广元皇泽寺石窟、义县万佛堂石窟、南京栖霞寺千佛崖石窟等，均开凿于魏晋南北朝时期。可见，这一时期石窟的分布之广、造像之众、佛教规模之盛，也从侧面体现了佛教的繁荣发展之势。

四是讲经之风盛行。魏晋南北朝时期，是中国佛教发展的重要时期，这一时期的一个最显著的发展特点，就是佛教经卷的汉译，如翻译的《摩诃般若波罗蜜多经》《光赞般若经》等，都影响很大。据唐代智升撰《开元释教录》的资料，三国至北齐时期，翻译佛经 1621 部，共 4180 卷。随着大量佛教经典的翻译，讲经活动也很快发展起来。不但名僧大德升坛讲经，阐扬教义，有些帝王也讲经说法，如南朝梁武帝萧衍就多次赴同泰寺讲经，

[1]《南史》卷 70，中华书局 1988 年版（全六册本）。

[2]《魏书·释老志》，中华书局 1974 年版（全八册本）。

听者达万人[1]。讲经的盛行，对于佛教在中土的传播影响深远，也为佛教的发展奠定了基础。

伴随着佛教的兴盛，佛教界的佛学思想也得到了迅速发展，并涌现出了著名的僧人，他们的佛学思想对后世产生了广泛的影响。如著名的佛学思想家道安、慧远、竺道生、僧肇等，都生活于这一时期。道安（312—385年），东晋时期的著名僧人，在戒、定、慧三个方面造诣颇深。他反对用“察句”“考文”之法研究般若经典，主张透过文句体会其精神。此外，由于当时盛行玄学，就难免受其影响，所以，道安思想中摆脱不了玄学“贵无论”思想的渗入，从他所主张的“无在元化之前，空为众形之始”即可看出这一端倪。道安主张“崇本息末”，认为万物的根本来自“空”“无”，也正因此，人们完全不必“滞在末有”，应回归到“宅心本无”之境，反映了道安的般若空观思想。

慧远（334—416年），东晋名僧。其思想主要收集在《弘明集》《广弘明集》和《出三藏记集》中。慧远在继承道安思想的基础上，提出了“法性不变”说，认为佛教的真如本体——“法性”是常住不变的、永恒的本体。在慧远看来，由于物质世界（包括人）产生于“真如佛性”，因而人生在世必须超出世俗的见解，脱离世俗的生活，通过宗教的精神修养，最后复归于“真如佛性”。这就是“得性以体极为宗”。如说：“反本求宗者，不以生累其神；超落尘封者，不以情累其生。不以情累其生，则生可灭；不以生累其神，则神可冥。冥神绝境，故谓之泥洹。”[2]“泥洹”是“涅槃”的旧译，意为“圆寂”，是佛教最高的理想境界，是一种绝对安静、无思无念的最高神秘精神状态。慧远在这里是说，把追求“真如佛性”作为最后归宿的人，才不会以生死牵累他的精神；能超脱尘世与世俗生活的人，才能不受爱憎之情的牵累。如果有了这种宗教精神修养，生命可以抛弃，精神得到超升，达到“冥神绝境”，也就进入了“涅槃”境界。

---

[1]《梁书》卷1《本纪第一》，中华书局1973年版（全二本）。

[2] 慧远：《沙门不敬王者论》，见僧佑《弘明集》卷5，上海古籍出版社1991年版。

关于形与神的关系问题，慧远为了维护佛教的立场，对形神同灭的观点进行了批驳，根本的论点是把“神”神秘化，指出：“夫神者何邪？精极而为灵者也。精极则非卦象之所图，故圣人以妙物而为言。虽有上智，犹不能定其体状，穷起幽致。”[1]“神也者，圆应无生，妙尽无名，感物而动，假数而行。感物而非物，故物化而不灭；假数而非数，故数尽而不穷。”[2]明确指出了神不是具体的物或精气，而是精神性的东西，这种精神又能够感应外物，可以脱离形体而独立存在。他举薪与火为喻，说火可以从此薪传到彼薪，神如火一样，也可以从此形传到彼形，如说：“请为论者验之以实：火之传于薪，犹神之传于形。火之传异薪，犹神之传异形。前薪非后薪，则知指穷之术妙；前形非后形，则悟情数之感深。惑者见形朽于一生，便以为神情俱丧，犹睹火穷于一木，谓终期都尽耳。”[3]慧远形神相异的神不灭论，为佛教徒宣扬三世轮回的因果报应论提供了理论依据。

慧远的因果报应思想主要体现在他的《三报论》《明报应论》等著作中，旨在说明因果报应的存在。慧远认为，人生在世，“无明为惑网之渊，贪爱为众累之府。二理俱游，冥为神用。吉凶悔吝，惟此之动。无明掩其照，故情想凝滞于外物；贪爱流其性，故四大结而成形。形结则彼我有封，情滞则善恶有主。有封于彼我，则私其身而身不忘。有主于善恶，则恋其生而生不绝。于是甘寝大梦，昏于所迷；抱疑长夜，所凝惟著。是故失得相推，祸福相袭。恶积而天殃自至，罪成则地狱斯罚。此乃必然之数，无所容疑矣！”意思是说，人生致惑的根源在于自己的无明和贪爱，“本以情感而应自来，岂有幽司？”[4]本没有什么外来的主宰者，是自身情感活动招致的。“罪福之应，唯其所感，感之而然，故谓之自然。自然者，即我之影响耳！”所以他得出结论说：“因情致报，乘感生应。”[5]

---

[1]《弘明集》卷5《沙门不敬王者论》，上海古籍出版社1991年版。

[2]《弘明集》卷5《沙门不敬王者论》，上海古籍出版社1991年版。

[3]《弘明集》卷5《沙门不敬王者论》，上海古籍出版社1991年版。

[4] 慧远：《明报应论》，见僧佑《弘明集》卷5，上海古籍出版社1991年版。

[5] 慧远：《明报应论》，见僧佑《弘明集》卷5，上海古籍出版社1991年版。

因果报应是必然的，但慧远认为，报应有快有慢、有先有后，如说："经说业有三报：一曰现报，二曰生报，三曰后报。现报者，善恶始于此身，即此身受。生报者，来生便受。后报者，或经二生、三生、百生、千生然后乃受。受之无主，必由于心。心无定司，感事而应。应有迟速，故报有先后。先后虽异，咸随所遇而为对。对有强弱，故轻重不同。斯乃自然之赏罚，三报之大略也。"[1] 当世就受报，叫"现报"；有的来世受报，叫"生报"；有的要经过二生、三生，甚至百生、千生，然后受报，叫"后报"。一世就是一个轮回，只要不去掉"无明""贪爱"等世俗的感情，就永远不能超脱"轮回"，生生世世摆脱不了现实世界的种种烦恼。

竺道生着重宣扬涅槃佛性义和顿悟说，并发明"善不受报""无生可杀""一阐提人皆可成佛"的理论，对佛教哲学的中国化作出了一定的贡献。为了弘法，传播佛教，道生还提出了不拘佛经文字的观点，他说："自经典东流，译人重阻，多守滞文，鲜见圆义。若忘筌取鱼，始可与言道矣。"[2] 认为"性者，真极无变之义也。即真而无变，岂有灭邪？今言灭是法，性盖无所灭耳"[3]。在道生看来，"即真而无变"的"佛性"是内在于人的"本性"之中的，因而"涅槃"也不在现世之外，而是在于生死流转的现实世界之中。

佛教中的顿悟是指一种证悟成佛的步骤和方法，这种方法不需要长期按循序渐进的次第修习，一旦把握了佛教的真谛，就会突然觉悟而成佛。真正创立顿悟说的就是竺道生，他强调佛性人人"本有"，"苟能涉求，便反迷归极"，"理妙为善，反本为性"。[4] 所以，成佛并不困难，去"迷"反"本"，就可以"顿悟成佛"。道生认为，"悟"属于"见解"，即通过神秘直观获得的直接性的觉悟。因为把握"真如""佛性"，只能一次完成，即所谓"顿悟"。这是认识中的飞跃。

竺道生的这些思想，由于其弟子道攸、法瑗等人的弘扬传播，影响很大，

---

[1] 慧远：《三报论》，见僧佑《弘明集》卷 5，上海古籍出版社 1991 年版。

[2] 慧皎：《高僧传》卷 7《本传》，陕西人民出版社 2010 年版。

[3]《涅槃经集解》，见《大正藏》卷 37，台湾新文丰出版有限公司 1996 年版。

[4]《涅槃经集解》，见《大正藏》卷 37，台湾新文丰出版有限公司 1996 年版。

并被以后禅宗所继承和发挥，对唐以后中国哲学的发展产生了深远影响。

僧肇（385—414 年），在协助鸠摩罗什译经、讲学中，发挥般若空宗义旨，融合了佛学和玄学，建立了中国化的般若空宗的哲学体系。可惜其英年早逝，但其作为中国化佛教哲学体系重要奠基人的地位毋庸置疑。

僧肇最著名的观点是不真空论，“即万物之自虚”，是僧肇不真空论的根本观点和核心命题。僧肇认为，“即万物之自虚，故物不能累其神明”，“圣人之于物也，即万物之自虚，岂待宰割以求通哉？”既然万物自虚，外物存在本身就是虚假不真，人们又何必去划分有无呢？还是圣人最聪明，“是以圣人乘千化而不变，履万感而常通者，以其即万物之自虚，不假虚而虚物也”[1]。僧肇认为，这就是般若空观的真实含义。

佛教所追求的是一个永恒不变的“极乐世界”，但现实世界却是生生不灭、变动不居的，显然两者存在着突出的矛盾。如何解决这一矛盾，对于佛教的发展具有非常重要的作用。僧肇撰写《物不迁论》来探讨事物的动静关系，他指出，生死、寒暑、去来、古今等现象，在一般世俗的人看来，都会认为是动的现象，而他认为不是这样，他说：“何者？《放光》云：‘法无去来、无动转者。’寻夫不动之作，岂释动以求静，必求静于诸动。必求静于诸动，故虽动而常静。不释动以求静，故虽静而不离动。然则动静未始异，而惑者不同。缘使真言滞于竞辩，宗途屈于好异。所以静噪之极，未易言也。”僧肇认为，不是离开动和变去追求静和常，而是动中有静，变中有常，应把动和静、变和常结合起来观察。这种认识包含有辩证思维的因素。

僧肇的哲学思辨尤其是关于动静关系的论述虽然带有诡辩的性质，却揭示了物质运动与时空的关系，运动与静止、变与不变的矛盾，事物运动的连续性与间断性的矛盾，等等，从而在丰富佛学思辨性的同时，大大推进了人们对物质世界运动认识的发展。这是具有积极意义的。

般若是佛教区别于一般人智慧的所谓最高智慧。僧肇认为，般若之所

[1]《不真空论》，见任继愈《汉唐佛教思想论集》附录，人民出版社 1988 年版。

以是最高智慧，就在于它是“无知”，也正是因为无知，所以故能无所不知。僧肇通过《般若无知论》对般若无知而无所不知进行了深入探讨，认为般若虽虚静，但能洞察；真谛虽无相，却可鉴知。这种特殊的认识，就其能辨真谛之实相，不能说是无知；就其所鉴之真谛是无相，又不能说是有知。“知而无知”“无知而知”，在不知中达到最高的知，就是般若对真谛的观照所得到的真知。很显然，僧肇的般若无知论带有一种神秘主义的色彩。

### （三）从“格义”看佛学与中国哲学文化的早期结合

两晋南北朝时期，佛教翻译得到了更大发展，这一时期的佛经翻译大师主要仍是西域的僧人，如两晋时期的竺法护、安法钦、强梁娄至、佛图澄、鸠摩罗什以及南北朝时期的昙摩流支、菩提流支、佛陀扇多、求那跋摩等，这些僧人都深受佛教的熏陶，具有很高的佛学造诣。他们来到中土后，翻译佛经，传道授业，对于佛教在中国早期的传播与发展作出了重要贡献。可以说，两晋南北朝时期的佛教传播与发展主要得力于这些僧人对佛经的翻译。为了能使翻译的佛经让中土人士接受并理解，以利于佛教的落地生根，两晋南北朝时期的翻译家采用了一种“格义”的方法，以中国传统哲学尤其是道家哲学的概念与印度佛教的概念作比附进行翻译，以方便于以中国传统思想文化为背景的人们理解和接受。事实证明，尽管这种方法还存在着诸多弊端，但在当时佛教初传的历史情况下，其还是较为便捷有效的。

“格义”在西晋时由竺法雅确立并采用。当时之所以选取“格义”方法，主要是由于中印两个民族的文化思想和思维方式存在较大差异。为了弥合这种差异所造成的对佛教思想理解上的困难，佛经翻译家就采取以儒道思想比附的方式，将佛教的某些概念儒道化，从而易于为人们理解与接受。比如在最初的佛经翻译中，僧人们就以中国固有的名词概念、思想方式来对佛经译文进行调整和变通。从严格意义上讲，从佛教的最初传入开始，翻译佛经的“格义”之门就随之打开了。

佛图澄是西晋时期的佛学大师，他在解说佛学时主要就是运用“格义”的方法，以道家术语和儒家思想来解说佛经。事实上，自汉代道教形成以后，由于两汉神学目的论思想的泛滥以及浓厚的巫术文化背景，道士们往往通过符咒、占星、治病、禳灾、祈福等来吸引信徒群众，并且取得了良好效果。因此，佛教徒为了更好地传播佛教，也效仿道教的做法，在传教过程中通过看病、预卜吉凶祸福或附会道术等来接近、影响俗众。如高僧安世高、康僧会等都是如此。

"格义"之法主要用于对佛典的翻译，在翻译过程中造就出了一大批著名的佛经翻译家。如汉魏时期的安世高、支娄迦谶、支谦、竺法护以及三国时期的康僧会等，都是用"格义"方法翻译佛教的著名翻译家。

汉桓帝时代，著名的安息国僧人安世高在翻译佛教经典时，由于很难在中国哲学概念中找出与此完全对应的词语，于是就以中国传统的"五行"对应佛教的"五蕴"等，具有明显的"格义"倾向。

另外，与安世高同时至中国传法的支娄迦谶，也借用道家思想来传播般若学。他在翻译大乘般若学时，由于般若学讲无相无生，与道家的无名、无为十分相似，所以在译经过程中多借用道家的"无"附会佛教中的概念，以便于俗众更好地接受和理解。如支娄迦谶在翻译《般若道行经》时，就采用了"本无"二字，这也即是后来所谓的"真如"。如此等等，不一而足。

三国时的康僧会对儒家和佛教经典都很精通，他在翻译过程中，继承安世高一系的说法，把"无我"译为"非身"，以灵魂不灭论来解释佛学，认为俗众的肉体虽有生死，但精神却能常在。这种翻译方法，虽然存在一定缺陷，但却简便地解决了佛学理论中的矛盾，如说："夫有必空，犹如两木相钻生火，火还烧木，火木俱尽，二事皆空。往古先王、宫殿、臣民，今者磨灭，不睹所至，斯亦空也。"还说："夫身地水火风矣，强为地，软为水，热为火，息为风。命尽神去，四大各离，无能保全，故云非身矣。"[1]

从思想史发展的历史进程可以看出，任何一种新的思想学说向异域的渗透，首先就必须适应所渗透地民族的心理习惯。佛教在中国的传播亦是如此。为了使佛教理论能够符合中国流行的学术观念乃至整个

[1]《出三藏记集》卷6《布施度无极章》，中华书局1995年版。

文化思想，并能够被中国人所接受，在佛教进入中国的最初阶段，特别是在佛教经典的翻译过程中，只能把佛学概念与中国固有的道、儒学术概念相比附、相对应进行翻译，从而使得晦涩难懂的佛经意旨能够被人们理解、吸纳接受，佛教也因此才能渐渐在汉地生根发展。“格义”之法的采用，对佛学与中国哲学的交互影响具有重要意义。汉魏以来直到西晋，佛教翻译多采用比附方式。到了东晋，以道安等为代表的僧人看到了“格义”方法在翻译佛经中所表现出的不够确切性，特别是不能完整准确地涵括佛学真义。为了寻求中国文化与印度佛教更深广的融合，开始转向以当时的时代思想倾向解说佛理，表现出佛学与中国哲学的相互影响和初步融合。

自西晋至南北朝，主要是佛教翻译时期，佛教的影响尽管有所扩大，但也多是在社会的上层。而这一时期，儒道思想结合而生的玄学正当风靡，因此佛教的影响多体现在佛学理论上，而少有抱其信仰入庙为僧的。魏晋玄学是中国思想史上儒道思想第一次合流的结果，之所以称为玄学，主要是由于这一思潮以老庄思想和儒家的易经思想相融合而成，先后出现了四大流派，即何晏、王弼等主张的“贵无”论，裴頠一派的“崇有”论，向秀、郭象等人折中前两者而提出的“独化”论，以及阮籍、嵇康的“越名教而任自然”。由于这些流派的思想主题与佛教的般若学理论非常相近，所以一些高僧大德就借用玄学中的某些概念与佛教中的概念相比附，在推动佛教传播的同时，也大大促进了佛教般若学与魏晋玄学的深度结合，这也是魏晋南北朝时期思想界的一个重要发展特点。

早期的般若学说主要是宣扬“法我两空”，认为世界的本质只是虚幻的存在（真如实相），它通过对主体和客体的“自性”的否定，以体认“真如”境界。代表性著作主要是支娄迦谶所译的《般若道行品经》《般若三昧经》等。而老庄哲学里的“无”是指宇宙的本源或本体，这显然与般若学宣扬的“真如”在性质上是完全不同的，这一点也是老庄道家后继者玄学家们所明了的。但般若学的深刻思辨性还是大大吸引了玄学名士，受到了当时士大夫们格外的青睐。名僧以“格义”之法融合玄佛，而玄学名士则据玄学谈论佛理，二者相互激荡，汇成了魏晋南北朝时期佛玄合流的思潮。如东晋孙绰作《道贤论》，以七名僧与玄学家竹林七贤相比拟；僧人支孝龙与名士阮瞻、庾凯并结知音之友；法汰的两位弟子昙一、昙二不但“博练经义”，而且“善《老》《易》”(《高僧传·法汰传》)；道安借助中国传统文化思想和老庄玄学语言概念解释和发挥佛教教义，其以无为本的思想显然受到何晏、王弼贵无思想的影响；支遁提出“即色游玄”说，在人生观上主张逍遥自得，与玄学家郭象的“独化于玄冥之境”相近似；道安的弟子慧远讲解经论时常引用《庄子》等书来触类旁通，说明事理。这些都说明“格义”之法的流行，同时也说明这时的“格义”有了新的发展和新的意义。

“格义”之法不但深深影响了佛教与中国传统思想文化的交流互动，而且还对中国化佛学的形成起到了重要的开启作用。

魏晋南北朝时期，佛经翻译家运用“格义”方法翻译解析佛教经典，在繁荣佛经翻译事业的同时，不但增强了人们对外来佛教的文化心理认同，而且大大强化了佛学与中国文化的共同性，对于佛教在中土的传播和发展有着深远的历史影响。

## 二、汉魏南北朝时期道教的发展及影响

道教是我国土生土长的、以先秦道家思想为主导的，吸收融合儒家、阴阳家甚至原始巫术、占卜内容而逐渐形成的一种本土宗教，迄今已有1800多年的历史。

据学界公认的观点，道教作为正式的宗教团体，始于东汉末年的“太平道”和“五斗米道”。魏伯阳的《周易参同契》则为后世道教的丹道思想奠定了重要基础。

汉末，朝廷腐败、宦官专权，农民纷纷揭竿而起，他们渴望有一种天下太平、万民平等的思想来为起义作理论指导，以《太平经》为基本教义的“太平道”便应运而生。创始人张角以《太平经》中所描绘的人间盛世为蓝本展开其美好社会的论证，他以此为前提为起义者谋划了“致太平”的理

想蓝图。《后汉书·皇甫嵩传》曰："初钜鹿张角自称大贤良师，奉事'黄老道，蓄养弟子'跪拜首过；符水呪说以疗病，病者甚愈，百姓信向之。角派遣弟子八人使于四方，以善道教化天下，转相诳惑，十余年间，众徒数十万，连结郡国，自青、徐、幽、冀、荆、扬、兖、豫八州之人无不毕应。"可谓盛况空前。

太平道的基本经典是《太平经》，原名《太平清领书》，计 170 卷，卷帙浩繁，非一人一时所作，其内容涵盖宇宙起源、社会人生、宗教巫术、道德伦理、政治制度等。《太平经》认为，宇宙中并非只有人间一个生活空间，它借鉴《庄子》，将其中的神人、真人进一步划分，编制出天上神仙的官级品位，并向人间的人许诺，如能一心向善便可得道成仙。还认为人生活在世间，要加强自身修养方能保住他的精气神。

五斗米道，据《三国志·魏书·张鲁传》注引《典略》记载："熹平中，妖贼大起，三辅有骆曜。光和中，东方有张角，汉中有张修。骆曜教民缅匿法，角为太平道，修为五斗米道。太平道者，师持九节杖为符祝，教病人叩头思过，因以符水饮之，得病或日浅而愈者，则云此人信道，其或不愈修法略与角同，加施静室，使病者处其中思过。又使人为奸令祭酒，祭酒主以老子五千文，使都习，号为奸令。为鬼吏，主为病者请祷。请祷之法，书病人姓名，说服罪之意。作三通，其一上之天，著山上，其一埋之地，其一沉之水，谓之三官手书。使病者家出米五斗以为常，故号曰五斗米师。实无益于治病，但为淫妄，然小人昏愚，竞共事之。后角被诛，修亦亡，及鲁在汉中，因其民信，行修业。遂增饰之，教使作义舍，以米肉置其中，以止行人。又教使自隐，有小过者，当治道百步，则罪除，又依月令，春夏禁杀；又禁酒。流移寄在其地者不敢不奉。"这一记载简略地讲述了五斗米道的发展过程。

五斗米道的经典为《老子想尔注》，据考证作者为后期教主张鲁，是他为《道德经》所做的注解。在此书中，张鲁以解释《老子》的方式提出了自己对这个世界的认识，并对五斗米道的相关规章制度作了理论论证。此外，《老子想尔注》与老庄思想的最大不同在于对儒家思想的认同。众所周知，老子对儒家学说的批判极尽能事，诸如“绝仁弃义，民复孝慈”等，但《老子想尔注》将此句解释为“人为仁义，自当至诚，天自赏之……诈为仁义……绝之勿赏，民悉复孝慈矣”。可见它对儒家的礼仪道德比较认可，这也是五斗米道最后没有像太平道那样被镇压而被收编的原因之一。

除此之外，魏伯阳及其金丹道也影响很大。

魏伯阳所著《周易参同契》借用了汉代易学卦气说的相关内容，把整个宇宙当作一个熔炉，把四时五行、宇宙万象作为药物，参同“大易”“黄老”“炉火”三家之理而归于一体，比较详细地阐明了炼丹的原理和方法，可谓道教系统论述炼丹的最早经籍。

《周易参同契》写作方法比较奇特，多采用“寓言借事，隐显异文”的方法，运用很多卦爻、天文律历和图谶的符号，以言炉火炼丹之事。炼制“还丹”共分三变，三变后丹鼎上部所得到的红色物质即是“还丹”，用现代的说法就是氧化汞。在阐述炼丹术的过程中，魏伯阳还根据一些化学变化的现象，指出炼丹过程是“自然之所为”，物质发生变化是自然界的普遍规律，而“非有邪伪道”。非但如此，他还用阴阳五行学说解释炼丹术现象，认为“五行错王，相据以生”导致万物的产生和变化，这些都是自然界存在的基本现象。

总之，东汉末期早期道教共同的渊源是黄老道，后分为三支，一为张角的太平道，主要经典为《太平清领书》。后因酿成黄巾起义，遭朝廷讨伐，受到严重打击，逐渐在历史上销声匿迹。一为张鲁的五斗米道（亦称天师道），其秘籍有《老子想尔注》和《太平洞极经》。后来归顺曹操，故五斗米道得以继续流传，以后遂被视为道教的正统。另一支则为魏伯阳的金丹道，其主要经典即《周易参同契》，形成了道教追求长生、炼丹的传统，奠定了后世道教丹鼎派的理论基础。

历史进入魏晋南北朝时期，这是道教发展史上的一个重要时期，也是道教逐渐走向成熟、定型，为官方所认可的重要阶段。这一时期，道教经过分化与改革，逐渐发展成为一种成熟的正统宗教，并得到了统治者的官方承认。

### (一)道教的北传与分化

曹魏时期，太平道随着黄巾起义被镇压而濒于灭绝的境地，五斗米道也在遭受重创后归顺曹魏政权，后按朝廷要求一部分留居原址，一部分来到今河南、河北一带暂时安置。曹魏政权在看到汉末农民借用宗教发动起义的巨大威势之后，对此时现存的各种宗教教派和团体，既想利用，又害怕其扩大势力与地盘，便对它们采取了两手政策，既限制、镇压，又进行利用和改造。如曹操将如左慈、甘始、郄俭等社会上有一定影响的术士召集到身边，并授予官职，同时也暗中支持贵族阶层加入道教组织以加强控制。这一政策促使道教发生了分化，形成了神仙道教和民间道教两个教理教义差别巨大的宗教集团。此时，由于太平道已灭，而社会下层信奉五斗米道的教徒信众越来越少，贵族成为主要信众，社会地位日益提高，入会方式也发生改变。五斗米道在魏晋时便发展为以外丹修炼为主要方式、以追求长生为宗旨的神仙道教。阐述此一时段道教的传播与分化过程的情状与特点，对我们了解此时道教的发展非常有意义。

首先，巴蜀汉中五斗米道的兴起、传播与北迁。

五斗米道创立于东汉熹平二年(173 年)，原名天师道，创立者为张陵。张陵死后传其子张衡，张衡又传张鲁。到张鲁时，五斗米道正式成为有影响的宗教派别。

张鲁治理五斗米道采取的是政教合一的方式，他建立了等级严明的官阶制度,如祭酒或治头大祭酒等,最高首领则由张鲁自己担任,称为“君师”。其统治注重教化，要求信徒在社会中以行善为目标，多做好事，不做坏事，即使信徒因特殊原因做了恶事或犯了法，则要详细问明原因，经各级官员层层审讯，确实无法原谅、十恶不赦，然后才行刑。不仅如此，他还经常扶贫济弱。据《三国志》载：张鲁在其境内创立义舍，设置义米肉，行路者量腹取足；若过多，鬼道则病之；又不置长吏，皆以祭酒为治，民夷便乐之[1]。在他的统治下，四川境内的生活环境明显好转。

由于太平道以武犯禁，统治者对太平道一直采取的是严厉打击禁止的态度，如曹植《辨道论》中说："世有方士，吾王悉所招致……集之于魏国者，诚恐斯人之徒，接奸宄以欺众，行妖慝以惑民。"[2]包括一些以神仙方术为生的个别团体，曹操也想方设法加以控制，防止他们聚众闹事，甚至发动武装起义。曹魏政权在控制了汉献帝之后，试图发兵一举攻灭蜀汉和东吴两国，暂时无暇顾及张鲁五斗米道在四川的发展与壮大。但是，建安十三年（208年）赤壁战败后，曹操一时无力吞并孙权与刘备，便着手巩固内部，遂于建安二十年（215年）出兵汉中，张鲁很快投降，五斗米道按照指令北迁，到曹魏时期正式改名为天师道，信徒们虽继续发展，试图壮大规模，但离开发源地非常遥远，原有的组织体系被拆分得七零八落，加之曹丕代汉后，对所有的卜筮、巫术行为都严加控制，防止农民起义借此机会东山再起，所以天师道的传播必然大不如前。黄初三年（222年），魏文帝曹丕下诏："告豫州刺史，老聃贤人，未宜先孔子……汉桓帝不师圣法，正以嬖臣而事老子，欲以求福，良足笑也。此祠之兴由桓帝……恐小人谓此为神，妄往祷祠，违犯常禁。宜宣告吏民，咸使知闻。"明确禁止民众聚会参拜老子。两年后曹丕又下诏："叔世衰乱，崇信巫史……自今，其敢设非祀之祭，巫祝之言，皆以执左道论，著于令典。"[3]这些严厉的惩处措施，对天师道的发展壮大极为不利。实际上，在曹丕之前，朝廷不支持也不反对的政策下，北迁的天师道一直都在发展和扩大信众。只不过张鲁死后失去了统一领导，教徒们群龙无首，又想方设法争夺教内权力，所以出现了混乱状况。《正一法文天师教戒科经》中《大道家令戒》与《阳平治》二篇（《正统道藏》之《洞神部戒律类》），正反映了这种状况。

其次，巴蜀地区天师道的继续传播。

张鲁战败后，虽然天师道北迁，但生活于巴蜀地区的道民并未迁移，

---

[1]《三国志》卷8《张鲁传》，中华书局1959年版。

[2]《三国志》卷29《华佗传》，中华书局1959年版。

[3]《三国志》卷2《文帝纪》，中华书局1959年版。

只是组织随之涣散。西晋武帝时，巴蜀地区出现了陈瑞领导的天师道教团。据《华阳国志》卷 8《大同志》载："瑞初以鬼道惑民，其道始用酒一斗，鱼一头，不奉他神，贵鲜洁。其死丧、产乳者不百日不得至道治。其为师者曰祭酒。父母妻子之丧不得抚殡入吊及问乳病者。后转奢靡，作朱衣、素带、朱帻、进贤冠。瑞自称天师，徒众以千百数。"咸宁三年（227 年）春，益州刺史王濬杀了陈瑞及祭酒袁旌等，并下令焚毁山川神祠，禁止民间巫祀。[1]这无疑对巴蜀的天师道是一次沉重打击。尽管如此，巴蜀的天师道仍在继续发展。晋穆帝永和三年（347 年），蜀中故将邓定、隗文等起兵，立范长生之子贲为帝，"以妖异（即天师道）惑众，蜀人多归之"[2]。直至永和五年（349 年）四月，东晋大将周抚、朱焘出兵击斩范贲[3]，天师道方随之衰落。

（二）道家哲学思潮向道教哲学思想的转变

道家在先秦各学派中，虽不如儒墨显学的地位崇高，但道家思想以其独有的宇宙观、价值论和对人生社会的看法而在思想史上彰显了它的独特魅力。司马谈《论六家要旨》中说："道家使人精神专一，动合无形，赡足万物。其为术也，因阴阳之大顺，采儒墨之善，撮名法之要，与时迁移，应物变化，立俗施事，无所不宜，指约而易操，事少而功多。"[4]

老子是道家学派创始人，存世有《道德经》，对中国哲学发展具有深刻影响。在道教中又被尊为道教始祖。他提出的"道"是一个终极的价值根基，融合了形上与形下的特征，既是产生世界万物的本源，又是社会人生时时处处都能体现的规律与法则，它无形无象，无法琢磨，却又无处不有，用一句话来概括便是"道法自然"。

庄子系道家学说的主要创始人之一，他继续发展了老子的"道论"，并进一步提出了对"道"的认识方法——心斋与坐忘，其哲学思想大体可归

[1]《华阳国志》卷 8《大同志》，中华书局 1985 年版。

[2]《资治通鉴》卷 97"晋穆帝永和三年"，中华书局 1976 年版（全二十册本）。

[3]《资治通鉴》卷 98"晋穆帝永和五年"，中华书局 1976 年版（全二十册本）。

[4] 司马谈：《论六家要旨》。

纳为以“逍遥”为宗的人生观、“万物齐一”的认识论，这种对世界的奇特认知方式，为后世学者留下了一笔宝贵的财富。

黄老道家是除老庄学派之外道家的最大分支，因推崇黄帝和老子而得名。它主张虚无为本、因循为用。

到东汉时，一些方士把黄老学与神仙长生、谶纬符箓等方术杂糅在一起，视黄帝、老子为神仙，形成原始道教。所以，道教产生之初，思想上便存在着杂糅的特征。

道家哲学思潮向道教哲学思想的转变，是历史发展的必然。这主要是通过以下三个方面的转换而完成。

其一，早期道教在继承前期道家哲学与神仙方术的基础上，以“道”为价值本源，对长生成仙等人们梦寐以求的理想给出尽可能具有说服力的理论阐释，以建立自己的神学思想体系。如《老子想尔注》和《太平经》等道教名著，都将“道”作为宇宙的最高本体，但又与老庄之“道”有本质的不同。道教的道已被人格神化了，诸如《太平经》说：“天者，为神主、神灵之长也”，“天君日夜预知，天上地下，中和之间，大小乙密事，悉自知之”。认为天君是无所不知的最高神，显然已经完全不是那个先天地生、无形无象的“道”了。道教对“道”的神化改造，无疑符合东汉末年社会底层绝大多数人的心愿，故而能够在当时社会中广为流传。

其二，道教学者不仅将原始道家的“道”神化，而且还创立了丰富多彩的神仙制度。他们汲取战国以来神仙、鬼神传说的精华，加上对黄老之学养生理论的崇尚，以及占星术、谶纬学说的流行，创立了神仙制度。到了东汉，道家哲学思潮的无为因素逐渐消退，代之以人为和神仙色彩。此时的老子经典解释著作《老子道德经河上公章句》中对《老子》的解释与《老子》文本已有很大不同，如对“及吾无身，吾有何患”的注为：“使吾无有身体，得道自然，轻举升云，出入无间，与道通神，当有何患？”原本的意思是如我没有了这个形体，我还有什么忧虑呢？但在《河上公章句》中却将没有身体解释为仙人之体，可以上天入地，无所不在，与鬼神相通。所以，人的最好归宿是得道成仙，而不是没有形体。这应该是道教思想的萌芽。

《太平经》则对人们所幻想的虚无缥缈的神仙境界进行了细致描述："天上积奇方仙衣，乃无数亿也"，"天上积仙不死之药多少，比若太仓之积粟也，仙衣多少，比若太官之积布白也；众仙人之第舍多少，比若县官之室宅也"，"天上有官舍邮亭以候舍……天上官舍，舍神仙人。地上官舍，舍圣贤人"。[1]当然，这种仙境事实上是不存在的，可为什么《太平经》的作者还是用大量篇幅不厌其烦地论证呢？其根本原因还在于生活处于困苦中的人对美好生活的向往，道教因此信徒众多。而道家思想虽然也对美好生活作出过描述，但因其缺乏对未来世界的认同，而现世中的生活又达不到那样一个程度，比起道教对神仙体系的描绘来说，吸引力则大大降低。

早期道教经典不仅对美好生活的状态作出极尽能事之描述，还对人们最关心的问题——生命的长短作出令人羡慕的回答，如《老子想尔注》用推演的方法从理论的高度指出："天能久生，法道故也。人法道意，便能长久。"在任何时代、任何阶层，长生久视都是每一个人的理想，而《老子想尔注》简单的几句话便吸引住了大多数人的眼球。所以，在此种社会情状之中，道家哲学的内容不得不发生转变而成为具备完整神仙体系的道教思想。

其三，道教相比道家思想来说，最吸引人的地方就是道教认为世俗之人通过一定方式可以长生不老、得道成仙。

道教经书《太平经》，从天人一体都源于"道"的思路出发，认为人与天都由"道"生成，人理应效法天道，因为人身中"三气共一，为神根也，一为精，一为神，一为气。此三者，共一位也，本天地人之气"[2]。精、气、神是人的生命的三个必要方面，人若想长生久视，就必须"爱气尊神重精"。《太平经》还说："古今要道，皆言守一，可长存而不老。人知守一，名为无极之道。人有一身，与精神常合并也。形者乃主死，精神者乃主生。常合即吉，去则凶。无精神则死，有精神则生。常合即为一，可以长存也。故圣人教其守一，言当守一身也。念而不休，精神自来，莫不相应，百病自除，

[1] 王明：《太平经合校》卷20，中华书局1960年版。

[2] 王明：《太平经合校》，中华书局1960年版，第728页。

此即长生久视之道也。”[1]

对于如何保持精神长存不息，《太平经》提出了“守道不止”的观点，认为“守道而不止，乃得仙不死”。不仅《太平经》的作者这么认为，《老子想尔注》也赞同这一观点：“欲求仙寿天福，要在信道。”[2]《老子想尔注》还用推测的语气指出古代有很多寿命长的人都是德行高洁之士，“欲求仙寿天神，要在信道过诚，守信，不为贰过”。指出即使普通之人，只要坚持对道德品质的修持，也可以成圣成仙。这样一来，得道成仙的方法变得十分简便易行，很容易获得社会中大多数信徒的认可，这也是早期道教能在社会中广泛传播的重要原因。

总的说来，道教思想虽以道家思想为蓝本，也将“道”视为世界的本体，但它对社会人生的关注远非道家哲学所能比。加之它所创立的仙道哲学思想给现实中的人们以无限遐思，又因其一些理论可以为当政者治国提供可资借鉴的参考，所以，汉代之后道家哲学思想便为道教思想所代替。

### （三）早期道教的基本特征

首先，与中后期道教注重金丹修炼和性命双修不同，脱胎于上古社会的早期道教更多地继承了上三代对天神、地祇、人鬼的崇拜因子，对仙道的崇拜情结非同一般。如《太平经》模仿现实社会的阶层等级制度，将神仙区分为六个等级：一为神人，二为真人，三为仙人，四为道人，五为圣人，六为贤人。认为“神人主天，真人主地，仙人主风雨，道人主教化吉凶，圣人主治百姓，贤人辅助圣人理万民录也，给助六合之不足也”[3]。将神仙的具体职位与所担负的职责说得非常明白，且与现实社会的官员职责相类似，这样一来便给当政者以启迪。

除信奉上述天神外，早期道教还信奉各种各样的神仙，上界、人间、宇宙时时处处都有神仙的身影，每一个地点、每一个职位都由神所控制。《太

[1] 王明：《太平经合校》，中华书局 1960 年版，第 716 页。

[2] 饶宗颐：《老子想尔注校证》，上海古籍出版社 1991 年版，第 31 页。

[3] 王明：《太平经合校》，中华书局 1960 年版，第 289 页。

平经》曰：“神者，上与天同形合理，故天称神，能使神也。神也者，皇天之吏也。神人者，皇天第一心也。”[1]“夫道乃洞，无上无下，无表无里，守其和气，名为神；子近求则大得，远求则失矣。”[2]“道之生人，本皆精气也，皆有神也。”[3]概括起来说，《太平经》中各种事物、各种自然现象有神灵主宰，它们是天的官吏，是“道”在宇宙万象中的具体职能的化身，担负着一定的社会职责。所以，社会中必须存在各种各样的神，而这样的神仙体系对于解释宇宙万象之化生、人类社会之演变，似乎比道家哲学的“道生一”要容易接受得多了。为了拉拢信众，早期道教的众神崇拜理论无疑是成功的。当然，《老子想尔注》和《周易参同契》虽然也推崇神仙理论，却不如《太平经》中描绘得生动有趣，当与作者对神仙体系的不同看法有关。

其次，相信承负与报应。道教主张尽可能地延展生命的长度，最好成为长生不死的神仙。道教根据老子“天道无亲，常与善人”以及“道生一，一生二，二生三，三生万物”的思想，提出“承负”说，并用以解释自然和社会上的各种不可思议的因果报应事例。《太平经》最早提出这一学说，它认为承负有两种可能：

其一，祖先在上几个世纪中做的好事或坏事，会在这一世纪中由活着的子孙来承受，善有善报、恶有恶报，而且祖先的地位越高，承负的时间越长。如说：“一小周十世，而一反初”[4]，“承负者，天有三部，帝王三万岁相流，臣承负三千岁，民三百岁。皆承负相及，一起一伏，随人政衰盛不绝”[5]。

其二，对生活在自然与社会中的生灵而言，顺“道”而行，自然、社会就昌盛发达；违“道”而行，自然、社会就迅速衰败。如说：“元气恍惚自然，共凝为一，名为天也；分而生阴而成地，名为二也；因为上天下地，阴阳相合施生人，名为三也。三统共生，长养凡物名为财，财共生欲，欲共生邪，

[1] 王明：《四库家藏·太平经合校》卷56，山东画报出版社2004年版，第129—130页。
[2] 王明：《四库家藏·太平经合校》卷68，山东画报出版社2004年版，第152页。
[3] 王明：《四库家藏·太平经合校》卷154，山东画报出版社2004年版，第439页。
[4] 王明：《四库家藏·太平经合校》卷18，山东画报出版社2004年版，第12页。
[5] 王明：《四库家藏·太平经合校》卷34，山东画报出版社2004年版，第12—13页。

邪共生奸，奸共生猾，猾共生害而不止则乱败，败而不止不可复理，因穷还反其本，故名为承负。”[1] 承负说的主旨便是因循“承者为前，负者为后”的逻辑思路，将天时、地利、人和或天谴、地灾、人祸纳入这一循环系统，说明了为什么人世间会出现社会动乱、王朝更迭，会出现风调雨顺，亦会有天灾人祸。所有人都难以逃脱“前人种树，后人乘凉；前人惹祸，后人遭殃”的承负结局。《太平经》再次告诫世间的所有人，无论是身处高位的贵人，还是卑微的普通人，都要认识到在也许不长久的生命中要多做善事而不做恶事。否则不仅不能长生，还会落到恶果报应的无尽循环中，永世不能翻身。这些说教无论对个人道德品质的修养，还是当政者治国理政来说都是非常有用的，深得社会中各个阶层的青睐。同时，《老子想尔注》中也提出道“设生以赏善，设死以威恶”的观点，笔者认为，这与《太平经》的承负说有异曲同工之妙。

再次，道教与周易文化相结合。炼丹是道教追求长生不老、身心强健的主要手段。早期道教以“外丹”为主要修炼方式，即指烧炼矿石药物，以化学方法炼制成长生不老丹药，旨在服食丹药以利长生；中后期道教则以人身为鼎炉，精气神为药物，性命双修为修炼方式，以道德性命的极大提高归复于道为目的，虽修炼方法不同，目的却一致，即为长生不老、得道成仙。自东汉魏伯阳以《周易》的思维方式和符号系统编写《周易参同契》之后，道教理论经常与易学文化相结合，以《易》的精神来阐释炼丹之精髓。

为了准确把握炼丹火候，对时间的精准度作出更好的研究，《周易参同契》取法汉代象数易学焦赣、京房之纳甲法，用以模拟一个月之内月亮的阴晴圆缺。《周易参同契》的月体纳甲，虽然取法京房之纳甲，但又有很大变化，限于篇幅，此处不多论证。

从道教为当政者着想而阐发伦理道德及政治思想的角度来看，其中也有相当一部分受《周易》的启发。首先是“变革”思想。如太平道的黄巾起义，提出的口号是：“苍天已死，黄天当立，岁在甲子，天下大吉。”这个

---

[1] 王明：《四库家藏·太平经合校》卷73，山东画报出版社2004年版，第179页。

口号的理论依据，他们自称来源于《太平经》。事实上可以从《易传》对汤武革命的论证中找到渊源:《革》卦《象》说:“天地革而四时成，汤武革命，顺乎天而应乎人。革之时，大矣哉。”对汤武革命讨伐不行仁政的夏桀尽力赞美，认为他的武力征服过程是替天行道、顺天应人的。这就给后来者以鼓舞和动力，只要最高统治者治理国家不力，任何人都可以应天之要求进行暴力革命，改朝换代，这不是篡权，而是与时偕行的值得大书特书之伟大行为。此外,《太平经》虽在一定程度上崇尚社会平等的观念，但它还是认为这个社会是有等级的，认为神人象天，真人象地，仙人象四时，道人象五行，圣人象阴阳，贤人象山川，凡民象万物，奴婢象草木。这种等级划分与《系辞》之“天尊地卑，乾坤定矣；卑高以陈，贵贱位矣”非常接近。

### (四)魏晋时期的道教诸流派

#### 1. 丹鼎派与葛洪

晋代道教的主要流派是丹鼎派，其主要代表人物为葛洪。丹鼎派又称金丹道教，说明这一派以炉火炼丹为主要修炼功法，由古代的炼丹术士、占卜方家发展而来。丹鼎派的早期代表作是东汉魏伯阳的《周易参同契》,对后世炼丹家影响极大。至东晋时期，道教学者、著名炼丹家葛洪进一步发展了金丹派神仙道教，并对其作了理论上的总结，大大推动了我国古代化学冶炼、气功养生学的发展。随着金丹派的发展，炼丹法逐渐由外而内，最终与主张性命双修的金丹南北宗合而为一。

葛洪(284—364年),今江苏句容县人，三国方士葛玄之侄孙。他曾受封为关内侯，后隐居罗浮山炼丹。关于葛洪的思想主要有以下几点。

首先，对老庄的“道”根据时代特色和教徒的接受能力作出新的解释，将细微不可见的“玄冥之境”用人人可以感知的神仙仙境来描绘，让众多的信徒了解、信仰道教。他指出:“道者，万殊之源也”,“玄者，自然之始祖，而万殊之大宗也。眇乎其深也，故称微焉。绵邈乎其远也，故称妙焉。乾以之高，坤以之卑，云以之行，雨以之施。故玄之所在，其乐不穷。玄之所去，器弊神逝……其唯玄道，可与为永”。[1]一方面继承和扩充了老庄关于“道”的论证，认为“玄”“道”等都是万物之源的别称，是最高本体，自然现象、宇宙万变都是“道”的功用，都由它产生，消逝后又归复于它。因此，人如果能对“道”及其功用有了解、把握，进而将“道”的变迁过程用来指导自己的生命发展，那么，至少可以生活得更美好乃至得道成仙，即所谓“人得一以生，神得一以灵”。

其次，如何才能更好地把握“道”的功用，进而得道成仙？葛洪提出“修玄道”的观点：“夫玄道者，得之乎内，守之者外，用之者神，忘之者器，此思玄道之要言也。”[2]所谓“玄道”，便是神妙玄远的最高本体——“道”，宇宙中的一切都得之于它。作为人来说，如能在外在形体上保持住，在内在的心灵中保持住，神妙地使用它，又能像抛却事物一样把它忘记，就达到了“思玄道”的境界。如何能做到如此呢？葛洪提出修炼的主旨是“思神守一”“守一存真”，做到这一点，便可以长生成仙，也即“道家之所至秘”。

再次，在儒佛道三教初步交锋与融合的西晋时期，葛洪顺应时代潮流，提出了儒道“殊途同归”、主张“兼而修之”的观点，力主道教既出世又入世，与儒家的纲常名教相结合，共同辅助王道。葛洪认为，佛教的玄思和儒家的伦理也并非一无是处，处理得好，都对社会有益。甚至还感叹儒学衰微，“世道多难，儒教沦丧，文、武之轨，将遂凋坠”“世故继有，礼教渐颓，敬让莫崇，傲慢成俗”[3]。认为本来在先秦时期盛极一时，在汉代甚至成为官方哲学的儒学，由于现在社会纲常名教的倾覆，“文、武”之道凋零，社会中礼教不再，风气也每况愈下，这是让人惋惜和悲叹的。由此，葛洪提出要复兴儒学，并不惜笔墨论证儒学在社会中存在的必要性，如说：“夫所谓道，岂唯养生之事而已乎？易曰：立天之道，曰阴与阳；立地之道，曰柔与刚；立人之道，曰仁与义。又曰：易有圣人之道四焉，苟非其人，道不虚行。又于治世隆平，则谓之有道，危国乱主，则谓之无道。又坐而论道，

[1] 王明：《抱朴子内篇校释》，中华书局1985年版，第1、138页。

[2] 王明：《抱朴子内篇校释》，中华书局1985年版，第237页。

[3] 王明：《抱朴子内篇校释》，中华书局1985年版，第45页。

谓之三公，国之有道，贫贱者耻焉。凡言道者，上自二仪，下逮万物，莫不由之。”[1] 他认为，道教所谓的“道”不仅仅是养生之道，也是《周易》中所提出的立天、立地、立人之道，即兼三才而两之之道。所以，在人类社会中，重视道则国治，忽视道则国危。可见，道已包括儒家学说所提倡的伦理道德，如果能广义地认知这个“道”，社会就能昌盛，人生就能如意。

2. 新道教与寇谦之

南北朝时期，道教的主要宗派号称“新教”，代表人物是寇谦之。“新教”之所以“新”，在于寇谦之的教派改革，使道教由原先的民间宗教一跃而成为官方宗教。

寇谦之（365—448 年），字辅真，北朝时期著名道教思想家和宗教领袖，一生著述颇丰。现存《道藏》洞神部戒律类的《老君音诵戒经》《太上老君戒经》《太上经戒》《太上老君经律》《三洞法服科戒文》《女青鬼律》《正一法文天师教戒科经》等，都是寇谦之所著。[2]

寇谦之在道教史上的贡献在于获得了北魏太武帝的青睐，对民间道教进行改革，援儒入道，特别是以儒家礼教规范道教。如其所述：“当兼修儒教，助太平真君，继千载之绝统。”[3] 当然，他也发现，佛教的一些内容更有利于道教的发展，将其也一并纳入此次改革的范围。具体来说有以下几点。

首先，对原始道教进行改革。在《云中音诵新科之戒》中，寇谦之对原始五斗米道的种种教规进行逐条分析，保留合理的条规，力除其弊端，对之进行改头换面的变革，尤其是改变五斗米道的入会制度和修炼方法。五斗米道发展到南北朝时期，虽未彻底灭亡，但由于教主更迭频繁，教理教义、制度规范经常处于变换和无人遵守的境地，无视戒律者比比皆是，整个教团组织内部涣散无章，教徒腐化堕落，在社会中的影响也越来越坏，经常有人打着五斗米道的旗号招摇撞骗，当政者也以其危害社会为名经常

[1] 王明：《抱朴子内篇校释》，中华书局 1985 年版，第 132 页。

[2] 汤用彤、汤一介：《寇谦之的著作与思想——道教史杂论之一》，《历史研究》1961 年第 5 期。

[3]《魏书》第 3 册，中华书局 1974 年版（全八册本），第 804 页。

干涉，甚至暴力取缔。面对这一社会危势，为了道教的生存和延续，寇谦之担负起时代责任，重建道教戒律，使之与社会中大多数人遵守的伦理道德规范一致，而不再是道教上层统治者用来敛财和谋取私利的手段。他明确指出："教徒不得叛逆君王，谋害国家。"[1]这就从根本上限定了道教信徒的责任和义务。他还提出："诸道官祭酒，可简贤授明，未复按前父死子系，使道教不显。"[2]主张新教教主和各级管理人员的人选，由原来的继承制变化为考核制，无论何人，不管是前任的子女、亲信，还是与他们毫无关系的人，只要具备管理能力，有一定的责任心，都可以在新教内担当一定的职务。除此之外，他还改革了原五斗米道让信众怨声载道的内容，代之以让每一个教徒都心服口服的、每一个人都愿意遵守的具有法律规范性质的教规，从而重新焕发了新教的活力，并得到社会与当政者的认可。

其次，对佛教采取宽容与借鉴策略。在当政者对佛教贬斥、对佛教徒大肆杀戮的"太武法难"时期，寇谦之及新教得到了前所未有的良好发展时机。如寇谦之曾上奏："今陛下以真君御世，建静轮天宫之法，开古以来未之有也，应登授符书，以彰圣德。"建议帝王"登授符书"。太武帝接受了寇谦之的建议，并"亲至道坛，受符箓，备法驾，旗帜皆青，以从道家之色也，自后诸帝，即位皆如此"[3]。可见北魏太武帝及之后的北魏皇帝对道教的宠信，也因此道教被立为北魏国教。

此外，寇谦之还积极学习佛教知识，为自己的教派改革开辟道路。如模仿佛教的戒律，创立道教戒律。可以说寇谦之是直接把佛教的戒律改头换面，借用其内容却直称为道教戒律，如其名著《云中音诵新科之戒》，也即道教的第一部戒律，对重要概念的解释如"四大""三宝""三涂"等均来自佛教。又如吸收佛教的轮回思想、学习佛教医学经典等。

总之，寇谦之的新道教改革取得了显著成效。北宋张君房在其《云笈

---

[1]《道藏》第 18 册，文物出版社等三家出版社 1988 年联合出版，第 237 页。

[2]《道藏》第 18 册，文物出版社等三家出版社 1988 年联合出版，第 21 页。

[3]《魏书 · 释老志》，中华书局 1974 年版（全八册本）。

七签》中曾说:“谦之符章,救治百姓神验,于今北方犹行其道者多焉。”[1]《道藏》也记录有北朝时期北方道教发展的盛况:“馆舍盈于山薮,乃有缁衣之众,参半于平俗;黄服之徒,数过于正户。”[2]

## 三、汉魏南北朝时期儒、道、玄、佛的相互激荡

### (一)两晋时期名士与名僧的交游

西晋“八王之乱”后,北方世族就已经开始南迁避难,如郗鉴、徐澄之、王澄、王敦等。公元311年,发生永嘉之乱,之后晋室南渡,北方则进入“五胡乱华”的十六国时期。政治的巨大灾难,使得北方世家大族更是纷纷渡江南下,络绎不绝于道。《晋书·王导传》曰:“俄而洛京倾覆,中州士女避乱江左者十六七。”正是这些南渡的世家大族和江东名宗贵族相结合,建立起了东晋政权。在北方世族南渡的同时,还出现了一种现象,就是佛家僧人的南下。如王敦之弟,出家后法名竺法潜,于永嘉初年避乱过江;晋成帝时,对般若学造诣甚深的北方高僧康僧渊“与康法畅、志敏度等俱过江”[3];于法兰、竺僧敷亦移居江左。道安僧团的南下,影响更为深远。道安是北方高僧,弟子千人,声望远闻东晋。365年,道安率领众弟子南下追随东晋。途经新野时,为弘扬佛教,采取分散徒众以传播佛教的策略,将弟子分别遣往长江上游和下游地区。道安本人接受名士习凿齿的邀请滞留襄阳。

汉魏两晋时期,汉地出家者多为贵族、世家子弟,他们的家世背景决定了对正统王朝的认同态度。尽管他们出家为僧,学习佛教典籍,但他们并没有放弃汉文化的优秀传统,也正是如此,使得他们与南渡的世家大族名士有了交游的思想文化基础。

两晋南北朝时期,出身于世家大族的名士,由于南迁的流离,世事的变幻,使得他们对佛教的兴趣愈来愈浓厚,研习佛理的意识愈发强烈,并

[1]《道藏》第22册,文物出版社等三家出版社1988年联合出版,第754页。

[2]《道藏》第52册,文物出版社等三家出版社1988年联合出版,第273页。

[3] 慧皎:《高僧传》卷4《康僧渊传》,陕西人民出版社2010年版。

在研习中日益意识到佛学所蕴含的高度思辨能力。正是对佛学思辨理性的浓厚兴趣，使得这些世家大族出身的名士愿意与佛教僧侣进行对话和交流，特别是和名僧的交流几成当时士林的时尚。

两晋时期，特别是东晋，佛教般若学思想盛行，上自皇族贵族，下及普通士林，都不同程度地受到般若学的影响，使得这一时期发展迅猛的玄学与般若学不断得到交流和碰撞，或以玄学思想比附佛教义理，或以佛教义理解释玄学概念。在僧俗两界的共同推动下，玄学与佛学相得益彰，并最终促成了佛学的繁荣。

东晋王朝中，王导、谢安、何充、殷浩等都是尊奉佛教的官僚名士，与当时游走于东晋的高僧大德多有来往，交游深厚。如王导作为东晋朝廷重臣，与名僧竺法义、竺道潜、康僧渊等交往比较密切，并曾师事高僧帛尸梨蜜多罗。受王导影响，其子王洽，其孙王珣、王珉、王谧等也都与名僧交往密切。王洽对玄学与佛学均有研究，与名僧竺法汰交往甚厚。《世说新语·赞誉》曰："初，法汰北来，未知名，王领军供养之。每与周旋行来，往名胜许，辄与俱。不得汰，便停车不行。因此名遂重。"王洽之子王珣、王珉也兼通玄学和佛学，多次听僧讲经；王导之孙王谧（王劭之子）也一向尊奉佛教，精研佛学，尤其对般若学研究较深。

谢安与高僧支遁、于法开、竺法汰、竺法旷等非常友善，来往交多，常与他们研讨佛理。《世说新语·文学》记述了谢安与许询、支遁在王濛家的一次聚会："谢顾谓诸人：'今日可谓彦会。时既不可留，此集固亦难常，当共言咏，以写其怀。'许便问主人：'有《庄子》否？'正得《渔父》一篇。谢看题，便各使四座通。支道林先通，作七百许语，叙致精丽，才藻奇拔，众咸称善。于是四座各言怀毕，谢问曰：'卿等尽否？'皆曰：'今日之言，少不自竭。'谢后粗难，因自叙其意，作万余语，才峰秀逸，既自难干，加意气以托，萧然自得，四座莫不厌心。支遁谢曰：'君一往奔诣，故复自佳耳。'"从中可以看出，当时官僚士人与名僧大德间的交往是很密切的，且气氛极其融洽。

许询，东晋名士，不爱做官，一生喜爱山水，喜爱佛学，朝廷多次征辟不仕。后来干脆舍宅为寺，并以家产充作寺用。他不但与谢安、谢石、王羲之等名流交游甚厚，而且与名僧支遁来往密切。《高僧传·支遁传》曾记载有许询与支遁在山阴讲论《维摩诘经》的趣事："（支遁）晚出山阴，讲《维摩诘经》。遁为法师，许询为都讲。遁通一义，众人咸谓询无以厝难。如此至竟，两家不竭。凡在听者，咸谓审得遁旨。回令自说，得两三反便乱。"许询与支遁就《维摩诘经》展开了有关佛学问题的辩论，且辩论激烈，争持不下。支遁系东晋高僧大德，威望极高，原来为名士，后出家，是集名士与名僧为一身的人物。由于其影响广大，当时上层社会官僚贵族和名流雅士，多以与支遁交往为荣。

总的来说，东晋名士与名僧的交游，名僧是起着主导作用的。名僧们不但注意吸收玄学之长，而且开创发展了佛教的般若学，致使佛教在东晋得到迅速发展壮大，一时大有压过玄学之势。东晋名士之所以愿意甚至热衷于与名僧的交往，主要是看到了佛教般若思想的严密逻辑思维以及在乱世中具有稳定安抚人心的巨大作用，特别是大乘般若思想的那种空灵和思辨，深深吸引并影响了当时的士林。因为他们愿意在与名僧大德的交往和论辩中，借以丰富自己的思辨和理性认知，从而在清谈玄风中提高自己的智辩能力。另外，名士与名僧的交游也从另一方面说明了玄学的发展开始步入衰落，思辨性强的佛学思想特别是般若思想开始逐渐占据上风，这为隋唐佛学的迅速发展和中国化佛教的形成埋下了伏笔。

### （二）儒道合流的玄学

东汉后期，名教日益衰朽，到汉末魏初，道家思想的影响越来越大，以道家思想去融合改造儒家，成为当时思想界的主流。魏明帝时期的著名学者刘邵著有《人物志》，该书体现了刘邵融合儒道的思想旨趣。在刘邵看来，皇帝作为最高统治者，应"总达众材"，所谓"主德者，聪明平淡，总达众材而不以事自任也"[1]；而作为臣子的则不能"总达众材"，而属于"偏

[1]《人物志·流业》，中华书局2009年版。

才”。由于臣子生活的背景不同，阅历有别，才资各异，皇帝可根据不同人才及其专长，知人善任、量才而用，使得人尽其才，这样就能充分发挥臣子的聪明才智为政治服务，为国家效力。刘邵认为，做皇帝的应该是道家“无为”思想的化身，主张皇帝在治国理政中要实行“无为”；而做臣子的则是儒家和其他诸家思想的人格化。他说：“夫一官之任，以一味协五味；一国之政，以无味和五味。故臣以自任为能，君以能用人为能；臣以能言为能，君以能听为能；臣以能行为能，君以赏罚为能；所能不同，故能君众能也。”[1]很显然，刘邵认为，儒道兼用才是治国理政之道，二者如鸟之两翼、车之两毂，缺一不可。

曹魏正始时期，玄学家何晏、王弼等人，将老庄道家思想援引到儒学之中，使得儒道两家达到了初步融合。王弼，曹魏时期山阳郡人，著名经学家，玄学重要代表人物，虽然生命短暂，仅活 24 岁，但其以所注《易》《老》闻名于世。王弼的《老子道德经注》首发玄风，成为魏晋玄学风气之源。王弼主张“贵无论”，认为天地万物皆本于“无”。王弼在《道德经》第一章的注释中，开宗明义地指出：“凡有皆始于无。故未行无名之时，则为万物之始；及其有行有名之时，则长之育之，亭之毒之，为其母也。”“凡物之所以生，功之所以成，皆有所由。有所由焉，则莫不由乎道也。”“道者，无之称也；无不通也，无不由也，况之曰道。”他还说：“无形无名者，万物之宗也。不温不凉，不宫不商，听之不可得而闻，视之不可得而彰，体之不可得而知，味之不可得而尝……故能为品物之宗主，苞通天地，靡使不经也。”[2]

以“无”为本，以“有”为末，这是玄学贵无论哲学思想的“纲”，王弼也正是以此来建立自己的哲学体系的。同时，王弼还认为，以无为思想为基础的无为政治是维护封建统治的必要手段，如说：“道以无形无为成济万物，故从事于道者，以无为为君，不言为教，绵绵若存而物得其真。”[3]不

[1]《人物志·材理》，中华书局 2009 年版。

[2] 王弼：《老子指略例》，见《云笈七签》卷 1，华夏出版社 1996 年版。

[3] 楼宇烈校释：《老子道德经注》第 23 章注，中华书局 2011 年版。

但如此，他还认为等级差别、尊卑高下也是符合自然之道的，如说："始制官长，不可不立名分以定尊卑"，"朴散则为器，圣人用之，则为官长，朴，真也。真散则百行出，殊类生，若器也。圣人因其分散，故为之立官长。以善为师，不善为资，移风易俗，复使归于一也"。[1] 指出实行无为政治，遵行德行教化，是维护社会政治稳定的必然要求。

王弼一方面鉴于儒家纲常伦理对维护封建政治稳定的重要性而主张遵行儒家伦理纲常，另一方面他对名教的虚伪更是非常反感。如说："圣智，才之善也；仁义，行之善也；巧利，用之善也。而直云绝，文甚不足，不令之有所属，无以见其指。故曰此三者以为文而未足，故令之有所属，属之于素朴寡欲。"[2]"夫敦朴之德不著，而名形之美显尚，则修其所尚而望其誉，修其所道而冀其利。望誉冀利以勤其行，名弥美而诚愈外，利弥重而心愈竞。父子兄弟，怀情失直，孝不任诚，慈不任实，盖显名行之所招也。患俗薄而名行、崇仁义，愈至斯伪，况术之贱此者乎？故绝仁弃义以复孝慈，未渠弘也。"[3] 在王弼看来，为家之道要上下和睦，为国之道要君尊臣卑，只有处理好社会名分，分别出等级秩序，才更符合道的原则，如说："用不以形，御不以明，故仁义可显，礼敬可彰也。夫载之以大道，镇之以无名，则物无所尚志无所营。各任其贞事，用其程，则仁德厚焉，行义正焉，礼敬清焉。弃其所载，舍其所生，用其成形，役其聪明，仁则尚焉，义则竞焉，礼则争焉。"[4] 可见，王弼对儒道两家关系的处理是非常巧妙的。他还主张圣人应物而无累于物，如《世说新语·文学》记载："王辅嗣（弼）弱冠诣裴徽，徽向曰：'夫无者，诚万物之所资，圣人莫肯致言，而老子申之无已，何邪？'弼曰：'圣人体无，无可无不可以训，故言必及有。老庄未免于有，恒训其所不足。'"王弼力倡"体无言有"，高扬"圣人"，主旨在于以道家无为政治

[1] 楼宇烈校释：《老子道德经注》第 28 章注，中华书局 2011 年版。

[2] 楼宇烈校释：《老子道德经注》第 19 章注，中华书局 2011 年版。

[3] 王弼：《老子指略例》，见《云笈七签》卷 1，蒋力生校注，华夏出版社 1996 年版。

[4] 楼宇烈校释：《老子道德经注》第 38 章注，中华书局 2011 年版。

思想去改造儒家思想，以达到挽救当时名教危机之目的。

（三）魏晋玄学与佛学

魏晋玄学是对汉末名教的反动，是儒道合流的结果，其根本思想是倡导无为而治，宣扬人性自然。这些思想与佛家思想有很多契合处，特别是佛家阐释般若空论时最易吸收这一思想认识方式。如道安时期般若学的两个流派“格义”以及“六家七宗”都主动引入了玄学的理论观点，这也是他们为了传播佛教而采取的明智选择。对此，道安在《毗奈耶序》中就明确指出：“以斯邦人老庄教行，与《方等经》兼忘相似，故因风易行也。”[1]名僧慧远是道安的弟子，更是主张将佛学与玄学协调起来，他说：“如今合内外之道以弘教之情，则知理会之必同。”[2]

“六家七宗”受贵无论和独化论思想影响最大，如道安等把万物的本源归结于“无”，认为“无在元化之先，空为众形之始，故称本无”[3]，显然是受王弼思想的影响。慧远的“法性”说也具有浓厚的贵无论思想色彩，他认为，世间万物有无生灭的转化，都源于永恒不变的“法性”。他在《大智论抄序》中说：“有而在有者，有于有者也；无而在无者，无于无者也。有有则非有，无无则非无。何以知其然？无性之性谓之法性，法性无性，因缘以生。生缘无自相，虽有而常无；常无非绝有，犹火传而不息。”[4]因此，慧远认为不必执著于有与无，法性是恒常不变的，是万物有无融合的最终归宿。体认“法性”本体，使精神达到涅槃境界，这便是成佛的根本路径。

鸠摩罗什到达长安后，使般若学发展到新阶段，对佛学开始逐渐摆脱玄学思想氛围的影响发挥了重要作用。其高足僧肇继之后以“不真空论”对“六家七宗”展开了批判，否定了“六家七宗”以玄学思想阐释佛教理论的做法，并连带批判扬弃了玄学派“贵无论”的思想观点，提出了中道思想。

---

[1]《大正藏》卷24，台湾新文丰出版有限公司1996年版。

[2] 慧远：《三报论》，见《弘明集》卷五，上海古籍出版社1991年版。

[3] 昙济：《六家七宗论》，见《续藏经》第1辑第2编乙第七套第1册，民国涵芬楼影印本。

[4] 慧远：《大智论抄序》，见僧佑《出三藏记集》卷10，中华书局2008年版。

他认为，不能像玄学派“本无”义那样执着于“无”。大千世界，芸芸众生，尽管它们是虚幻不真的，但这种不真仍然是“有”，是一种存在；然而，这种“有”由于其不真，而又成为“非有”，即所谓的“无”。显然，僧肇利用玄学“有无之辨”界说般若空观的“空”，对于廓清“六家七宗”因玄学本无思想的影响而导致的对般若“空”义的认识上的混乱，是有积极启发意义的。

玄学风行于魏晋时期，其对佛学的影响是巨大的。佛学为了取得良好的生存环境，也积极吸收玄学思想，并且佛教界僧人也积极主动同玄学界名士交游，如僧佑《出三藏记集·竺叔兰》记载，竺叔兰喜欢饮酒，且少饮辄醉，以致经常醉卧路旁。某次醉酒后去河南尹官衙前狂呼怪叫，结果被吏卒扭送到乐广处。“时河南尹乐广与宾客共酣，已醉，谓兰曰：‘君侨客，何以学人饮酒？’叔兰曰：‘杜康酿酒，天下共饮，何以侨旧？’广又曰：‘饮酒可尔，何以狂乱乎？’答曰：‘民虽狂而不乱，犹府君虽醉而不狂。’广大笑，于是宾主叹其机辩。”乐广的官衙是当时比较著名的清谈之所，此记载显示出竺叔兰进入了这个清谈中心，并以其机敏的谈锋，使玄学清谈家刮目相看。至于东晋时期的康僧渊、竺法深、支道林等，虽然本身是出家之人，但从精神到举止已几乎玄学名士化了。

由于玄学具有许多与佛学相通的思想，因而魏晋时期不少的清谈名士乐于与名僧交往，而且有的名士还潜心研读佛经，阐发佛理，大大促进了玄学与佛学相互之间的融会，对佛学玄学化倾向的形成起了相当大的作用。

### （四）儒学与佛学的初步融会

佛教是舶来品，在东汉永平年间传入中土后，就面临着如何在中土落地生根的问题，这也是佛教生存所必须解决的问题。解决这一问题的根本出路，就是必须适应中土固有的文化。对此，侯旭东曾著文指出：“释教东来之时……欲进入民心扩展其势力，需要桥梁，需要寻找突破口，需要其说教更富有吸引力。僧人游走民间，弘法宣化，使异教扑面而来，架起了通向民众的桥梁。具体传教中，释子又积极利用本土文化资源，旧瓶装新酒，化陈说出新意。”[1]这一研究道出了佛教传入中国后所面临的急需解决的问题，即是如何与中国固有文化相适应、相结合的问题，特别是与一直影响封建政治的儒家思想的融合问题。

作为一种外来宗教，佛教在其传播发展过程中始终存在着与固有儒家文化的冲突与对话。佛教的传播智慧和本土化发展策略，特别是与儒家伦理的会通，使得佛教得到了广泛传播，并最终发展成为中国第一大宗教。

在早期佛教传入发展的过程中，佛教理论经常受到儒家学者的猛烈抨击和抵制，汉魏时甚至明令不准世俗汉人出家为僧。儒家还把新传入的佛教视为异端邪说进行批判，批判的主要节点就是认为佛教提倡削发为僧，与儒家思想“身体发肤受之父母，不能损伤”格格不入，认为佛教的剃发出家、辞亲割爱、弃妻绝嗣等行为是“不孝”。因为印度佛教认为，一切众生都可能互为子女父母。因此，父母与子女的关系应该是双向的、平等的。这种家族观念显然和中国家族亲情观念是相对立的，因此成为佛教在中土顺利传播发展的理论障碍。有鉴于此，早期译经家在翻译佛经时对佛教教义进行了本土化的改造，掺加了中国化的元素，如后秦佛陀耶舍、竺佛念在翻译《善生经》时，在经文中增加了“子于父母，孝敬恭顺”“凡有所为，先白父母”“父母所为，恭顺不逆”“父母正令不敢违背”及“不断父母所为之业”[2]等语句，一定程度上体现了儒家的传统伦理观念。

为了佛教的传播，不但经文翻译家在翻译时掺入佛教思想，一些佛家学者还通过对印度佛教经典按照自己的意图进行删改或撰述，造作了大量重孝的经书，如魏晋时期的《佛说父母恩难报经》《佛说孝子经》《佛说盂兰盆经》等，以及六朝时出现的《大方便佛报恩经》等，都是佛家学者伪造的经书，在当时多达200余部。这些伪经一方面积极宣扬慈悲为怀、因果报应等佛教思想，另一方面又积极借鉴吸收儒家的忠孝观念，使之相互有机结合起来，从而大大迎合了世俗中国人的价值口味，使得孝道思想成为

---

[1] 侯旭东:《五、六世纪北方民众佛教信仰》，中国社会科学出版社1998年版，第85页。

[2]《长阿含经》卷十一《善生经》，见《大正藏》第1册，台湾新文丰出版有限公司1996年版。

儒佛两种文化会通的契合点，为佛教在民间社会的广泛传播赢得了广阔的空间。

## 第二节　隋唐时期佛教的中国化及其发展特点

隋唐不仅是我国封建社会的鼎盛时期，同时也是佛教中国化形成的关键时期，随着人们对佛教认识的深入和佛教经典翻译数量的增多，以及当政者对佛教治理社会功能的日益重视，佛教在此时的发展达到最高峰，不仅出现了诸多的宗派、具有深厚理论素养的高僧大德，而且它在社会中的传播也更加广泛。

### 一、蔚为大观的隋唐佛教

历经数百年动荡的南北朝结束后，建立了大一统帝国的隋唐统治者为了缓和社会阶级矛盾，巩固自已的封建统治，实行比较宽容的宗教政策，允许甚至鼓励儒、佛、道三教并存，在发挥各自长处的基础上更好地为封建统治服务。这一时期的佛教发展尤为迅速，进入了南北朝以来新的发展阶段。

首先是寺院经济得到空前发展。隋唐时期，佛教寺院经济发展较快，经济繁盛达到了空前的程度。寺院经营的常住田等产业收入是寺院经济的重要来源。寺院的常住田多来自赏赐或捐献，如隋朝时期，隋文帝就曾赐予河南登封少林寺柏谷地一百顷，并下诏“于诸州名山之下，各置僧寺一所，并赐庄田”[1]。唐高祖武德八年，又赏赐少林寺土地四十顷为常住僧田；太宗时，少林寺曾因帮助平定王世充叛乱有功，被李世民赐予田地 40 顷。[2]高宗时敕建西明寺，赏赐田园百顷；总章二年（669 年），大兴善寺佛殿遭到火焚，高宗亲自下令重修佛殿，并为寺院扩地 20 亩。[3]唐代颁布有均田令，其中明文规定寺僧受田 30 亩，尼 20 亩，老年僧尼所退之田转充常住田。寺院的常住田有一部分由僧人耕种，其余大多用于出租。武则天时，摩尼教传入中国，至唐朝中期后，摩尼教得到较快发展，摩尼寺庙也越来越多，寺内亦积聚了大量财物田产。不少寺院“膏腴美业，倍取其多，水碾庄园，数亦非少”[4]。寺院甚至达到了“十分天下之财而佛有七八”[5]的程度。唐会昌年间，各佛教寺院还私置质库，从事典当业务。

“悲田养病坊”负责掌管悲田、治病、施药三院，创立于武则天时期。玄宗开元二十二年（734 年）曾下诏，将京城内的贫儿全部收容于各寺庙的悲田养病坊。由两京提供田十顷，大州以下各州提供二至五顷，作为经费。[6]后来一些寺院免费食宿的病坊、宿坊，也慢慢开始收费，成为寺院收入的一个组成部分。不但如此，寺院还通过举办佛事活动，从中收取费用。以上寺院的经营活动，使得寺院经济在唐代达到空前繁荣的程度。到唐武宗废佛时，曾“收膏腴上田数万顷，收奴婢为两税户十五万人”[7]。寺院经济的发展为佛教的广泛传播创造了条件，但由于寺院垄断着庞大财产并拥有大批劳动力，严重影响了朝廷的财政收入，甚至危害到政治稳定。

---

[1]《大正藏》卷 49，台湾新文丰出版有限公司 1996 年版。

[2] 王征：《古代寺院生活探秘》，天津教育出版社 1994 年版，第 44 页。

[3] 王亚荣：《大兴善寺》，三秦出版社 1986 年版，第 19 页。

[4]《旧唐书》卷 89《狄仁杰传》，中华书局 1975 年版。

[5]《旧唐书·辛替否传》，中华书局 1975 年版。

[6]［日］镰田茂雄：《简明中国佛教史》，中国译文出版社 1986 年版，第 204 页。

[7]《旧唐书·武宗本纪》，中华书局 1975 年版。

## 二、南北佛教的统一与中国化佛教宗派的创立

魏晋南北朝时期，国家分裂动荡，社会极端不稳定，思想意识形态也体现出多变的特点。在艰难社会环境中生存的佛教，由于社会的分裂和文化的多元而受到影响，从而使南北方佛教表现出不同的特点，“南方佛教重义理，崇尚清谈，而北方佛教重信仰，以修行坐禅、造像为主”[1]。隋唐时期国家的统一，使得许多高僧大德能够自由往来于南北之间，相互切磋佛学义理，中国的佛学出现了南北交融的趋势。北方的佛学虽然最初盛于南方，但因其传入以后未经消化融通、过于严密繁琐而弘传维艰。南方的佛学则朴质力行，习禅者多是普通民众，影响范围宽广，加之政治的变迁和个体经济的上升，北学不得不借助于南学而赖以持续生存，“破斥南北，禅义均弘”，成为当时佛学发展的共同要求，于是出现了南学日见光大且有掩盖北学之势，佛学逐步走上了统一的道路。

随着南北佛教的逐步融合统一，唐代佛教界形成了许多宗派，如禅宗、天台宗、华严宗、净土宗、律宗、密宗、三论宗、唯识宗等。在这些宗派中，三论宗主要阐扬龙树空宗理论，净土宗、律宗、密宗等主要宣传宗教实践，唯识宗专门译介阐述印度世亲的有宗理论，天台宗开始综合北方禅学和南方义学而自建体系，可视作佛教进一步中国化的理论尝试；华严宗和禅宗力图会通佛教各宗的理论，不但与中国传统思想相结合，而且又具有各自独创的哲学理论形态，所以，它们作为完成了的中国化的佛教哲学典型而在宗教史、哲学史上都占有较突出的地位。武则天时期，禅宗分化为南北二宗，南宗重顿悟，北宗尚渐悟。由于南宗主张简便的修行方法，去掉了长期苦修的繁琐习诵经典方式，操作简单易行，深受俗众欢迎，发展迅速，并最终战胜北宗而成为禅宗正宗，至唐末五代时期几乎垄断佛坛。

---

[1] 张国刚:《佛学与隋唐社会》，河北人民出版社 2002 年版，第 19 页。

## 三、隋唐时期中国化佛教的思想特征

隋唐时期，由于儒佛道的碰撞与交流，特别是佛教思想充分吸收中国传统儒道文化，使得佛教思想得到更新，从而摆脱了印度原始佛教的束缚，形成了适应中国本土文明的新的宗教形式。现以天台宗、华严宗和禅宗为例，对中国化佛教的思想特质进行分析。

### （一）天台宗的思想特征

天台宗是隋唐佛教史上第一个宗派，因奉《法华经》为主要经典，故又名法华宗。智𫖮为天台四祖，曾师从慧文禅师学心观法，提出了止观并重、定慧双修的修习方法和一心三观、圆融无碍的佛学教义，涵括并代表了天台宗教理论的基本内容。

智𫖮主张止观并重，定慧双修。他说："若夫泥洹之法，入乃多途。论其急要，不出止观二法。所以然者，止乃伏结之初门，观是断惑之正要；止则爱养心识之善资，观则策发神解之妙术；止是禅定之胜因，观是智慧之由藉。若人成就定慧二法，斯乃自利利人法皆具足。故法华经云，佛自住大乘，如其所得法定慧力庄严以此度众生。当知此之二法如车之双轮，鸟之两翼。"[1]所谓"止"或"定"，即止息妄念、参禅入定；"慧"与"观"即精研三藏、观如照真、发生智慧。南北朝之后佛学分为南北二派，南学注重以慧观为法要，北学重视止或定的工夫。智𫖮融会南北二学，认为禅定与慧观两种工夫相辅相成，不可偏废，这是对佛学教义的新发展。

此外，智𫖮还提出一心三观、三谛圆融的学说，认为"世界无别法，唯是一心作"[2]。佛的关键在于有无佛心，而要培养佛心，则需要静修禅定福德，精读佛经，领略要义，学会从三谛圆融的立场看问题。他说："若一法一切法，即是因缘所生法，是为假名，假观也；若一切法一法，我说即

[1]《修习止观坐禅法要》，见《中国佛教思想资料选编》第 2 卷第 1 册，中华书局 1983 年版。

[2]《法华玄义》卷 2 上，见《大正藏》第 33 册，台湾新文丰出版有限公司 1996 年版。

是空，空观也；若非一非一切者，即是中道观。一空一切空，无假中而不空，总空观也；一假一切假，无空中而不假，总假观也；一中一切中，无空假而不中，总中观也。即《中论》所说不可思议一心三观。”[1]还说：“根尘相对，一念心起，即空即假即中者，若根若尘并是法界，并是毕竟空，并是如来藏，并是中道。云何即空？并从缘生，缘生即无主，无主即空；云何即假？无主而生即是假。云何即中？不出法性并皆即中。当知一念即空即假即中，并毕竟空，并如来藏，并实相。”[2]从以上可以看出，天台宗认为现象世界为假，诸法实性是空，空不离假，假不离空。

继智𫖮之后，天台宗的传人有灌顶和湛然。湛然对发展天台宗的佛理贡献较大，是天台宗中兴的关键人物。他提出了“无情有性”说，从而将天台宗教义与《大乘起信论》的佛性论结合起来。他认为佛性无所不在，为诸法万象本体，不仅有情众生具有佛性，而且万物皆有佛性，所谓“众生佛性犹如虚空，非内非外。若内外者，云何得名一切处有？请观有之一字，虚空何所不收，故知经文不许唯内专外，故云非内外等及云如空。既云众生佛性，岂非理性正因”[3]。湛然的“无情有性”说颠覆了以往佛教只承认有情众生才有佛性的旧说，对佛教界产生了很大的影响。

### （二）华严宗的思想特征

华严宗是中国化佛教的另一大宗派，法藏是该宗的代表人物，曾主持武则天的家庙。

武则天正式建立武周政权后，亲自为新译《华严经》制序，并召法藏于洛阳授记寺开讲此经，体现了她对佛教的重视。之后的唐中宗对法藏也很重视，拜法藏为受菩萨戒的门师，称赞法藏“阐扬释教，拯济迷津”。其后睿宗也请法藏为他授菩萨戒，得到帝王师的地位。

法藏一生著作很多，所著《金狮子章》成为华严宗教义的纲领。此外，

[1]《摩诃止观》卷 5，见《大正藏》第 46 册，台湾新文丰出版有限公司 1996 年版。

[2]《摩诃止观》卷 1，见《大正藏》第 46 册，台湾新文丰出版有限公司 1996 年版。

[3] 转引自《中国佛教思想资料选编》第 2 卷第 1 册，中华书局 1983 年版，第 232 页。

法藏还著有《华严探玄记》《华严经旨归》《华严策林》《华严一乘教义分齐章》《华严义海百门》等,其后继者澄观(738—839年),著有《华严经疏》《华严法界玄镜》等。宗密(780—841年)以禅宗大师改信华严宗后所写《华严原人论》等也影响深远。

华严宗的最大影响是建立了中国化的佛教理论体系，对印度佛教的原旨教义与中国传统文化进行了有机结合，不但为佛教在华夏的传播发展奠定了基础，提供了条件，而且也大大丰富了中国传统文化，实现了中外文化的融合共生。华严宗的佛学思想在玄学、佛教和程朱理学之间的思想承转上成为一个重要的过渡环节。

1. 法界缘起说

“法”是梵文“达摩”的意译，通指一切事物。在佛教文献中，一般具有三种含义，一是专门指佛的教法，如佛法；二是泛指一切事物和现象，包括物质现象和精神现象等，如一切法等；三是特指某一事物和现象，如心法等。在哲学世界观上，物质的法和精神的法到底谁是世界的本原？华严宗提出了“一真法界”的概念，指出法界包括事法界、理法界、理事无碍法界和事事无碍法界，这样就把大千世界归结为一个无所不包的“存在”(“法界”)，并且在这种“存在”中，一切事物和现象都没有什么真实的差别。那么，这些事物和现象是如何产生的呢？法藏认为，都是由于因缘和合而生，所谓万法彼此融通，互为缘起，重重无尽，“一即一切，一切即一，但能如是，何虑不毕”[1]，因而又称为“无尽缘起”。意思是说，整个世界只是一个无根无据、无穷无尽的关系之网，没有任何独立的实体，所谓“夫法界缘起，如帝网赅罗，若天珠交涉。圆融，自在，无尽，难名”[2]。“谓金无自性，随工巧匠缘，遂有师子相起。起但是缘，故名缘起”[3]，说世界是互为缘起的一片“幻相”，并非就是说整个世界一无所有，其实在幻相的背后还有一个真实的存在，那就是“一真法界”，它是世界的本原。

[1] (明)瞿汝稷:《水月斋指月录》，万历三十年本。
[2]《华严三宝章》，见《大正藏》第45册，台湾新文丰出版有限公司1996年版。
[3]《金狮子章》，见《大正藏》第10册，台湾新文丰出版有限公司1996年版。

法界缘起说是华严宗思想的核心，在华严教义中占有很重要的地位。

2.“理事无碍”说

华严宗将整个法界分为四种，即“一事法界，二理法界，三理事无碍法界，四事事无碍法界”[1]。所谓“事法界”，就是宇宙万有的客观存在，它们之间互为差别，各有分限；所谓“理法界”就是真如，是宇宙万有的本体。探讨事法界和理法界的目的之一，旨在说明宇宙万有的存在与真如本体的存在是相互交融，没有妨碍的，从而探讨了本体与现象两个世界的关系问题。

华严宗提出“理事无碍”的根本目的，是要论证事法界中普遍联系、互相依存这一“关系之网”的本身就是“理法界”的显现。“理”渗融在“事”之中，并非另外有一个理法界。如说：“缘起事象，必收性而方成；法界玄宗，必依缘而现空。有有交彻，体用玄通，言事即有彻空源，谈有乃空透有表。”[2]意思是说，缘起事相本身就体现着、渗透着真空实理。本体不在现象之外，两者是重合的，“理全收事，全夺事而为理；事非别事，物具理而为事”[3]。法藏还说：“事无别事，全理为事……谓诸事法，与理非异，故事随理而圆遍，遂令一尘普遍法界；法界全体遍诸法时，此一微尘亦如理性全在一切法。”[4]意思是说“理”遍在一切事中，“理”是一个整体，任何事相中所显现的都是这个唯一的、神圣的“理”；而千差万别的每一“事”，都是神圣之“理”的完满的显现。也就是说：“能遍之理，性无分限；所遍之事，分位差别。一一事中，理皆全遍，非是分遍，何以故？以彼真理不可分故。是故，一一纤尘，皆摄无边真理，无不圆足。”[5]

3.“事事无碍”说

华严宗认为，宇宙万有可概括为六相，即总相、别相，同相、异相，成相、

[1] 澄观：《华严法界玄镜》卷1，见《大正藏》第45册，台湾新文丰出版有限公司1996年版。
[2]《华严策林》，见《大正藏》第45册，台湾新文丰出版有限公司1996年版。
[3]《华严策林》，见《大正藏》第45册，台湾新文丰出版有限公司1996年版。
[4]《华严发菩提心章》，见《大正藏》第45册，台湾新文丰出版有限公司1996年版。
[5]《华严发菩提心章》，见《大正藏》第45册，台湾新文丰出版有限公司1996年版。

坏相。这三对互相依存而又互相对立的现象，被认为是融通为一、没有区别的。

就总相和别相来说，法藏认为，“若不别者，总义不成。由无别时，即无总故。此义云何？本以别成总；由无别故，总不成也。是故，别者，即以总成别也”[1]。意思是说，“总相”由“别相”构成，缺了任一“别相”，“总相”即不成其为“总相”，因而“别相”可以说就是“总相”。同相、异相与成相、坏相也是如此，看似对立，其实都有同融为一处，没有什么本质的区别。所以，法藏又把这种关系称为“一切即一，一即一切”[2]，“一”是指本体，“一切”是指各种各样的现象存在。由于一切事物现象的本质都是一样的，所以法藏认为，每一个东西也可以说成一切东西，一切东西又可以说成是每一个东西，这就是所谓的“事事无碍”。

与此同时，华严宗还论证了“一”和“多”的关系，如说：“一多相由成立，如一全是多，方名为一；又多全是一，方名为多。多外无别一，明知是多中一；一外无别多，明知是一中多。”[3]认为没有“一”也就没有“多”，没有“多”也就不成其为“一”，“多”是“一”中的“多”，“一”是“多”中的“一”，“一”和“多”虽然有所不同，但却是可以相互包容的。由此得出“一即多”“多即一”的结论。

### 禅宗的思想特征

与天台宗和华严宗相比，唐代中期的禅宗是最能代表这一时期中国化佛教的发展的，且对后世影响最为深远。禅宗的代表人物是慧能（638—734年），是中国禅宗的实际创始人，24岁去湖北投禅宗第五祖弘忍门下作“行者”（尚未剃度）。因作“菩提本无树，明镜亦非台。本来无一物，何处惹尘埃”一偈深受弘忍欣赏，遂秘授禅法，并付与法衣。后慧能来到广州

[1]《华严一乘教义分齐章》，见《大正藏》第45册，台湾新文丰出版有限公司1996年版。
[2]《华严经义海百门》，见《大正藏》第45册，台湾新文丰出版有限公司1996年版。
[3]《华严经义海百门》，见《大正藏》第45册，台湾新文丰出版有限公司1996年版。

法性寺和广东韶关曹溪宝林寺（现韶关南华寺）宣传“见性成佛”，成为禅宗的正系，与北方神秀对立。后圆寂于故乡。其说教由弟子编为《六祖坛经》。

1. “心即真如”说

禅宗在中国佛教史上占有非常重要的地位，其革新精神以及其心性思想对后世佛教影响很大。禅宗反对繁琐的宗教仪式，主张依靠精神的领悟来把握佛教义理，提倡简便易捷的工夫，从而把中国佛学推向了一个新的境地。慧能认为，现实世界的一切都依存于“心”，个人的心不仅是成佛的基础，同时也是客观世界的基础，如说：“心生，种种法生；心灭，种种法灭；一心不生，万法无咎。”还说：“自心是佛，更莫狐疑。外无一物而能建立，皆上本心生万种法”，“心量广大，犹如虚空，无有边畔……世界虚空，能合万物色象。日月星宿，山河大地，泉源溪涧，草木丛林，恶人善人，恶法善法，天堂地狱，一切大海，须弥诸山，总在空中。世人性空，亦复如是……自性能含万法是大，万法在诸人性中”。[1]

在慧能看来，客观世界一切事物的存在和运动都是由“心生”，“故知一切万法，尽在自身心中”，这样就把“本体”直接安置在人“心”上。因此，他主张：“汝今当信佛知见者，只汝自心，更无别佛。”[2]很显然，“心”就是“佛”，“心体”就是“真如”。

2. “顿悟成佛”说

顿悟是一种证悟成佛的步骤和方法，是指不用长期循序渐进的次第修习，一旦把握住佛教真理，马上就会突然觉悟成佛。顿悟之说是由东晋南朝时期的道生创立的。由于禅宗不讲累世修行和布施财物，主张不立文字，甚至不必坐禅，所以也提倡“顿悟成佛”，认为“一闻言下便悟，顿见真如本性”。在慧能看来，凡夫与佛并没有多大的区别，只是前者“迷”后者“悟”而已，而“迷”与“悟”之间只有一念之遥。而这一念之遥，并不是人们现有认识的积累所能达到的，如果想达到对真理的把握，必须通过一条神秘

[1] 慧能著，郭朋校释：《坛经校释》，中华书局 1983 年版。

[2]《六祖坛经·般若品》，上海古籍出版社 1993 年版。

的认识途径，那就是“顿悟”。通过“顿悟”，可以实现人的认识能力的突变。神会曾对此进行了发挥和阐释，说：“迷即累劫，悟即须臾……譬如一绞之丝，其数无量，若合为绳，置于木上，利剑一斩，一时俱断，丝数虽多，不胜一剑。发菩提心人，亦复如是。若遇真正善知识以为方便，直示真如，用‘金刚慧’断诸位烦恼，豁然晓悟……证此之时，万缘俱绝，恒沙妄念，一时顿尽。”[1] 顿悟成佛的修行方法，后来发展成为禅宗的“棒喝”与“机锋”，就是用一顿棒打或大喝一声，使对方从迷执中醒悟过来，顿时达到大彻大悟的境地。

很显然，禅宗的这种认识方法明显带有一种神秘主义的性质。

3. “凡夫即佛”说

禅宗之所以在唐以后成为中国佛教最重要并且延续发展时间最长的一个宗派，主要的原因就在于禅宗的平民化理论和简便易行的修行方法。禅宗并不认为修行成佛是一件高不可攀、遥不可及的事情，而是认为人人心中都有佛性，平民大众也可以成佛。慧能说：“凡夫即佛，烦恼即菩提。前念迷，即凡夫；后念悟，即佛。前念著境，即烦恼；后念离境，即菩提。”[2]“终日吃饭，未曾咬着一粒米；终日行路，未曾踏着一片地。与么时，无人我等相，终日不离一切事，不被诸境惑，名‘自在人’；念念不见一切相，安然端坐，任运不拘，名‘解脱’。”[3]

这样的论述就把现实苦难世界和彼岸安乐佛土的距离拉得很近，而不是像其他宗教派别一样，把天国当作遥不可及的彼岸世界。这种思想对于封建统治阶级是非常有利的，禅宗之所以在后世影响深远，与它的这种思想应该是有密切关系的。

---

[1]《神会语录》卷 1，商务印书馆 1996 年版。

[2]《六祖坛经》，上海古籍出版社 1993 年版。

[3]《古尊宿语录》卷 3，中华书局 1994 年版（全二册本）。

## 第三节　隋唐时期道教的发展及特点

杨坚创立隋朝后，在宗教上主要采取崇佛抑道的政策，佛教势力得到扶植和发展，而道教则发展缓慢。到隋炀帝时亦是如此，虽然曾在洛阳西苑挖湖修造三座假山以充蓬莱、方丈、瀛洲，并礼敬徐则、宋玉泉、孔道茂等道士，但道教的发展仍没有多大起色。在中国历史上，道教的第一次真正辉煌当属唐代，不仅皇帝与始祖李耳同姓，而且老子还被尊为唐宗室的“圣祖”,也正因此,道教在唐代被立为国教,进入了自己发展的黄金时代。

### 一、面貌一新、重放光彩的隋唐道教

唐武德八年（625 年）讨论三教定序之事，高祖李渊下诏以道教为首，儒排第二，佛排第三。至唐贞观十一年（637 年），唐太宗李世民颁《道士女冠在僧尼之上》诏令，把道士女冠排在僧尼之前。乾封元年（666 年），唐高宗尊封老子为“太上玄元皇帝”。玄宗时对道教更加推崇，并予以大力扶植。他亲自注释《老子》，并下诏道教三部最重要的经典为真经，即《道德真经》《南华真经》与《冲虚真经》。非但如此，玄宗时期的科举考试中，还专门开设了道举，足见其重道程度。

由于统治者的提倡，以及道教在唐代的国教地位，使得当时的道士地位也得到了极大提高，加之科举考试的影响，道教和道教教义思想在唐代得到极大发展。重玄之学的产生即是道教思想发展的显著性标志之一。所谓“重玄”，来源于《老子》首章之“玄之又玄，众妙之门”。重玄学的突出

代表人物、著名道教学者成玄英诠释“重玄”说:“玄者，深远之义，亦是不滞之名。有无二心，徼妙两观，源于一道，同出异名。异名一道，谓之深远。深远之玄，理归无滞。既不滞有，亦不滞无，二俱不滞，故谓之玄。有欲之人，唯滞于有；无欲之士，又滞于无，故说一玄以遣双执。又恐行者滞于此玄，今说又玄，更袪后病。既而非但不滞于滞，亦乃不滞于不滞，此则遣之又遣，故曰玄之又玄。”[1] 其实，这是以魏晋玄学的“有无之辩”理论来诠解《老子》，并非老子之本意，但也对“道”的“幽深玄远”作出了自己的理解。在成玄英看来，人要想成仙得道，必须达到重玄的最高境界，要一步步地经过“一玄”的步骤，排除对世间“有无”的“双执”，也即对“有”或“无”的过分执着之“滞”都是没有必要的，这样便可达到一个初级的人生境界——“一玄”。但“一玄”仍然“有滞”，即“非但不滞于滞，亦乃不滞于不滞”，所以必须经过“又玄”再次加以否定，直到最后达到一种“玄之又玄”的否定之否定的高度玄冥之境。只有这样，人才能真正得以解脱，成为无忧无虑的神仙，成就人生之佳境。重玄的主旨在于用否定之否定方法，破除人世间的一切约束，包括有无、非有非无，甚至非非有非非无，以达到一种绝对自由的玄冥境界。在此境界中，一切都无所滞，也无所不滞，此即“重玄之域”。重玄之域，人可以获得的最佳状态，在此境之中，可以很容易地把握修道的终极价值根基。重玄之域的主要特征表现为以下几点。

第一是自然。一如道教始祖老子之道法自然，历代的道教学者莫不追求人生之自然。他们认为，自然也是对物我的超越。人只有超越自我、超越外物之制约与束缚，进而达到一切都能无为而无不为，归之于虚静之状态，方为与自然为一；做不到这一点，被人生的欲望所制约，就不能真切地体悟道，人与道原本一致的本性便不能彰显。故重玄学者强调，“自然者，重玄之极道”，人伦万物皆以自然为秉性，所谓“物之性也，本乎自然。欲者以染爱累真，学者以分别妨道，遂使真一之源不显，至道之性难明。不入于无为，但归于败失。圣人顺自然之本性，辅万物以保真，不敢行之有为，

[1] 成玄英:《道德经开题序诀义疏》，见严灵峰《无求备斋老子集成初编》(三)，台湾艺文印书馆1965年版。

导之以归虚静也”[1]。

第二是超越生死。在道教学者那里，生死问题是个非常重要的问题，在重玄学中对生死问题的探讨便体现在重玄之境上。可以说人修道到重玄之境的地步，也就超越了生死的负累，获得人与自然为一、万物与我并生之解脱。这反映了重玄学者对生死问题的独特见解。这一观点不仅与世俗、儒家、佛教不同，即使和前期道教学者的生死观、成仙思想相比也有很大区别。世俗之人追求的是功名利禄与当下生活的快乐、安逸；儒家学者所注重的是“立德、立言、立功”之人生三不朽；佛教要求人们在现世中要受得寂寞，好好修行，争取来世进入西方极乐世界；前期道教则是通过炼丹的方式争取获得身心之强健，进而长生不老。而重玄学者认为，人活在世界上最重要和根本的事情是体悟“道”，与“道”合一，把自己的内心打扫干净，并力图构建一个重玄之境；如果能构建成功，便可以超越死生之所滞，进入无生无死之境。如成玄英说：“体道圣人，境智冥符，能所虚会，超兹四句，离彼百非，故得久视长生。”[2] 还说：“心冥至道，不灭不生。”[3] 说明只要“境智冥符，能所虚会”，人生也就超脱了是非；如能“心冥至道”，也就无所谓生死。可以说，无论是成玄英的《庄子疏》还是《老子注》，都确有高超的哲学思辨水平。

综上，重玄学的发展改变了前期道教只重教理教义发展，缺少哲理化、思辨化形上哲学思想的本来面貌，增强了与儒佛两派对抗的实力，“标志着道教在融会佛、儒和道家哲学的基础上形成自己高深的哲学，为道教的理论发展开辟出一条崭新的道路”[4]。同时，重玄学的发展也为宋代以后道教的心性之学提供了理论前导。重玄学者认为，修道者如果能够做到心与道合，复归人性之本然即自然状态，便可得道。这一观点显然与前期道教

[1]《道藏》第 10 册，文物出版社等三家出版社 1988 年联合出版，第 155 页。

[2] 成玄英：《庄子疏》，见《文献通考》卷 211，中华书局 1986 年版。

[3] 成玄英：《老子注》卷 1，见严灵峰：《无求备斋老子集成初编》(三)，台湾艺文印书馆 1965 年版。

[4] 牟钟鉴、张践：《中国宗教通史》(上)，社会科学文献出版社 2003 年版，第 562 页。

炼丹服药、辟谷服气、追求肉体长生的做法有明显不同。重玄学将修道的重点放在心性上,重视性命双修。唐代是先性后命,元代之后变成先命后性,也即道教的仙境最终要从心性上去用功夫，这也是重玄学者看到了前期道教外丹理论巨大缺陷之后在学理方面作出的回应，并为宋元内丹心性学的构建提供了必要的理论依据。此外，重玄学的发展还开启了宋代道教及理学思想之先河。正如何建明所述:“道家重玄学……与隋唐佛教心性论一起成为宋代儒学产生的重要资源。”[1]

## 二、隋唐时期道教发展的思想特征

司马承祯，既是道教茅山宗的第十二代宗师，又传南岳天台一派，系玄宗时著名道教学者，其修道成仙理论主要吸收了老庄思想、儒家的正心诚意和佛教的止观、禅定学说,认为心为“一身之主，百神之帅。静则生慧，动则成昏……所以学道之初，要须安坐，收心离境，住无所有。因住无所有,不著一物,自入虚无,心乃合道”[2]。在他看来“学道”首先要做到安静,能够静下心来思考一些事情，在此基础上，将心收拾住，不外驰，然后就可达到“住无所有”的境地。人的天赋中本就有神仙的素质，只要“修我虚气”“遂我自然”，就能修道成仙。这一思想对北宋理学的“主静去欲”理论的形成有一定的影响。

那么，人在得道达到神仙境界之后，身形是怎样的呢？司马承祯对此做了描述:“道有深力，徐易形神。形随道通，与神合一，谓之神人。神性虚融，体无变灭，形与道同，故无生死。隐则形同于神，显则神同于气，所以蹈水火而无害，对日月而无影，存亡在己，出入无间。身为滓质，犹

---

[1] 何建明:《道家思想的历史转折》，华中师范大学出版社 1997 年版，第 43 页。

[2] 司马承祯:《坐忘论》，见《道藏》第 22 册，文物出版社等三家出版社 1988 年联合出版，第 856 页。

至虚妙，况其灵智益深益远乎！故《灵宝经》云：身神共一则为真身。”[1] 认为得道之人自然能获得“道”的深沉法力，在法力的影响下，人可以渐渐改变自己的形体与精气神，形体与道和精神合二为一。既然精神永存，那么形体也不会消灭，所以人便获得了无生无死的永恒生命。这一理论的进一步发展便是宋代内丹学派所强调的修炼大道的三个阶段——“炼精化气”“炼气化神”“炼神还虚”。从以上阐释中可以发现唐代的道教面貌有根本性的转变，在统一强大的集权政治体制和发达繁荣的经济、文化环境中，道教的哲学性、思辨性内容大大加强了，比较奇怪的法术则相应地淡化或消失了，演变成为更具心性色彩的宗教，这也是道教在以儒学为主导的注重文化与伦理的环境中生存的权变之术。这一发展趋势直接导致了有利于道教发展的几个后果：第一，获得了统治阶层的承认，而不再是受压迫、被打击的对象，并一跃成为在意识形态中占重要地位的国教；第二，随着道教地位的上升，“三教”融合在唐代已成必然之势，它们之间的互诠互显促成了宋代“新儒学”即理学的形成。

[1] 司马承祯：《坐忘论》，见《道藏》第 22 册，文物出版社等三家出版社 1988 年联合出版，第 896 页。

## 第三章

# 宋代佛道两教的发展及特点

经历了唐末的农民战争与五代十国多年的动乱状态之后，公元 960 年，宋王朝终于在赵匡胤陈桥兵变之后建立起来，占国土大半面积的中原和南方地区也终于获得了暂时的安宁与发展。在经历了朝代更迭的切肤之痛后，宋代统治者深切地体会到，政局的变动、战乱的出现，其主导原因在于统治者政治控制能力的不足，也即没有找到一种能够让大多数人服膺的社会指导思想，从而导致了中央政权旁落和藩镇割据局面的持续。鉴于以上原因，宋王朝建国后不久即采取了一系列强化专制主义中央集权的措施，在社会治理上则采取“重文抑武”的基本国策，让大臣们奢享社会生活之繁华，却无力对朝廷政令的发布做出任何控制，皇帝则牢牢地将所有权力掌控在自己手中。关于宗教对治国理政的重要作用，赵宋的统治者无疑比前代君主更清晰和明确。在宋代社会中广泛流行，受到大多数人信奉和推崇，并在社会中产生深远影响的则非佛教与道教莫属。

## 第一节　宋代佛教之发展

唐中期中国化佛教形成之后，发展到宋代，佛教发展渐趋平稳。此时不仅佛教内部的各派别相互调和，不再出现大的纷争，佛教与本土化的宗教——道教乃至占据意识形态主导地位的儒学的关系也渐趋和缓。在这一时期，佛教思想家将隋唐时期已经形成的理论如本体、心性等加以扩展，而且还大力调和三教，将儒家的孝道思想等引入佛教，在一定程度上完成了三教合一的历史重任，并对当时的士林风气产生了巨大影响。

### 一、宋代政权对佛教的扶持与保护

北宋王朝建立后，五代十国战乱的创伤并没有很快被抚平，北方的辽国不断对北宋进行骚扰，内忧外患依然严重，人民生活依然困苦，这为佛教的发展提供了丰腴的土壤。由于佛教宣扬彼岸的极乐世界，能一定程度上把劳动群众的注意力从苦难的现实引向虚无缥缈的彼岸世界，有利于保持此岸苦难世界表面的平静，并且佛教有补于封建政治，因而得到了统治阶级的认同和提倡，宋代统治者对佛教依然采取扶植、利用的政策。

中国历史上有著名的“三武一宗”灭佛运动，其中的“一宗”，即是指后周世宗皇帝。有鉴于佛教的影响和对封建统治的可资借鉴之处，在北宋立国之初，太祖赵匡胤便下诏解除了后周显德年间的废佛令，诏令诸路州府：寺院凡是经后周显德二年“停废者，勿复置；当废未废者，存之”[1]。以

[1]《续资治通鉴长编》卷1“建隆元年六月辛卯”条，中华书局1978年版。

后又陆续下诏令僧人入西域天竺取经求法。赵匡胤本人也喜好佛教，他曾以金银字写《金刚经》，并诏令于开宝四年（971年）起刻《开宝藏》，这是中国佛教史上第一部官刻的大藏经。同年还敕令益州开雕木版印刷《大藏经》，前后历经12年时间得以完成。全书共1076部，5048卷，可谓卷帙浩繁。这也是中国有史以来第一部汉文木版印刷《大藏经》。此外，太祖在位期间，还采取了一些恢复佛教发展的重要举措，尤其重视发展佛教文化事业，可以说对佛教在两宋时期的发展产生了深远影响。

太宗赵光义更"崇尚释教"[1]。太平兴国五年（980年），朝廷设立译经院，恢复了从唐代元和六年（811年）以来中断一个半世纪的佛经翻译，有力推动了佛教信仰的传播。太宗还亲自作了《新译三藏圣教序》，序中说："大矣哉，我佛之教也……广博宏辩，莫彦莫能究其旨，精微妙说，庸愚岂能度其源。"[2] 这篇序文，不但笔之于书，而且刻之于碑。[3] 他还敕令在开宝寺内建造一座十一级、三百六十尺高的舍利塔，历时八年，"所费亿万计"[4]。塔建成后，他亲自安放舍利。"上雨涕，都人万众皆洒泣，燃指、焚香于臂掌者无数！内侍数十人，愿出家扫洒塔下，悉度为僧。"[5] 太宗还尝对人说："联曩世尝亲佛座"[6]，表示他也是佛子再世，并且宣称："浮屠氏之教，有裨政治……朕于此道，微究宗旨。"[7] 据佛教史料记载，从太宗即位，到太平兴国七年（982年），短短的几年时间，"凡度一十七万余人"[8]。

宋真宗赵恒统治时期，外国来华的僧人很多，他们都受到真宗的礼遇。《佛祖统纪》卷四十四载："西土梵僧绳绳而来者多矣，至于五竺沙门竟集

---

[1]《续资治通鉴长编》卷23，中华书局1978年版。

[2]《佛祖历代通载》卷18，见《大正藏》第49册，台湾新文丰出版有限公司1996年版。

[3]《金石萃编》卷125，中国书店出版社1985年版（全五册本）。

[4]《续资治通鉴》卷15，上海古籍出版社1987年版。

[5]《皇朝类苑》卷43，日本京都中文出版社1981年版。

[6]《皇朝类苑》卷43，日本京都中文出版社1981年版。

[7]《续资治通鉴长编》卷23，中华书局1978年版。

[8]《佛祖历代通载》卷18，见《大正藏》第49册，台湾新文丰出版有限公司1996年版。

阙下，则无若兹时之为盛。”真宗皇帝本人也常亲自去寺院“祈雨”“祈晴”，并且大力支持译经。咸平至景德年间，朝廷派遣内侍王守真等，发诸州兵一千三百人，重修太原惠明寺舍利塔。大中祥符二年（1009年）九月，真宗下诏普度天下童子（每十人度一人）。大中祥符三年（1010年），诏于京师及诸路共设戒坛七十二处：京东四处，京西六处，河北三处，河东五处，淮南九处，江南十四处，两浙十五处，荆湖六处，福建三处，川陕七处。[1]大中祥符四年（1011年），诏赐黄金三千两，增修峨眉山普贤寺，同时斋僧三万人。真宗还曾先后下过《僧尼、道士、童行十人外更放一人诏》（景德三年十一月，1006年）和《特度僧道诏》（大中祥符二年正月，1009年），宣扬“能仁垂教，盖诱于群迷”[2]，“冀因善利，永福苍黔”，提出要更加广泛地度人出家。

宋仁宗赵祯也很“好佛”，尤其对禅宗高度重视。天圣九年（1031年），仁宗命“韶州守臣诣宝林山南华寺，迎六祖衣钵，入京阕供养，及至奉安大内清净堂。敕兵部侍郎晏殊撰《六祖衣钵记》”[3]。景祐三年（1036年）四月，仁宗为驸马都尉李遂编纂的《天圣广灯录》作序说：“我太祖之乘箓也，王法延乎住世，我太宗之握纪也，妙供满于诸天；真宗皇帝，密契菩提之心，深研善逝之旨……朕嗣景祚，子毓群黎，将以驱福寿之民，居常奉调御之本。”[4]表明自太祖到他，都是热心于佛事的。皇祐元年（1049年），仁宗下诏，命在汴京（今河南开封）“创兴禅席，因赐额‘十方净因’。上方留意空宗，诏求有道者居之”[5]。可见仁宗对禅宗的重视。不但如此，宋仁宗对佛教禅学也有较高的修养，南宋马永卿评价说：“仁宗皇帝，道德如古帝王，然禅学亦自高远。”甚至认为仁宗皇帝“仰窥见解，实历代祖师之上”。[6]

---

[1]《宋会要辑稿·道释二》，中华书局1997年版（全八册本）。

[2]《宋大诏令集》卷223，中华书局1962年版。

[3]《佛祖统纪》卷45，见《大正藏》第49册，台湾新文丰出版有限公司1996年版。

[4]《佛祖历代通载》卷18，见《大正藏》第49册，台湾新文丰出版有限公司1996年版。

[5]《佛祖统纪》卷45，见《大正藏》第49册，台湾新文丰出版有限公司1996年版。

[6] 马永卿：《懒真子》卷2，影印文渊阁四库全书本，第863册。

至于北宋时期的英宗、神宗、哲宗等，也都把佛教视为可资利用的思想工具而大加提倡。如宋神宗元丰三年（1080年），“诏革江州东林律院为禅席，命常总禅师居之”[1]，东林禅寺由此成为北宋时期一个重要的禅宗基地。正是由于封建统治阶级的扶持和提倡，使得北宋时期的寺院发展很快。据统计，北宋时期，全国有佛教寺院四万多所，而且大的寺院很多。就以京师汴梁来说，相国寺凡八禅、二律、六十四院；龙兴寺，凡五百六十二区；资圣院，凡七百二十区；普安禅院，凡六百三十八区等。类似这样的大寺院，不但京师有，全国各地也很多。例如，黄州齐安（今湖北黄冈）的永兴寺，一次重建，即耗费四百七十万（全系富家捐款，其中两家就捐出三百五十万），其寺院规模之大于此可见。寺院如此富有，出家者自然就多了。家庭富有、买得起度牒的，自然可做正式僧人；而家境贫苦，无力购买度牒者，为了逃避徭役，也多“窜名浮图籍，号为出家”[2]。

到南宋时期，总的说来，统治者仍然重视、扶植佛教，利用佛教以维护其王朝的统治。高宗对佛教采取折中态度，孝宗认为佛家五戒与儒家仁义礼乐本质是一致的，得出了“以佛修心，以道养生，以儒治世”的结论。[3]

由于统治者对佛教的重视和扶植，宋代佛教寺院的经济力量也发展很快。据《宋史》卷一七七《食货上五·役法上》记载，寺院月收房租一万五千，季收粮食百石以上者，方才缴纳助役钱。南宋时，仅福建路寺院的田产收入，除缴纳两税和供应寺僧需用外，每年尚有盈余三十六万五千多贯。由于时事多难，投入佛门的人越来越多，南宋绍兴二十七年（1157年），竟然还有僧尼二十万人（而绍兴二十九年，国家当时仅有人口一千六百八十四万二千二百零一人）。不少知识分子也逃入佛门，以图一时的苟安。

当然，统治者重视佛教也并非一味崇佛，而是采取崇抑兼取的政策。

---

[1]《佛祖统纪》卷45，见《大正藏》第49册，台湾新文丰出版有限公司1996年版。

[2]《宋史·食货上五·役法上》，中华书局1977年版。

[3]《原道辩》，见宋晓莹《云卧纪谈》卷下，《释氏稽古略》卷四，《佛祖统纪》卷四七“淳熙八年”条等。

一方面亲佛奉法，另一方面也采取一定的控制手段以防佛教影响泛滥。如太祖平定江南后，针对南方佛教太滥的状况，实行了裁汰僧尼的政策，“汰李氏时所度僧，十减六七”[1]；太宗时也对僧尼名额进行了限制，原因是太宗看到了佛教的发展对社会经济造成了危害，不得不进行限制性发展。他说：“古者一夫耕，三人食，尚有受馁者。今者一夫耕，十人食，天下安得不重困？”并指出“游惰不职者，跨村连邑，去而为僧，朕甚嫉焉”。[2]所以太宗下诏立制，以限制佛教的快速发展。以后诸帝也对僧尼剃度有一定限制。但是，这些限制政策总的来讲远没有倡导佛教影响之大。统观有宋一代，对佛教的政策是倡多限少。

## 二、佛教在宋代的发展与儒佛会通的宗教实践

在两宋时期，中国佛教的发展以禅宗独领风骚。正如魏道儒先生所说：“当佛教义学诸派趋于衰落的时候，当有些派别已经湮没无闻的时候，唯有禅宗获得了进一步的发展，并且最终成为中国佛教的主流，甚至成为中国佛教的代名词。禅宗的价值，就在这种强烈的反差现象中格外引人注目地显示出来了。这种发人深思的反差现象，在唐末五代初露端倪，在宋代就十分突出了，并且基本成为定局。”[3]对禅宗在宋代的发展和地位给予了充分肯定。而天台宗是中国典型的大乘佛教宗派，在宋代影响亦大。故以禅宗和天台二宗派为代表，讨论宋代佛教发展之大略。

### （一）禅宗在宋代的发展

中唐以后，禅宗在佛教各宗派中发展最快，晚唐五代时期发展为“五家”，入宋以后又发展出杨岐方会和黄龙慧南两个支派。尽管这两个支派在禅宗教义上并没有大的突破性发展，但由于这两个支派形成于宋代，所

[1]《宋史》卷 432《胡旦传》，中华书局 1977 年版。

[2]《宋大诏令集》卷 233，中华书局 1962 年版。

[3] 魏道儒：《宋代禅宗文化》之《绪论》，中州古籍出版社 1991 年版。

以，他们可以作为禅宗在宋代发展的代表。这里有一点需要说明的，那就是中唐到五代时期，禅宗形成“五家”，到宋代，“五家”之一的临济宗成为禅宗的代表，以至于到元明时期有“天下七分临济，三分曹洞”之说。

脉出临济宗的杨岐一派，其代表人物是方会（992—1046 年），俗姓冷，袁州宜春（今江西宜春）人，因为他首住杨岐，所以禅宗史上就称他为“杨岐方会”。《禅林僧宝传》卷二十八记载，说他于“庆历六年（1046 年），移住潭州云盖山”，而未载明他的生卒年。《古尊宿语录》卷十九收入的僧人文政作于宋仁宗皇祐二年（1050 年）的《潭州云盖山会和尚语录序》里，说方会卒于云盖山，“俗龄五十四”。[1] 但未说明卒于何年。元念常的《佛祖历代通载》卷十八记载方会卒于宋仁宗“丙戌”年，即庆历六年（1046 年），却又未说明他岁数多大。把文政和念常两家的记载合起来看，方会的生卒年当为宋太宗淳化三年至宋仁宗庆历六年，即 992 年至 1046 年。[2]

方会主张“心”学，认为“只个心心是佛，十方世界最灵物”[3]。认为“心”是世界的“最灵物”，它既是成佛的根基，又是世界的本原。主张“一即一切，一切即一”[4]，“一尘才举，大地全收”[5]。世界上的一切都是由那颗最灵的“心”派生的，都是以那颗最灵的“心”为它们的最高实体。所以，举“一尘”就“大地全收”，这就是佛经里说的“于一毫端，现宝王刹”的意思。“一微尘”“一毫端”，算是事物的最小者了，但是，就在这至小的“微尘”“毫端”里，却可以“收”尽“大地”“现”出“佛国”（“宝王刹”，即佛国）。原因就在于“大地”“佛国”，与“微尘”“毫端”同是“最灵”的心的派生物，同是以这颗“最灵”的心为本体。所以，它们可以大小相即，一即一切。

方会非常看重世俗权力，主张佛家弟子不但要出世，而且还要学会入世，只有与世俗权力结合起来，才能更好地弘扬佛法。从他升座拈香的祷

---

[1]《续藏经》第 1 集第 2 编，东京大正一切经刊行会 1934 年版。

[2] 郭朋：《宋元佛教》，福建人民出版社 1981 年版。

[3]《古尊宿语录》卷 19，上海佛学书局 1931 年影印本。

[4]《古尊宿语录》卷 19，上海佛学书局 1931 年影印本。

[5]《古尊宿语录》卷 19，上海佛学书局 1931 年影印本。

语可以看出他积极入世的心态，他说："此一瓣香，祝延今上皇帝圣寿无穷……此一瓣香，奉为知府龙图，驾部诸官，伏愿常居禄位。"显然可见，在方会心中，世俗社会的官阶禄位是多么的重要！

杨岐一派，除方会外，较有影响的是方会的再传弟子法演，法演的弟子克勤，以及克勤的弟子宗杲。

法演，俗姓邓，绵州巴西（今四川绵阳）人。因他较长时间在蕲州（今湖北蕲春）五祖山"开堂"说法，所以禅宗史上就称他为"五祖法演"。法演"绍先圣之遗踪，称提祖令，为后学之模范，建立宗风"[1]，深受后人称赞。法演的生年不详，死于宋徽宗崇宁三年（1104年），活了80多岁。[2]

在世界观上，法演认为："有物先天地，无形本寂寥，能为万象主，不逐四时凋。"[3]"万象主"是指世界万物的本原，同时又是先天地生的"无形""寂寥"的精神实体，也就是佛家的真如、佛性之类的东西。

法演虽然认为天地万物源于真如、佛性，但他更关心的还是世俗的现实社会。和他的先师一样，他的政治态度也明显表现出对世俗王权的拥护，如他"升座拈香云：此一瓣香，先为今上皇帝，伏愿常居凤扆永镇龙楼。次拈香云：此一瓣香，奉为州县官僚，伏愿乃忠乃孝，惟清惟白，永作生民父母，长为外护纪纲"[4]。法演"升座拈香"，第一祝愿"今上皇帝"永坐龙廷，第二祝愿"州县官僚""永作生民父母"。在端午节升座时，他也要祷告一番说："一要今上皇帝、太皇太后，圣躬万岁，二要合朝卿相、文武百官，州县采寮，常居禄位，三要万民乐业，雨顺风调。"[5]过端午节上堂闭口不谈"佛法"，而是祈祷皇帝、太后、合朝卿相，入世样态刻画得淋漓尽致。更有甚者，把封建皇帝当作头戴冠冕的"诸佛"，封建官吏当作身着官服的"祖师"。而高居佛国的"诸佛"，自然就是身披袈裟的皇帝，历代"祖

[1]《古尊宿语录》卷20《次住海会语录》，上海佛学书局1931年影印本。

[2]《补禅林僧宝传·五祖演禅师传》，见《中国灯录全书》，中国藏学出版社1993年版。

[3]《古尊宿语录》卷22《黄梅东山演和尚语录》，上海佛学书局1931年影印本。

[4]《古尊宿语录》卷20《次住海会语录》，上海佛学书局1931年影印本。

[5]《古尊宿语录》卷21，上海佛学书局1931年影印本。

师”，自然也是身着僧装的封建官吏。皇帝与“诸佛”，“祖师”与官吏，真可说是互为表里。

克勤（1063—1135年），字无著，俗姓骆，彭州崇宁（今属四川）人。出家后，先于成都等地学经、问法，不久离川东下，拜于法演门下。宋徽宗崇宁初，回蜀，住持昭觉寺。后又谢职去荆州，见丞相张商英，谈论《华严》教义，被张誉为“僧中管仲”。宣和中诏住京都天宁寺，徽宗赐号“圆悟禅师”。后又返蜀，仍住昭觉寺。绍兴五年（1135年）八月五日病逝，享年73岁。著有《碧岩录》（十卷）、《击节录》（二卷）。

由于《碧岩录》问世，遂使克勤成为影响较大的一代名僧。

《碧岩录》结构非常独特，它是以一百则“公案”为骨架，每则“公案”分三段：先举“公案”，并加叙述，这可称之为“前言”或“绪论”，再引重显颂文，这就是重显的“颂古”，然后便是克勤的释文。克勤在认识上主张“世谛、佛法……平等一如，湛然真纯”[1]。所谓“世谛”，就是指的现象世界，而“佛法”则是指彼岸世界即本体。由于大千世界是以真如为本体，因而宇宙万有都是真如妙境，都是真如派生的，真如是世界的本原。

宗杲（1089—1163年），俗姓奚，宣州宁国（今安徽宣成）人。13岁时入乡校读书，不久弃学，17岁出家，当年受具足戒。丞相张商英曾题其所居庵为“妙喜”，因而自称妙喜。宋徽宗宣和六年（1124年），克勤奉旨住持京都天宁寺，宗杲便进京从克勤学禅。后宗杲赴吴，暂住虎丘。这时，克勤已迁住江西云居，宗杲又到云居，充任“首座”。此后，辗转“湖湘”，历游“七闽”，终于在临安径山“开法”，极力倡导克勤禅法。孝宗即位，赐号“大慧禅师”。隆兴元年（1163年）八月十日病逝，享年75岁。

宗杲是一位禅僧，他认为他的老师克勤的《碧岩录》，有悖于禅宗的“直指”精神，所以就毫不留情地“火其书”。另一方面却又编撰《正法眼藏》六卷以补救禅宗弊病。

宗杲除编撰了《正法眼藏》之外，在宗教实践上，他尤为大力倡导“看

---

[1]《续古尊宿语要》卷3，见《续藏经》第118册，台湾新文丰出版有限公司1994年版。

话禅”。所谓看话禅，就是要拿一个问题作为话头来进行内省式的参究。这种话头有三个特点，一是不对话头作解释，二是看话头是长期的实践过程，要贯彻在禅僧生活的全过程，三是看话头的目的是获得“大悟”。宗杲看话禅的一个重要原则，是要求把话头作为“活句”而非“死句”来看待。宗杲认为，只有活句才具有启悟的功能。也正因此“看话禅”，使得禅宗距离六祖慧能禅宗的本义越来越远。

黄龙派是临济宗的一个支派，和杨岐并称，但影响不及杨岐派。该派的创始人是慧南。慧南（1002—1069 年），俗姓章，信州玉山（今江西玉山）人，“生而神异，童稚不群，道蕴夙机，发言骇众”[1]，17 岁出家，19 岁落发受具足戒，“遍历丛林，皆推上首”，世称“黄龙慧南禅师”。宋神宗熙宁二年（1069 年），慧南坐化，徽宗大观四年（1110 年），徽宗赐谥普觉，故后人亦称其为普觉禅师。慧南的言论后被收入《黄龙慧南禅师语录》和《黄龙慧南禅师语录续补》各一卷。

在宇宙观上，慧南认为，宇宙万有都是由神妙的“真如”派生的，本身都是“真如”。慧南的禅法也引入了体用关系，讲究“触事而真”，如说：“道远乎哉？触事而真。圣远乎哉？体之即神。”[2]这话原来出自僧肇，在此有“立处皆真”之意，与临济宗相沟通。慧南还认为，众生皆有佛性，要求“行脚人当自开眼，勿使后悔”[3]。所谓“自开眼”，意思是指关照内心，无须外求，众生应该自证自度，求得自我解脱。慧南的佛性论远承马祖道一，也讲所谓的“自家宝藏”，如说：“汝等诸人，各有自家宝藏，为什么不得其用？只为不回头。”[4]这个自家宝藏就是众生心中的本有佛性，“人人尽握灵蛇之珠，各个自抱荆山之璞。不自回光返照，怀宝迷邦”[5]。慧南还批评当时禅风日下，说：“古人求道求内心，求得心空道自亲。今人求道外求声，寻声

[1]《建中靖国续灯录》卷 7，海南出版社 2011 年版（全二册本）。

[2]《黄龙慧南禅师语录续补》，见《大正藏》47 册，台湾新文丰出版有限公司 1996 年版。

[3]《黄龙慧南禅师语录》，见《大正藏》47 册，台湾新文丰出版有限公司 1996 年版。

[4]《黄龙慧南禅师语录》，见《大正藏》47 册，台湾新文丰出版有限公司 1996 年版。

[5]《黄龙慧南禅师语录续补》，见《大正藏》47 册，台湾新文丰出版有限公司 1996 年版。

逐色转劳神。劳神复劳神，颠倒何纷纷？”[1]针对当时兴起的文字禅提出了批评。

在修行方法上，慧南讲无修，主张以无修为修，说：“道不假修，但莫污染；禅不假学，贵在息心。心息，故心心无虑；不修，故步步道场。”[2]不修就是指内心不起修行之念，不执著于任何一种对象，以无念之心看万物，这样处处即可为道场。

克文（1025—1102年），俗姓郑，陕州阌乡人。由于不堪继母虐待而出走，游学四方，后来出家为僧，“即游京洛，翱翔讲肆，贤首、慈恩，性、相二宗，凡大经论，咸造其微”[3]。后又弃教、习禅，终得法于黄龙慧南。元丰（1078—1085年）末，克文东游，到钟山拜谒宰相王安石，与当时知名士大夫交往密切。王安石以为克文“独受正传，力排戏论”，便舍宅第为报宁寺，延请克文为住持。王安石还为克文“岁度僧，买庄土，以供学者”[4]。朝廷也曾颁赐紫方袍，并赐“真净大师”之号。绍圣（1094—1099年）初，御史黄庆基为南康太守，迎克文住持归宗寺。绍圣三年（1096年），张商英出镇洪州，谒克文于归宗净名庵。次年，又迎居石门。徽宗崇宁元年（1102年）圆寂，享年78岁。

与慧南相比，克文的思想资料比较多。收入《古尊宿语录》（卷42—45）里的克文《语录》主要有《宝峰云庵真净禅师住筠州圣寿语录一》《住洞山语录》《宝峰云庵真净禅师住金陵报宁寺语录二》《住庐山归宗语录》《住宝峰禅院语录》等。

在世界观上，克文主张“真如缘起”。他说：“目前森罗万象……同是一真法界。”“一真法界”就是指“真如”“法性”“佛性”等，由于“一真法界”是宇宙的本原，宇宙万有都是由它派生的，所以“森罗万象”本身就是“一真法界”。

---

[1]《黄龙慧南禅师语录续补》，见《大正藏》47册，台湾新文丰出版有限公司1996年版。

[2]《黄龙慧南禅师语录》，见《大正藏》47册，台湾新文丰出版有限公司1996年版。

[3]《石门文字禅》卷30，台湾商务印书馆1986年版。

[4]《云庵克文禅师语录》，见《续藏经》，东京大正一切经刊行会1934年版。

克文还主张“人人有个真天佛”[1]，“僧俗男女平等心，一一皆同证法界”[2]，“法界者，一切众生身心之本体也”[3]。在克文看来，“无情”世界的“森罗万象”都是由“一真法界”派生的，“有情”世界的“僧俗男女”“一切众生”，也都是由“一真法界”派生的，因此说“法法本然，心心本佛，官也私也，僧也俗也，智也愚也，凡也圣也，天也地也，悟则事同一家，迷乃万别千差”。[4]无论官私、僧俗、智愚、圣凡，一切都是以“一真法界”为“本体”。由于“一真法界”充塞宇宙，遍于一切，所以“举足下足，无非道场”。[5]还说：“一切法即诸佛法，一切心即诸佛心。”[6]无论“此土他界，天堂地狱，六凡四圣，情与无情，同一无异”[7]。由于一切都是以“一真法界”为本体，所以就能“事事无碍，如意自在”[8]。

虽然杨歧与黄龙两支，与禅宗“五家”并称为禅家两宗——“五家七宗”，但是，他们远不像“五家”那样，有各自的思想特点和风格，他们只是在思想上承继前人的余绪，陈陈相因。尽管宋代禅宗编了大量的灯录、语录，但都没有比较新的内容，更没有可以自成体系的思想。但它却给世俗社会生活带来了巨大影响，深刻影响了两宋士林和世俗社会生活风气。

### （二）宋代天台宗的发展

宋代的天台宗尽管也有一定发展，但远没有禅宗影响深远。这一时期的天台宗在理论上除了继承隋唐天台思想之外，也没有新的理论建树。但宗派中也还是有一些僧人在宋代产生了影响，如晤恩、知礼、遵式及“山外”

[1]《古尊宿语录》卷 43，上海佛学书局 1931 年影印本。
[2]《古尊宿语录》卷 43，上海佛学书局 1931 年影印本。
[3]《古尊宿语录》卷 42，上海佛学书局 1931 年影印本。
[4]《古尊宿语录》卷 42，上海佛学书局 1931 年影印本。
[5]《古尊宿语录》卷 42，上海佛学书局 1931 年影印本。
[6]《古尊宿语录》卷 44，上海佛学书局 1931 年影印本。
[7]《古尊宿语录》卷 42，上海佛学书局 1931 年影印本。
[8]《古尊宿语录》卷 42，上海佛学书局 1931 年影印本。

智圆等。

宋代天台宗的重要传人是晤恩（911—986 年），字修已，姑苏（今江苏苏州）常熟人。生于五代十国时后梁乾化元年（911 年），俗姓路。13 岁出家。后唐长兴年间受具足戒，住昆山（今江苏江都）慧聚寺学《南山律》。后晋天福元年（936 年）从释皓端学经论。后到钱塘（今浙江杭州）慈光院从释志因受学，“讲贯弥年，通达《法华》《光明经》《止观论》，咸洞玄微”[1]。宋太宗雍熙三年（986 年）圆寂，享年 75 岁。著有《玄义》《文句》《止观》《金光明》等，特别是他的《金光明玄义发挥记》引起了天台宗的所谓“山家”“山外”之争，是一部对天台宗起了很大冲击作用的书。也正因为此书，使得晤恩成为天台史上标新立异、影响独特的人物，对天台宗的发展产生了重要影响。

晤恩学行并重，一生弘扬天台教观，“寻绎十妙之始终，研核五重之旨趣”，讲《大玄义》《文句》《止观庐》20 余遍。他“剖析幽旨，时称义虎”。宋《高僧传》卷七说“使《法华》大旨全美流于代者，恩之力也”。由此可见其对弘传天台教观所起的重要作用。

晤恩既是理论家，也是宗教实践者。他严持戒律，规范行为，过午不食，衣钵不离，“不蓄财宝，卧必右肋，坐必加趺……立制严峻，日别亲视明相，方许净人施粥”[2]。他交游严谨，不好谈论俗事。

知礼（960—1028 年），字约言，是宋代天台宗的义学高僧，俗姓金，四明（今浙江鄞县）人，7 岁时出家，15 岁受具足戒，专研律部。20 岁跟随义通学天台教观。太宗端拱元年（988 年）义通圆寂。淳化二年（991 年），受请住四明祥符寺，在那里开坛讲经，学徒云集。真宗咸平二年（999 年）以后，专门从事讲经、修忏。大中祥符六年（1013 年），创设念佛施戒会，汇集僧俗男女一万人，同修念佛，发菩提心，求生净土。仁宗天圣六年（1028 年）圆寂，享年 69 岁。

---

[1]《高僧传》卷 7《晤恩传》，陕西人民出版社 2010 年版。

[2]《高僧传》卷 7《晤恩传》，陕西人民出版社 2010 年版。

知礼是天台宗的“继往开来”者，天台宗人尊其为第十七祖，一般称为四明尊者。知礼的著作有《金光明经玄义拾遗记》六卷，《金光明经文句记》十二卷,《观音经玄义记》《观音经义疏记》各四卷,以及宁宗嘉泰二年（1202年）四明宗晓所编《四明尊者教行录》七卷等。

天台宗有山家、山外之分，即起于知礼时代。知礼一派自认为是天台一宗的正统，以山家自称；而把和他们见解不同的晤恩、洪敏、源清、天昭、智圆一派称为山外。知礼极力发挥智𫖮、湛然的宗义，其要点是“别理随缘”说，认为真如缘起的涵义，别、圆二教所说不同。别教所说的真如，超然在差别的事相之外，就是和事相隔别的理体，所以称为“别理”；圆教则认为真如理中本来就具有差别的事相，事理相即熔融。其随缘而作一切诸法，乃是举体随缘，举体不变，即不变而随缘，即随缘而不变，所以称为“理具随缘”，如《指要钞》说：“他宗明一理随缘作差别法，差别是无明之相，淳一是真如之相，随缘时则有差别，不随缘时则无差别；故知一性与无明和合方有差别，正是合义，非体不二，以除无明无差别故……应知不谈理具，单说真如随缘，仍是离义。”

知礼还认为，“无情说法之言，其来尚矣。的论其要，难得其旨。汝问以清净法性、草木瓦砾立二法也。当知法性之外，无别瓦木，瓦木之外，无别法性，二非二也。故《华严》曰：‘法性遍在一切处，一切山河及国土，三世悉在无有余，亦无形相而可得。’此道若论有相，充塞太虚，包含法界，若论无相，一法不留，见闻不住，卷舒自在，体露堂堂。昔南阳（慧）忠国师答学者，以墙壁瓦砾为古佛心，不异此旨”。由于宇宙万有本身都是真如、法性，所以“法性之外，无别瓦木；瓦木之外，无别法性”，法性就是瓦木，瓦木就是法性。知礼完全承继了湛然的“无情有性”论的观点。

遵式（964—1032 年），亦为山家派中心人物，其“五世法孙”慧观曾将他的若干篇杂著，分别编辑为《金园集》和《天竺别集》各三卷。

遵式在世界观上是一个“真如缘起”论者，他说：“法性清净，权实虚融……‘权’谓诸法，即是百界、三千；实即诸法咸中，无非实相”，“天台谈十界，生、佛互融，若实若权，同居一念。一念无念，即‘了因佛性’；

具一切法，即‘缘因佛性’；非空非有，即‘真因佛性’。是即一念生发，即空、假、中”。[1]《法华经》里所谓的“权”“实”，也就是“权便”的意思，“实”指“一乘”，表示彻底、究竟，也就是最真“实”的意思。遵式以诸法来解释“权”，以中道、实相来解释“实”，则“权”指缘起诸法，“实”指“清净”的“法性”，也就是真如、佛性。“诸法咸中，无非实相”，也就是“言理性，则一念性体，万法顿圆，百界色心，无毫厘而不具”[2]，表明宇宙万有都是“清净法性”的派生物。正因为包括主客体在内的“诸法”都是由“法性”“理性”派生的，“一念性体，万法顿圆”，所以举“诸法”本身都是“中道”“实相”。

在“佛性”论上，遵式主张“圆谈十界，生佛互融”，因为“十界”“生佛”之所以能够“互融”，正是因为他们同具一“佛性”，由“佛性”而有“十界”“生佛”。

在解脱论上，遵式强调“究心”“了性”的重要作用，认为凡有“心”者，都有“性”。既有心、性，就可“究心”“了性”；而一旦能够“究心”“了性”，也就可以“成佛”了。

遵式在忏法思想方面继承发扬了天台忏法的传统，将天台忏法的“五悔”与“顺逆十心”贯通于所有的忏法中，并将忏悔导入往生净土的最终目的，这点是遵式对天台宗的创新和发展。

遵式死后，契嵩亲自撰写了《杭州武林天竺寺故大法师慈云式公行业曲记》称颂说：“慈云聪哲，志识坚明……虽古高名僧，不过也。”[3]并说：“天台之风教，益盛于吴越者，盖亦资夫慈云之德也。”[4]给予遵式以很高的评价。

在佛教史上，遵式虽与知礼齐名，但他的地位还是次于知礼的。由于他更多地属意于各种“忏法”，经常“拜忏”，并且写了几部“忏仪”之类的书，为后世的寺院僧人拜忏作出了规定，提供了“经典”，所以他就被尊为“慈云忏主”，或“天竺忏主”，对后世产生了比较广泛的影响。

---

[1]《天竺别集》卷下《为王丞相讲〈法华经〉题》，浙江慈云佛学院 2013 年刊印。

[2]《天竺别集》卷下《摩诃止观义题》，浙江慈云佛学院 2013 年刊印。

[3]《镡津文集》卷 12，见《大正藏》第 52 册，台湾新文丰出版有限公司 1996 年版。

[4]《镡津文集》卷 12，见《大正藏》第 52 册，台湾新文丰出版有限公司 1996 年版。

## （三）宋代融合儒佛的著名僧人——智圆和契嵩及其思想

在宋代僧侣中，智圆和契嵩可以说是宋初融合儒佛的重要代表人物，在宋代思想界尤其是对宋明理学的形成影响很大。

### 1. 智圆及其思想

智圆（976—1022年），字无外，自号中庸子，俗姓徐，浙江钱塘人。自幼出家，“毁其发，坏其服，而为浮屠徒也”[1]。21岁，从奉先源清受学天台教义，三年后，源清病故，遂往西湖孤山，“离群索居，衣或殚，粮或罄，因之以疾病，而孳孳然研考经论，探索义观”[2]，“尝叹天台宗教，自荆溪师没，其微言奥旨坠地而不振”[3]。在孤山期间，他除了继续宣扬天台思想外，好读周孔扬孟之书，对儒家中庸思想非常欣赏。后来，因与知礼等人意见不合，遂被排斥在天台正统派之外，而被列入“山外”。吴遵路在《闲居编序》里称道智圆“神宇清明，道韵凝粹，德贯幽显，学该内外……道风所偃，学者如归”[4]。

宋真宗乾兴元年（1022年），智圆圆寂，年仅47岁。临逝前曾自作祭文并嘱咐门人：“无厚葬以罪我，无建塔以污我，无谒有位求铭以虚美我。”[5]

智圆勤奋多著，自称他所撰“科、记、章、钞，凡得三十部，七十一卷”[6]，是“山外”派中著述最丰富的一个，主要有《金光明经玄义表征记》、《金刚錍显性录》四卷、《请观音经阐义钞》四卷等，另外还有《闲居编》五十一卷。

从思想上来说，他是一个主张儒佛合一、三教同源的人。

智圆少时就“颇好周孔书，将欲研几极深，从有道者受学，而为落发

[1]《闲居编》卷22《谢吴寺丞闲居编序书》，见《续藏经》第56册，东京大正一切经刊行会1934年版。

[2]《闲居编》卷19《中庸子传中》，见《续藏经》第56册，东京大正一切经刊行会1934年版。

[3]《闲居编》卷19《中庸子传中》，见《续藏经》第56册，东京大正一切经刊行会1934年版。

[4]《续藏经》第1集第2编，东京大正一切经刊行会1934年版。

[5]《补续高僧传》卷3《智圆传》，见《续藏经》第134册，东京大正一切经刊行会1934年版。

[6]《闲居编》卷22《谢吴寺丞撰〈闲居编序〉书》，见《续藏经》第56册，东京大正一切经刊行会1934年版。

之师拘束之，不获从志，由是杜门阒然，独学无友，往往得五经之书而自览焉”[1]。他本想找个老师从学儒书，但为剃度师所阻止，只好闭门自学，而且学得很勤苦。由于他学通了儒学，所以“晚年所作”，便以“宗儒为本”[2]。

智圆调和儒佛的思想主要体现在以下两个方面：一是强调儒学修身，佛教治心。他认为，儒学是治国平天下的重要手段，“非仲尼之教则国无以治”[3]；佛教主要是探性灵真奥，明三世因果，但也“实有毗于治本”。因此，智圆说：“夫儒、释者，言异而理贯也，莫不化民俾迁善远恶也。儒者，饰身之教，故谓之外典也；释者，修心之教，故谓之内典也。惟身与心则内外别矣，蚩蚩生民岂越于身心哉？非吾二教，何以化之乎？嘻！儒乎？释乎？其共为表里乎？”所以“故吾修身以儒，治心以释，拳拳服膺，罔敢懈慢，犹恐不至于道也”[4]。认为佛教治心，儒学修身，二者互为表里，都有益于政治。二是儒释二教都能迁善远罪，有益教化。儒家主张修身、齐家、治国、平天下，强调三纲五常、人伦物理；佛教的教义也具有这一功能，如智圆说：“何耶？导之以慈悲，所以广其好生恶杀；敦之以喜舍，所以申乎博施济众也；指神明不灭，所以知乎能事鬼神之非妄也；谈三世报应，所以证福善祸淫之无差也。使乎黎元迁善而远罪，拨情而反性。”[5]

智圆认为儒、释、道三教外表虽异，其心则同，明确主张儒、释、道三教合一。他在《三笑图赞并序》中说：“释道儒宗，其旨本融，守株则塞，忘筌乃通。莫逆之交，其惟三公，厥服虽异，厥心惟同。”[6]对慧远送晋帝、桓玄“以虎溪为界，而送道士陆修静、儒者陶渊明则过之矣”大表感叹。慧远、陆修静、陶渊明等分属佛、道、儒，“虎溪三笑”可以说是三教融合的形象

[1]《闲居编》卷22《谢吴寺丞撰〈闲居编序〉书》，见《续藏经》第56册，东京大正一切经刊行会1934年版。

[2]《闲居编》卷22《谢吴寺丞撰〈闲居编序〉书》，见《续藏经》第56册，东京大正一切经刊行会1934年版。

[3]《闲居编》卷19《中庸子传上》，见《续藏经》第56册，东京大正一切经刊行会1934年版。

[4]《闲居编》卷19《中庸子传上》，见《续藏经》第56册，东京大正一切经刊行会1934年版。

[5]《闲居编》卷19《中庸子传中》，见《续藏经》第56册，东京大正一切经刊行会1934年版。

[6]《闲居编》卷16《三笑图赞》，见《续藏经》第56册，东京大正一切经刊行会1934年版。

写照。

智圆不但在行动上以儒修身，而且思想上还以儒为本，主张儒佛调和。他的这一思想和主张，对于促进两宋的儒佛融会，焕发传统儒家思想学说之生机具有重要作用，也为儒家学说在宋代的复兴作了思想舆论准备。

2. 契嵩及其思想

契嵩（1007—1072 年），俗姓李，藤州（今广西藤县）镡津人。既是一位（属云门系）禅僧，又是一代文僧。作为禅僧，他撰写了《传法正宗定祖图》一卷，《传法正宗记》九卷和《传法正宗论》二卷。作为文僧，他著有《嘉祐集》《治平集》，“凡百余卷，总六十有余万言”[1]。现存有《镡津文集》十九卷。《镡津文集》南宋初单独刊传于世，历代对此书评价很高。明洪武年间《镡津集重刊疏》曰：“古今僧中之为人者多，而未尝有出其右者，所谓北斗以南一人而已。”清道光年间举人、藤县籍广西著名诗人苏时学作诗云：“峤西雅集流传少，唐宋遗音久已沦；一个高僧两名士，二千年内见三人。”[2]

契嵩死于宋神宗熙宁五年（1072 年），享年 66 岁。

契嵩佛学思想的特点可以用其话进行概括：“既治吾道，复探儒术，两有所得，则窃用文词发之”[3]，即强调儒佛融合。

首先，契嵩提倡孝道，认为其提倡的孝道思想与儒家孝道思想是相契合的。

契嵩生活的北宋时期，参禅礼佛之风正在盛行，这就为佛教的传播、发展提供了有利环境。但作为儒家思想代言人的士林知识分子，对于佛教的心态又是十分矛盾的，一方面佛教思想的深刻思辨性深深吸引了士人阶层，同时儒家的铁肩道义，又不能不引起他们对佛教思想的警觉。特别是理学家，一方面在构建自己的理学思想中援佛入儒，同时又对佛教采取激烈的批判态度。因此，北宋时期的佛学思想不免处于尴尬地位。契嵩就是在此背景下多次发声，表达了其佛儒并重的思想，如说：“今天下翕然，而

[1]《佛祖统纪》卷45《沙门契嵩》，见《大正藏》第 49 册，台湾新文丰出版有限公司 1996 年版。

[2] 苏时学：《宝墨楼诗册校注》卷 7，巴蜀书社 2014 年版。

[3]《镡津文集》卷 10，见《大正藏》第 52 册，台湾新文丰出版有限公司 1996 年版。

与儒并劝，是不惟内有益于圣贤之道德，亦将外有助于国家之教化。”[1]他还力图把佛教的“实性”“真性”“法界”等概念同儒家性理之说等同起来，如说:“若《中庸》曰:‘自诚明谓之性，自明诚谓之教’，是岂不与经所谓‘实性一相’者似乎？”“又曰:‘惟天下至诚能尽其性，能尽其性则能尽人之性，尽人之性则尽物之性，以至与天地参耳。’是盖明乎天地人物其性通也，岂不与佛教所谓‘万物同一真性’者似乎？”“其又曰:‘至诚无息，不息则久，久则征，征则悠远以至悠久，所以成物，博厚配地，高明配天，悠久无疆，如此者不见而章，不动而变，无为而成，天地之道可一言而尽矣。’岂不与佛所谓‘法界常住，不增不减’者似乎？”他认为“如此数说者，皆造其端于儒，而广推效于佛。岂圣人自以冥数潜通不使人而辄识乎？不尔何其道理之相贯如此也”[2]。契嵩努力附会佛儒的目的，就是要泯灭佛儒界限，进而实现佛儒合一。他说:“教不可泥，道不可罔，泥教淫迹，罔道弃本。泥也者，过也；罔也者，不及也。过与不及，其为患一也。”[3]他还进一步强调说:“夫圣人之教，善而已矣，圣人之道，正而已矣。其人正，入之，其事善，事之。”[4]“儒佛者，圣人之教也。其所出虽不同，而同归乎治。”[5]所以，契嵩认为“不必僧，不必儒，不必彼，不必此”[6]。在契嵩看来，不必明分僧儒，不必区分彼此，佛儒无二，实为一家。

此外，契嵩还专门著《孝论》十二章，详细阐述了其孝道思想。契嵩认为，

[1]《镡津文集》卷9《上富相公书》，见《大正藏》第52册，台湾新文丰出版有限公司1996年版。

[2]《镡津文集》卷8《万言书上仁宗皇帝》，见《大正藏》第52册，台湾新文丰出版有限公司1996年版。

[3]《镡津文集》卷2《辅教编中·广原教》，见《大正藏》第52册，台湾新文丰出版有限公司1996年版。

[4]《镡津文集》卷2《辅教编中·广原教》，见《大正藏》第52册，台湾新文丰出版有限公司1996年版。

[5]《镡津文集》卷8《杂著·寂子解》，见《大正藏》第52册，台湾新文丰出版有限公司1996年版。

[6]《镡津文集》卷2《辅教编中·广原教》，见《大正藏》第52册，台湾新文丰出版有限公司1996年版。

不仅仅是儒家重视孝道，佛教亦是如此。他在所著《孝论》开篇即说："夫孝，诸教皆尊之，而佛教殊尊也。"还说："道也者，神用之本也；师也者，教诰之本也；父母者，形生之本也。是三本者，天下之大本也。"显然，契嵩认为行孝是做人的根本。不但如此，契嵩还认为，佛家主张的孝与儒家提倡的孝是相通的。他认为，儒家的仁、义、礼、智、信"五常"和佛家的"五戒"是相通的，本质上是"异号而一体"，指出儒家倡导的仁、义、礼、智、信，与佛家的慈悲、布施、恭敬、无慢我、智慧、不妄言不绮语等，虽然名目不同，但都是用于立诚修行、善世救人，二者没有本质上的差别。还说五常即是五戒，"始一曰不杀，次二曰不盗，次三曰不邪淫，次四曰不妄言，次五曰不饮酒。夫不杀，仁也；不盗，义也；不邪淫，礼也；不饮酒，智也；不妄言，信也"[1]。契嵩将五常与五戒等同的结论是："儒、佛者，圣人之教也。其所出虽不同，而同归乎治。"既然如此，那么"治世者，非儒不可也，治出世，非佛亦不可也"[2]，很显然这是将佛家思想儒学化的努力尝试。

契嵩还批判了所谓佛教无孝的观点，认为这是"见儒而未见佛也"[3]。在契嵩看来，佛家不但讲孝，而且所提倡之孝甚至高于儒家所讲之孝。如说："善天下，道为大；显其亲，德为优"，"追父母于既往，则逮乎七世；为父母虑其未然，则逮乎更生"[4]。他还以释迦牟尼出家修成正果以扬父母之名的故事，来说明佛家所谓的"孝"高于世俗之"孝"。

由以上讨论可知，契嵩以"孝"为基点，对于佛儒孝道观进行了积极融会，进一步使佛儒思想相契合，不但使佛教的孝道观进一步世俗化、儒学化，而且大大提升了佛教孝道观在中国佛教思想中的地位，为佛教的民间化和世俗化发展作出了巨大贡献。

---

[1]《镡津文集》卷1《辅教编上·原教》，见《大正藏》第52册，台湾新文丰出版有限公司1996年版。

[2]《镡津文集》卷2《辅教编中·广原教》，见《大正藏》第52册，台湾新文丰出版有限公司1996年版。

[3]《镡津文集》卷4，见《大正藏》第52册，台湾新文丰出版有限公司1996年版。

[4]《镡津文集》卷3《辅教篇》，见《大正藏》第52册，台湾新文丰出版有限公司1996年版。

此外，契嵩的心、性、情思想也体现着明显的儒学化特色。他说：“群生者，一心之所出也……心乎大哉至也矣。”[1]“万物同灵之谓心……心有善者焉，有恶者焉。”[2]“夫心动有逆顺，故善恶之情生焉。善恶之情已发，故祸福之应至焉。”[3]关于“性”的问题，契嵩认为“性”是人所具有的本质，它是禀之于自然的，如说：“性也者，原道德思虑之谓也。”[4]同时他又认为，“性”也是人人本具的道德理念，应勤修仁、义、礼、智、孝、悌、忠、信，以达到“穷理尽性”。[5]契嵩这里所言的“性”已经几乎了无佛教的痕迹，而成为儒家性论的代言。

关于情的问题，契嵩指出：“天下之动生于情，万物之惑正于性。”[6]“万物有性情，古今有生死。”[7]契嵩把“情”看作“有”之初始，认为事物始生之际，因有“有”而生“爱”，由“爱”而生“欲”，由“欲”而有男女之结合，乃至于天地万物的生成，莫不由于“情”。所谓“万物莫盛乎情性者也。情也者，有之初也。有有则有爱，有爱则有嗜欲，有嗜欲，则男女万物生死焉。死生之感则善恶以类变，始之终之，循死生而未始休”[8]。

在佛学思想中，关于“情”的论述是为数极少的，契嵩以“情”为万有之“初”、天地之“原”，很显然是受了儒家思想的影响。

---

[1]《镡津文集》卷2《辅教编中·广原教》，见《大正藏》第52册，台湾新文丰出版有限公司1996年版。

[2]《镡津文集》卷2《辅教编中·广原教》，见《大正藏》第52册，台湾新文丰出版有限公司1996年版。

[3]《镡津文集》卷2《辅教编中·广原教》，见《大正藏》第52册，台湾新文丰出版有限公司1996年版。

[4]《镡津文集》卷7《论原·性德》，见《大正藏》第52册，台湾新文丰出版有限公司1996年版。

[5]《镡津文集》卷7《论原·性德》，见《大正藏》第52册，台湾新文丰出版有限公司1996年版。

[6]《镡津文集》卷2《辅教编中·广原教》，见《大正藏》第52册，台湾新文丰出版有限公司1996年版。

[7]《镡津文集》卷1《辅教编上·原教》，见《大正藏》第52册，台湾新文丰出版有限公司1996年版。

[8]《镡津文集》卷2《辅教编中·广原教》，见《大正藏》第52册，台湾新文丰出版有限公司1996年版。

总之，契嵩的心、性、情思想，一方面反映了宋代佛教关于心、性的认识和观点，同时也使我们清楚地看出这些思想认识的儒学烙印。他的心、性、情思想，对于两宋的心性思想产生了重要影响，使得两宋时期佛教心性说与儒家心性思想相互推荡，从而使中国传统思想中的人性认识达到了前所未有的高度。

不但在孝道和心、性、情等方面，契嵩主张儒佛融会，而且他还十分推崇儒家的中庸思想和礼乐制度，认为“夫中庸者，立人之道也。是故君子将有为也，将有行也，必修中庸然后举也。饮食可绝也，富贵崇高之势可让也，而中庸不可去也。其诚其心者，其修其身者，其正其家者，其治其国者，其明德于天下者，舍中庸其何以有为也。亡国、灭身之人，其必忘中庸故也。书曰：道也者，不可须臾离也，可离非道也，其此之谓乎”；还说：“夫中庸者，盖礼之极而仁义之原也。礼乐刑政仁义智信，其八者一于中庸者也。”[1]“中庸，道也。道也者，出万物也。”[2]契嵩把中庸看作世界的本原，给予儒家的中庸思想以极高的评价。

另外，契嵩还对儒家的五经以及礼乐制度等盛赞不已，如说：“夫五经之始，犹五行之成阴阳也，苟一失，则乾坤之道谬矣。”[3]至于儒家的礼乐，契嵩看得更为重要，如说：“夫礼，所以振王道也；乐，所以完王德也”[4]，字里行间，活脱脱一个儒学夫子形象！

契嵩一生既治佛学，又习儒学，在他身上体现了鲜明的佛儒兼综的特点。契嵩为儒佛结合所付出的努力，不但大大缓和了佛儒之间的矛盾，而且加速了儒佛融合的步伐，为理学的形成、产生奠定了重要的思想基础。

契嵩的这些努力，为佛教在宋代的发展赢得了空间，也在一定程度上

---

[1]《镡津文集》卷4《中庸解第一》，见《大正藏》第52册，台湾新文丰出版有限公司1996年版。

[2]《镡津文集》卷4《中庸解第三》，见《大正藏》第52册，台湾新文丰出版有限公司1996年版。

[3]《镡津文集》卷7《论原·问经》，见《大正藏》第52册，台湾新文丰出版有限公司1996年版。

[4]《镡津文集》卷6，见《大正藏》第52册，台湾新文丰出版有限公司1996年版。

推动了儒学的复兴和发展。余英时先生在其《朱熹的历史世界》一书中，评价北宋时期的佛教大师多是“儒学复兴的功臣”[1]。这其中自然也包括对契嵩的评价。

## 三、士大夫的崇佛倾向及佛教对宋代士林风气之影响

余英时指出：“皇帝崇信释氏，士大夫好禅，这是宋代政治文化的一个基本特征。”[2]晚唐之后，禅宗以其“即心是佛”的简便修行方法，深深影响了后世佛教的发展。在宋代，士林“大率谈禅”[3]，好禅成为一时风尚。当时的各家思想流派中“唯释氏之说衍蔓迷溺至深”[4]，以至“人人谈之”，“终无有不入禅学者”[5]。程颐亦说：“今日是释氏盛，而道家萧索，方其盛时，天下之士往往自从其学，自难与之力争。”[6]二程之后的儒家学者，或逃儒归禅，或阳儒阴释。如吕大临认为“尧舜虽知此（即释、老之旨），乃以知人安民为急”[7]。司马光亦说：“近来朝野客，无座不谈禅。”[8]杨时也说：“吾儒与释氏，其差只在秒忽之间。”[9]张九成说：“仁即是觉，觉即是心，因心生觉，因觉有仁。”[10]

宋代佛教发展以禅宗为盛，官僚士大夫参禅礼佛蔚成风气。道融所著《丛林盛事》反映了这一时代特色：“本朝富郑公弼，问道于投子颙禅师，书尺偈颂凡一十四纸，碑于台之鸿福两廊壁间，灼见前辈主法之严，王公

[1] 余英时：《朱熹的历史世界》，生活·读书·新知三联书店 2004 年版，第 75 页。
[2] 余英时：《朱熹的历史世界》，生活·读书·新知三联书店 2004 年版，第 75 页。
[3]《二程集》，中华书局 1981 年版，第 223 页。
[4]《二程集》，中华书局 1981 年版，第 223 页。
[5]《二程集》，中华书局 1981 年版，第 171 页。
[6]《二程集》，中华书局 1981 年版，第 38 页。
[7] 马端临：《文献通考》，浙江古籍出版社影印版（乾隆官修版），第 1560 页。
[8] 司马光：《传家集》卷 12，吉林出版集团 2005 年版。
[9]《朱子语类》卷 101，中华书局 1994 年版。
[10] 黄宗羲、全祖望：《宋元学案》，中华书局 1986 年版，第 1308 页。

贵人信道之笃也。郑国公，社稷重臣，晚年知向之如此，而颙必有大过人者，自谓与颙有所警发。士大夫中谛信此道，能忘齿屈势，奋发猛利，期于彻证而后已。”[1]这说明投子颙禅师在德业品行等方面为当时禅学界所推崇。当时一大批士人与佛教来往密切，如“杨大年侍郎、李和文都尉见广慧琏、石门聪并慈明诸大老，激扬唱酬，般般见诸禅书。杨无为之于白云端，张无尽之于兜率悦，皆扣关击节，彻证源底，非苟然者也。近世张无垢侍郎、李汉老参政、吕居仁学士，皆见妙喜老人，登堂入室，谓之方外道友。爱憎逆顺，雷挥电扫，脱略世俗，拘忌观者，敛衽辟易，罔窥涯涘”[2]。殿中侍御史孙升上奏：“比来京都士大夫顾不自信其学，乃求问于浮图之门，其为愚惑甚矣。臣访闻慧林法云，士大夫有朝夕游息于其间，而又引其家妇人女子出入无间，参禅入室，与其徒杂扰，昏暮而出，恬然不以为怪，此于朝廷风化不为无损。”[3]

的确，两宋时期，随着佛教的发展，其严密的思辨逻辑深深吸引了官僚士人阶层的目光，许多达官显贵多与佛教有一定关系，如王仁镐“性端谨俭约，崇信释氏，所得俸禄，多奉佛饭僧，每晨诵佛经五卷，或至日旰方出视事”[4]；王宾“事宣祖、太祖、太宗殆六十年，最为勤旧，故恩宠尤异，前后赐赉千万，俱奉释氏”[5]；王辟之《渑水燕谈录》卷三《奇节》载：“近年，士大夫多修佛学，往往作为偈颂，以发明禅理。”可见宋代士人官僚归趋佛教之状况。

士大夫之间不但相互谈禅，而且有些官僚士大夫干脆就皈依佛教，成为佛门信徒。如北宋的张商英，曾官至宰相，后来皈依了佛门，并号无尽居士，著有名篇《护法论》，认为儒佛对社会各有其功用，不应该厚此薄彼。

---

[1]《续藏经》卷48，大正一切经刊行会1934年版。

[2]《续藏经》第148册元祐元年（1086年），大正一切经刊行会1934年版。

[3]《历代名臣奏议》卷116“风俗”，上海古籍出版社1989年版。

[4]《宋史》卷261《王仁镐传》，中华书局1974年版。

[5]《宋史》卷276《王宾传》，中华书局1974年版。

他认为,“人天路上,以福为先;生死海中,修道是急”[1]。主张要植福、明道,方能快乐人天。

以居士身份在家修佛，在两宋时期是士林中常见的现象，如晁说之自称“天台教僧”[2]，“晚年颇得佛氏之说”；“吕公著素喜释氏之学，及为相，务为简静，罕与士大夫接，惟能谈禅者，多得从游”[3]；张九成与佛界高僧交往颇多，曾说:“吾与杲和尚游，以其议论超卓可喜故也。”[4]非常欣赏宗杲的佛学思想；苏轼一生仕途坎坷，但与佛门弟子交往至深，如佛印和尚，“任职时期,以儒家思想为主；贬居时期,以佛老思想为主”[5]；黄庭坚为“苏门四学士”之一，与佛界僧人过从甚密，一生为许多僧人撰写了赞文、塔铭，并为禅师语录作序文；周敦颐受道士陈抟的《太极图》于穆修，且受教于释氏寿涯、慧南等。

在南宋时期，心学家陆九渊说:“佛老之徒遍天下，其说皆足以动人，士大夫鲜不溺焉。”[6]文人士大夫的谪居处境比北宋谪官更为凶险。南宋时期，官场险恶，宦海浮沉，一些官员便寄身佛教修行，希望远祸以保全性命。如孟拱“亦通佛学,自号无庵居士”[7]；崔颂“笃信释氏,睹佛像必拜”[8]；理学集大成者朱熹也不例外。他曾说:“盖出入于释老者十余年，近岁以来，获亲有道，始知所向之大方。”[9]据清人王懋竑考证，朱熹出入于释、老约在十五六岁至二十六七岁之间。他在《久雨斋居诵经》诗中说：

端居独无事，聊披释氏书。暂释尘累牵，超然与道俱。

[1]《金刚经百家集注大成(15)》，商周文化事业股份有限公司2015年新刊。
[2]《宋元学案》卷22《景迂学案》，中华书局1986年版。
[3] 丁传靖:《宋人逸事汇编》卷6之吕夷简条附公弼、公著,中华书局2003年版(全二册本)。
[4]《横浦心传》卷中，四库文渊阁本。
[5] 王水照:《苏轼选集(前言)》，上海古籍出版社1984年版。
[6]《象山先生全集》卷三“与曹立之书二”，商务印书馆1935年版。
[7]《宋史》卷412《孟拱传》，中华书局1977年版。
[8]《宋史》卷431《崔颂传》，中华书局1977年版。
[9]《答江元适》，见《朱文公文集》卷38，四部丛刊初编本。

门掩竹林幽，禽鸣山雨余。了此无为法，身心同晏如。[1]

两宋时期，官僚士大夫多与佛僧有往来，或笃信佛学，或研究佛理，或居家信佛，或与僧交游，如真宗朝的宰相张贤齐、寇准都与佛教有往来；王旦、向敏忠都是典型的信仰佛教的人物。南宋高宗朝，先后官居左右仆射之位者 16 人，其中最为有名的如秦桧、李纲、赵鼎、吕颐浩等，他们都与佛教关系密切。不但如此，就连武将也与佛教有往来甚至有信仰关系，如岳飞就承认自己曾"陪僧僚，谒金仙"[2]，并与庐山东林寺高僧慧海往来密切，相互探讨佛理。绍兴十年（1140 年），岳飞率领岳家军离开江州时曾赋诗《记浮屠慧海》曰：

溢浦庐山几度秋，长江万折向东流。
男儿立志扶王室，圣主专师灭虏酋。
功业要刊燕石上，归休终伴赤松游。
叮咛寄语东林老，莲社从今著力修。

综上可以看出，在两宋时期，由于科举制度的成熟和完备，使得大批儒家知识分子得以通过科举跻身仕途，这些儒家思想背景出身的官僚士大夫具有浓厚的儒家思想情结，并且担负着复兴儒学的重任。他们之所以归趣谈禅，一方面是由于官场多变、宦海浮沉，希望通过参禅礼佛获得心灵的慰藉和皈依；另一方面也由于佛教思想具有较强的思辨性，对于儒学有"补偏救弊"作用，特别是佛学的心性理论比较精巧，有利于指导自己的人生实践。因此，以儒摄佛、外禅内儒，成为宋代官僚士大夫的突出人格特点。

---

[1]《朱文公文集》卷 1，四部丛刊初编本。

[2] 岳珂：《金佗粹编》卷 19"家集"，浙江书局 1883 年刻本。

## 第二节 宋代道教之发展

对于道教来说，从汉到唐，从农民起义纲领到神仙道教体系之形成，无论是理论体系，还是内部教团组织，均已比较完备。而且它是我国本土生成的唯一宗教，在吸收儒、释的思想精华后，更容易为大众所接受。到宋代，尽管道教不像在唐代被立为国教，但与佛教一样，依然获得了宋代统治者、士大夫以及广大民众的青睐，并且随着道教的不断发展，出现了一系列的著名道教学者，如陈抟、张伯端、白玉蟾等。他们结合所处时代发展背景和固有的道教思想，不仅对前期的道教理论与修炼方术进行了总结改造，而且更加注重心性、工夫理论的发挥、研究，在积极吸收儒学、佛教思想的基础上，促成道教在宋代进入其发展的历史新阶段。

### 一、宋代政权对道教的崇奉与扶持

宋代的皇帝在接受前朝统治教训的前提下，沿用三教合一的文化政策。正如陈襄所言："方今释老二氏之法蠹惑天下，上自王公，下逮民庶，莫不崇信。"[1] 道教能在宋代兴盛，全在于统治者的扶持。孙克宽在研究宋代道教时曾指出："北宋道教发达，实起于朝廷的崇奉。"[2] 有学者亦指出："道教在有宋一代基本上是得到保护的。"[3] 此言不虚。

宋太祖、太宗鉴于佛道二教对治国重要性的认识，均以实际行动表达

---

[1]（宋）陈襄:《古灵集》卷5《乞止绝臣僚陈乞创造寺观度僧道状》,影印文渊阁四库全书本，第1093册，台湾商务印书馆1986年版，第531页。

[2] 孙克宽:《宋元道教之发展》，台湾东海大学出版社1965年版，第43页。

[3] 叶坦，蒋松岩:《宋辽夏金文化志》，上海人民出版社1998年版，第301页。

了对道教的推崇。他们曾经多次召见道士，从称号、服饰、宫观等各方面给予崇高的礼遇，并针对国家治理、灾害控制等重大问题向著名道士咨询。据史载，莱州道士刘若拙志行高洁，每遇水旱灾害，太祖必召于禁中，设坛致祷，其法精审，上甚敬之。[1] 太宗曾两次征召陈抟入朝。陈抟则以其丰富的道教知识将太宗的治国形势描绘为万世难得的太平盛世，深得太宗宠信。据《宋史》卷 457 载，太宗接见的道士还有丁少微、柴通玄、种放、楚芝兰、冯文智等，呈现出规模化的趋势。接下来的宋代皇帝对道教的推崇几乎可以说一代胜过一代，直到北宋灭亡之前，都显现出上升的趋势。

宋真宗对道教亦很重视，曾说“道、释二门，有助世教”[2]。真宗还认为，即使人们有时会对道教怀有偏见，甚至诋毁，或者个别道士有不检点的行为，但道教依然是不可废的，毕竟它“有补世教”。显然，宋真宗对道教是持宽容态度的。

从宋初至宋真宗，经过近一百年的酝酿和发展，宋朝出现了第一个崇道高潮。据《续资治通鉴长编》卷六十八载：大中祥符元年（1008 年）正月，真宗召王旦、王钦若等宰臣于崇政殿，说：“去年十一月二十七日，夜将半，朕方就寝，忽一室明朗，惊视之，俄见神人星冠绛袍，告朕曰：‘来月三日，宜于正殿建黄箓道场一月，当降天书《大中祥符》三篇，勿泄天机！’”王旦、王钦若听后当面道贺。二月，又遣使将天书降临之事告知凤翔太平宫、亳州太清宫、舒州灵仙观等道教宫观。四月，天书又降临皇宫之功德阁。六月，天书又降临泰山。[3]

之后的仁宗、英宗、神宗、哲宗统治期间，此现象没有丝毫的减弱。仁宗继续效仿先祖推崇道教，他专作《尊道赋》曰：“三教之内，惟道至尊。上不朝于天子，下不谒于公卿。避凡笼而隐迹，脱俗纲以修真。傲林泉兮绝名绝利，乐岩谷兮忘辱忘荣。顶星冠而烁日，披布褐以长春。比儒教兮，官高职显，富贵浮云；比释教兮，寂灭为乐，岂脱凡尘。朕观三教，惟道

[1] 李焘：《续资治通鉴长编》，中华书局 1978 年版，第 247 页。
[2] 李焘：《续资治通鉴长编》，中华书局 1978 年版，第 419 页。
[3]（清）毕沅《续资治通鉴》卷 27，中华书局 1957 年版，第 608—614 页。

至尊。"[1]哲宗也比较崇尚道教，元祐六年（1091年），令陈景元校对《道藏》。[2]又于绍圣五年（1098年）二月十五日，"命左街都监道士贾善翔率其属从事，集道士二百余人，在亳州太清宫建道场一月，并亲自填写青词，令州县官员临场祈祷"[3]。至宋徽宗时期，北宋出现了第二个崇道高潮。宋徽宗赵佶"终日论道，无一言及时事"[4]，甚至自称"道君皇帝"。从此，全国性的崇道活动大面积展开，"道教之盛，则自此始"。[5]

随着北宋王朝的灭亡，南宋统治者逐渐认识到盲目信奉宗教的危害，对道教不再像真宗、徽宗那样狂热。高宗赵构还对佛道的流弊作了检讨，并加强对道士和宫观的管理，特别是在全国范围内加强对度牒制度的管理，防止别有用心的人假借道士的名义危害社会。另一方面，他又大加褒封崔府君、四圣真君等隋唐以来的重要神仙，给以天上、人间的崇高地位，并借此来证明南宋政权的合法性，以巩固其统治地位。在此基础上，南宋的皇帝们重新关注道教戒律在治国中的重要性，如理宗对《太上感应篇》十分赞赏，亲笔题写"诸恶莫作，众善奉行"的卷首语，并在全国范围内推行。

宋朝的统治者通过各种方式发展、壮大道教，使之在国家、社会生活中起到了越来越重要的作用。

第一，宋代对道教学者的信任和推崇。道教自产生之初，便受到统治者的重视，但因其多为起义者借用，大多数最终遭到朝廷封杀的命运。魏晋之后，在道教历经自身改革向政局靠拢之后，教理教义开始进入治国理政的范畴。为了更好地管理道教及信众，统治者开始大力推崇道教并设置

[1]（元）虞集编：《鸣鹤余音》卷9，见《道藏》第24册，文物出版社等三家出版社1988年联合出版，第307页。也见《全宋文》卷940，第43册，巴蜀书社1988年版，第389页。

[2]（宋）李焘：《续资治通鉴长编》卷465，"元辜占六年闰八月甲申"条，中华书局1985年版。

[3]（宋）谢守灏：《混元圣纪》卷9，见《道藏》第17册，文物出版社等三家出版社1988年联合出版，第881页。

[4]（清）黄以周等辑注，顾吉辰点校：《续资治通鉴长编拾补》卷37，"重和元年五月丁亥"条，中华书局2004年版。

[5]（宋）杨仲良：《续资治通鉴长编纪事本末》卷127，北京图书馆出版社2003年版，第3944页。

相关机构进行管理。北魏道武帝天兴（398—403 年）中，“登仙人博士，立仙坊”[1]；北周政府则“置春官府，下有司寂上士，中士，掌沙门之政；司玄中士，下士，掌道门之政”[2]；隋炀帝时改佛寺为道场，改道观为玄坛，备置监、丞，属鸿胪寺[3]；唐天宝年间，道教由宗正寺划归吏部的司封管理[4]。宋代，道教管理更加规范化，体制也比较稳定。在中央设置左、右街功德使，管辖左、右街道录司和左、右街僧录司。承唐之制，功德使共管佛教与道教。中央有左、右街道录，地方则有诸州道正。

第二，颁赐紫衣、师号。宋代对道教学者的信任和推崇主要表现在为他们加官晋爵上，即赐道冠紫衣、师号。所谓紫衣、师号，是唐代以来封建政府向僧道颁行的一种政治地位标志和荣誉称号，目的在于笼络僧道为其统治服务。宋代的高承曾考证“唐玄宗赐李含光曰‘玄静先生’，此赐号先生之始也”[5]，说明这一制度始于李隆基，表达了当朝统治者对品学兼优、性情高洁之道长的崇敬之心，并得到社会与道士们的认可。此后，统治者们多有继承。在宋代，紫衣、师号是僧道和隐逸政治地位的标志。这种政治地位，在社会中得到广泛承认，是政府拉拢僧道、隐逸为其服务的重要手段。建隆二年长春节前六日，开封府上言：准旧制，左右街僧道合帘前赐紫衣、师号者十一人。[6] 太平兴国七年，凤翔府上清太平宫道士张守真入阙，太宗“诏赐紫衣，号‘崇元大师’”。[7] 获得师号、紫衣之人，不仅得到统治者的礼遇，拥有社会地位，还有更多的优待条件，如夏竦在《抑仙释奏》中说：“又闻（僧道）其徒豪右，多聚货泉，因诞降圣辰，仰望王泽，或缴幸命服，或希觊宠号。”因此，政府对紫衣、师号的管理十分严格。自

[1]《魏书・官氏志》，中华书局 1974 年版（全八册本）。
[2]《唐六典》卷 16，陈仲夫点校，中华书局 1992 年版。
[3]《隋书・百官志中》，中华书局 1977 年版（全三册本）。
[4]《唐会要》卷 65，中华书局 1955 年版（全三册本）。
[5]《事物纪原》卷 7《道释科教》，中华书局 1989 年版。
[6] 刘琳等校点：《宋会要辑稿》礼五七之三三，上海古籍出版社 2014 年版。
[7]（宋）李攸：《宋朝事实》卷 7《道释》，中华书局 1955 年版。

太宗太平兴国四年起，禁僧道自求紫衣、师号，改由大臣、左右街僧道录向中书门下推荐。[1] 景德二年（1005 年）十月，真宗下诏："承天节群臣所奏紫衣、师号，自今具行业保证以闻。" [2] 第一次提出获得紫衣、师号的依据，必须经过相应的程序。宣和六年（1124 年）闰三月，徽宗依尚书省言，首订伪造紫衣、师号罪，规定"依诈伪制书科罪，流罪五百里，徒罪配邻州" [3]，对伪造师号、紫衣的相关僧道给予严厉的惩罚。

## 二、得君行道——宋代道教发展与政权稳定之相得益彰

两宋时期尤其是北宋，对道教发展采取了非常宽容的态度，特别是上层统治者对道教的重视，为道教发展营造了宽松环境。在推动道教发展的同时，统治者也很重视对道教的利用，以发挥道教在国家治理中的作用。

首先是丰富道教节日，发挥其教化作用。如宋代三元观灯即源于道教。徽宗时对道教更为重视，徽宗还自封为道君皇帝。在他统治期间，增添了不少节日，而且这些节日多源于道教，如真元节，是为纪念太上混元上德皇帝降生日；元成节，是为纪念青华帝君生辰等。这些节日原本都是在道教内部进行纪念活动的，但在徽宗赵佶的推动下，发展成为全国性的民俗节日。

其次是将道教礼仪制度直接纳入朝廷正规礼典。如北宋神宗时制定朝会仪注，就把道教的《金策仪》《斋醮式》与《朝会礼文》《阁门仪》等一并纳入。[4] 另外，在朝廷大祀中的九宫贵神、东西太一和中祀中的祭五龙，也均有明显的道教色彩。南宋时期，还把宫廷礼仪和道教科仪结合起来，如南宋绍兴十一年九月甲寅，为庆祝皇太后生辰，专门在宫中启建祝圣寿

---

[1]《僧史略》卷下《赐师号》，见《大正藏》第 54 册，台湾新文丰出版有限公司 1996 年版。

[2]（宋）李焘：《续资治通鉴长编》，中华书局 1978 年版。

[3]《佛祖统纪》卷 43，见《大正藏》第 49 册，台湾新文丰出版有限公司 1996 年版。

[4]《宋史・礼志一》，中华书局 1977 年版。

道场等。[1]

再次是对道教典籍的重新整理。宋代建立，暂时结束了战乱，为社会经济的恢复、发展创造了难得的机会，也为宋代科技文化发展提供了有利条件。当然，道教典籍的编纂也在这一大环境下取得了丰硕成果。宋王朝曾多次组织人员纂修《道藏》，每次卷目都有大幅增加。至政和六年修成的《万寿道藏》，包含道经多达 5481 卷，比北宋初多出 1744 卷。宋真宗出于政治目的，对道教推崇备至，称有神人降天书《大中祥符》三篇，因此改元大中祥符，并派人前往全国各地营建宫观，塑造道教神像，频繁进行各种斋醮科仪活动。此外，他还命人校《道焉疆旧录》，赐名《宝文统录》，加强了对道教经典的收集、整理工作。

宋徽宗即位后，更是不遗余力地褒扬道教。学界认为，北宋崇道活动的第二个高潮便在此一时期。徽宗专门设立相关制度，加大对道教经典的学习研究力度，通过增置道官、道阶等措施，来提高道士的社会地位和道教的社会影响。徽宗自称曾梦见“天神下降”，颇得其心意的道士林灵素遂多方寻找证据，称徽宗乃长生大帝君降生，为道教之主，并由正式的官方道教机构——道录院正式册封他为“教主道君皇帝”。徽宗为佐证他的教主地位，还多次召三十代天师张继先进京，赐号“虚靖先生”；还大兴宫观，亲自注解《道德经》，并下诏刊刻《万寿道藏》。朝廷的道教政策对道教典籍的发展具有重要的推动作用，倘若没有官方雄厚的人力、物力支持，《万寿道藏》的刊刻是很难完成的。总之，稳定的政局、学术下移的文化氛围、印刷术的普及和官方的推崇，为宋代道教典籍的重新整理、编纂与保存提供了有利条件。

最后是兴建道教宫观，加强宫观管理。宋代统治者重视道教发展，不但放任道教教义传播，而且还为道士兴建宫观。如公元 977 年，宋太宗把太祖的赏赐贸易为钱后全部用于为道士张守真修建上清太平宫，可谓花费

[1] 李心传:《建炎以来系年要录》，台湾文海出版社 1980 年版，第 4455 页。

巨大。不但如此，太宗皇帝还下诏命常参官一人主宫事，一人监宫。[1]这也是北宋第一次设立宫观官。神宗即位后，由于王安石变法等原因，宫观和管理人员的数量骤增，《宋史·职官志·宫观》记载："宋制，设祠禄之官，以佚老优贤。"[2]出现挂空衔而食禄的宫观官，即朝廷褒奖的闲职人员，他们还享有大量特权。徽宗时期，虽仍存在食禄的宫观官，但兼职宫观官又得到恢复和发展。不同的宫观官由与之相对应的朝官担任。

综上所述，宋代统治者对道教一直比较重视，无论是召见有名望的道士，营建道教宫观，频繁进行斋醮祭祀，还是把道教的相关理念用到治国理政中，都表明了他们对道教的推崇与重视。正是统治者的大力支持，形成了两宋道教的繁荣发展态势。在此情状下，道教经典、科仪、思想理念以及制度规范等各方面都得到了很大发展。楼钥在《望春山蓬莱观记》中曾对社会中崇尚佛老的现象评价为："老与佛之学行世尚矣，未知孰为轻重……凡佛氏之动摇兴作为力甚易，而道家非遭人主之好尚不能独兴。"指出了此时道教的兴盛与封建统治者的极力推崇密不可分的关系。

## 三、宋代著名道教人物及思想

宋代的道教，其理论发展日臻成熟和完善，并且建立起了以内丹为主要内容和特点的道教理论体系。这一思想体系融合吸收了佛儒思想的精髓，使得道教理论发展成为一种具有高度哲理性的新体系。当然，道教新的理论体系的构建不是凭空就有的，而是与宋代众多的道教理论思想家有密切关系，是他们在促动儒佛道三教融合的基础上，博采众长，丰富和完善了道教教义和思想体系。

---

[1]（宋）李攸：《宋朝事实》，中华书局 1955 年版，第 117 页。

[2]《宋史》，中华书局 1977 年版，第 5672 页。

## （一）道教视域下的陈抟易学

提到宋代学术思潮，陈抟是具有开山地位的重要人物，开启有宋一代象数易学之先河，对道教的发展、对宋明理学的形成都产生了巨大影响。蒙文通先生曾指出："希夷之学卓绝渊微，更有足惊者。盖希夷、碧虚，皆怀博通浩瀚之学，而察理渊微，胥不可以方外少之。"[1] 在当今学界，对陈抟的研究较多地集中在他的先天易学、内丹学说上，而对其三教合一思想的论述较少，这是研究陈抟的一个重大缺憾。因此，对其易学体系的儒道内涵作出诠解是完全必要的。

陈抟（872—989 年），字图南，亳州真源（今河南鹿邑）人。少年时代遍读诸子百家，怀有经世之才，但参加科举不第，便放弃仕途愿景，转而访道求仙。他曾居武当山数年，后入华山隐居，长达四十余年之久。据《宋史·隐逸传》记载，当时士大夫"挹其清风，欲识先生，而如景星庆云之出，争先睹之为快"，又曰："抟好读《易》，手不释卷。常自号扶摇子，著《指玄篇》八十一章，主导养及还丹之事。宰相王溥亦著八十一章，以笺其旨。又有《三峰寓》及《高阳集》、《钓潭集》，诗六百余首。"[2] 宋太宗曾两次召见陈抟，可见其在思想文化领域与当政者心目中的地位。

### 1. 陈抟独具特色的象数易学体系

关于陈抟的易学思想，历代学者对他的评价都非常高。据《宋史·陈抟传》记载："抟好读《易》，手不释卷。"《玄品录》称："图南淹通群经，尤精《易》学。"邵伯温《经世辩惑》指出：陈抟易学"不烦文字解说，止有图以寓阴阳消长之数与卦之生变"。有些学者则指出其学术来源于麻衣道者，属于象数易学体系，并对其学术渊源及流传情况作出说明，认为宋代易学之所以能群星灿烂，陈抟功不可没。[3] 这一看法是有其道理的。陈抟的易学思想主要体现在以下两个方面。

---

[1] 蒙文通：《古学甄微》，巴蜀书社 1987 年版。

[2]《宋史》，中华书局 1974 年版。

[3] 朱彝尊：《太极图授受考》，见《曝书亭集》，世界书局 1937 年版。

(1)先天易学

众所周知，易学有先天、后天之说。先天、后天在易学析论的是一种君子人格，在于揭示“大人”思想与行为的“与天为一”。所谓“先天”，是指面对宇宙万象的不断变幻或社会人生的生息发展，都应该具备一种忧患、明觉和预测的能力，在事情未发生之前，做到心中有数，按照事物发生、发展的规律去做好一切，这样就可以避免过失，也即“先天天弗违，后天奉天时”。北宋五子之一的邵尧夫一生精研易学，颇有心得，在宋代易学史上独树一帜。其学名为先天易学，便是应《文言》“先天”之名。按照邵雍自己的说法：“先天学，心法也。故图皆自中起。万事万化生乎心也。”[1]在邵雍那里，先天图及其演化过程是对包括整个人类社会在内的宇宙万象的产生、演化过程的精确描述，符合宇宙发展规律，而不是后天的人为造作。为什么邵雍会采用这样繁杂的图式来表述其观点呢？学界认为是其受道士陈抟影响所致。由于理学家非常注重“形上”之“理”与“形下”之“器”的区别，将前者称为“先天”，后者属“后天”，先天讲述天地未形之前或天道本体，后天描述天地已形之后或现象界的内容，这一宗旨的源头便是陈抟的“先天易学”。正如朱熹在《周易本义》中注释六十四卦方位时说：“伏羲四图，其说皆出于邵氏。盖邵氏出自李之才挺之。挺之得之穆修伯长，伯长得之华山希夷先生陈抟图南者，所谓先天之学也。”[2]又如《宋史·朱震传》所载：“陈抟以《先天图》传种放，放传穆修，修传李之才，之才传邵雍。”[3]因此，可以认为，陈抟的先天易学思想博大精深，他不但创造了一个宇宙化生的图式，而且对社会人生的发展、变化作出了自己的解释。

魏了翁对陈抟的宇宙图式深入研讨后认为，“先天易学”思想发端于魏伯阳之《周易参同契》，“至华山陈处士图南始发其秘。一再而为邵子，建

[1] 邵雍：《皇经极世·观物外篇》，见《道藏》第2册，文物出版社等三家出版社1988年联合出版。

[2] 萧汉明：《〈周易本义〉导读》，齐鲁书社2003年版。

[3]《宋史》，中华书局1977年版。

图著书以示人”[1]。由此可见，陈抟先天之学最重要的贡献在于将早在先秦便已出现的河图洛书之神话传说加以论证和演化，形成了比较成熟的“图书”之学。而在陈抟，重要的思想便体现在《无极图》和《易龙图》中。《无极图》讲述天地阴阳变化之象，《易龙图》则讲关于天地变化之数。刘牧在《易数钩隐图》中指出，“龙图”的作用是“定卦”。关于“龙图”的来历，陈抟自称是受孔子的影响，所谓“三陈九卦之义”，即之所以使用复杂的图式来演化宇宙及万物的产生，并非要简单地说明宇宙之大化流行，他是在宋代三教融合的大背景下，对社会人生问题的思考，也即是关于人的道德理性的思考。陈抟非常推崇孔子“三陈九卦”的理念，并进一步作出自己的阐释。他指出：“且夫龙马始负图，出于羲皇之代，在太古之先也。今存已合之位，或疑之，况更陈其未和之数也？然则何以知之？答曰：‘于仲尼三陈九卦之意探其旨，所以知之也。’（注：九卦谓履、谦、复、恒、损、益、困、井、巽）……所以天意先未合其形其象，圣人观象而明其用。是龙图者，天散而示之，伏羲合而用之，仲尼默而行之。”[2]为什么孔子要“三陈九卦”？有什么意义？朱熹认为：“圣人论处忧患，偶然说此九卦耳。天下道理只在圣人口头，开口便是道理，偶说此九卦，意思自足。更添一卦也不妨，更不说一卦也不妨。三陈九卦，是圣人因上面说忧患，故发明此一项道理，不必深泥。如困，德之辨。若说蹇、屯亦可，盖偶然如此说。”[3]其实，三陈九卦只是圣人为言说人类社会的道德理性而采用卦象的形式演绎而已。《易传》以孔子的社会人生理念为指导，又吸取先哲的伦理道德观念三陈九卦，它要求人们不断涵养道德心性，提升道德境界，以此作为逢凶化吉、解除烦恼和忧患的最佳方法。“三陈九卦”理念的提出，可以说是孔子以来儒家道德修养内容的进一步发展。从此，他们更注重人文易的理念而与其他学派之易理内涵形成鲜明对照。而陈抟之所以推崇孔子的“三陈九卦”，并将之与宇宙生化过程相结合，不仅表现出他对自然变化的关心，对儒家道德

[1]《鹤山全集》卷62，四部丛刊本。

[2] 陈抟:《易龙图序》，转引自《中国道教史》第2卷，四川人民出版社1996年版，第687页。

[3]《朱子语类》，中华书局1986年版，第1952页。

学说的仰慕，也彰显出其学术思想儒道会通之特色。在宋代三教互融的大背景下，陈抟未将学术视野局限于道教这一方面，而是尽可能使用多种方法、手段对整个大千世界进行全面而又简洁的素描，并依次形成宇宙万象之化生过程即“天地未合之数”与“天地已合之位”的图式。陈抟《易龙图》的象数观念即建基于“天地未合之数”与“天地已合之位”的区分之上。在他看来，前者是根本的，而后者则是前者的结构演变。关于图示的演化，此不赘述。

总而言之，陈抟根据阴阳五行生成和太一九宫数图结合八卦对宇宙的生成演变作出了诠解，此观点被邵雍采纳和吸收，从而形成了北宋易学独具特色的象数易学体系。无论是陈抟还是邵雍，他们的宇宙生成过程与其他思想家用文字表述不同，而采用“图书”之学的方式，在于他们的思想关注点与众不同，他们更注重从宇宙万物存在变化的角度来思考社会人生问题。

《易龙图》虽来源于汉代易学，但确实是陈抟自己的独创作品。这套象数体系使用数字和图像来表示宇宙万物产生演变的过程，既具有神秘性，又具有一定的科学性，显示了数的有序性特征，是陈抟人生智慧的理论结晶。正如陈抟所说：“况夫天之垂象，的如贯珠，少有差，则不成次序矣。故自一至于盈万，皆累累然如系于缕也。”[1]

陈抟的《易龙图》对后世易学特别是“图书”之学的影响很大，清儒毛奇龄对此评价说：“当太平兴国之年，忽有华山道士陈抟，骤出《河图》、《洛书》，并《先天图》古易以示，世称为三宝。”

发端于陈抟的宋代道教易学思想，以易理、“图书”之学为基础，积极探索宇宙万象大化流行的奥秘，形成了一套注重图说、讲究心性的象数体系，在象数易学发展史上占有重要地位。但是，在陈抟的思想中，图书象数之学只是外表与形式，儒家的道德内涵虽然也很重要，但其最本质的东西却是道教的内丹修炼法，他以图式和象数来推演世界演变过程的终极目

---

[1]《易龙图序》，转引自《中国道教史》第2卷，四川人民出版社1996年版。

的是希望从象数运用中以求性命双修，从而达到先天层次，返于大道。

（2）“易”“老”互融

作为道教学者，陈抟易学思想体系的建构自然是以道教易学为视野。他不仅继承《河图》《洛书》等“图书”之学的传统，而且易老并用。从《无极图》中便可看出他将老子思想融汇其中以解析易理的巧妙运用。

关于“易”之意涵，陈抟认为，“易者大易也，大易未见气也。视之不见，听之不闻，循之不得，故曰易。易者，希微玄虚凝寂之称也。及易变而为一，一变而为七，七变而为九，九复变而为一。一者，形变之始也”[1]。即“易”与老子思想中的“道”地位等同，都具备“希微玄虚凝寂”的特征，是化生宇宙万象的本源。其不同之处是道生一，一生二，二生三，三生万物，而易变的过程却是易变为一，一变为七。但无论如何，变化的结果对于“道”来说宇宙万象最终归复于“道”；“易”也是如此，九九归一，宇宙万象由“易”而产生，最终从现象界消失，又归于“易”体。

《无极图》之名来源于《老子》之“归复于无极”，表示宇宙万象由“道”（无极）产生，在经历一番生长演变之后，最后在现象界消失，返回“希微玄虚凝寂”的“道”，终归于“凝寂”，这是一个双向的过程。所以，在人的生命过程中，如果能认识到这一点，不断地进行“返归于道”的逆向修炼，则可延缓生命衰老的过程，达到长生的目的。而《无极图》便是对包括人在内的宇宙万象生化、消失过程的最简洁模拟。对它的理解可以从顺、逆两个方面进行：顺向就是道生一，一生二，二生三，三生万物；逆向则是宇宙万物从自然界消失，通过一定的方式归复于“道”。如想在保持生命完整性的前提下归复于道，则需进行“内结成丹”即“炼精化气，合三为二；炼气化神，合二为一；炼神还虚，一归无极”的逆向修炼过程。在《无极图》中，修炼的最高境界是“炼形还虚、复归无极”，其理论基石则是老子的“归根曰静，是谓复命”。可以说，正是陈抟对老子思想的通透理解与巧妙转化，并与易学之义理内涵互相贯通，同时结合道教的内丹修炼理论，才创立了

---

[1] 陈抟：《正易心法注》，见《藏外道书》第5册，巴蜀书社影印本1992年版，第994页。

《无极图》，从而对宇宙万象的大化流行过程作出成功、简洁的模拟。

2. 三教合一与张伯端的性命理论

张伯端（983—1082年），字平叔，号紫阳、紫阳仙人，北宋时天台（今浙江临海）人。他自幼博览群书，精通多种方术。作为金丹南宗的创始人，张伯端人生经历丰富，博学多识，他在北宋儒道释三教进一步融合的学术大背景下，结合儒学、佛学之精华，发展了隋唐以来重玄学、内丹学的理论，成为一代学术大家，并对宋代理学思想的形成产生了很大影响。

在中国哲学中，儒、释、道三教都体现出内在超越的修养工夫与境界，如儒家之“原始反终”、佛教之“即性成佛”、道教之“修道成仙”等，它们表述虽不一致，却都追求天道性命相贯通：天道无限，人道有限，人之性命为天所赋予。所以，人生活在世界上，为了使生命获得永恒与超越，理应去追寻如何从有限的“命”返还于无限的道之“性”，这便是牟宗三先生所说之“生命的学问”。又如张岱年先生在《中国哲学大纲》中所指明的：“人性的问题，得到了普遍的注意，且非关于人生的其它问题所能比。”[1]中国哲学对性命的探索，具有其他哲学不可比拟的优越性，而道教内丹学对性命问题的探索又具有其独特性。张伯端在其《悟真篇》自序中说：“嗟夫，人身难得，光阴易迁，罔测修短，安逃业报？不自及早省悟，惟只甘分待终，若临歧一念有差，立堕三途恶趣，则动经劫尘，无有出期。当此之时，虽悔何及？故老释以性命学，开方便门，教人修种，以逃生死。”[2]他以性命作为修身养性、逃脱生死的方便法门，认为如能做到“性命双修”，便可成仙得道或修成正果。张伯端的著作主要有《悟真篇》《禅宗诗偈》《玉清金笥青华秘文金宝内炼丹诀》《金丹四百字》等，主旨是进一步发挥隋唐以来的重玄学及内丹学理论，提出他符合时代特色的性命理论。

道教发展过程中于哲学和人生修养的最大贡献，便是由外丹形体修炼发展到内丹之心性涵养。而内外丹的最大区别，则在于内丹是以人体为鼎

---

[1] 张岱年：《中国哲学大纲》，中国社会科学出版社1982年版，第183页。

[2] 王沐：《悟真篇浅解》，中华书局1990年版，第1页。

炉，精气神为药物，在体内凝炼结丹的修行方式，不注重化学药物的生成，而重点考虑心性的修炼与纯化。张伯端吸收了老子的思想观点，他指出："道自虚无生一气，便从一气产阴阳。阴阳再合生三体，三体重生万物昌。"[1]认为道无形无象，是产生宇宙万象之本体，宇宙万象由这样一个顺序产生，即道运行变化由虚无的状态中产生气，气一分为二为阴阳，阴阳两气氤氲，冲气化生万物，谓之为三，三生万物，整个生机盎然的大宇宙便产生了。天地阴阳气化是宇宙万象化生的必然，人也是禀天地之气而生，天地有阴阳，人自然也有阴阳，其理相同，故修丹至要，便是阴阳。

张伯端还认为，后天之有形有质之物，乃形而下者，如说："休炼三黄及四神，若寻众草便非真。阴阳得类方交感，二八相当自合亲。潭底日红阴怪灭，山头月白药苗新。时人要识真铅汞，不是凡砂及水银。"[2]认为外丹修炼的药物如三黄、四神，有形有质的铅汞、凡砂、水银以及平常的草药，没必要作为炼丹的材料，使用它们不可能修炼成功。人要得道成仙，必须归源返本、识得真铅汞，也即以精、气、神为药，从炼形入手，依次炼精化气，炼气化神，炼神还虚，与大道相和，如此便可超凡脱俗，成为神仙。因此，在张伯端那里，修道的关键在于把握好精气神，以"心"为根本，做到性命双修，而其他的修炼方法则是"认他物为己物，呼别姓为亲儿"[3]。

在此基础上，张伯端还提出："神者，性之别名也"，"元神者，先天之性也""盖人受天地中气以生，所谓命也。得天地中气以成，遂可为人"。认为人要想生存，必须有精气神，这样性命才可完备。既然性命与精气神相匹配，那么修炼精气神也就是修炼性命。所以张伯端强调："夫神者，有元神焉，有欲神焉。元神者，乃先大以来一点灵光也。欲神者，气禀之性也。元神者，乃先天之性也。形而后有气质之性，善反之，则天地之性存焉。"[4]人由"神"主宰，神分为"元神"与"欲神"，当人处于无思无虑的状态时，

[1]《中华道藏》第19册，华夏出版社2004年版，第326页。

[2]《中华道藏》第19册，华夏出版社2004年版，第309页。

[3] 张振国:《〈悟真篇〉导读》，宗教文化出版社2001年版，第1页。

[4] 王沐:《悟真篇浅解》，中华书局1990年版，第230—231页。

则元神显现，即人禀受天地中气而形成的先天之性，乃先天以来一点灵光，是纯粹至善的，它是一种超越的形上之人性，是人类社会中一切理想人性的完美化身；当心有所动之时，则欲神彰显。这是受到外界因素的影响、物欲的遮蔽，间杂了理性思维与感性欲妄，是在现实社会中表现出的人性，也即后天的气质之性。所以，气质之性由欲神所主宰。如果善于归复元神，恢复其主宰的地位，则天地之性可存，人便可恢复先天之纯然至善本性。如何从后天返回先天呢？张伯端认为关键在于性命双修。他进一步指出："方其始也，以命而取性，性全矣，又以性安命，此是性命天机括处，所谓性命双修者，此之谓也。"[1] 所谓"性命双修"，在张伯端那里强调的不只是人如何生存的问题，而是整个人生的修养方法，也即修道之人不仅要力争长生不老，还应追求心性的修养、精神的解脱。这显然是将道教的"性功"和"命功"概念在哲理内涵上作出了进一步的诠释。所谓命功，是指在道门修行得遇真师、得受真诀后炼形化气、炼气化神、炼神还虚等，是一种可以在当下的生命境界中见到显著变化的功夫。通过这一过程可以实现自身与道的合一（即结丹），所以"精气神"的修炼非常重要，这也是人生存与长生的根本。所谓性功，则指的是身心修养的修炼功夫。张伯端融合儒佛两家关于心性的理论，形成了自己独特的"以命取性、以性安命"的心性修养理论。虽然性命不相离，"命功"却是"性功"之基础，如果没有人的生命的存在，心性修养是不可能的。于是他又告诫学道之人："始于有作人难见，及至无为众始知；但见无为为要妙，岂知有作是根基。"[2] 认为必须进行有形可见的命功修炼，练气补神，在达到一定层次之后，才能进行形上的性功修炼。在"性命双修"理论中，"心"是人活动的主导，具有体认与统合"性命"的功能，修性与修命的活动都由"心"来主宰，也即"心"与"性命"是主从关系，即"心为神主，动静从心"，与理学之"心统性情"观点有异曲同工之妙。

---

[1] 张振国：《〈悟真篇〉导读》，宗教文化出版社 2001 年版，第 273 页。

[2] 张振国：《〈悟真篇〉导读》，宗教文化出版社 2001 年版，第 168 页。

从以上可以看出，张伯端的学理渊源很多，不仅广泛吸收了道教学者的理论，而且他对儒佛的研究也很深入，并认为在时代发展的学术大背景下，三教合一是完全合理的，如其所述："《周易》有穷理尽性至命之辞，《鲁语》有毋意必固我之说，此又仲尼极臻乎性命之奥也。然其言之常略，而不至于详者，何也？盖欲序正人伦，施仁义礼乐有为之教。故于无为之道，未尝显言。但以命术寓诸《易》象，以性法混诸微言耳。至于《庄子》推穷物累逍遥之性，《孟子》善养浩然之气，皆切几之矣。迨夫汉魏伯阳引《易》道阴阳交姤之体，作《参同契》以明大丹之作用，唐忠国师于语录首叙老庄言，以显至道之本末，如此岂非教虽分三，道乃归一。奈何后世黄缁之流，各自专门，互相非是，致使三家旨要迷没邪歧，不能混而同归矣。"[1]而现实中三教的互争互斗，在张伯端看来，是由于后人"互相非是"、三教要旨不彰所导致的。所以，他几十年的为学经历始终在寻找一条由儒入道、由道入禅、以道为本、道禅合一、儒道合一，最终儒释道三教合一的发展道路。

3. 白玉蟾与金丹南宗理论之集大成

康王赵构南渡后，建立了南宋偏安王朝，与金、元对峙。民族文化的对立与融合，带来道教发展的新契机，出现了神霄、清微、净明等道教流派，还有金丹派南宗等。白玉蟾是金丹派南宗的创立者，他继承张伯端的"性命双修"理论，并根据时代特色加以发挥，将其教派的哲理内涵、斋醮法仪与普通百姓的日常生活、士大夫乃至贵族的治国方略结合起来，对南宋道教理论与道教发展产生了深刻的影响。

白玉蟾（1194—？），本姓葛，字白叟，名长庚，祖籍福建闽清（今福州市），生于海南琼州。他自幼勤苦好学，遍览儒、释、道三家经典，终成一代大家。白玉蟾的论著主要是阐发内丹学说，代表作有《上清集》八卷、《玉隆集》六卷、《武夷集》八卷、《海琼传道集》、《海琼问道集》、《太上道德宝章翼》等；其弟子门徒还纂辑有《海琼白真人全集》《海琼白真人语录》等。

白玉蟾宗承钟吕正统丹法，对唐宋道教内丹传统修法的实践和理论进

[1] 王沐：《悟真篇浅解》，中华书局1990年版，第1页。

行总结，力主性命双修。他继承张伯端的“道佛双融”，强调以先修命功为下手方法。张伯端提出内丹修炼的四个基本步骤为“炼己得窍，炼精化气，炼气化神，炼神化虚”。四阶段说为以后的各派丹家所采纳，使得内丹修炼的实践和理论更加成熟。此外，张伯端所强调的儒、释心性论思想，成为他及南宗丹法的重要特点。这一思想为白玉蟾所继承并加以发挥。

（1）性命理论

金丹派南宗思想渊源于钟、吕，是对唐宋以来道教内丹修炼的实践过程进行的理论升华，并发挥了张伯端的“性命双修”理论，强调以命功修炼为最重要的养生方法，将张伯端的“炼己得窍，炼精化气，炼气化神，炼神化虚”之法，真切融入内丹修炼的过程之中，使得内丹修炼的实践和理论更加成熟。继之，又援儒入道，将儒家的心性、道教的修炼融为一体，进一步提出“丹者,心也；心者,神也”[1]的观点。在金丹南宗的丹法理论中，此心此丹都是具有本体意义的概念。在这个意义上强调的“心”，与一般的具有思考、观察等意义的心不同,实际上更接近于陆王心学中的“本心”。《海琼君万法归一歌》云：“不识天心两字真，只会三光符水熟。”这里的“天心”即“本心”,具本然意。在此基础上,南宗还提出了“此心即道”“心外无别道”的思想，这与宋明理学中的心学有异曲同工之妙。

首先，白玉蟾效仿儒家、佛教学说的本体理论，根据自身内丹修炼的真实体验，对道教早已存在的心、神、形、气关系又重新作出斟定，更加突出“心”的本体作用。白玉蟾认为，道即是心，心即是道。[2]指出：“心无杂念，意无外走，心常归一，意自如如，一心恬然，四大清适”[3]，认为心便是“道”的功用在人身上的全副彰显与朗现，即“道者心之体，心者道之用”[4]。人若要得道,需在修炼过程中保持本体之心的清净无杂念以及心“动”之后“意”的持中，且需长此以往，方可心动之意与道为一，收发自如。此

[1]《琼海白真人语录》，见《道藏》第33册，文物出版社等三家出版社1988年联合出版。
[2]《道德宝章·归根章》，见《道藏》第33册，文物出版社等三家出版社1988年联合出版。
[3]《琼海白真人语录》，见《道藏》第33册，文物出版社等三家出版社1988年联合出版。
[4]《道德宝章·玄德章》，见《道藏》第33册，文物出版社等三家出版社1988年联合出版。

时心意合一，恬淡自然，人看似平常，实已入道教“四大”之境，即“道、天、地、人”四大皆安其位，自然而然，清净适宜。

在南宋理学与心学交相辉映的时代背景下，白玉蟾的思想也有融合的痕迹。他将“心”“性”等儒学内蕴会通到道教的“神”“道”等思想中，在《道德经》的注解中此类现象比比皆是。如他提出：“性无体，神无方，绵古亘今，昭然独存”[1]，“神者万化之主，心者大道之源”[2]，等等。儒家之“心”与道教之“道”之所以能相互交融，是因为二者都具有哲学本体的意涵：“道之大不可得而形容。若形容此道，则空寂虚无，妙湛渊默也。心之广不可得而比喻。若比喻此心，则清静灵明，冲和温粹也……推此心而与道合，此心即道也。体此道而与心会，此道即心也。”[3] 众所周知，《道德经》乃政治哲学，正如班固在《汉书·艺文志》中所述：“道家者流盖出于史官，历记成败存亡祸福古今之道……此君人南面之术也。”所以，无论是他对宇宙的阐述之“道生一”，还是论证社会历史发展之“我无为而民自化”，都是对当时君主政治别具一格的诠解，具有超乎常人的洞察力。而老子思想虽高明，却没有从心性角度来考虑社会人生的发展究竟如何，至战国末期，《中庸》《大学》方首开儒家心性理论之先河。隋唐之后，这一理论大兴，越来越多的学者开始从此角度来研究问题。所以，深谙道教内丹理论的白玉蟾自然也不能例外。

白玉蟾以心性阐释《道德经》，他把早期道教以鼎炉炼丹这样一种只有简单化学变化的丹道过程，转化成一种以修心为主、鼎炉炼丹为辅的“性命双修”理论，在道教理论发展史上具有价值转向的重要作用。正是白玉蟾对人的本质的探究、对社会政治的洞察，加之又具有深厚的道德心性修养，从而为道教的内丹理论奠定了基础。

（2）丹道合一

白玉蟾的道教实践属于丹鼎一派，与符箓派相比，他们更注重丹药的

[1]《赞玄章》，见《道藏》第 33 册，文物出版社等三家出版社 1988 年联合出版。

[2]《谦德章》，见《道藏》第 33 册，文物出版社等三家出版社 1988 年联合出版。

[3]《谢张紫阳书》，见《道藏》第 33 册，文物出版社等三家出版社 1988 年联合出版。

炼制与变化。南宋丹鼎派的“丹”分别为外丹和内丹。外丹练形，为外修；内丹练气，注重性命双修之内在陶冶，一般以内丹为主，外丹为辅。作为金丹南宗的重要传承人，白玉蟾虽不排斥外丹，但他的实践理论更偏重于内丹，认为“外丹难炼而无成，内丹易炼而有成”。外丹以火候药物为主体，将神秘高远的道教修心主旨抛弃，偏离了修炼法门，无论修炼者如何刻苦，即使修炼过程看似玄远高妙，似乎有形有为，而终不能进入神仙境界。其实，前期道教所提“朝煎金鼎，夜控火符”，也不过是药物变化过程的精妙，如不能配以性命双修，仍不能成功。对此，他作出详细解释：“神为主，精、气是客”，“炼形之妙在乎凝神，神凝则气聚，气聚则丹成，丹成则形固，形固则神全”，“丹者，心也；心者，神也”[1]，如果知道“金丹之妙”在于“神为主”，一切都托于此，那就没必要使用其他的修道方法，诸如辟谷等，只是“辟谷清斋，都是胡为，位道远矣”，只需“身中一宝，隐在丹田”，“朝收暮采，日炼时烹”便可，所以他提倡的炼丹过程并不是导引服食之类，而是“其体谓之大道，其用谓之大丹。丹即道也，道即丹也”[2]，认为丹道合一，“丹”就是道教的最高本体——“道”，其体为“道”，其用为“丹”，所以作为修道人士来说，有形可见的炼丹炉是不可能修炼出真正的金丹的，那种有形可见的金丹只是不学无术之人的把戏，真正金丹的修炼必须将人身融入宇宙的大化流行中，按照时间、地点的要求，将自身的精气神净化，使之“能专气致柔，含光默默，养正持盈，守雌抱一，一心不动，万缘俱寂”[3]。即个体通过艰苦的精气神修炼过程，做到“专气致柔，含光默默”，便可“守雌抱一”，将元神即“丹”与“道”合一。这样，性与命的修养将得到极大的提升，从而显示出原有的“万缘俱寂”之本真状态。当此之时，“心性无染，体露真常”，内丹炼成，丹道一体，从而达至我即神仙、神仙即我的境界。

在白玉蟾那里，丹道合一的理论依据是天人同构。天、地、人在宇宙中的彰显都是“谷神”之用。他指出：“天之谷，含造化，容虚空。地之谷，

---

[1]《海琼白真人语录》，见《道藏》第33册，文物出版社等三家出版社1988年联合出版。

[2] 白玉蟾：《白玉蟾文集新编》，社会科学文献出版社2013年版，第10页。

[3]《鹤林法语》，见《道藏》第33册，文物出版社等三家出版社1988年联合出版。

容万物，载山川。”[1]至于人之谷，“其谷藏真一，宅元神，是以头有九宫，上应九天，中间一宫，谓之泥丸……其空如谷，而神居之，故谓之谷神。神存则生，神去则死”[2]。“谷神”在天地中的显现便是宇宙大化之流行，天覆地载，厚德载物；“谷神”在人，则是最重要的器官具有中空若“谷”的特征，可以让神灵居之，所以人在世界上存在的过程便是人心中的一点灵明居住在人身的过程，神在人生，神去人死。因此，人必须保持身体的康健与谷神的长存。那么，如何保持谷神之长存呢？必须修道，达到“神久自守，息久自定，性入自然，无为妙用”的目标，这样就能“与道为一”，进入神仙境界。但是，社会中人的资质不同，他们成仙的难度也有区别，成仙之道也分为三等。白玉蟾将修仙的等级划分为三等，即上士修炼“天仙之道”，可以变化飞升。其方法非常简易，只是“以心传心”。中士修炼“水仙之道”，可以“出入隐显”。其方法是“以口传心”。下士修炼“地仙之道”，可以“留形住世”。[3]这就为世人成仙得道构设了清晰的思路和方便法门。

（3）雷法与儒家伦理

雷法是道教的一项重要法术，创立者设想修道之人通过各种修炼方法，配合斋醮科仪、符箓文字等，以达到上通神灵的境界，使之具备特异功能，做到降魔除妖、呼风唤雨，甚至改变社会的运行规律等。雷法在起源之时只是宗教法术，仪式华丽繁琐，与心性修炼毫无关系。但金丹派南宗自陈楠起要求弟子必须学习雷法，让修道之人将道教仪轨与性命双修相结合。他认为，只有将实践与理论和涵养融为一体，才能真正以我之神明合天地之神明，如此便可成为真正的神仙，与天地往来，无所不能。《道法会元》中曾有生动的描述：“善行持者，知神由气，气由神，外想不入，内想不出，一气冲和，归根复命，行住坐卧，绵绵若存，祈以养其浩然者。施之于法，则以我之真气合天地之造化，故嘘为云雨，嘻为雷霆，用将则元神自灵，

[1] 董沛文：《南宗仙籍道教南派内丹修炼典籍汇编》，宗教文化出版社2014年版，第277页。

[2] 陈可冀、程士德、张九超：《中国养生文献全书》第1卷，甘肃人民出版社2000年版，第1483页。

[3] 董沛文：《南宗仙籍道教南派内丹修炼典籍汇编》，宗教文化出版社2014年版，第274页。

制邪则鬼神自伏。通天彻地，出幽入明，千变万化，何者非我。”[1]

白玉蟾的雷法传自他的师父陈楠，而陈楠得法的经过详载于《道法会元》卷108之《高上景霄三五混合都天大雷琅书》[2]。可见金丹派对斋醮科仪与性命双修的同等重视，可以说只看重心性修养或单纯炼丹、符箓的道教都不是真正的南宗。南宗从陈楠开始，既重视内丹修炼之性命双修，又从各种角度收集已有的雷法仪轨，并将二者有机结合起来，开启了后期道教性命双修必涉及雷法之先河。作为陈楠的得意弟子，白玉蟾从实践与理论上进一步发展老师的已有成果，对道教雷法作出了更详细系统的阐述。简单来说，包括以神为主、炁为本、天人感应、以修身为宗等。

白玉蟾指出："道本无言，多言损炁。收炁存神，惜精爱己。内炼成丹，外用成法。神炁散乱，法不灵验。”[3]认为道教的法术之所以灵验，在于它是“道”的彰显，所以作法的过程需要“收炁存神，惜精爱己”，只有做到性命双修，内丹炼成之后，才能轻松自如地使用雷法，做到降妖除魔，无所不能。如果内丹没有炼成，神炁不能收发灵活，散乱弥漫，那么雷法的仪式即使再华丽，也没有任何效果。所以，真正驾驭自己的精气神，感通天地的精神力量，其实就在人自身，即内丹。什么是内丹呢？它有什么神奇的功效？白玉蟾指出："内三宝曰精气神是也。神是主，精气是客。吾是主，金童玉女是客。所言神女三千六百及乎三万六千神者，此皆精气所化。今人心猿意马，一日千里，又况精衰于淫气、竭于嗔。更且眼随色转，耳被声瞒，所益于己者几何？而所丧者不可胜言也。曾不知神光外散，气力四驰，既精气不存，而欲金童玉女在左右，可乎？万神一神也，万气一气也。以一而生万，摄万而归一，皆在我之神也。”[4]也即是说，道教法术所幻化出的金童玉女，万千神仙，千变万化的过程与现实表现，都由我的精气神

---

[1]《道法会元》卷1，见《道藏》第29册，文物出版社等三家出版社1988年联合出版。

[2]《道法会元》卷108，见《道藏》第29册，文物出版社等三家出版社1988年联合出版。

[3]《道法会元》卷70，见《道藏》第29册，文物出版社等三家出版社1988年联合出版。

[4]《海琼白真人语录》，见《道藏》第55册，文物出版社等三家出版社1988年联合出版，第658页。

所主宰、演化；如果神炁不足，或作法时心猿意马，一日千里，根本不可能有什么金童玉女，也就不存在无所不能，反之亦然。对于雷法也是如此，作法之主宰雷神“亦元神之应化也。人知动静则通天彻地，呼风召雷，斩馘妖邪，驱役鬼神，无施不可。即所谓将用自己元神是也”[1]。人之精气神通过性命双修等方法可以结成金丹；金丹既成，外在的显现便是包括雷法在内的各种道教法术。世间一切，包括宇宙万象、人间百相，皆为道的外在彰显，内禀天气之气，外现各自之形，所以道通之人之元神即道，完全可以顺心所用，通天彻地。那么对他来说，将自己的元神运用到雷法当中去，自然可以斩馘妖邪，驱役鬼神。

早于白玉蟾的神霄派著名道士王文卿曾有此类感悟，他说：“大道无言，闭息内观，天罡运转。多言则神炁散乱，故需无言，方合大道。闭息内观，使炁聚神凝，则心无挂碍而上与天心相合。”白玉蟾则将之作了进一步发挥：“天罡，心也，以心运诸炁，动阳则阳报，动阴则阴报。运转五行，常朝上帝，斡旋造化，颠倒阴阳，随机而应。故知天地的造化，其根在天罡，即其心。天心的造作，变化出天地万物，而人心倘与天心相合，则感应道交而使道法行矣。”[2]

总之，白玉蟾通过类比，将人身与天地、星宿统一起来，把人身外的大宇宙投影到人自身当中。在外是大道无言，天罡运转；在人自身的小宇宙内，则是闭息内观、炁聚神凝。只要修道到一定程度，便可人心与天罡通为一体，寂然不动，感而遂通，这便是人体与天地之合一，也是雷法的具体实施过程。在白玉蟾看来，雷法实施的效果在于内丹修炼的成熟程度，内丹修炼的等级决定了雷法实施的成效。

既然雷法的施用需要人与天地通为一体，自然不是人人皆可。何人适合？白玉蟾认为必须是救民疾苦、德合天心的修道之人，他说：“救民疾苦，

---

[1]《道法会元》卷70，见《道藏》第29册，文物出版社等三家出版社1988年联合出版，第235页。

[2]《玄珠歌》，见《道藏》第29册，文物出版社等三家出版社1988年联合出版。

若德合天心，应之随手。驱邪之道，先立正己之心，毋生妄想，审究真伪。”[1]在白玉蟾这里，“道”并非只是天地运行的过程，同时也赋予了道德修养的内涵。通俗一点说，品行俱佳、救民疾苦才是最好的施法人选。不仅如此，他还把人的道德品质与雷法的属性相比附，认为人具有仁、勇、智、严、信等品质，雷法则具有东、南、西、北、中五个方位，掌管诸如生长、肃杀等职位，从而使之具有了人格化的色彩。如：东方蛮雷，仁者也；能为风雨，长养万物。南方蛮雷，勇者也；申明号令，赏善罚恶。西方蛮雷，严者也；肃杀元气，霹雳群动。北方蛮雷，智者也；伏藏坎位，遇时而起。中央蛮雷，信者也；四时蜇伏，令不妄发。[2]按照白玉蟾雷法、施法之人通而为一的原则，雷之五德实际上就是施法之人所必需的道德素养。“临事多变，使人莫测谓之智；专心致志，守一如常谓之信；济人利物，每事宽恕谓之仁；处事果决，秉心刚烈谓之勇；谨勿笑语，重厚自持谓之严。”[3]可见，金丹南宗的雷法并非只是一种玄之又玄的道教仪式，也非单纯为当政者粉饰太平之斋醮科仪，而是将形式、内容、道德、神仙戒律、人间法律融为了一体。

众所周知，宗教仪轨之所以程序繁杂，内容难懂，其最根本的目的在于它要表达的是人与神的交流与沟通，而不是凡间社会人与人的交流与沟通。宗教戒律之所以条分缕析，就在于它的使命是要完成人与神谈判之后所达成的契约。因此，道教的雷法与施法之人也承担着这一重任。雷法的顺利实施，表明神仙赞赏施法之人的道德素养，对他所生活的社会也持肯定态度，这是获得神仙资助的前提条件。如果施法之人所处的社会环境不好，本人的道德涵养又不高，施法自然不会成功。

雷法作为隋唐以来的重要道教法术，作为一种人与天地相往来之术，在道教内部具有很高的地位。白玉蟾继承乃师，将社会规范与宗教仪轨融为一体，体现了他对调整成员个人与社会之间关系的重视，这是只重视个

[1]《白真人集卷三 · 说》，1868 年刻本。

[2]《白真人集卷三 · 说》，1868 年刻本。

[3]《白真人集卷三》，1868 年刻本。

人修炼的内丹术所不具备的。白玉蟾认为，合格的道教人士必备雷法法术、内丹修炼与道德伦理素养等，呈现出儒道合流的特征。

## 四、宋代士大夫的崇道倾向及对士林风气之影响

随着道教由外丹冶炼之学转向内丹心性之学、宋王朝对道教的大加推崇和扶持，加之稳定的政治局面和相对宽松的社会环境，士大夫的心态也由隋唐时期对功名利禄的无限追求转向对心性道德、精神境界的憧憬和向往。他们在受到朝廷重用之时，往往彰显出为国家效力的觉悟和以天下为己任的责任感，心学便以此为宗旨而产生。但社会毕竟是残酷的，两宋时期与、辽金的长期战争，造成了社会的动荡，皇权政治的黑暗也影响了士人的入世心态，士大夫的内心苦闷在集权政治环境中亦不能得到宣泄。在此社会情境之下，越来越多的宋代士大夫走上了崇佛学仙之路。他们不但与佛僧交往甚密，而且许多官僚士大夫也热衷在闲暇时间与道士交往，研究道教典籍，或寻求精神上的慰藉、身心的解脱，或通过心性修炼，试图健康长寿。这种风气转而又影响了世俗政治，并渐成一股社会风气。其主要表现为以下几点。

### （一）倦于官场，追求淡泊

道教以“道”作为最高的本体，认为生命、身体至关重要，富贵名利不过是过眼烟云。因此，许多官僚士大夫以出世心态面对政治生活的压力，在政务之余，潜心佛道。尤其是道教的养生之术对士大夫影响较大，他们崇尚淡泊，追求仙道。如晁迥所言：“屏迹绝交游，见辈流不能加其是非，摄人心，入虚无，则鬼神不能窥其朕兆，退藏于密，故几于道。”[1] 便是这一时期士大夫追求淡泊的真实写照。显然受到了当时道教提倡淡泊名利、知足常乐观念的影响。不仅失意的官员，在当时事业如日中天的官员也会

---

[1] 晁迥：《昭德新编》卷上，影印文渊阁四库全书本。

因种种原因，向往自由自在的隐逸生活。如王禹偁在其《求致仕第一表》中这样表达他的感受："臣闻知进知退，贤达之格言；有始有终，君臣之大义，将染乞骸之疏，犹驰旧日之魂，寄人主之悯嗟，遂老臣之休退。"[1]尽管宋代官员官俸较高，但仍有官员想到了请辞，这也许正是他们对生活的超然感悟。相信这一状况与道教影响不无关系。从心理层面上来看，"道"在宋代士大夫那里相当有用，早已成为他们人生失意之时的心灵寄托、工作闲暇的寄栖之处和功成名就之后的自然归宿。

（二）斋醮祈祷，寻求长生

道教讲求人的精神与生命重于一切，重生恶死，追求长生久视。在早期道教经典《太平经》和《老子想尔注》中关于类似观点的论证便十分宏富，重点在于强调重生的意义。如《老子想尔注》便把《道德经》十六章中的"公乃王、王乃大"改为"公乃生、生乃大"，并注曰："生，道之别体也。"[2]把生命、生存提到与"道"同高的地位。经过几百年的发展演变，道教虽然已经发展为神仙道教，但唯一不变的主旨便是对"道"的追求。"与道合一"在现实中的彰显，即是淡泊名利、求仙问道，最终获得生命与精神的长存。所以，道教就有了"生道相守、生道合一"之说。唐代的《太上老君内观经》对这一理念有较为完整的论述："天地构精，阴阳布化，万物以生。承其宿业，分灵道一，父母和合，人受其生……所以谓生，有由然也。此身从虚无中来，因缘运会，积精聚气，乘业降神，和合受生，法天象地，含阴吐阳。分错五行，以应四时。眼为日月，发为星宸，眉为华盖，头为昆仑，布列宫阙，安置精神。万物之中，人称最灵。性命合道，当保爱之。"从天地产生、宇宙万象的大化流行一直讲到人的出现，认为人禀受天地之灵气，人体之器官法相天地之日月星辰，人无疑是世界之灵，没有谁能与人相比。因此，人们就必须想方设法让自己的性命、身体与"道"为一。这一论断无疑很

[1]（宋）王禹偁：《小畜集》卷23，影印文渊阁四库全书本，第1086册，台湾商务印书馆1983年版，第232页。

[2] 饶宗颐：《老子想尔注校正》，上海古籍出版社1991年版，第33页。

容易被大多数人接受，士大夫也不例外。他们信奉道教，其主要目的也是希求达到“性命合道”的目的。如认为“今之三教，虽分明立相，有所不同，其实都是道也”[1]的文学名士晁迥，在深入研习道教经典后，提出了自己独特的养生之道：“养生之法，随份多少在乎动，导引是也；养心之法，随份多少在乎静，宴息是也。”[2]

### （三）援道入政，无为而治

科举制度在宋代发展达到成熟和鼎盛时期，不仅科举取士成为朝廷选拔官吏的主渠道，而且宋代科举取士的人数也是历史上最高的。因此，宋代官僚机构主要是由通过科举考试而步入仕途的士人所组成。这些士人知识分子知识体系的主干是儒学，这形成了他们自强不息、厚德载物的品格，决定了他们积极入世、关心百姓疾苦的现实有为的人生。但是，现实社会的残酷又给他们的心理造成了反差与影响，使得他们在入世不得志的时候，容易转而沉溺于佛道的淡泊名利，甚至会影响到官僚士大夫自觉不自觉地将道教清静无为的理念引入治国的范畴，并且还发现道教的无为会在世俗政治中取得意想不到的良好效果。如政治家欧阳修对道教“无为而治”的理念就十分欣赏，他在《崇文总目叙释·道家类》中指出：“道家者流，本清虚，去健羡，泊然自守……虽圣人南面之术，不可易也。”[3]认为无为而治、清虚淡泊在治国中具有积极作用。事实上，欧阳修终其一生，崇奉道教的清虚无为、淡泊自守。也正因此，成就了他一生的功名事业。正如《宋史》对他的评论：“公为数郡，不为治迹，不求声誉，以宽简不扰为意。”[4]欧阳修的为政之道，可以说正合道家、道家思想的无为主旨。

在佛道之风盛行的宋代，即使是激进派的改革者也难免受其影响。如改革家王安石，作为变法派的领袖，其著名的“荆公新学”以接续孔孟之

---

[1] 晁迥：《昭德新编》卷上，影印文渊阁四库全书本。

[2] 晁迥：《昭德新编》卷上，影印文渊阁四库全书本。

[3]《欧阳文忠公文集》卷124，民国版四部丛刊初编本。

[4]《宋史》卷319，中华书局1977年版。

道为己任，这已是学界公认的事实。但他也曾花费数年工夫专门为《老子》作注。曾对北宋士大夫思想行为作过详细研究的晁公武在《郡斋读书志》中这样评价王安石："介甫生平最喜《老子》,故解释最所致意。"此话可谓中肯。司马光也说："介甫于诸书无不观，而特好《孟子》与《老子》之言。"[1]

王安石在其主推的改革事业中，也将道家、道教的思想学说运用到治国理政之中，如他提出："道有本有末。本者，万物之所以生也。末者，万物之所以成也。本者出之自然，故不假乎人之力而万物以生也。末者涉乎形器，故待人力而后万物以成也。"还说："昔圣人之在上，而以万物为己任者，必制四术焉。四术者，礼、乐、刑、政是也，所以成万物者也。"[2]他认为，道因环境不同而有本末的区别，表现在社会人生中，便是是否借助于人力的问题。由于万物之生成有区别，所以圣人治国之道也有区别。治不假乎人力而万物以生，这是道之无为；治假乎人力而万物以成，这是道之有为。所以，圣人的治国之道有有为和无为之分，而现实生活中的治国之道因万物已生，在成长过程中只能有为，那么圣人也应以此为己任，施行"礼乐刑政"四术，将道家无为而无不为的理念与儒家治国之道的刚健有为结合起来。

宋代官僚士大夫之所以在治国理政中使用道家、道教的理念，一方面是道家、道教思想主张天道无为、清静抱朴，有利于士大夫在受到政治挫折之后换一个角度重新审视社会人生；另一方面，就是士大夫阶层的修齐治平的人生理想，使他们认识到道教的一些救世和劝善思想有助于帮助社会中的民众树立有利于国家和社会发展的理想。如林东在《老子注》序言中认为，孔老可以"互相发明"[3]，孔子主张以仁义礼乐治天下，老子则主张以虚无恬淡明大道。仁义礼乐与虚无恬淡皆为大道之旨，所以儒道互相发明，俱为忧世而作。因此，援道入儒、儒道兼综成为这一时期官僚士人阶

[1] 彭耜：《道德真经集注杂说》，天津古籍出版社 1988 年版。

[2] 容肇祖：《王安石老子注辑本》，中华书局 1979 年版。

[3] 刘固盛：《论宋元老学合流中的儒道合流思想》，《华中师范大学学报（社会科学版）》2006 年第 1 期。

层的突出特点，也成为他们治国方略的重要组成部分。

深受儒道释三教影响的宋代士人官僚，其自身也具有独特性。他们的日常生活、所作所为当以儒家为宗，而儒家思想的最佳境界则是“穷则独善其身，达则兼济天下”。作为士大夫而言，兼济天下是他们人生的最高追求与最佳状态。因此，无论宋代士大夫推崇什么，其思想从根本上说是入世的。但现实的残酷、思想的苦闷，又造成了很多士大夫在坚持自己理想之时，难以摆脱宗教的信仰与治世方式。这主要是由于道教在仙道等方面表现出了很强的超越现实的倾向，无论是隐逸还是养生，都让失意或得意的士人无法抗拒。可以说，宗教在当时也是一种精神上的客观需要。因此，士人对于道教一直处于既批判又向往的状态，这一点宋代的苏轼曾作出很好的诠解：“乐天作庐山草堂，盖亦烧丹也。欲成而炉鼎败，来日忠州刺史除书到。乃知世间、出世间事不两立也。仆有此志久矣，而终无成者，亦以世间事未败故也。”[1] 表达了当时士大夫阶层面对出世与入世的矛盾和纠结。而豁达之士则尽量从容面对，将两者统一起来，达致身处庙堂却心在山野的闲适之境。

## 五、三教互融背景下宋代道教发展之特点

儒佛道三教关系在魏晋南北朝时是简单的三教并存，隋唐时期是三教争衡与论辩最激烈的时期，当然也有融合。到北宋时期，三教融合的条件和契机都已比较完备：从对三教的态度来看，上有最高统治者的大力扶持，中有官僚士大夫、佛道学者的应和，下有不识一字的平民百姓对三教的膜拜，这就汇聚了三教互融的强大社会力量；如从三教发展的内在因素看，在魏晋时期，三教的并存只是停留在教化的层次，那么隋唐时期三教的激烈斗争，已经促使三教在内容、思想上的融合，形成你中有我、我中有你的不可分割之局面，儒家哲学的道德伦理、佛教哲学的心性思辨与道教哲

[1]《东坡志林》，王松龄点校，中华书局 1981 年版。

学的玄妙高远，开始成为思想家们共同关注的焦点，成为他们可资利用的资源。到了宋代，三教的融合已成为高度综合化的学术思潮，在三教互融的社会大背景下，道教为争取更好的社会地位，在与儒佛争衡的过程中，继承前期道教的思想，并进行改造与转化，形成了融合道教法术与心性道德的新道教，体现了以下新的特征。

### (一)宋代道教的平民化

众所周知，唐代是中国历史上无与伦比的辉煌时期，无论政治、经济、文化，还是宗教思想，都是第一位的。强盛的国力、开放的心态，为各种思想学术的交流互融提供了良好的社会环境。毫无疑问，佛教在唐朝达到中国化发展的顶峰，道教也进入了空前发展的最佳时期，而儒学却依然萎靡不振。虽然经过理学先驱的努力，在积极借鉴佛道思想的基础上，加大对儒家心性论的阐释、改造力度，并对天人关系进行重新论证，但这一时期儒学的地位仍不容乐观。因此，宋统治者从一开始就采用崇文政策，为儒学的复兴创造了一个宽松的政策环境。在此宽松的社会发展大势之下，兼综各家学说，融儒道释三教为一体而形成内涵宏富之思想体系成为此时学术的主流。在儒家人性论、佛教心性论的影响下，陈抟、张伯端等人发挥、完善了隋唐道教性命双修思想，特别是张伯端的《悟真篇》，是道教思想发展的标准，也是宋代内丹学成熟的标志。张伯端在书中大力褒扬三教归一主旨，可以说完全顺应了当时时代发展的大势。

统治者的扶持，新的道教思想形态的形成，特别是道教的下移，使得宋代道教出现了平民化的新特征。论其原因有二：

第一，道教神仙信仰的动摇与内丹术的盛行。神仙信仰是道教的核心宗旨，无论是丹鼎派还是符箓派，其最高目标都是修仙成道。因此，尽管有很多人为成仙而服食丹药致死，但仍有很多人前赴后继。然而，这一流行数百年的信仰终于在宋代发生了动摇，这便是内丹术的大兴。内丹术的盛行主要有两个原因：其一，外丹服食不仅没能使人成仙得道，反而造成大多数人丧命，加上炼丹的鼎炉、材料耗资不菲，平民阶层难以接受，故难以在平民范围内广泛传播。而宋代以前，炼外丹服食却是道教的主要修炼方式，正因如此，神仙道教非大众所为。其二，宋代之后，随着道教心性论的出现，内丹逐渐代替外丹，其简单易行的修行方式不需花费很多财物，只需一心向道便可，所有学道之人都可参与，如南宋夏元鼎在《悟真篇讲义》中说："有志之士若能精勤修炼，初无贵贱之别，在朝不妨为治国平天下之事，在市不失为士农工商之业。"[1]从此，借由张伯端性命双修的内丹修炼方法的广布，道教不断下移，平民化特征已十分明显。

第二，自宋代开始，各种劝善书、功过格盛行，乃是道教平民化另一种表现形式。理学家真德秀曾在《太上感应篇·序》中指出道教劝善书、功过格对世俗之人道德教化的重要作用："顾此篇指陈善恶之报，明白痛切，可以辅助正道，启发良心。"[2]可见他所生活的南宋，道教已在民间广泛流行。

功过格、劝善书的出现是宋代三教合流的重要表现，其特征是将儒家的道德伦理、佛教的生死轮回与道教的神仙体系等融会贯通。劝善书、功过格不仅存在于南宋，也流行于同时代的北方之金朝，而且金朝的道教平民化特征远高于南宋。元好问在《紫微观记》中曾这样描写全真道的平民化景象："参以禅定之习，而无头陀缚律之苦。耕田凿井，从身以自养，推有余以及之人……南际淮，北至朔漠，西向秦，东向海，山林城市，庐舍相望，什百为偶，甲乙授受，牢不可破。"[3]也正是如此，日本学者漥德忠甚至认为金代才是道教平民化的真正开始。[4]但综上所述，道教的平民化始于宋代是毫无疑问的。

### （二）宋代道教儒、道、释兼综之特色

在宋代对道教发展持宽松政策的社会背景下，不仅道教人数大增、学派众多，且与前朝不同，学者们不再针锋相对地排斥儒佛二教，而是有选择、

[1] 夏元鼎：《悟真篇讲义》卷6，北京白云观1991年翻印。

[2]《西山文集》卷27，四部丛刊本。

[3]《移山集》卷35，台湾成文出版社影印《九真人集》本。

[4]《道教史》，上海译文出版社1987年版，第188页。

有鉴别地加以吸收利用，从而使道教进入了新一轮快速稳定的发展进程。

陈抟在以往道教图谱的基础上，大量借鉴周易阴阳八卦的内容与象数之学，演示宇宙自然与人类社会的变化过程，开北宋道教以图解易之先河，并对宋代理学思想起到重要的启发作用，如周敦颐的《太极图》及《太极图说》和邵雍的先天象数易学，都有陈抟思想的影子，而且成为宋明理学的重要组成部分，这也说明了陈抟对儒家思想的重视。从他的《自赞铭》中可以进一步体会到他对儒家思想的浓厚兴趣："一念之善，则天地神祇、祥风和气皆在于此。一念之恶，则妖星厉鬼、凶荒札症皆在于此，是以君子慎其独。"[1]君子、慎独都是典型的儒家观点，他将慎独与一念之善、天地神祇相联系，且将心性与易学结合起来，说明在他的思想体系中没有一丝一毫排斥儒家哲学的地方。

不仅如此，他为《正易心法》作注时提出："易道见于天地万物、日用之间，能以此消息，皆得实用。方知羲皇画卦不作纸上功夫也。"[2]不作纸上功夫、不立文字等说法，分明就是禅宗法门。他认为，易道广大无边，时刻彰显于天地万物、人伦物用之中，需要研究的人只需静默观其相、知其意即可。佛教心性论主张大千世界皆虚幻，对世界的认知则是"一念三千""一心三观"，由此便可洞彻一切。那么，道教徒在对儒家义理进行阐发的过程中，也不妨采用这种大彻大悟的方式，以实现人生境界的超越。如果人生可以超越，那么修身养性、追求长生等一切都不在话下。而且此种内修心性的方式比起以前鼎炉炼丹在财力、物力的花费上节省许多，自然会得到更多信众的支持。所以，陈抟作为宋代道教之开山，他的三教合一理论与实践得到后来很多追随者的认同，也成为宋代道教思潮的主流。

在陈抟之后，张伯端在融合三教的前提下，初步完成了由鼎炉炼丹向性命双修的转变，而成为三教融合又一杰出的代表。张伯端认为，"汉魏伯阳引易道交媾之体，作《参同契》以明大丹之作用；唐忠国师于语录首叙

[1]《全宋文》第1册，巴蜀书社1988年版，第220页。

[2]《正易心法注》，见《藏外道书》第5册。

老庄言，以显至道之本末。如此，岂非教虽分三，道乃归一。奈何后世黄缁之流各自专门，互相非是，致使三家宗要迷没邪歧，不能混一而同归矣”[1]。有鉴于此，张伯端创立了道为本体的融摄儒佛的内丹理论。那么，在张伯端那里，三教合一的主旨是什么？张伯端将其总结为性命之学。《悟真篇·自序》开篇即云：“老释以性命学，开方便之门，教人修种，以逃生死。释氏以空寂为宗，若顿悟圆通，则直超彼岸。”还说：“《周易》有穷理尽性至命之辞，《鲁语》有毋意必固我之说，此又仲尼极臻乎性命之奥也。然其言之常略而不至于详者何也？盖欲序正人伦，施仁义礼乐之教，故于无为之道，未尝显言，但以命术寓诸易象，性法混诸微言耳。至于庄子推穷物累逍遥之性，孟子善养浩然之气，皆切几之。”[2] 在张伯端看来，不但“老释以性命学，开方便之门，教人修种，以逃生死”，儒家的《周易》、孔子的“毋意、必、固、我”也是对性命之学之真谛的深切透悟。在他看来，儒家的性命之学也十分深邃，只是儒家学者将重点放在对礼乐教化等人伦物用之学的研究上，忽视了无为之道，展现给世人的只有“以命术寓诸易象，性法混诸微言”而已，其性命之学未能显扬。也许只有孟子的浩然之气与庄子的逍遥比较合拍，切近于心性之微言，对性命学说的解释比较到位。对此，张伯端之后学、清代的刘一明也在其《指南针序》中说：“‘性命之学’中正之道也。中正之道，在儒谓之‘中庸’，在释谓之‘一乘’，在道谓之‘金丹’，乃贯通三教之理也。知之者，在儒可以成圣，在释可以成佛，在道可以成仙。”[3] 说法虽有差异，但都是对三教合一理论的彻底肯定。

金丹南宗集大成者白玉蟾则提出了三教异门同源的观点，他说：“三教异门，源同一也。”[4] 还说：“天下无二道，圣人无两心”，这是借用《荀子·解蔽》的话。很显然，这是受陆象山“人同此心、心同此理”思想的影响。白

---

[1] 张振国：《〈悟真篇〉导读》，宗教文化出版社 2001 年版，第 2 页。

[2] 张振国：《〈悟真篇〉导读》，宗教文化出版社 2001 年版，第 2 页。

[3]（清）刘一明：《道书十二种》，书目文献出版社 1996 年版，第 196 页。

[4]《道法会元 · 道法九要序》，见《道藏》第 28 册，文物出版社等三家出版社 1988 年联合出版，第 677 页。

玉蟾认为，儒释道三者在社会中虽各行其道，从根源上讲却是完全一致的，这个世界的本体只有一个，圣贤之人对整个世界的看法也有异曲同工之妙，道、释、儒三教归一，并无高低上下之分。既然三教本源上别无二致，但现实中它们的差别还是非常大的，针对世人的疑惑，白玉蟾对三教进行了具体分析，他说："孔氏则五端五常，释氏则三乘四谛，老氏则三洞四辅，若夫孔氏之教唯一字之'诚'而已，释氏之教唯一字之'定'而已，老氏则'清静'而已。"[1]命运多艰的人生经历，先修习儒学又出入佛老的白玉蟾，深知儒释道三者学术上的独特之处，尽管它们在现实社会中的礼仪制度、宗教仪轨颇为繁琐，但一字便可归其特征，即儒家之"诚"、佛教之"定"和道教之"清净"而已。作为真正的修道之人，对三者如有比较清晰的认识，再加上不辞辛劳的身心修炼过程，是可以"启修仙学道之路，从而建正心诚意之门"的。[2]自然也可以"诚心以立其志，苦节以行其事，精思以彻其感，忘我以契其真。苟能如此，经云：宇宙在乎手，万化在乎身"[3]。白玉蟾将儒学之"正心诚意"作为修仙的入道法门，同时又不排斥佛教的"止"与"定"，认为心性修炼是修道的核心。如何修心呢？白玉蟾认为要做到"心中无心，念中无念"[4]，这种修炼的功夫实际上是把儒家的修身养性、佛教的禅定与道教的修仙之道融为一体，追求身心的双重解脱以及对精气神的彻底净化，由"诚"而"定"而"清净"，最后悠游进入"归根复命"之"道"的境界。

综上所述，宋代道教的三教合一思想在本质上不是一种简单的内容上的融合，而在于"合三而立一"，是道教为更好地建构自己的理论而积极吸收儒、佛二教的思想精华。尽管他们对儒佛二教不时赞同甚至褒奖，但落脚点始终是自己的道教，且在理论体系成熟之后，进而反对佛儒二家，以

[1]《道藏》第33册，文物出版社等三家出版社1988年联合出版，第79页。

[2]《海琼白真人语录》卷4，见《道藏》第33册，文物出版社等三家出版社1988年联合出版，第136页。

[3]《海琼白真人语录》卷2，见《道藏》第33册，文物出版社等三家出版社1988年联合出版，第125页。

[4]《修真十书·指玄篇》卷6，见《道藏》第4册，文物出版社等三家出版社1988年联合出版，第625页。

高程度的宗教调适性求得道教的更快发展。

(三)对社会教化的加强

中国历代社会都建立在以血缘关系为基础的宗法制基础之上，这一模式的主要特征是“王权至上”。早在殷商时期已形成“宗主制”“礼法制”及“宗教信仰与王权的神圣性”等观念，统治者为了保证自己政权的合法神圣和臣民的绝对服从，制定了一系列规章制度和说教理论，这便是儒家教化思想之先导，并在历朝历代的封建统治中由于适应社会发展、稳定人心和利于巩固政权而得到历代统治者的青睐。正如《礼记·经解》的“故礼之教化也微，其止邪也于未形”，便是对这一思想的最佳诠释。

作为礼乐文化代表的儒家，自其产生以来，就十分重视礼乐的社会教化功能，这也是中国封建政治发展的基本特点。宋代的教育文化事业发达，儒家教化一方面是通过官学、书院、社学、义学来进行，另一方面采用宗教的方法，以宗教作为施行教化的选项。无论是佛教还是儒家，其施行教化的目的是实现“道德一于上，而习俗成于下”[1]。

在社会大环境的影响下，道教的学者们也纷纷“习儒术”，出现了大批儒学化程度很深的“儒道”。他们不仅是道教思潮进一步发展的中坚骨干，同时也是对儒家文化深有所得的硕学大儒，对儒家经典及儒家哲学思潮深有体会。关于道教对儒家教化的辅助与影响，主要体现在以下几点。

一是道教中的善恶报应和承负说含载了道教的教化功能。道教具有“以道教化民众”之意，而且在其创立之初，主要通过助人和教化方式流布。卢国龙认为，在其“神道设教”的背后，蕴含着一种人文精神，“正是这种人文精神，使‘神道设教’始终不脱离人本位，不致异化为彼岸世界；同时也使‘神道设教’不与理性的发展产生根本的冲突，使“神道”之内涵因应天道人情之内涵的日益丰富而丰富”[2]。宋代以后，道教学者为了维护其在

[1] (宋)毛晃:《四库全书》第 237 册，上海古籍出版社 1987 年版，第 319 页。

[2] 卢国龙:《神道设教中的人文精神》,《中国教育报》2014 年 5 月 6 日。

三教争衡中的地位，发挥道教“神道设教”功能，不断向统治者推荐自己的学说。如张伯端就提出“教虽分三，道乃归一”的观点，认为在济世化民、教化风俗方面，儒释道三教各自展现了自己的特色、发挥了本身的优势功能，但思想教化取向始终是殊途同归的，具有异曲同工之妙。

宋代道教主要是通过其承负说进行道教教化，所谓“承负”，《太平经》有较为详细的阐释：“承者为前，负者为后；承者，乃谓先人本承天心而行，小小失之，不自知，用日积久，相聚为多，今后生人反无辜蒙其过谪，连传被其灾，故前为承，后为负也。负者，流灾亦不由一人之治，比连不平，前后更相负，故名之为负。负者，乃先人负于后生者也。”意思是说，如果前人行善，今人就可以得福；如果前人作恶，今人就会遭祸。今人与后人也是如此。这一思想认识与佛教教义的向佛趋善以及儒家的纲常伦理具有明显的一致性，因此自然得到封建统治者的青睐。道教发展到宋代之所以能够兴盛，就与它宣扬的惩恶扬善功能具有密切关系。朝廷重视并发挥道教教义的这一功能，不仅利于教化民心，醇化风俗，而且对于稳定社会、巩固封建政治统治极为有利。所以，宋代以后，随着社会的发展，道教的教化功能一直在封建统治中发挥着维系民心、易风化俗的重要作用。

二是宋代道教的承负说比起儒家的道德优先更有说服力。儒家学说作为一种政治伦理学说，其社会制约性主要体现在社会舆论方面，而道教对人们思想行为的制约则依靠的是鬼神的不可捉摸之神秘力量。道教宣扬人们的思想和行为是受到一种神秘力量监督的，现世所为会影响到后世的生活，所谓“善有善报，恶有恶报”。这一思想认识对于文化素养严重不足的下层广大民众，具有非常强的震慑力和约束力，他们坚信这种说教，会自觉在日常生活中牢固树立“善恶有报”的思想意识，并在生活实践中严格遵守；同时，这也是他们理想寄托和心理安慰的良方。因此，道教这种不可逃脱的强制性道德制约机制，大大超过了儒家道义的约束机制，显然是对儒家教化思想的有益补充。

以上是宋代道教的发展状况，在宋代当政者崇文政策的宽松社会环境下，宋代的道教学者在与儒佛争衡的过程中，吸收它们的理论精华，建构了比较完备的道教心性理论与宗教仪轨，不仅对后世道教，也对当时主流思潮——理学的产生与发展有着深远的影响。

## 第四章

# 儒佛道三教的互通与融会

汉代之后，佛教传入中国，道教产生，形成儒佛道三教鼎立之势。从此开始了三教在中国的传播与发展以及相互融合与斗争的基本态势。如果站在现在的学术角度来分析这一时期的三教发展之情状，可以认为佛教虽是外来宗教，却始终与以儒道为代表的中国传统思想和文化处在相互冲突与会通的复杂关系中，正是在三教的冲突和融合中，它们都彼此不断得到了发展。一方面，儒释道三教都在极力宣扬自己对社会发展的贡献，贬低另两方；另一方面，面对社会发展的需求和各自理论的不足，它们也不断地汲取另两方的理论精华为自己所用。鉴于三方理论在有些方面的一致性，它们也积极寻求三教的一致。纵观这一段发展史，三教之间既相互批判、贬斥，又不得不暗地吸收彼此的精华，策略的多样性和学理的互补性，是这一时期三教关系的主要表现。儒家哲学虽然还是官方的主导思想，但是国家的分裂与社会的动荡，百姓的苦难与被拯救的渴望，这些都要求有更能够震醒人们心灵的新思潮的出现，正是在这种要求下，佛教、道教在与儒家固有思想文化的冲突与融合中得到了迅速的传播与发展，并为隋唐时期形成三足鼎立之势奠定了基础，最终嬗变形成了以儒为主、以佛道为辅的三教合一的基本格局。

## 第一节　儒道之互动

道教虽在东汉产生，但当时的五斗米道和太平道却成为农民起义所利用的工具。即使道教教理教义上已初具规模，社会上也颇具影响，也难以得到统治者的承认。道教真正在社会上立足，是经过几次改革由民间教派上升到官方宗教之后，也即在魏晋之后。此时，儒家学者也注意到道教思想并非一无是处，从而在各方面加以关注和评判，这便出现了儒道的互动，其特点是儒道互补。所谓儒道互补，是指儒道两家的思想存在差异并能够互相弥合彼此的不足，从而达到共同发展。

### 一、两汉、魏晋南北朝时期儒道之互动

#### (一)道教戒律与儒家伦理

中国古代社会都以血缘宗法制度为基础，统治者为了保证政权的合法神圣和臣民的绝对服从，制定了一系列的规章制度和说教理论，并在历朝历代的封建统治中不断深化。既然统治者需要这样的理论，自然就有学派和思想家为他们服务，不仅儒家，道教的思想家也看到了这一点，他们在改革道教使之成为神仙道教之后，便仿效儒家礼仪伦理和佛教的戒律制度创设了道教仪轨与戒律，并试图与儒佛两家相抗衡。

1. 道教戒律的发展及其特征

戒律化是宗教发展的一般规律，戒律甚至被视为宗教的基本特征之一。道教在其自身的发展过程中，也形成了具有自身特色的戒律，目的是用来

约束道士的思想行为，防止“恶心邪欲”“乖言戾行”的发生。初期戒律较为简约，主要约束门徒不得违法犯罪、不得伤害他人，并没有在社会中引起广泛影响，也未受到当政者的重视。魏晋南北朝时期，随着道教改革的兴起，越来越多的士大夫和官僚加入道教，他们仿照世俗的官僚等级制度、儒家伦理甚至是佛教的戒律来改造道教的仪轨制度和戒律，著名的便是由上清派、灵宝派、新天师道等教派制定的“五戒”“八戒”“十戒”和其他戒律，如“不得叛逆君王”“不得违戾父母师长”“不得杀生屠害”“不得毁谤道法”等。传世至今的戒律主要有五斗米道的《老子想尔注》，上清、灵宝派的《思微定志经十戒》《说十戒》，以及新天师道的《老君说一百八十戒》等。尽管道教戒律在社会中的影响大不如儒佛的相关制度，但道教戒律在内部所起到的作用和影响还是非常大的。

早在东汉末年，五斗米道与太平道创立时期，此时期的道教已出现以神谕或遣告方式对人们思想与行为进行制约的条文规范，如太平道的《太平经》，其中便有“不孝不可久生戒”“贪财色灾及胞中戒”等条规，可谓道教戒律的萌芽。三张初创五斗米道时，曾制定了“诚信不欺诈，有病自首其过”的条例，“又依《月令》”，制定“春夏禁杀又禁酒”[1]的规定，称为科律，或可视为最初的教戒。后来，五斗米道的《老子想尔注》则直接提出了“道戒”的概念并要求信众必须遵守，如说：“一散形为气，聚形为太上老君，常治昆仑，或言虚无，或言自然，或言无名，皆同一耳。今布道戒教人，守戒不违，即为守一矣；不行其戒，即为失一也”；还说：“人不行戒守道，道去则死。”[2]将守“道戒”与道教修炼的最高境界“守一”密切结合起来，认为守“道戒”便是“守一”，也即存守和存思“道戒”，人可长生不死；如果违反了这些规章制度，便会受到神灵的处罚，“道”也会离他而去，人便不复在此世界上生存。它从本体的高度指出了道戒的重要性。可以说，此时的道戒虽处于初期制定和萌芽中，但在道教团体内部，对于教

[1]《三国志》卷 8《张鲁传》，中华书局 1999 年版，第 263 页。

[2]《老子道德经想尔注》，见《藏外道书》第 21 册，巴蜀书社 1994 年版，第 273—285 页。

徒信众思想行为的制约，已有一套严谨的考核与处理方式。此后，道教经过魏晋南北朝时期的发展和多次改革，教团组织已由原始民间宗教逐渐上层化而成为具有哲学化、思辨化特色的神仙道教。其间经过东晋葛洪建立以道教养生为里，以儒家追求外王事业为表的修道体系，至南北朝时期的寇谦之与陆修静的改造成功，使原始道教发展成以神仙信仰为中心的哲学化新道教。这时的道教思想家们着力拓展的事业便是借鉴一切可以采用的资料，构建并完善道教的教理教义、规章制度、斋醮科仪和仪轨戒律。既然社会大环境如此，各家各派的戒律便如雨后春笋般生发出来，具体的条文也更具有实践性和可操作性，如三国魏时已有《正一法文天师教戒科经》之类的初期戒本。另外，《抱朴子》内篇中有“览诸道戒”的记载[1]，说明此时的道戒已成为道教中人人皆知的规章典范。

南北朝时期，道教戒律不仅在道教内部而且在整个社会中都有一定的影响。此时出现了一批以寇谦之、陆修静为代表的道教改革家，他们主要通过撰写新的道教经典，对旧教派改头换面，借鉴儒佛在社会控制中的经验等方式发展新道教。如寇谦之撰写了《云中音诵新科之戒》，陆修静撰写了《道门科略》，要求门下道士认真信守与遵行。现存《道藏》在其洞真部戒律类所收《太真玉帝四极明科经》《太微灵书紫文仙忌真记上经》，以及正一部所收《上清洞真智慧观身大戒文》等，皆属南北朝时期上清派戒律经典；灵宝派的戒律如《上品十戒》《十善因缘上戒》《十四戒持身之品》等，这些道戒以老庄哲学思想为终极价值根基，创设了较为完备的神仙体系和修道系统，吸纳融合了社会中大多数人所认可的传统伦理和道德信条，并与佛教和儒家思想相结合，在魏晋南北朝时期这样一个道体失落的年代，在伦理道德重建与社会秩序稳定的重构中，无疑具有重要的作用与深远的影响。而伦理道德与社会秩序重构的核心内容则是对礼法的重视和采纳。无论是儒、佛还是道，都需如此。因此，此时的道教戒律把礼仪制度放在首位，主张忠君孝亲，借鉴至少是不回避儒家思想，并因此而被当政者所

---

[1] 王明:《抱朴子内篇校释》卷 6《微旨》，中华书局 1985 年版，第 126 页。

嘉许。道教学者也被奉为“国师”，其佐国辅道之政见自此成为道教学者所尊奉的信条。

道教仪轨与戒律主要体现出以下特点：

首先，重视对个人伦理道德的培养。面对人类社会的种种现实情状，道教学者在布道时分门别类对各种规范作出条分缕析，如“葺理义井、沟渠、修填道路，扶羸护弱，施恩济惠孤贫”[1]，又如“劝诸男女孝养父母，恭敬亲疏，抚弱接强，爱下安上，见世受报，子侄贤良”[2]等，形成了道教独具特色的伦理思想，并进一步转化为道德行为规范，以规正教众的行为。

在对待整个社会和王权的态度上，道教学者也认为王权至上、家国一体。指出：“劝助国王父母，子民忠孝，令人世多嗣，男女贤儒，不经诸苦。”[3]认为在现实社会生活中，子孙应对父母孝顺、对君主忠诚，让这个社会安乐太平，人人享福，不受苦难。“初真十戒”是信道者必须遵守的，是修道的起点，其第九戒要求信教者“不得不忠不孝，不仁不信，当尽节君亲，推诚万物”，这似乎是借鉴了思孟学派“天道之诚”的观点，将对社会之人伦物用、忠孝节义、仁义礼智信等都放到对亲人、对君主的赤诚之心上，显然与儒家的忠恕之道、推己及人等具有高度的一致性。

其次，对生命和居住环境的珍视。道教的修炼宗旨是成仙得道，神仙的生活在道教学者看来，便是生命的最佳境界，是现实生活的极大升华。所以，道教学者不仅向往神仙生活，更注重现世的生活质量，这就决定了他们对社会人生各方面的考量，诸如现世的养生、生活环境的改善等，而这些又需要整个社会中全体人员的共同努力，需要人与人、人与社会的平衡与和谐，同时也需要规范的制定。南朝时的《三天内解经》说：“真道好生而恶杀。长生者，道也；死坏者，非道也。死王乃不如生鼠。故圣人教

[1]《赤松子中戒经》，见《道藏》第3册，文物出版社等三家出版社1988年联合出版，第447页。

[2]《太上洞玄灵宝上品戒经》，见《道藏》第6册，文物出版社等三家出版社1988年联合出版，第867页。

[3]《太上洞真智慧上品大戒·智慧十善劝助上品大戒》，见《道藏》第3册，文物出版社等三家出版社1988年联合出版，第393页。

化使民慈心于众生，生可贵也。”[1] 道教的主旨“道”便是“自然”，一如老子之“道法自然”，而自然的本质则在于生命的产生与长久性。从这一角度看，“道”就是生命的哲学性思辨与抽象，在现实世界中的彰显则是人人平等，人与物、与自然的合一，即庄子所谓的“天地与我并生，而万物与我齐一”[2]。由于宇宙万象与人一样，都是由“道”化生而来，所以，道教所讲的现世的生命并不单纯指人，各种各样的生命体都是“道”的全副朗现，一切生命都是平等的。正如唐代青溪道士孟安排所述：“一切含识乃至畜生、果木、石者，皆有道性。”[3] 这一观点不仅对当时乃至现在生态平衡、注重人与自然的和谐发展都有重大的启迪意义。

第三，对国家、政治提出自己独到的观点和见解。道教虽以“道”为世界的本源，追求长生和自然，但人毕竟是社会中的人，道教要关注人的本质与特性，就必须关心社会、关注政治和国家的方方面面。正如王明先生的观点：“道教的内容，杂而多端，牵涉的问题很广。我觉得有两方面的问题，首先值得特别注意。一是道教与政治思想的关系。”[4] 道教创立伊始，便以治病救人、为天下百姓谋福利作为自己的立教宗旨，如道教早期经典《太平经》曰：“普传于天下，授有德之君，致太平，不但疾愈，兼而度世。”[5] 针对汉代后期宦官专政、民不聊生的社会状况，《太平经》在信仰和治国方略层面提出了一些颇有价值的建议，如无为而治、选贤使能、省刑爱人等。[6] 魏晋之后，随着道教的改革，对社会人生的关注开始有新变化：追求“内以治身，外以治国”，无论是《抱朴子·内篇》《阴符经》，还是唐末道士谭峭的《化书》，其中都有大量的相关内容。

2. 儒家伦理的发展及其特点

[1]《道藏》第 28 册，文物出版社等三家出版社 1988 年联合出版，第 416 页。

[2]《庄子·齐物论》。

[3]《道藏》第 24 册，文物出版社等三家出版社 1988 年联合出版，第 832 页。

[4] 王明：《道家与传统文化研究·自序》，中国社会科学出版社 1995 年版，第 8 页。

[5] 王明：《太平经合校》，中华书局 1960 年版，第 744 页。

[6] 李养正：《从〈太平经〉看太平道的社会政治思想》，《道协会刊》1984 年第 13 期。

儒家伦理在中国思想史上起源颇早，学界公认应源于周公所创立的“敬德保民”思想和礼乐制度。春秋时代，孔子在汲取周公等人思想精髓的前提下，提出“仁”的观点，作为改变社会秩序的最高道德原则，以“爱人”为主要表现形式，以礼为仁的外在制约条件来重建社会秩序，试图在社会中实现人心规范与社会秩序的双赢，从而恢复周礼所描述的美好社会形态。而这一过程，从现代的角度分析，孔子的做法无疑是把道德理念深入个人内心，并和修身联系起来，强调道德的自觉性，让实践主体“仁礼合一”，进而推展出去，在全社会范围内形成规模效应，从而形成社会大治的效果。孔子和早期儒家将个人与社会、家国与天下联系起来，奠定了中国古代社会伦理政治的理论雏形。此后《大学》确立“三纲领”和“八条目”，提出“絜矩之道”“修齐治平”的观点；《中庸》提出“五达道”和“三达德”，认为人的本性是善、是诚，“诚”便是天之本体，即“天命之谓性”，所以人人“诚之”，天下太平。到战国中期，孟子将重点转向人的内在心性，把道德的抉择完全交由道德主体来完成，企图以主体自我的良心发现、“反身而诚”，而使自己的“善端”萌发，成为完整无缺的道德完满之人。既然每个人都可以如此，那么社会秩序自然不会错。但此想法毕竟“迂远而阔于事情”，可以作为理论出现，却难以在现实社会中奏效。故而儒家学说的另一派产生了，荀子提出“性恶论”的相反观点，更加注重礼仪制度的现实功用，为大一统政治作了铺垫，直到他死后十几年，秦始皇以战争的方式完成了国家一统。但秦王朝“以吏为师”的残暴统治和高压政策不但没有带来社会的安定、人民的幸福，却迅速葬送了他们苦战几十年的广袤疆土。这一历史教训不仅让后来的封建统治者引以为戒，也廓清了一个事实，即强权暴力不能构建安定团结的政治局面。如何长期有效地维持社会秩序，还是一个有待认真探索的问题。

贾谊的《过秦论》总结了秦朝短命的教训，使汉代统治者开始重新认识儒家政治伦理思想的巨大社会价值。汉武帝时期，西汉社会经济得到恢复，国力日渐增强，政权的高度集中统一摆上台面。董仲舒顺应时事的发展，适时提出了“罢黜百家，独尊儒术”，并将儒家思想概括出“三纲”作为政治伦理和家族伦理的基本原则，以“五常”作为社会伦理的基本范畴，形成了这一时期儒家伦理道德的基本体系，进一步丰富和完善了儒家传统道德规范，确立了中国封建社会伦理型政治模式，使儒家伦理思想登上了政治舞台，进入了操作和运用层面。

魏晋时期，社会动荡不安，政治腐朽堕落，名教所言的道德之名与现实社会中的道德之实严重脱离，道德失范现象严重，从而滋生了玄学。魏晋时期，名士们旷达风流，矜高浮诞，“承老、庄之余韵，弃儒家之礼度”[1]，一时玄风兴起，形成了儒道初步结合的玄学思潮，出现了儒家伦理的时代转向与变迁。直到隋朝建立，这一时代放荡的风气才有了转变，但儒学的式微也在所难免。

综合分析，儒家伦理具有自身鲜明的特点：

首先，儒家伦理是一种“为己之学”，重视对道德人格的培养。杜维明先生说：“儒学是身心之学，讲身和讲心；是性命之学，讲人性和讲天命；是圣人之学，讲怎么样学圣人。”[2]无论是孔子的“仁者爱人”、孟子的“四端之心”，还是后来董仲舒的“三纲五常”，具体的表现形式虽不同，但在本质上都是儒家学者他律或自律的要求。

其次，儒学伦理又是一种伦理政治学说。孔孟倡导的一系列治国理念，奠定了整个儒家伦理与政治合一的价值基础。无论是“三纲八目”还是“三纲五常”，都强调忠孝合一，以民为本；德刑相辅，德治为本。目的都在于“明明德、亲民和止于至善”，达到善治。

最后，儒家伦理还是一种天人之学，以“仁”为价值根基，并将之视为宇宙万物的本原和处理人与人、人与自然关系的最高原则和规范。儒家的“天人合一”，重视人与自然的关系，认为人与自然是相互依存、不可分割的，无论是孟子的“尽心、知性、知天”，董仲舒的“人副天数”说，还是魏晋玄学的“名教自然”之辩，都体现了儒家伦理天人一体的和谐特色。

---

[1] 张海燕：《论魏晋玄学的名教思想》，《孔子研究》1988 年第 4 期。

[2] 杜维明：《文化中国与儒家传统》，新加坡国立大学出版社 1996 年版。

### 3. 儒家伦理与道教戒律之异同

儒家自创立以来便是内圣外王之学。无论是孔子以“仁爱”为本的道义原则，还是孟子“反身而诚”的内省之学，他们都是以治国平天下作为学术的最终目标。所以，两汉以来，先秦诸子百家的思想没有继续以原来的方式得到发展，根本原因在于不能适应社会的发展。而儒学之所以能在孔子之后继续发展并为董仲舒所改进而成为两汉时期的官方意识形态，并长期居于主导地位，这正是儒学理论在治理社会与民众教化中的魅力，也是历史的必然选择。

关于儒家的社会治理与民众教化，大致来说有两个层面：第一个层面是“内圣”，也即修身的层面。对于儒家理想人格——君子来说，一生就是要不断地追求道德的完满，不断地努力，在个人的精神境界上提升，在个人的宏图伟业上积极进取，孜孜不倦，直到生命的终结，这样才算完成了内圣也有可能外王的一生。第二个层面就是“外王”。这是对内圣修身的拓展，也即践行儒家的治国之道。将儒家“外王”的政治理想与专制政体结合，使得儒学彻底政治化了，并被改造成专制政治的工具，形成了封建政体的推行者和执行者的封建官僚和广大民众的忠君为国的价值取向。

对于道教戒律来说，在形成正式的教派之后，制度的需要使得道教也建立了自己的教理教义和规章制度，其中也不乏伦理条规。道教内部对于伦理价值存在两种倾向，一种是鲍敬言本于老庄返璞归真的哲学主张，否定世俗伦理及其价值，认为世俗道德规范不合人类的本质属性，主张摒弃伦理规范，回到原始社会自由自在、无拘无束的生活状态；另一种倾向是始于《太平经》，他们将世俗的社会生活与出世的仙道修炼有机结合起来，逐渐构筑起世俗人伦与修真之间的统一，认可伦理道德在教团组织存在的必要性，将伦理规范与修道的结果紧密联系起来。如《太平经》重视孝亲与长生的联系，认为不孝的子孙是不可能成仙的，故有“不孝不可久生戒”。晋代的葛洪是个外道内儒的学者。他开始深入地研究人伦物用与修道长生的关系。《抱朴子·内篇》说：“为道者以救人危，使免祸，护人疾病，令不枉死，为上功也。欲求仙者，要当以忠孝和顺仁信为本，若德行不修，而但务方术，皆不得长生也。”[1] 又将《易经》的理论奉为治国之道的必备，指出“乾坤定位，上下以形”，“远取诸物，则天尊地卑，以著人伦之体；近取诸身，则元首股肱，以表君臣之序”。[2] 可见他对儒家伦理道德的重视。

为了适应社会发展，特别是为了学术思想能得到统治者的重视，道教组织最终还是选择了支持伦理的一派。《正一法文天师教戒科经》指出：“欲奉道，不可不勤，事师不可不敬，事亲不可不孝，事君不可不忠，仁义不可不行，惠施不可不作。”约出于唐初的《虚皇天尊初真十戒文》之第一戒即为“不得不忠不孝，不仁不信，当尽节君亲，推诚万物”。由以上比较可知，道教戒律虽是一个崭新的概念，但内容上几乎是儒家伦理的翻版，只是加上一些道教的形式而已。

4. 儒家伦理与道教戒律在封建社会并存的必要性

首先，道教戒律的条文规范与儒家伦理、法律制度存在着直接或间接关系。三者所赖以依存的伦理价值观大致相同，都是为了博取统治者的欢心，顺应社会的发展，以人在社会中的生存为立意的起点。而最能体现社会发展趋势、承担社会治理重任的非儒家伦理莫属。因此，道教戒律在创设的最初阶段，就大量参考借鉴了儒家思想，并以此取得与儒家思想的并存，这也是道教学者的聪明、高明之处。

其次，道教戒律对传统儒家伦理“重道德、轻信仰”的社会调节方式有一定补充功能。道教通过冥冥之中的强制力量对人们的思想、行为形成制约，完成了对个人信仰与行为的控制，较好地协调了个体与社会乃至与自然之间的关系，对道德优先、重自律轻他律的儒家伦理调节方式来说是一个重要的补充。可以说，正是两者的相辅相成，成就了几千年中华文明的优秀传统。

最后，道教取得了教内戒律与世俗法规的相互尊重与承认。隋唐之后，几乎历代王朝都设有专门管理道教的官署，制定有管理道教的法律、法规，

---

[1] 王明：《抱朴子内篇校释》卷3《对俗》，中华书局1985年版，第53页。

[2]《抱朴子外篇》卷48《诘鲍》，见《道藏》第28册，文物出版社等三家出版社1988年联合出版，第331页。

并要求道教教徒严格遵守。同时，由于道教戒律有补于治道，世俗政治统治阶级也在一定程度上赋予了道教戒律的合法性地位，使之成为儒家伦理的有效补充。与儒家伦理和国家法律的诸多直接或间接关系，使得道教戒律实际发挥着对社会生活的调节与制约功能。

## （二）两汉、魏晋南北朝时期儒学对道教发展之影响

董仲舒提出“罢黜百家，独尊儒术”后，儒家思想正式登上官方哲学的宝座。儒学转化为制度化、政治化和宗教化层面的儒学，为西汉社会的和谐、政治的稳定发挥了积极作用。可以说，两汉儒学发展的历史过程，便是与政治、宗教、制度等同步进行、互为功用、互诠互显的过程。魏晋南北朝时期，统治者基于士族对门第的要求，进一步拓展儒家礼的教化功能，在整个社会中形成了隆礼重法的风气，进一步与政权和政治体制密切联系。可以说，两汉、魏晋南北朝时期，儒学在官方哲学的地位虽也多有波折，却始终没有失去，并对道教产生了影响。

首先是儒学对道教神仙体系建构的影响。

秦汉时期，“儒生”与“神仙方士”可以互称，其思想也是互涉相通的。两汉时期，儒生与方士分野明显，但儒家思想对道家道教影响很大，如董仲舒天人感应的神学目的论学说和充满神秘色彩的谶纬之学，就是道教神仙思想的重要理论来源。

董仲舒的天人感应的神学目的论学说认为，天人相副，整个宇宙、人类社会是一个充满温情与感应的有机大系统。既然天人相类、相通，人们的祈祷活动便可通天地、泣鬼神。道教的建立者便从此得到理论依据，并将道教的神仙数量和通灵能力无限扩大，形成让社会大众和上层社会都憧憬的神仙境界。道教经典《太平经》中所谈神仙方术，很多都来源于汉代儒家的神秘思潮。据现代学者考证，在《论衡·道虚篇》中，许多得道成仙传说都出自儒书。[1]可见，说道教神仙思想的渊源来自于儒学并非空穴来风。

[1] 丁洪武:《葛洪的汉学倾向——兼论葛洪与玄学的关系》,《宗教学研究》2008 年第 2 期。

其次是儒学对道教哲学思想的影响。

两汉时期，融合了谶纬与天人感应思想的儒学思潮发展到了高峰，然而其中的神秘思潮也让其迅速衰落，终被崇尚名教自然之辨的玄学所取代。特别是社会的动荡、百姓的苦难、政局的变幻和传统禁锢思想的打破，都急需新的社会思想来抚平广大民众受伤的心灵和失意的贵族、士族阶层的创伤。可以说，魏晋时期佛、道二教的壮大发展是历史的必然。

但是，原始道教在教理教义方面对治国和安邦来说也有非常明显的缺陷，对于以儒家礼制为基础的封建统治阶级意识形态和政治权力并不完全服从，往往"幻惑众心，使之不复相顾君臣之礼"[1]，甚至"威倾邦君，势凌有司"[2]，非常不利于社会的发展稳定。正是出于这样一种局面，道教开始了自身改革，大力引进儒学的相关思想和内容，按照"以忠孝和仁顺信为本"[3]的儒家道德理念，对原始道教进行了翻新改造，成为融合儒家学理体系的新道教。

魏晋时期，不得志的儒者逃避世俗，出家入道，便将儒家理念带了进来。葛洪便是其中的杰出代表人物，他虽为道教徒，却儒道双修。他深通儒家经籍，16岁开始读《孝经》《论语》《诗》《易》等儒家经典。[4]据王明先生的研究,《葛洪撰述书目表》共计六十三种九百余卷，大都与儒、道有关，并特别指出《抱朴子·外篇》是葛洪有感于时局动荡、儒学坠地不振之惨状而写作的，其目的在于"欲立言助教，文讨奸违，标退静以抑躁竞之俗，兴儒教以救微言之绝也"[5]。

进入南北朝以后，儒道双修、尊崇儒家礼教的道士人数继续增加，如南朝梁武帝萧梁时有名的"山中宰相"陶弘景即是儒道双修，其有关儒学

[1] 裴松之:《三国志·孙策传注》，中华书局1959年版，第1110页。

[2] 葛洪:《抱朴子·内篇》，中华书局1985年版，第173页。

[3] 葛洪:《抱朴子·内篇》，中华书局1985年版，第53页。

[4]《抱朴子·内篇·自序》。

[5] 葛洪:《抱朴子·外篇》，见《道藏》第28册，文物出版社等三家出版社1988年联合出版，第254页。

方面的著述，据《隋书·经籍志》载，有《毛诗序》一卷、《三礼目录注》一卷、《集注孝经》一卷、《论语集注》十卷等。道教经典中也不乏儒家伦理的出现，寇谦之就将儒家思想中的忠孝、中庸、仁义观念融入道教修炼的法术中；南朝道士陆修静在制定道教仪轨和斋醮仪式的过程中，亦引入了儒家的礼法制度和纲常伦理，并以儒家伦理规范为准绳，建立了一套完整的改革措施[1]。

从以上分析不难看出，儒学在魏晋南北朝时的主导地位仍然得到了很好的保持，玄学、佛教、道教的此消彼长，只是打破了西汉以来的儒学独尊局面，演变为以儒为首，儒、释、道并存的新格局。在南北朝时期，统治者为了自己的利益，或打击或推崇佛道二教，但都是在不损害儒学尊严的前提下进行的。

总之，随着神仙道教的形成，道教和贵族阶层以及儒家学者的联系更为紧密，士大夫、道士很多都是儒道双修的学者，这与当时异族入侵、民族融合、礼学研究之风盛行的社会大背景密切关联。道教学者在发展自身的同时，也不得不承认儒学的博大精深，在朝在野亦多以弘扬儒家礼学和名教为目标。因此，这一时期的儒道互补、兼综，道教的援儒入道，彰显了儒学对道教的影响。

## 二、理学先驱与道教

经过魏晋南北朝时期道教的改革和发展，到隋唐时期，尤其是李唐王朝把老子推尊为自己的先祖，道教已发展成为唐代的国教，在儒佛道三教中处于显赫地位。李唐帝王们不但累次给老子上尊号，把老子提高到几乎无以复加的地位，同时在社会政治生活中也把道家道教思想推崇到相当的高度。玄宗时甚至还开设了道举，通过道家道教知识的考试来选拔人才。统治者的提倡，自身思想体系的进一步完善，加之道教的地位和影响，使

[1] 褚雯:《浅探魏晋南北朝时期儒学对道教的影响及其原因》,《阜阳师范学院学报》2013年第6期。

得儒家学者也不得不多关注道教。在此儒、佛、道三教争衡的氛围下，儒家与道教的关系也更加交织而复杂。

李唐王朝积极奉行崇道政策，唐高祖时，在三教地位排名中列道教为第一；中宗和睿宗复位后更是大修道观，有力地促进了道教的发展；玄宗时，李隆基还亲自为《道德经》作注，《老子》《庄子》等书也列为科举考试明经科的一项内容，士大夫阶层乃至皇室贵族很多人都与道士或有往来，或入道观为道士、女冠。由此可见，道教对唐代政治及士大夫生活都产生了重要影响。但是，由于道教的快速发展，宫观充斥全国各地，造成了大量的人力、物力、财力的浪费，给社会带来了极大的负面效应，因此，当时的一些儒家知识分子如柳宗元、韩愈等，开始对道教的发展及危害进行揭露，但他们本身又不反感道教，故而呈现出一种比较矛盾的态度。

### （一）韩愈、柳宗元对道教的批驳

道教主张通过修炼成仙来摆脱尘世的羁绊，以获得生命的超越。道教的这一思想让现世中不得意的人们对道教神仙境界产生了美好的憧憬与向往，渴望在死后能够成仙，过上自由舒适的生活。韩愈对道教的成仙理论和教化不以为然，对待道教的态度一如他对佛教持贬斥和批判的态度，对道教的世界观、本体论思想体系进行了理论批判。如说："神仙虽然有传说，知者尽知其妄矣。"[1]不但如此，韩愈还认为道教的存在给人们的生活带来了不切实际的幻想，更加深了世俗大众生活的苦难。他说："古之为民者四，今之为民者六"，这多出来的"二"，指的就是佛教徒和道教徒人数的增多，已形成群体；又说："古之教者处其一，今之教者处其三"，指的就是佛道二教，而结果是"农之家一，而食粟之家六；工之家一，而用器之家六；贾之家一，而资焉之家六"[2]。在现实中，由于佛寺和道观占有大量良田和地产，且佛教徒和道教徒不事生产，消耗民财，大大增加了人民的负担，所以引

[1]《韩愈全集》，上海古籍出版社 1997 年版，第 66 页。

[2] 韩愈著，阎琦校注：《韩昌黎文集注释》上册，三秦出版社 2004 年版，第 17 页。

发了严重的社会危机。故而韩愈对道教的批判，具有积极的现实意义。

柳宗元围绕道教长生不死的观念与辟谷服气、丹药方术的行为，对道教和道教徒进行了反对和批评。他指出："黄帝等下及列仙、方士皆死。"[1]柳宗元认为，道教的长生、成仙思想都是骗人的把戏，长生是利用人们希望健康长寿的心理而编造出来的邪说。无论上自黄帝，下及列仙，还是游仙方士，都是会死去的。他以好朋友李幼清为例，说李幼清"由服气以来，貌加老，而心少欢愉，不若前去年时"[2]。不仅没有延年益寿，反而心力交瘁，容貌衰老。他还举例说：一个叫李位的人"尝合汞、硫黄、丹砂为紫丹，能入火不动，以为神，服之且十年。然卒以是病，暴下赤黑，数日薨"[3]。不但没有长生，而且还中毒死亡。所以，柳宗元举例说明道教的辟谷养生、炼丹服药，不仅不利于长寿，反而会缩短人的寿命。

在柳宗元看来，人的生命价值不在于活得时间长短，而是为社会作出多少贡献。如果人的一生碌碌无为，活着并没有意义；若一个人的生命虽短暂，但能为社会做一些事情，在社会中的影响就是长久的，这就是儒家的长寿观。他曾经这样评价道教的养生术："今丈人乃盛誉山泽之月罄者，以为寿且神，其道若与尧、舜、孔子似不相类，何哉？又乃曰饵药可以久寿，将分以见与，固小子之所不欲得也，尝以君子之道，处焉则外愚而内益智，外讷而内益辩，外柔而内益刚；出焉则外内若一，而时动以取其宜当，而生人之性得以安，圣人之道得以光。获是而中，虽不至耆老，其道寿矣。"[4]柳宗元认为，儒家君子之道的宗旨，是应该有所追求，虽然外表愚笨，内心却智慧通达，对人、对事都能做到恰如其分，并以治国平天下作为自己的人生目标和社会准则，始终不渝。实现了这样的抱负，则功在当时，名垂后世，即使短命，虽死犹生。他用这种人生观和价值观批评道教的长生不死、辟谷服气和丹药方术等行为，具有积极的时代意义。

---

[1]《柳宗元集》第3册，中华书局1979年版，第842页。

[2]《柳宗元集》第3册，中华书局1979年版，第842页。

[3]《柳宗元集》第1册，中华书局1979年版，第247页。

[4]《柳宗元集》第3册，中华书局1979年版，第840页。

## (二)韩愈、柳宗元等对道教的赞同态度

韩愈、柳宗元等对道教的批判，是从儒家正统的立场出发所做出的维护封建统治和中央集权的努力。但对于身处中唐、生活在佛老弥漫氛围中的韩愈和柳宗元来说，他们个人似乎并不反对道教的存在，从他们的诗文中，我们随处可见道教的影响，折射出中唐时期儒道冲突与交融的时代特点。

韩愈所处的时代，道教文化仍有巨大的社会影响。就韩愈本人来讲，他也与道士有一定的交往，这可从其作品如《答道士寄树鸡》《饮城南道边古墓上逢中丞过赠礼部卫员外少室张道士》《送张道士序》《送廖道士序》等看出来。可以说，韩愈对道教的负面影响始终是自觉抵制的，但对才华出众、讲求道义的道士，却有着让我们现代人难以感受到的情感认同，这说明韩愈对道教并非要一棍子打死，他对道教的批判在于它的负价值，即对经济社会发展的阻碍。

柳宗元在反对道教妄求长生成仙思想的同时，对道教徒淡泊功名利禄、与世无争的人生态度和人生理想则是持肯认态度的。他认为，道教中符合儒家伦理规范、有益世道人心的言论是有其可取之处的。他在《东明张先生墓志》中说："匪禄而康，非爵而荣。漠焉以虚，充焉以盈。言而不为华，光而不为名。介沽而周流，苞涵而清宁。幽观其形，与化相冥。寂寞以成其道，是以勿婴。世皆狂狂，奔利死名。我独浩浩，端一以生。"[1]柳宗元对张先生与世无争的人生态度给予了充分肯定，并高度赞扬了张先生友悌慈爱的高洁品行。

可以说，生活于中唐时期的文士阶层面临社会和人生两大难题，他们必须通过自我和社会的双重超越，才能使他们的心灵重新达到平衡。维护王朝的统治是他们作为臣子应尽的责任，必须为解决现实矛盾而奋斗。因此，他们在思想上积极探索重建精神家园的理论，站在中唐时期危机四伏

[1]《柳宗元集》第1册，中华书局1979年版，第283页。

的社会现实面前，目睹国势衰微，在儒佛道三教并存并进、相斥相融的文化格局中，看到维护儒学的必要性。于是，他们试图重建儒学理论体系，弘扬儒家之“道”，从而在思想的层面上来维护和巩固王朝的集权统治，为解决中唐时期的现实问题提供思想理论上的参考方案。针对佛教、道教对当时社会政治、伦理和经济的负面影响，他们态度坚决地反对佛教、道教，具有重要的政治意义。虽然他们种种努力的实际效果并不是很明显，但是其意义重大、影响深远，尤其是为宋明理学的产生与发展提供了一种致思方向，体现了中国传统文化在形成与发展过程中逻辑演变的内在规律，即各派文化从相互排斥、相互对立到相互交融、相互渗透的历史演变过程。而他们本人由于生活在道教鼎盛且被立为国教的唐代，道教对他们思想体系的影响则是不可避免的。

作为唐代著名的反佛道勇士，韩愈的人生际遇却是令人悲叹的。韩愈因上书反对迎佛，惹宪宗大怒，遭贬潮州刺史，情绪低落到极点，他作《祭湘君夫人文》记述了其经历：“惧以谴死，且虞海山之波雾瘴毒为灾以殒其命。舟次祠下，是用有祷于神。神享其衷，赐以吉卜。”[1] 即使韩愈是比较优秀的儒家学者，但此生活困苦、无所依靠的情状之下难免有人生落寞的想法，偶然萌发祭祀鬼神的想法也并不奇怪，可祭拜的结果出乎韩愈自己的预料，祷拜而获吉卜，生活在烟瘴之地的潮州，不仅未“殒其命”，而且一年后又被召回京。怀有强烈生命意识的韩愈，在经历了反佛失败又被神灵庇护的奇遇之后，他对现实社会产生了失望的情绪，渴望冥冥之中的正义安顿自己拳拳为国却备受打击的心灵。一方面，他传承着儒家的济世情怀而汲汲入世，试图通过自己的努力为国家的安定作出一点贡献；另一方面，现实的境遇和无情打击又让他产生了隐退的想法，可以说流放之后，韩愈在心态上是悲苦而又矛盾的，对死亡的恐惧和对未来的不确定感，让他寄情于本土的道教，试图从中获得一点人生的慰藉。

---

[1] 韩愈著，阎琦校注：《韩昌黎文集注释》上册，三秦出版社 2004 年版，第 324 页。

## 第二节　儒学的佛学化与佛学的儒学化

佛教传入中土之后，首先面临的一个问题便是如何在中国大地上传播，如何获得社会中大多数人的认可，获得官方的扶持，佛教思想与文化应该以怎样的方式深入人心等。佛教思想家与学者经过几个朝代的摸索，终于完成了佛教融入中国社会与中国化的历程，包括魏晋时期通过“格义”的方式达到佛学与儒学融会的目的，佛教对儒学大量伦理意蕴的汲取以及隋唐时期佛教的中国化等几个阶段。

### 一、魏晋时期佛学与儒学的初步融会

东汉永平年间，印度佛经传入汉地。传入时西域僧人或印度来华僧人将梵文译成汉文，以便流传。但是，由于中国和印度文明属于两个不同质的文明，所以如果只是简单地把印度佛典中的伦理内容按原文译出，就难免和中国固有文化有不相容的现象，从而不利于佛教在汉地的传播和发展。为了便于汉地人对佛经的接受和理解，译经家们发明了一种叫做“格义”的译法，主要是以中国传统思想比拟、配合佛教义理，以儒道各家固有的术语或命题解释佛教的特殊概念或命题，以便使以儒道为文化背景的人们易于了解、理解、接受佛教的思想内容。之所以选取“格义”方法，主要是为了弥合中印文化差异所造成的对佛教思想理解上的困难，故而采取以儒道思想比附的方式，将佛教的某些概念儒道化，从而易于人们理解与接受。

从严格意义上讲，“格义”之法兴起于西晋时期，这一时期也是印度佛教经典在汉地翻译的最盛时期。西晋佛学大师佛图澄在解说佛学时，主要

运用了“格义”之法，据《高僧传》卷三记载，佛图澄“诵经数百万言，善解文义，虽未续此土儒史，而与诸学士论辩疑滞，皆暗若符契，无能屈者”。不但如此，他还“妙解深经，傍通世论”，皆能妙达精理，研渊幽微。显然，佛图澄在运用道术解佛的同时，还增引了儒学思想以释佛。

佛教传入中国的同时，土生土长的道教也逐渐形成，道士通过治病、禳灾等最为接地气的传道方式，来吸引信徒群众，取得了良好效果。这一方式简单便捷，易于接受，所以对佛教徒传道亦产生了较大影响。如高僧安世高博学多识，“针脉诸术，观色治病，鸟兽鸣啼，无音不照”[1]；康僧罗“善学四韦陀，风云星宿，图谶道变，莫不该综”[2]。他们在传播佛教的过程中，积极吸收道教徒传道的方式，也收到了一定成效。这在一定程度上说明了“格义”方法的影响。“格义”之法主要是在佛典翻译时所用，如汉魏时期的安世高、支娄迦谶、支谦、法护等，都是用“格义”方法翻译佛教的著名翻译家。安世高在翻译佛教经典时，常以“五行”比附佛教的“五蕴”。佛教的“五蕴”包括色、受、想、行、识等构成人和万物的五种东西，其根本点在“空”；而“五行”指的是金、木、水、火、土等五种构成万物的具体元素，其根本点在“实”。但在佛经的翻译中，很难在中国哲学概念中找出与此完全对应的词语，于是便用相似的“五行”来对应“五蕴”，这样就有利于中国信众的理解与接受。

与安世高同时至中国的另一翻译大师支娄迦谶，他在翻译时多采用道家的“无”。如其翻译的《般若道行经》，就以“本无”比附佛教的“真如”。支谦改译支谶所译的《般若波罗密经》为《大明度无极经》，也借取《老子》的“知常曰明”一句，把“般若”译为“大明”，可见道家对佛经翻译的影响。

三国时的康僧会对儒家和佛教经典都很精通，他借用儒家思想来解释佛教教义，在佛经的翻译过程中体现了明显的儒家色彩。如康僧会在翻译佛经时，把“无我”译为“非身”，以灵魂不灭来解释佛学，说：“夫有必空，

---

[1]《安般守意经序》，见《出三藏记集》卷 6，中华书局 1995 年版。

[2]《昙柯逝罗传》，见《高僧传》卷 1，陕西人民出版社 2010 年版。

犹若两木相钻生火，火还烧木，火木俱尽，二事皆空。”并认为“往古先王、宫殿、臣民，今者磨灭，不睹所至，斯亦空也”。[1]尽管翻译的结果违背了其原意，却简便地解决了佛学理论中的这一矛盾。

在佛学进入中国的最初阶段，特别是在佛教经典的翻译过程中，只能把佛学概念与中国固有的道、儒学术概念相比附，使得晦涩的佛经意旨能够被一种中国式的文化方式所替代和表达，这样才易于被人们吸纳接受，才有利于佛教在汉地生根发展。自西晋至南北朝，主要是佛教翻译时期，佛教的影响也多在社会的上层。而上层玄风的风靡，也使得当时名士在佛教上主要表现为对佛教义理的探求和阐释，对人们生活的影响主要体现在学理的辩论上，所以时人多注重佛教的理论，而少有抱其信仰而入庙进寺的。魏晋玄学是中国思想史上儒道思想的第一次合流，之所以称为玄学，主要是由于这一思潮以老庄思想和儒家的易经思想相融合而成，先后出现了三大流派，即何晏、王弼等主张的“贵无”论，裴頠一派的“崇有”论，向秀、郭象等提出的“独化”论。这些流派构成了魏晋玄学的主要思想倾向。印度大乘佛教思想的核心是阐发万物的空有和人生的意义问题，这与魏晋玄学的思想非常相近，且两者有着共同关心的主题，所以僧人名士交游频繁，如东晋孙绰作《道贤论》，以七名僧与玄学家竹林七贤相比拟；僧人支孝龙与名士阮瞻、庾凯的密切交游等。名士据玄学谈论佛理，名僧也以佛理发挥玄学，如道安借助中国传统文化思想和老庄玄学语言概念以解释和发挥佛教教义；名僧支遁提出“即色游玄”说，在人生观上主张逍遥自得，与玄学家郭象的“独化于玄冥之境”相近似。道安的弟子慧远讲解经论时常引用《庄子》等书来触类旁通，说明事理，从而形成魏晋时期佛玄合流的思潮，这也是“格义”方法发挥作用的结果。

佛经翻译家运用“格义”方法翻译解析佛教经典，在繁荣佛经翻译事业的同时，也在一定程度上增强了人们对外来佛教的文化心理认同，这对于佛教在中国的生存和发展都有着深刻的意义和深远的历史影响。

---

[1]《布施度无极章》，见《出三藏记集》卷6，中华书局1995年版。

除采用格义之法翻译佛经以宣传佛教外，两晋以降的佛教学者为了迎合世俗伦理重孝思想，使佛教得到广泛传播，还大量造作了重孝的经书，多达 209 部之多[1]。如其中的《佛说父母恩难报经》说："父母于子，有大增益，乳哺长养，随时将育，四大得成，右肩负父，左肩负母，经历千年，正使便利背上，然无有怨心于父母，此子犹不足报父母恩。若父母无信，教令信，获安隐处。无戒，与戒教授，获安隐处。不闻，使闻教授，获安隐处；悭贪，教令好施，劝乐教授，获安稳处；无智慧，教令黠慧，劝乐教授，获安稳处。如是信如来至真等正觉明行成为善逝世间解无上士道法御天人师号佛世尊。教信法教授，获安隐处。诸法甚深，现身获果。"[2] 在这里，"报恩"思想成为佛教孝亲观的出发点和根基。《大方便佛报恩经》集录本生、因缘故事 20 多则，主要宣扬父母恩重，应报父母养生之恩。《佛说孝子经》记述了佛与弟子讨论关于孝行的问题。如"世尊曰：'子之养亲，甘露百味以恣其口，天乐众音以娱其耳，名衣上服光耀其身，两肩荷负周流四海，讫子年命以赛养恩，可谓孝乎？'诸沙门曰：'惟孝之大莫尚乎兹。'世尊告曰：'未为孝矣！若亲顽闇，不奉三尊；凶虐残戾，滥窃非理；淫外色，伪辞非道；耽湎荒乱，违背正真。凶孽若斯，子当极谏，以启悟之……'佛告诸沙门：'睹世无孝，唯斯为孝耳，能令亲去恶为善，奉持五戒，执三自归，朝奉而暮终者，恩重于亲乳哺之养、无量之惠。若不能以三尊之至化其亲者，虽为孝养，犹为不孝。'"[3] 认为仅仅赡养父母、孝敬父母是不够的，还应积极主动劝父母去恶为善、皈依三宝，这才是真正的孝行。《佛说盂兰盆经》是佛教融合儒家孝道伦理的产物，该经记述了佛祖大弟子目连救母的故事，体现了传统孝道战胜佛教轮回报应的精神，对中国古代社会产生了深远影响。

以上这些疑伪经尽管是将印度佛典按照编撰者的意图进行剪裁、删改或撰述，但其确实对于佛教的发展和传播产生了很大影响。疑伪经不但通过塑造诸多极为生动和感人的孝亲故事和孝子典型，促进了儒佛的进一步

---

[1]（隋）彦琮:《众经目录》卷 4，见《大正藏》第 55 册，台湾新文丰出版有限公司 1996 年版。

[2]《佛说父母恩难报经》，见《大正藏》第 16 册，台湾新文丰出版有限公司 1996 年版。

[3]《佛说孝子经》，见《大正藏》第 16 册，台湾新文丰出版有限公司 1996 年版。

融合，而且通过积极吸收儒家忠孝理论，增强了中土佛教本身的伦理教化功能，对扩大佛教的传播发挥了积极作用。

## 二、隋唐儒佛关系与儒学发展特点

儒学从先秦元典儒学发展到两汉时期占统治地位的官方儒学，经历了由理论发展到实践操作的过程。但到魏晋时期，由于和道教思想结合而产生的玄学以及这一时期名教的衰朽，逐渐使儒学走向了衰落，尤其是佛道对儒学的冲击尤大。随着中国封建社会步入隋唐时代，这一时期经济空前繁荣，文化高度发展，国力极为强盛，特别是大唐的开放意识不仅使唐帝国与许多国家建立了友好往来的关系，而且在国内意识形态上也表现出了宽宏的气度。

儒佛道三教既相互对立排斥，又相互影响融合，这是隋唐时期思想文化领域的一个突出特点。唐代中期后逐渐形成了如天台宗、华严宗、禅宗等八个中国化佛教宗派，特别是唐中后期禅宗的迅速崛起，使得中国佛教发生了根本性转变，变得更为适合在汉地的生根和传播。但从总体上讲，隋唐时期尽管三教并举，但基本上仍是以儒学在政治思想领域中的影响为主，但经过汉魏南北朝时期的发展，儒学处于日渐衰微的状态，特别是其理论思辨性的不足，使儒学的影响日益减弱，从而丧失了思想理论上原有的强大号召力。如何振兴儒学，成为当时士人无法回避的时代课题。

在唐代，由于封建统治结构的重新编制，科举制度成为国家取士的重要手段和有效方式，许多士子即使交游佛道，也从未放弃习读儒经以应对科举考试，因为这毕竟是跻身官场、实现自己人生价值和理想的桥梁。唐初统治者鉴于佛道的快速发展，也认识到思想意识形态的统一对于唐王朝大一统政治的重要性，所以积极总结和吸取历史上统治者耽于佛道的教训。如贞观二年，唐太宗曾对侍臣说："古人云'君犹器也，人犹水也，方圆在于器，不在于水。'故尧、舜率天下以仁，而人从之；桀、纣率天下以暴，而人从之。下之所行，皆从上之所好。至如梁武帝父子志尚浮华，惟好释氏、老氏之教。武帝末年，频幸同泰寺，亲讲佛经。百僚皆大冠高履、乘车扈从，终日谈论苦空，未尝以军国典章为意，及侯景率兵向阙，尚书郎以下，多不解乘马，狼狈步走，死者相继于道路。武帝及简文卒被侯景幽逼而死。孝元帝在于江陵，为万纽于谨所围，帝犹讲《老子》不辍，百寮皆戎服以听……此事亦足为鉴戒。"[1]朝中的士大夫也认识到了佛教危害，主张国家废佛，如太史令傅奕于武德七年上书说："佛在西域，言妖路远，汉译胡书，恣其假托。故不忠不孝，削发而揖君亲；游手游食，易服以逃租赋。演其妖书，述其邪法，伪启三途，谬张六道，恐吓愚夫，诈欺庸品。凡百黎庶，通识者稀，不察根源，信其矫诈。乃追既往之罪，虚规将来之福。布施一钱，希万倍之报；持斋一日，冀百日之粮……窃人主之权，擅造化之力，其为害政，良可悲矣。"[2]尖锐指出了佛教给社会带来的种种问题和严重危害，因此傅奕上书高祖李渊对佛教进行打击。但是，即使有反佛的呼声，由于佛教自身的生命力，佛教在唐代发展还是不可阻挡地达到了高峰。

至于土生土长的道教，由于李唐统治者认老子为祖，所以，也承认了道教在国家政治生活中的重要地位，道教亦取得了较大发展。

但是，历史是一面镜子，可以镜鉴兴亡。鉴于魏晋南北朝时期社会的动荡以及隋王朝的很快覆灭，唐初统治者认识到儒学更有补于治道，儒学开始受到统治阶级的重视。如贞观二年唐太宗说："朕所好者，惟尧舜周孔之道。以为如鸟有翼，如鱼有水。失之则死，不可暂无耳。"[3]认为尧舜周孔之道的敬天法祖等伦理道德教化思想利于封建统治，无论如何不能放弃儒学，因此太宗即位后，积极设置孔子庙堂，增筑学舍，还亲自到国子监听课，并明确规定科举以《五经正义》取士。到玄宗时，还追封孔子为文宣王，以提高儒学地位。尽管如此，儒学的发展与佛道相比，仍没有特别明显的优势，依然是在佛道的夹缝中求生存。安史之乱后，国家政权对思想的钳制大大减弱，经学开始解冻。这一时期的儒家知识分子如啖助、赵匡、

---

[1]《贞观政要》卷 6《论慎所好》，上海古籍出版社 1978 年版。

[2]《新唐书 · 傅奕传》，中华书局 1975 年版（全二十册本）。

[3]《资治通鉴》卷 192，中华书局 1976 年版（全二十册本）。

陆质等人，开始突破传统的经学见解，进行自由解经。韩愈、柳宗元等人在解经方面也都突破传统的经疏传注方式，为其创立新说进行铺垫。同时，以韩愈为代表的古文运动家还大力提倡道统论，指出儒家之道是天地之常道，为治国生民之根本。还特别转向《大学》的“将有为”思想以突出儒家的经世品格。李翱则完全以性情问题为中心，将儒学理论重心向心性论方向转移。这些都为以后儒学的复兴埋下了思想伏笔。

总的来说，隋唐时期佛道的兴盛，一方面冲击了传统儒学，特别是在价值观和思维方式方面影响很大；另一方面也对儒学起到了积极的助益作用，使得儒家学者认识到传统儒学存在的不足和发展的缺陷，积极启发了志在复兴儒学的士人知识分子。由于社会环境使然，唐代的士人大都与佛教有密切的过往和联系，在思想和行为上难免烙上佛学的印痕。虽然在儒学内部也有韩愈等人的排斥佛教，但当时更多的儒家士人主张以儒为主，“统合儒释”，进行儒佛道三教融合。无论是反佛，还是统合儒释，唐代三教合流的趋势已不容逆转，也正是三教的合流为日渐衰微的儒学注入了新鲜血液，并开始悄然改变儒学理论的内部结构。

## 三、理学先驱与佛教

在唐代，由于佛教得到统治者的重视，且佛教教义也很好地契合了当时时代发展和人们的心态，因而佛教的发展传播迅速，皈依佛教的信徒也愈来愈多，社会影响越来越大，大有弥漫天下之势。佛教的这种迅猛发展势头显然对本就衰弱的儒家发展构成了严重威胁，因此，引起了以科举考试进身的儒家官僚士大夫的高度警觉。唐初的天文学家傅奕就于唐高祖武德七年（624 年）上疏，深入揭露了佛教所谓的六道轮回、佛法无边的欺骗性以及妖言惑众的欺诈行为，请求废除佛教，并以历史的经验教训说明了佛教不利于国家的长治久安。中唐时期的许多士人知识分子也难以摆脱佛学思想影响，朝野上下几乎达到痴狂程度。儒佛并用是当时士人知识分子的特点，宰相韦处厚“佩服世教，栖心空门，外为君子儒，内修菩萨行”[1]。大诗人白居易自谓“栖心释梵，浪迹老庄”[2]。这种状况使得当时的有识之士深感忧虑，出于卫道之责，一些儒家知识分子对佛教展开了批判。

### （一）韩愈的反佛卫道

历史上的韩愈不仅是著名的文学家，而且也是以儒家卫道者的面目载入史册的。他提出的“道统说”影响深远。事实上，儒释道三家都讲“道”，但韩愈在《原道》中特别指出：“‘斯道也，何道也？’曰：‘斯吾所谓道也，非向所谓老与佛之道也。’”在韩愈看来，儒家的“道”与佛老之“道”有着根本不同的内涵。他认为，道家和道教所讲的“道”是强调“去仁与义”的“清静”；佛家所谓“道”则是“弃而君臣，去而父子”的“寂灭”，而“仁义”才是儒家所讲的“道”，是儒家文化的核心思想。如说：“博爱之谓仁，行而宜之之谓义，由是而之焉之谓道，足乎己而无待于外之谓德。仁与义为定名，道与德为虚位。故道有君子小人，而德有凶有吉。老子之小仁义，非毁之也，其见者小也。坐井而观天，曰天小者，非天小也。彼以煦煦为仁，孑孑为义，其小之也则宜。其所谓道，道其所道，非吾所谓道也。其所谓德，德其所德，非吾所谓德也。凡吾所谓道德云者，合仁与义言之也，天下之公言也。老子之所谓道德云者，去仁与义言之也，一人之私言也。”[3]不但如此，韩愈还认为佛教有所谓法统，儒家亦自有道统：“尧以是传之舜，舜以是传之禹，禹以是传之汤，汤以是传之文武周公，文武周公传之孔子，孔子传之孟轲。轲之死，不得其传焉。”[4]认为儒家道统首从尧舜开始，一直到孟轲，孟轲以后无传。韩愈认为自己即是先秦之后儒家道统的承传之人，有责任把儒家道统传承下去。所以，韩愈终其一生以“明道”为己任。他甚至还自比孟子，如他在《重答张籍书》中说：“天不欲使兹人有知乎，则吾之命

---

[1]《白居易集》卷69《祭中书韦相公文》，中华书局1979年版。

[2]《旧唐书》卷166《白居易传》，中华书局1975年版（全十六册本）。

[3] 韩愈：《原道》，见《韩愈全集》，上海古籍出版社1997年版。

[4] 韩愈：《原道》，见《韩愈全集》，上海古籍出版社1997年版。

不可期。如使兹人有知乎，非我其谁哉！其行道，其为书，其化今，其传后，必有在矣！”[1]认为继承发扬儒家道统、弘扬周公孔孟之道非他韩愈莫属。也正是基于这一思想认识，韩愈对佛道思想进行了猛烈攻击，明确主张："不塞不流，不止不行。人其人，火其书，庐其居，命先王之道以道之。"[2]这样才能使儒学得以弘扬和实践。

佛教宣扬的是虚幻的世道伦理，在佛家看来，有德的人参禅行善就会升入天堂，否则就要死后被打入地狱，变成鬼卒。针对佛家的鬼神思想，韩愈写出了著名的《原鬼》，文章开宗明义地说："有啸于梁，从而烛之，无见也，斯鬼乎？曰：非也，鬼无声。有立于堂，从而视之，无见也，斯鬼乎？曰：非也，鬼无形。有触我躬，从而执之，无得也，斯鬼乎？曰：非也，鬼无声与形，安有气？"文章明确指出了所谓的"鬼"既无声、无形，又无气，所以根本就没有"鬼"。那么人们常说的"鬼"到底是什么？是怎样产生的？韩愈接着论证说：之所以有鬼，主要是由于"人有忤于天，有违于时，有爽于物，逆于伦，而感于气，于是乎鬼有托于形，有凭于声以应之，而下祸殃焉，皆民之为之也"，对所谓的"鬼"进行了一针见血的揭露和批判。

韩愈反佛的代表作是《论佛骨表》，在《论佛骨表》中，韩愈对宪宗皇帝迎奉佛骨提出了批评，说："况其身死已久，枯朽之骨，凶秽之余，岂宜令入宫禁？"他还总结历史经验，以历代帝王佞佛灭国的事实来劝喻皇帝，说："汉明帝时，始有佛法，明帝在位，才十八年耳。其后乱亡相继，运祚不长。宋、齐、梁、陈、元魏已下，事佛渐紧，年代尤促。唯梁武帝在位四十八年，前后三度舍身施佛，宗庙之祭，不用牲牢，昼日一食，止于菜果。其后竟为侯景所逼，饿死台城，国亦寻灭，事佛求福，反而得祸。由此观之，佛不足信，亦可知矣。"明确指出"释老之害，过于扬墨"[3]，"乞以此骨付之有司，投诸水火，永绝根本，断天下之疑，绝后代之惑……岂不盛哉？岂

[1] 韩愈《重答张籍书》，见《韩愈全集》，上海古籍出版社1997年版。

[2] 韩愈：《原道》，见《韩愈全集》，上海古籍出版社1997年版。

[3] 韩愈：《与孟尚书书》，见《韩愈全集》，上海古籍出版社1997年版。

不快哉？”[1]认为只有消除佛教的危害，才能“明先王之道以道之”，从而使儒道畅行天下。

韩愈对佛教的揭露与批判，在唐代佛道盛行的情状下，可以说引起了极大的社会反响，也大大警醒了儒家知识分子。皮日休高度肯认韩愈的反佛行为，评价韩愈反佛是“唐以来一人而已”。他认为韩愈有功于儒学，因此上《请韩文公配飨太学书》，说：“仲尼之道，否于周秦，而昏于汉魏，息于晋宋，而郁于陈隋。遇于吾唐，万世之愤，一朝而释……文公之文，蹴扬、墨于不毛之地，蹂释老于无人之境，故得孔道巍然而自正。”[2]认为如果韩愈配享太学，“则自兹以后，天下以文化，未必不由夫是也”，对韩愈反佛评价极高。但韩愈晚年因《论佛骨表》而远贬潮州，到潮州后，三致书大颠禅师，与之交往，且临别赠衣，表示出崇高的敬意。对此，朱熹别有感受，他说：“（韩）退之晚来，觉没顿身己处。如招聚许多人，博赛为戏，所与交，如灵师、惠师之徒，皆饮酒无赖。及至海上，见大颠壁立万仞，自是心服。其言实能外形骸，以理自胜，不为事物侵乱，此是退之死款。”[3]颇能道出其中三昧。

### （二）柳宗元的“统合儒释”

韩愈虽然对佛教采取激烈的反对态度，但是，由于韩愈反佛主要着眼于佛教的一些表层问题，而没有触及佛道的哲学思辨，因此不可能从根本上消除佛教对社会的危害。所以苏轼说：“韩愈之于圣人之道，盖亦知好其名矣，而未能乐其实。”[4]苏辙亦曰：“愈之学，朝夕从事于仁义礼智刑名度数之间，自形而上者，愈所不知也。”[5]

---

[1] 韩愈：《论佛骨表》，见《韩愈全集》，上海古籍出版社1997年版。

[2] 皮日休：《请韩文公配飨太学书》，见《皮日休文集》，四部丛刊初编本。

[3]《朱子语类辑略》卷8，见《丛书集成新编》22，台湾新文丰出版有限公司1985年版，第269页。

[4] 苏轼：《韩愈论》，见《苏轼文集》，中华书局1986年版。

[5]《四库家藏·韩愈书启杂文集》，山东画报出版社2004年版，第95页。

此一时期的柳宗元虽然也认识到佛道的危害，亦持批评态度，但同时也认识到佛教对政治教化的助益作用，所以他的批评比较讲究策略，他提出了“统合儒释”思想，为唐代儒佛关系开了新局面。

面对中唐时期儒家学说的困境和佛学的繁盛，同时期的柳宗元反佛策略较为灵活，认为唐代思想界也应该继续发扬晋宋以来佛儒并用传统，如说:“昔之桑门上首，好与贤士大夫游。晋宋以来，有道林、道安、远法师，休上人，其所与游，则谢安石、王逸少、习凿齿、谢灵运、鲍照之徒，皆时之选。由是真乘法印，与儒典并用，而人知向方。”[1] 主张“统合儒释，宣涤疑滞”[2]。柳宗元力主提倡的“统合儒释”,其实就是想通过对佛学的改造，使之与儒家思想互补互融。这一主张是建立在柳宗元对佛家深入接触和了解的基础之上的。柳宗元生活在佛教滋盛的时代，自幼就深受佛学的浸染，“自幼好佛,求其道积三十年”[3]。贬官零陵后,有时间对佛教进行深入研究，且“独有得焉”[4],认为“浮图诚有不可斥者,往往与《易》、《论语》合,诚乐之，其与性情奭然，不与孔子异道”[5]。指出佛教思想与儒家《易》、《论语》的思想有契合之处,这也是他所谓的“独有得”。还说:“儒以礼立仁义,无之则坏；佛以律持定慧,去之则丧。是故离礼于仁义者,不可与言儒；异律于定慧者，不可与言佛”[6]，认为儒家的礼仪和佛教的戒律，对于二者的发展都具有同等重要的作用。

仁是儒家思想的核心，孝则是仁的重要表现形式。柳宗元认为，佛家和儒家一样，也重视孝道，如以其友元浩为例说:“余观世之为释者，或不知其道，则去孝以为达，遗情以贵虚。今元浩衣粗而食菲，病心而墨貌，以其先人之葬未返其土，无族属以移其哀，行求仁者，以冀终其心。勤而

---

[1]《送文畅上人登五台遂游河朔序》，见《柳河东集》卷 25，上海人民出版社 1974 年版。

[2]《送文畅上人登五台遂游河朔序》，见《柳河东集》卷 25，上海人民出版社 1974 年版。

[3]《送巽上人赴中丞叔父召序》，见《柳河东集》卷 25，上海人民出版社 1974 年版。

[4]《送巽上人赴中丞叔父召序》，见《柳河东集》卷 25，上海人民出版社 1974 年版。

[5]《送僧浩初序》，见《柳河东集》卷 25，上海人民出版社 1974 年版。

[6]《南岳大明寺律和尚碑》，见《柳河东集》卷 25，上海人民出版社 1974 年版。

为逸，远而为近，斯盖释之知道者欤！释之书有《大报恩》十篇，咸言由孝而极其业。世之荡诞慢訑者，虽为其道而好违其书；于元浩师，吾见其不违且与儒合也。”[1]通过对僧人元浩行为的赞扬，肯认了佛教僧徒尽管认为万象皆空，但并不放弃孝道，这与儒家忠孝观念显然是相合的。

其实，自魏晋以来，佛学者在编译佛教经文和翻译经论时就已经开始着意突出孝的重要性，认为布施诸贤，“不如孝事其亲”[2]。从东晋时期的孙绰《喻道论》到唐初的《父母恩重经》《梵网经》等，都在宣扬孝道思想。唐代的《百丈清规》更是大讲忠孝观念，使得孝道成为佛教伦理的有机组成部分。柳宗元认为，佛教讲孝道、严格戒律、倡导性善，理论价值上与儒家无二。同时，柳宗元还将佛教的戒律比之于儒家的礼制，以儒家的“性静”“性善”解佛教的“自性清净”，以儒家的“中庸之道”解佛教的中道观，以此得出儒佛同道，二者可以统合。这与韩愈否定佛教思想的做法有明显区别。

不但佛儒都主张孝道，两者具有契合之处，而且柳宗元还认为，儒家主张“不义而富且贵，于我如浮云”[3]，佛家追求超脱红尘世界，不以功名利禄为念，两者具有相似契合之处。如孔子曾赞扬颜回安贫乐道的高尚品质，说：“一箪食，一瓢饮，在陋巷，人不堪其忧，回也不改其乐，贤哉回也！”[4]柳宗元认为，佛家思想中也具有这一超尘守俭精神，他说：“与其游者，未必能通其言也。且凡为其道者，不爱官，不争能，乐山水而嗜闲安者为多，吾病世之逐逐然唯印祖为务以相轧也，则舍是其焉从？吾之好与浮图游以此。”[5]柳宗元说他“好与浮图游”，也正是因为佛家主张“四大皆空”，不爱官、不争能、乐山水、嗜闲安。显然，这体现了柳宗元安贫乐道、淡泊名利的情怀。这一思想也反映了柳宗元贬官零陵和柳州时的真实心态。

---

[1]《送元浩师序》，见《柳河东集》卷25，上海人民出版社1974年版。

[2]《六度集经·布施度无极章》，巴蜀书社2012年版。

[3]《论语·述而》。

[4]《论语·雍也》。

[5]《送僧浩初序》，见《柳河东集》卷25，上海人民出版社1974年版。

总的来讲，柳宗元对待佛教的态度是比较明智的，他认识到了傅奕、韩愈等否定佛教的片面性，故而提出了“统合儒释”的主张，认为儒释并举更有补于治道。应该说他的这一思想认识对于复兴儒学具有重要的意义。

在唐代，佛教为了取得自身的更快发展和传播，不断和中土固有文化特别是儒家伦理文化相融合，旨在使自身的理论体系更加完善，以稳固自身在世俗社会中的地位，因此佛教在唐代发展过程中表现出了巨大的包容性，以与儒家的靠拢和融合而发展自身，使自身更具有适应性。所以，佛学在唐代已具有明显的儒化倾向。柳宗元也正是切正了时代发展的脉搏，提出了“统合儒释”思想，符合时代发展潮流和历史发展趋势，为将佛家思辨逻辑思想引入儒家思想体系之中以发展儒学作了思想和舆论准备，为宋代理学的形成作了理论上的铺垫。

### （三）李翱与佛学

李翱与韩愈一样，都是唐代反佛的斗士，被称为“韩李”。但李翱在反佛上比韩愈和柳宗元更为高明，他不仅仅是从表层上对佛教提出批判，而是从深层次上以批判为基础，进而吸收佛教的思想以改造儒学。

一是李翱对佛教的批判。

李翱认为，佛教由外传来，是夷狄之术，佛教的诸多思想有违中国传统儒家礼法。其所著《去佛斋论》，反映了李翱的辟佛思想。李翱在文中指出，佛教流传中土已有600多年的历史，正是由于“无辨而排之者”，致使佛教浸淫于中国，“夷狄之术行于中华”[1]，从而给儒家伦理道德思想以强大冲击。所以，他针对时人杨垂所撰《丧仪》中所谓的“七七斋”，提出了尖锐批评，认为“杨氏之述丧仪”，指出“舍佛法之所言者，列御寇庄周言所详矣，其余则皆戎狄之道也。使佛生于中国，则其为作也必异于是，况驱中国之人举行其术也！”[2]明确批判了杨氏钟情于夷狄之礼的错误，认为中

---

[1] 李翱：《去佛斋·并序》，见《李文公集》卷4，上海古籍出版社1987年版。

[2] 李翱：《去佛斋·并序》，见《李文公集》卷4，上海古籍出版社1987年版。

国传统的礼法是不可替代的，杨垂的做法只能是“舍圣人之道而祸流于将来也无穷”[1]。

唐代佛教寺院经济比较发达，不但常得皇帝的赐封、信徒的捐赠，还置办有寺产，经济实力雄厚，在寺信徒们不用耕作劳动就可以衣食俱充。李翱对此也进行了尖锐抨击，他说：“其徒也，不蚕而衣裳具，弗耕而饮食充，安居不作，役物以养己者至于几千百万人，推是而冻馁者，几何人可知矣。”[2] 不但如此，他还批判了佛家大兴土木建造华丽宫殿楼阁，铸造佛像，给国家造成了巨大浪费，构成了巨大危害。他尖锐指出：若“溺于其教者，以夷狄之风而变乎诸夏，祸之大也”[3]。

李翱在反对佛教的同时，大力推崇儒家伦理教化思想，认为“君臣、父子、夫妇、兄弟、朋友，存有所养，死有所归，生物有道，费之有节，自伏羲至于仲尼，虽百代圣人不能革也。故可使天下举而行之无弊者，此圣人之道，所谓君臣、父子、夫妇、兄弟、朋友，而养之以道德仁义之谓也”[4]。认为儒家伦理道德思想在处理人伦关系上遵从了自然发展规律，“可使天下举而行之无弊者”[5]。因此是不可动摇的。不但如此，李翱还以儿歌的形式写了《断僧相打判》《断僧通状判》等通俗易懂的短章，以反对佛教、维护儒学，在社会上产生了积极影响。

二是积极主张援佛入儒。

和其他中晚唐士人一样，李翱与佛教来往密切，交游不断。《景德传灯录》卷十四详细地记述了他两次参惟俨的经过。贞元年间，他还拜访了马祖门下三大士之一的西堂智藏，在元和初拜谒了信州鹅湖大义禅师，在朗州刺史任时，曾拜见过药山禅师，并在药山的机锋下悟透玄旨，后来又参访了紫玉禅师，使他对禅的体悟更加深刻明彻。可见李翱与禅僧的交往

[1] 李翱：《去佛斋・并序》，见《李文公集》卷 4，上海古籍出版社 1987 年版。

[2] 李翱：《去佛斋论》，见《李文公集》卷 4，上海古籍出版社 1987 年版。

[3] 李翱：《去佛斋・并序》，见《李文公集》卷 4，上海古籍出版社 1987 年版。

[4] 李翱：《去佛斋・并序》，见《李文公集》卷 4，上海古籍出版社 1987 年版。

[5] 李翱：《去佛斋・并序》，见《李文公集》卷 4，上海古籍出版社 1987 年版。

广泛和密切。李翱虽然对佛教持坚决的批判态度，但在批判佛教的过程中，李翱也渐渐认识到佛教思想的精密深奥之处，并被佛教的思想所吸引，最终走上了援引佛学以入儒学的道路。

李翱的援佛入儒思想，主要体现在他的《复性书》中。在该著中，他提出了“复性说”的人性学说，这是佛家心性思想和儒家性情思想的融合体，其中有许多与禅宗、天台宗佛性理论思想相通的内容。韩愈在《原性》中评价李翱的复性说是“杂佛老而言也者”[1]。宋代赞宁也评论其《复性书》为“明佛理不引佛书，援证而征，取《易》《礼》而止，可谓外柔顺而内刚逆也”[2]。

关于“性”，李翱认为，人的本性都是善良的。儒家孟子主张人性本善，认为人人都有“仁义礼智”的善端；佛教主张众生平等，认为“一切众生皆有佛性”[3]。李翱认为儒佛二者有相通之处，故将儒家“性命之书”——《中庸》中有关“性”的学说与佛教的“见性成佛”观点相结合，提出了自己的“性”说思想。他说：“人之所以为圣人者，性也；人之所以惑其性者，情也……性者，天之命也，圣人得之而不惑也；情者，性之动也，百姓溺之而不能知其本者也……百姓之性与圣人之性弗差也，虽然，情之所昏，交相攻伐，未始有穷，故虽终身而不自睹其性焉。”[4]在李翱看来，人人都有善性，人人都是本性至善的，所以人人在人性上本无差别，无论是百姓还是圣人。这和佛教所倡导的“一切众生皆有佛性”如出一辙，体现了李翱性说对佛教性说的吸收和借鉴。

关于“情”，李翱认为，人的情感是有善有恶的，所谓“情有善有不善”[5]。传统儒家并不完全否认“情”，将“情”视为绝对的恶，而是强调要适当节制情欲。佛教也认为，“佛向性中作，莫向身外求。自性迷，即是众生；自

[1] 马其昶、马茂元：《韩昌黎文集校注》第1卷，上海古籍出版社1998年版。

[2] 释赞宁：《宋高僧传》卷17《惟俨传》，上海古籍出版社1987年版。

[3] 慧能：《坛经》，郭朋校释，中华书局1983年版。

[4] 李翱：《复性书》，《中国哲学史教学资料简编·两汉·隋唐部分》下册，中华书局1981年版，第551页。

[5] 李翱：《复性书》，《中国哲学史教学资料简编·两汉·隋唐部分》下册，中华书局1981年版，第556页。

性觉，即是佛。慈悲，即是观音；喜舍，名为势至。能净，即释迦；平直，即弥陀。人我是须弥，邪心是海水，烦恼是波浪，毒害是恶龙，虚妄是鬼神，尘劳是鱼鳖，贪嗔是地狱，愚痴是畜生”[1]。认为邪心、虚妄、贪嗔、愚痴等都是“妄情”，只有消除“妄情”，才能清除障蔽，成就佛性。李翱认同并吸收借鉴了佛教这一思想，说：“人之所以为人者，性也。人之所以惑其性者，情也。喜、怒、哀、惧、爱、恶、欲七者皆情之所为也。情既昏，性斯匿矣，非性之过也。七者循环而交来，故性不能充也。”[2] 还说：“性与情不相无也。虽然，无性则情无所生矣。是情由性而生，情不自情，因性而情；性不自性，由情以明。性者，天之命也，圣人得之而不惑者也；情者，性之动也，百姓溺之而不能知其本者也。”[3] 认为人的喜怒哀乐之“情”是惑乱人之“性”的主要原因，若能去掉迷惑“性”的“情”，就可以恢复“性”的本然至善面目。凡人之“性”与圣人之“性”是无异的，二者的差别就在于是否能“觉”。佛教认为，人们的佛性容易被“无明”之“惑”所掩盖，只有祛除无明之惑，断灭一切人间情欲，才能恢复本性以成佛道。李翱吸收了佛教的观点，认为人之“性”易为“情”所掩，要想成为理想中的圣人，就必须回复本然至善的“性”，所以他提出了“灭情复性”的思想。

三是提倡“灭情复性”。

如何才能回复被“情”所障蔽的“性”呢？李翱大胆借鉴了佛教“止观”与“无念”的修养方法。如天台宗创始人说：“若夫泥洹之法，入乃多途，论其急要，不出止观二法。”[4] 认为止观二法是一切法门中最紧要之法。智𫖮认为，止就是止息邪念，修养心性；观是观想事物的真性，以智慧得解脱。李翱继承了佛教的“止观”思想，提出了“斋心”复性功夫。他说：“正思者，

[1] 慧能著，郭朋校释：《坛经校释》，中华书局 1983 年版，第 66 页。

[2] 李翱：《复性书》，见《全唐文》，中华书局 1983 年版。

[3] 李翱：《复性书》，见《全唐文》，中华书局 1983 年版。

[4]《修习止观坐禅法要》，见《大正藏》第 46 册，台湾新文丰出版有限公司 1996 年版，第 462 页。

无虑无思也。”[1]还说:“弗虑弗思,情则不生;情既不生,乃为正思。”[2]强调要去除各种思虑杂念,觉悟到“本无有思”的“动静皆离”的明性状态。做到这些则“惟性明照,邪何所生”?[3]李翱认为,只要做到能够呈现自心的本性,就可以恢复本然之性。这与天台宗鼓吹的止观修养功夫是一致的。

除“止观”之法外,佛教还重视“无念”的修养方法,如禅宗六祖慧能认为,“无念法者,见一切法不著一切法,遍一切处不住一切处,常净自性。使六贼从六门走出,于六尘中不离不染,来去自由”[4]。主张在修行中要去除妄念、无所执着。李翱基于此提出了“天下何思何虑”,“正思者,无思无虑也”,又说“闲邪存其诚”[5]。认为只有“闲邪”,即排除妄念的正思,才能存“诚”,即达到最大的善。他还吸收了佛教的“无著”思想,认为“其心昭昭然,明辨焉而不应于物,是致知也”,“视听昭昭而不起于见闻”[6]。所谓“不应于物”“不起于见闻”,都是佛教所谓的“无著”“无念”之法。

总而言之,李翱的“援佛入儒以反佛”,从一定程度上弥补了韩愈、柳宗元对待佛教思想的不足,特别是李翱在反佛基础上提出的“灭情复性”说,较韩柳更进一步,为儒学发展到宋明理学开辟了道路,这也是李翱对儒学新生与发展的重大理论贡献。

---

[1] 李翱:《复性书》,见《中国哲学史教学资料简编·两汉·隋唐部分》下册,中华书局1981年版,第553页。

[2] 李翱:《复性书》,见《中国哲学史教学资料简编·两汉·隋唐部分》下册,中华书局1981年版,第553页。

[3] 李翱:《复性书》,见《中国哲学史教学资料简编·两汉·隋唐部分》下册,中华书局1981年版,第554页。

[4] 慧能著,郭朋校释:《坛经校释》,中华书局1983年版,第60页。

[5] 李翱:《复性书》,见《中国哲学史教学资料简编·两汉·隋唐部分》下册,中华书局1981年版,第554页。

[6] 李翱:《复性书》,见《中国哲学史教学资料简编·两汉·隋唐部分》下册,中华书局1981年版,第554页。

## 第三节 佛道之互动

佛教与道教同属宗教的范畴，两者在教理教义上虽大有区别，在世界观、价值论等方面却有深刻的理论互补性。佛教初入中国大地之时，就是通过“格义”，用道家、道教的语言来解释佛教的思想内涵，后来道教思想家又发现佛教体系庞大，内涵丰富，远非道教所能比，所以他们大量吸收佛教的内容来发展道教，使其由原始道教发展为神仙道教。总而言之，在中国哲学史上，佛道二教的并存也是在相互斗争中不断发展的。

### 一、魏晋南北朝时期佛道之互动

佛教传入中土时曾被视作神仙方术的一种，与随后不久产生的道教被人们并称兼祀，且在教义方面，佛道有其相仿之处。佛道发展到魏晋南北朝时期，双方之间的互动亦非常明显，如道家讲“存神养性，意在凌云”，道教讲“长生不死”，“羽化登仙”；佛教则讲“旷劫寿命，住动天地”[1]。特别是在思想方面，佛道之间一定程度上走向了融合。当然，这种融合是相对的，两者毕竟都处于中国发展的早期阶段，由于各自独立的教义，加之相互之间的接触有限，所以两种宗教之间的对立和斗争依然是两教发展的主要特征，特别是佛道双方相互之间著文互驳，如南朝齐之道教学者顾欢著《夷夏论》，南朝梁之僧绍则著《正二教论》进行驳斥；南朝佚名道士著《三破论》，南朝齐之僧顺则著《释三破论》进行反驳；北周武帝废佛前，曾

[1]《广弘明集》卷 27 上，见《大正藏》第 52 册，台湾新文丰出版有限公司 1996 年版。

专门召集文武大臣和儒释道三教学者讨论三教优劣，司隶大夫甄鸾还奉诏对佛道二教进行考察，写出《笑道论》三卷，“详佛道二教，定其先后、深浅、异同”，尤其对道教进行了贬损。此后，道安又著《二教论》，详论佛道二教优劣差别，揭道教之短，护佛教之长，等等。不但相互从文字上进行唇枪舌剑，而且佛道之间在许多基本观点上也是直接对立的。如佛家反对道教所谓的得道成仙的说法，认为这是不可能的事情，从而否定了道教这一根本性思想。除此之外，佛教所谓“道”与道家道教所谓“道”不相同；佛教所谓“涅槃”，也与道家道教的“清虚自然”大有区别。

另外，“夷夏之辨”也是佛教和道教之间的冲突焦点。南朝宋时的道士顾欢所著《夷夏论》把道教当作中土文化的代表，而把外来的佛教文化称为夷域文化，批佛教为异端邪术，认为佛教“入国而破国，入家而破家，入身而破身”[1]，由此挑起了佛道之间的争端。道教是中华宗教，尚礼教、讲孝道，契合于中华之俗，而佛教则“悖礼犯顺”，因此主张把佛教赶出中国或消灭在华佛教。这是《夷夏论》的根本目的。面对道教的攻击，南朝宋释慧通以及南齐僧绍等人和当时的官僚士大夫如谢镇之、朱广之等也纷纷驳难。他们认为人类无夷夏之分，教化亦无绝对对立之理，佛道之间应该求同而存异。佛教为了宣扬自身，还参照道教的《老子化胡经》，撰写了《清净行法经》，把老子拉入佛学门下，意在说明佛道本自一体同源。

当然，佛道二教的对立和斗争是思想领域的正常现象，有斗争才有融合。早在东汉末年，佛学家牟融著有《理惑论》就是主张佛道甚至儒佛道三教融合的代表作。《理惑论》针对当时人们所认为的佛教不合儒家经典、有违孝道等思想，指出佛教的许多教义是与儒学思想相契合的，并不违背儒家思想，只是两家的侧重点有所不同。《理惑论》对道教的成仙说则持批判态度，但却大力宣传佛教的“神不灭”思想。《理惑论》还以老子的“恬淡无为”思想解释“佛道”，认为佛与老子都志向“无为”。所有这些都说明，牟子著《理惑论》的目的就是要调和儒释道三教，这一思想在魏晋南北朝

[1]《弘明集·广弘明集》，上海古籍出版社 1991 年版，第 51 页。

时期仍有市场，一定程度上为唐宋三教融合发了先声。

## 二、唐代佛道二教的思想特征

魏晋南北朝以来，佛道二教为了争取生存和发展的空间，都主动向世俗政权靠拢。如东晋时期的高僧道安说:“不依国主，则法事难立”[1]，一语道破了佛教落地生根、发展、传播的玄机。南北朝时期，各王朝都非常重视佛教，并逐步建立了较为完整的僧道管理制度。到唐代，佛教实现中国化发展，道教被尊为国教，二教发展迅速，国家对佛道的管理也更加规范，制度亦更为完善。

在唐代，佛教“中国化”发展的完成，把中土佛教的教义思想和学术理论的发展推向了高峰。从整体上说，唐代佛教的八个宗派如天台宗、华严宗、禅宗、律宗、密宗、法相宗、唯识宗、三论宗等，各家对佛教理论发展重视程度的不同，其所取得的佛教思想理论成果也不相同。如天台宗、华严宗和三论宗，就十分重视佛理探讨和研究，形成了较为庞大而严密的佛学思想体系；而禅宗由于“不立文字”，主张“即心是佛”，其理论色彩就比较淡薄，但其留下的偈颂、语录、灯录等，却影响后世深远。宋代新儒学的建立，就充分借鉴了它们的思想成果。净土宗的修行方法主要是念“南无阿弥陀佛”，修行方法和禅宗一样比较简便，尽管理论上存在不足，但也对后世影响巨大，堪与禅宗比肩。

唐代中国化佛教对“心性”思想更为重视。禅宗主张“明心见性”，如“无念”“顿悟”的修行方法，充分肯定了人的心性的绝对性和无限性。中唐时期的马祖道一更是提出“平常心是道”，认为佛性等同于平凡的人性，肯定人们日常生活中的砍柴担水、穿衣吃饭即是修行。这些都为发扬人的“自性”开了门径。净土宗主张“向外驰求”、依靠“他力”以修道成佛。从表面上看，与禅宗是对立的，一个主“内”，一个主“外”，但从本质来看，二者都肯定

[1] 慧皎:《高僧传》卷5《道安传》，陕西人民出版社2010年版。

了人性。如净土宗以阿弥陀佛的愿力为外因，主张以“念”为众生成佛之道，主张奉行一切“善”，所以修行方法一如禅宗一样简便易行，这就为普通民众敞开了成佛的大门。这些都构成了后来的禅宗和净土宗能够相互交融的基础。

道教是结合先秦老庄道家思想与巫术迷信而建立起来的宗教，起初教理比较简单甚至粗陋，理论上远逊于佛教。但经过六朝以来数百年的发展，到唐代，道教思想也取得了巨大成绩。李唐统治者高度重视道教，并将之奉为国教，使得道教赢得了广阔的发展空间，不但老庄思想受到重视，而且这一时期的外丹术也发展迅速。当然，形成于西晋时期的上清派更为朝廷所重视。上清派不重丹药和符箓，而是注重“心性”的养炼，他们吸收了儒佛思想，发展出了一种新的心性理论，如成玄英所著《道德经义疏》、司马承祯所著《坐忘论》、王玄览所著《玄珠录》、吴筠所著《神仙可学论》等，都是研究心性思想的重要道教著作。成玄英的《道德经义疏》主张无欲，且认为修道者亦不能执著于无欲。这与禅宗的“性净”论相通。司马承祯的《坐忘论》，提倡“安心”“坐忘”之法，这种修仙方法和禅宗的“安心”“守心”方法十分相似。王玄览的《玄珠录》提出隐显说，认为“众生与道不相离。当在众生时，道隐众生显；当在得道时，道显众生隐”[1]，也是借鉴了佛教的“心性本净”说。另外，他所谓的“识体是常是清净，识用是变是众生”[2]把修仙得道的根本归结于心识的转变，显然是借鉴了唯识学的“识体”和“转识成智”说。吴筠的《神仙可学论》认为人性中有“远于仙道”和“近于仙道”的各种因素，要想修仙成道，就要“虚凝淡漠怡其性，吐故纳新和其神。高虚保定之，良药匡补之，使表里兼济，形神俱超”，能够做到这样，“虽未得升腾，吾必谓之挥翼于丹霄之上矣”。[3]这些观点和认识，明显趋于禅宗的“明心见性”之说。

总之，唐代佛道二教对“心性”的重视，对宋代理学的形成产生了巨大的影响。

---

[1]《玄珠录》卷上，见《道藏》第23册，文物出版社等三家出版社1988年联合出版，第621页。

[2]《玄珠录》卷上，见《道藏》第23册，文物出版社等三家出版社1988年联合出版，第625页。

[3]（唐）吴筠：《神仙可学论》，见《全唐文》卷926，中华书局1982年版，第9651页。

## 三、宋代佛道世俗化发展与三教合一之潮流

宋王朝建立后，为了巩固大一统封建统治，采取了一系列强化中央集权的措施，进一步加强了意识形态领域的建设。但是，由于隋唐以来佛道的强势发展以及唐末五代社会动荡对儒家纲常伦理的破坏，儒学已严重衰微，发展举步维艰，复兴儒学已成为时代要求和历史必然。

在复兴儒学的时代潮流中，宋代佛道为了自身需要和发展，逐步进入了全面世俗化的时期。如唐末五代时期的禅僧延寿大师说："若华严圆旨，具德同时；理行其敷，悲智交济。是以文殊以理印行，差别之义不亏；普贤以行严理，根本之门靡废。本末一际，凡圣同源，不坏俗而标真，不离真而立俗。具智眼而不没生死，运悲心而不滞涅槃。以三界之有，为菩提之用；处烦恼之海，通涅槃之津。"[1] 北宋时期的圆悟克勤亦认为，"佛法即是世法，世法即是佛法"[2]。北宋天台宗山外派的代表孤山智圆，自号"中庸子"，著有《闲居编》，更为详细地探讨了世间与出世间一致的思想。

世间法的核心是封建的三纲五常，而出世间法则是要超脱尘世羁绊。二者看似矛盾对立，其实在佛教学者看来，佛教是"有助于治"的，如契嵩说："儒者，圣人之大有为者也；佛者，圣人之大无为者也。有为者治世，无为者治心。"所以"儒、佛者，圣人之教也，其所出虽不同，而同归于治"。认为儒佛都是圣人之教，虽然二者有别，但最终结果都是"同归于治"。[3] 延寿亦认为，佛法以善为根本，故可利于齐家治国，如说："佛法众善，普润无边；力济存亡，道含真俗。于国有善则国霸，于家有善则家肥。所利弘多，为益不少。"[4] 智圆更是明确主张儒佛互融，二者兼用，所谓"修身以儒，治

---

[1] 延寿：《万善同归集》卷 1，见《大正藏》第 48 册，台湾新文丰出版有限公司 1996 年版。

[2]《圆悟佛果禅师语录》，见《大正藏》第 47 册，台湾新文丰出版有限公司 1996 年版。

[3]《镡津文集》卷 8，见《大正藏》第 52 册，台湾新文丰出版有限公司 1996 年版。

[4] 延寿：《万善同归集》卷 6，见《大正藏》第 48 册，台湾新文丰出版有限公司 1996 年版。

心以释”[1]。

佛教发展到宋代，世俗化特征日益明显。在其传播发展过程中，更加突出宣扬儒家的忠孝思想。如契嵩著有《辅教编》，专设《孝论》章，阐述佛教也非常重视孝道思想，旨在“拟儒《孝经》发明佛意”[2]。孤山智圆致力于儒释贯通，对儒家礼乐仁义思想更是大加褒扬，说：“仁义敦，礼乐作，俾淳风之不坠而名扬于青史。”[3]认为“士有履仁义、尽忠孝者之谓积善也”[4]。陈寅恪对孤山智圆评价说：“北宋之智圆提倡中庸，甚至以僧徒而号中庸子，并自为传以述其义。其年代犹在司马君实作中庸广义之前，似亦于宋代新儒家之先觉。”[5]

理学的核心思想是将封建伦理道德本体化，因此，两宋时期的理学家都视忠君爱国为做人的最高标准。与此相适应，这一时期的宗教在重“孝道”的基础上，也提出了“忠义之心”说，如大慧宗杲说：“菩提心则忠义心也，名异而体同。但此心与义相遇，则世出世间一网打就，无少无剩矣。予虽学佛者，然爱君忧国之心，与忠义士大夫等。”[6]很显然，宗杲主张把学佛与忠君并论，认为佛教的菩提心与儒家的忠义心名异而体同。并且认为自己作为“世外”之人，忧国忠君之心，丝毫不逊于“世间”儒家士大夫。他还说：“未有忠于君而不孝于亲者，亦未有孝于亲而不忠于君者。但圣人所攒者依而行之，圣人所诃者不敢违反，则于忠于孝，于事于理，治身治人，无不周旋，无不明了。”[7]显然，在两宋时期，佛教教义已把儒家忠孝伦理思想纳入自己的思想体系之中。

入宋以后，道教地位已没有在唐时的崇高地位，但为了自身发展的需

---

[1]《闲居编》卷 19，见《续藏经》第 56 册，东京大正一切经刊行会 1934 年版。

[2]《镡津文集》卷 10，见《大正藏》第 52 册，台湾新文丰出版有限公司 1996 年版。

[3]《闲居编》卷 29，见《续藏经》第 56 册，东京大正一切经刊行会 1934 年版。

[4]《闲居编》卷 1，见《续藏经》第 56 册，东京大正一切经刊行会 1934 年版。

[5]《金明馆丛稿二篇》，上海古籍出版社 1980 年版，第 252 页。

[6]《大慧语录》卷 24，见《大正藏》第 47 册，台湾新文丰出版有限公司 1996 年版。

[7]《大慧语录》卷 24，见《大正藏》第 47 册，台湾新文丰出版有限公司 1996 年版。

要，道教也对自身进行了大的革新。和佛教一样，以道教活动世俗化为手段，将儒家的忠孝节义思想纳入道教教义之中，从而为自身发展争取空间。

《太上感应篇》是宋代道教的劝善书，核心内容是劝世人“诸恶莫作，众善奉行”，认为成仙的唯一途径是在现实生活中行善去恶，反对“谄上希旨，受恩不感”“讪谤圣贤，侵凌道德”“暗侮君亲，慢其先生”等。这表明宋代道教在内丹修炼的同时，更加重视为善去恶的道德修养。《太上感应篇》在宋代的刊布流行，说明宋代道教已把儒家强调的世俗生活的伦理原则内化为道教宗教生活的训戒纲要，以之作为道教教义的重要组成部分。著名道士张伯端更是主张道教世俗化，他在《悟真篇》中说：“未炼还丹莫隐山，山中内外尽非铅。”指出：“志士若能修炼，何妨在市居朝。”在张伯端看来，人们要想修炼得道，不必隐居深山、出家苦行，在日常生活中即可做到，甚至为官做宰亦不妨碍修炼。南宋时期的夏宗禹亦曰：“有志之士若能精勤修炼，初无贵贱之别，在朝不妨为治国平天下之事，在市不失为士农工商之业。”[1]

南宋时期，在北方与之对峙的是金朝，著名的全真道即流行于北方。全真道教也积极提倡儒家宣扬的忠孝节义理论。如王重阳即要求道徒要“与六亲和睦，朋友圆方，宗祖灵祠祭飨频，行孝以序思量”[2]。王重阳弟子谭处端也说：“为官清政同修道，忠孝仁慈胜出家。”[3]这种认识已和儒家没有分别。

正是由于佛道世俗化的发展，使得佛道在宋代走上了思想上的全面互动与融合，并与儒家思想紧密结合，步入了“三教合一”的发展阶段。如永明延寿说：“儒道仙家，皆是菩萨，示助扬化，同赞佛乘”[4]，强调了佛儒道调和、融合的必要性。赞宁认为，儒释道“三教是一家之物”[5]，都是为世

[1]《悟真篇讲义》卷6，北京白云观1991年翻印。
[2]《重阳全真集》卷3，见《正统道藏》第43册，台湾新文丰出版有限公司1977年版。
[3]《云水集》卷1，见《道藏》太平部，文物出版社等三家出版社1988年联合出版。
[4]《万善同归集》卷6，见《大正藏》第48册，台湾新文丰出版有限公司1996年版。
[5]《大宋僧史略》卷下，见《大正藏》第54册，台湾新文丰出版有限公司1996年版。

俗王权服务的，所以佛教应“旁凭老氏，兼假儒家”，更好地为社会现实服务，为统治阶级服务。孤山智圆“学该内外”，“旁涉老庄，兼通儒墨”[1]。他认为，三教“其旨本融”[2]，可以并行而不悖。契嵩认为，“圣人为教不同，而同于为善也”[3]。他所著《辅教编》，“广引经籍，似证三家一致，辅相其教”[4]。大觉怀琏禅师常以禅入诗，亦认为儒释道三教原理一致，故可“合一返本”[5]。与苏东坡交游甚密的云门宗高僧佛印禅师更是大胆地提出了“道冠儒履佛袈裟，和会三家作一家”[6]的观点，明确主张儒释道三教合一。大慧宗杲也持同样观点，他说：“三教圣人立教唯异，而其道同归一致：此万古不易之义”[7]，认为三教本质上是契合一致的。

像佛教主张三教归一一样，宋代道教亦是如此。五代宋初著名道教学者陈抟认为，儒家主张正心诚意，道家主张炼养身气，佛教主张明见心性。从身心修养方面来看，都有其共性。北宋道士张伯端自称“仆幼亲善道，涉猎三教经书”，针对“黄缁之流各自专门，互相是非，致使三家宗要迷没邪歧”的状况，提出“教虽分三，道乃归一”[8]，主张在三教共修性命的基础上融合统一。全真派王重阳常以《孝经》《心经》《道德经》等教授门徒，认为“儒门释户道相通，三教从来一祖风”[9]。丘处机也有意识地调和融会三教思想，如说：“儒释道源三教祖，由来千圣古今同。”[10]

在宋代，还盛传有假托吕洞宾所撰的一些道教著作，更是积极宣扬三

[1]《闲居编·序》，见《续藏经》第56册，东京大正一切经刊行会1934年版。

[2]《闲居编》卷16，见《续藏经》第56册，东京大正一切经刊行会1934年版。

[3]《辅教编·上·原教》，《镡津文集》卷1，见《大正藏》第52册，台湾新文丰出版有限公司1996年版。

[4]《昭德先生郡斋读书志·后志》卷2，清康熙六十一年陈师曾刻本。

[5]《禅林僧宝传》卷18，见《续藏经》第137册，东京大正一切经刊行会1934年版。

[6]《云卧纪谈》卷下，见《佛典精解》，上海古籍出版社1993年版。

[7]《大慧语录》卷24，见《大正藏》第47册，台湾新文丰出版有限公司1996年版。

[8]《悟真篇·序》，见《道藏》第64册，文物出版社等三家出版社1988年联合出版。

[9]《重阳全真集》卷1，见《正统道藏》太平部，台湾新文丰出版有限公司1977年版。

[10]《磻溪集》卷1，见《正统道藏》太平部，台湾新文丰出版有限公司1977年版。

教合一思想。如《参同经》中就设有专章论述“会三归一”，认为“三教圣人，此心此理原无异也。惟其无异，故无分也。人之习学，岂必尽明三教，彻悟一原？然能于心性之中深究明了。毋论学儒学释与夫学道，至于彻悟之时，自得三教一原之理。故儒须真儒，释须真释，道须真道。真者何？以至诚之心，体至诚之理，修至诚之功。真一不二，则圣可希，佛可学，仙可几也”[1]。并说：“三教殊途而同归，非吾一人之私言，乃先圣后圣之公言也。”[2]

在宋代，儒佛道三教融合的最显著特征就是心性思想的融合。

隋唐时期的中国化佛教形成后，他们在吸收儒道思想的基础上，已构建了较为完整的心性思想体系。到宋代，天台宗、禅宗结合儒家思想，对心性学说又有了新的拓展。如智圆把传统儒家伦理观念融入佛性学说，提出了“复性”说；知礼则强调“妄心观”，提倡世俗大众在日常生活中修炼反省自身，接受现实生活中的苦难，并接受其作为进入极乐世界的必经之路。契嵩则更为广泛地吸收了儒家观念，对情性进行了区分，他说：“善恶情也，非性也。情有善恶，而性无善恶者，何也？性，静也，情，动也，善恶之形见于动者也。”[3] 并认为“人以天地之数而生，合之性灵者也。性乃素有之理也，情感而有之也。圣人以人之性皆有乎恩爱感激知别思虑徇从之情也，故以其教因而充之。恩爱可以成仁也，感激可以成义也，知别可以成礼也，思虑可以成智也，徇从可以成信也”[4]。契嵩的性情思想对程朱理学性情说的形成影响巨大。

北宋时期，临济宗分裂为黄龙惠南、杨岐方会两派，他们源于马祖道一所创立的洪州禅，洪州禅的心性思想与孟子性善说的结合构成了宋代禅

---

[1]《吕祖全书》卷 17，见《吕洞宾全集》，华夏出版社 2009 年版。

[2]《吕祖全书》卷 17，见《吕洞宾全集》，华夏出版社 2009 年版。

[3]《镡津文集》卷 4《中庸解》第 4，见《大正藏》第 52 册，台湾新文丰出版有限公司 1996 年版。

[4]《镡津文集》卷 4《中庸解》第 3，见《大正藏》第 52 册，台湾新文丰出版有限公司 1996 年版。

宗的心性论。

《三教会编要略》卷八记载了黄龙派的东林常总与杨时的一段对话，其中讨论到心性问题："杨时与释东林总友善，时每谓总曰：'禅学虽高，与儒学未有所得。'总曰：'儒学紧要处，也记得些，且道'君子无入而不自得'，得个什么？'时默然。总又与时言十识：第八庵摩罗识，唐言'白净无垢'；第九阿赖耶识，唐言'善恶种子'。'白净无垢'，即孟子之言性善，性善则可谓能探其本；言'善恶种子'，乃是于善恶未萌处看。时然之，于是服膺。"常总系黄龙派，他在与程门弟子杨时讨论时，显然是有意识地将禅宗心性说与孟子性善说加以调和。

在宋代，由于受佛教心性学说的影响，道教也走上了重视心性修养的道路。张伯端吸收了佛教禅宗的心性思想，提出了"心"为道体说。他说："窃以人之生也，皆缘妄情而有其身。有其身，则有患；若无其身，患从何有？夫欲免夫患者，莫若体夫至道。欲体夫至道，莫若明夫本心。夫心者，道之体也；道者，心之用也。人能察心观性，则圆明之体自现，无为之用自成。"[1]白玉蟾进而认为，心即是道，主张道教徒修心以求道。王重阳著《立教十五论》，其心论思想也与禅宗非常近似。另外，道教在宇宙论方面也对理学形成产生了很大影响，理学又名道学，理学的许多哲学范畴都与道家道教有密切关系。

当佛道积极提倡三教合一时，儒家学者为了实现复兴儒学的目标，也正在不遗余力地为三教合一付出努力。由于宋代儒家学者认识到儒学思想在哲学思辨上存在的严重不足，并因这一理论上的不足而导致儒学数百年的衰微，所以宋儒更加注意吸收借鉴佛道思辨性强的理论思想，以实现儒学的新生。如华严宗的"理事说"和禅宗"即心是佛"的心性思想，都为北宋儒家学者所吸收，并在此基础上构建了理学的理本论和心性论思想体系。

由此可见，宋代儒释道三教无论出自何种目的，都在努力促动三教的调和与融会，也正是这种不懈的努力，使得儒释道在宋代达到了前所未有的融合程度，从而催动了儒学的复兴和理学的形成。

[1]《悟真篇·后序》，见《道藏》第64册，文物出版社等三家出版社1988年联合出版。

# 第五章

# 宋代儒学内部结构调整中的本体论构建

隋唐以来，佛道二教在当政者的支持下得到快速发展，理论构建方面颇有建树，形成了庞大而精致的理论体系，并在社会层面广泛影响人们的思想和行为。简言之，佛教之所以能成为社会性的宗教，其迷人之处在于：它能为社会上的所有人提供避免思想空虚和行为上无所事事的美好彼岸世界，它就在眼前，又可望而不可即，无数人为了追求它，甘愿舍家抛业。而道教作为中国本土的宗教，它的出现本就具有深厚的基层基础。唐代被立为国教之后，为了适应当政者的要求，与佛教相抗衡，道教的理论体系建构也迅速完备、细化，其源自老庄思想的玄远深邃和行为方式的超凡脱俗，给在世俗烦恼中挣扎的人们提供了一方心灵解脱的净土。同时，就儒学而言，它虽然还是官方意识形态，但此时的它由于受汉代神学目的论的浸淫、魏晋玄学的冲击，又加上隋唐佛道二教的影响，早已不再拥有先秦时期的奋发精神，渐为世人所忽略。这主要是由于隋唐儒学在理论方面缺乏新的创见，已经不能与当时的佛道二教思想相提并论。面对这种学术窘境，唐代儒者已有觉醒，也出现了一批不顾自身安危、为维护儒学道统而四处奔走的真正学者，他们怀揣对理想社会的向往与愿景，以自己的儒学修养为武器，从外围表现、理论内涵到社会影响等方面，对佛道进行了无情的批判。他们自己虽深受来自各方面的诋毁与打击，却也收到了一定的社会效果。这反映了一个社会现实，即此时的儒学在学理体系的建构、社会影响力的渗透上虽不及佛道，但儒家经世济民的淑世情怀却是佛道所不及。

另外，儒家学者在批判佛道的同时，也逐渐明白了佛道之所以繁荣的原因，亦即它们的理论构建更能够解决世人的心灵问题，因为其主旨就是如何解决人们的世俗信仰问题，这就为儒学的复兴提供了一条光明之路。所以，宋代理学的产生是宋儒吸收佛道思想精华，在本体论、心性论、工夫论与境界论上充实丰富儒学内蕴、重构儒学体系的结果，也是历史发展的必然结果和思想文化相融的必然趋势。

生活在这样的文化背景下，宋代思想家们面临的急需解决的时代课题就是如何弥补汉唐以来儒家学术创新不足的欠缺，即所谓的形上学和心性论。这是一项非常复杂而又艰巨的任务，为了完成这一任务，宋代的思想家们在批判借鉴佛道的同时，以自身之学养和对时代问题的强烈自觉，开始了儒学新体系之建构的探索。

## 第一节　佛道本体论的思维模式

在原有的印度佛教思想中并没有“本体”的概念。佛教传入中国后，与社会环境相匹配，逐渐深入挖掘宇宙观、心性论等问题的形上意蕴，在此基础上，隋唐佛教在改造儒家理论的过程中，通过严密的论证肯定了人道与天道的逻辑统一性，将人心之内在灵明与宇宙万物的生生不息密切联系起来，形成了佛教中国化意义上的“真如”本体。而道教作为产生于中国大地上的本土宗教，千百年来与儒学和佛教共同构成了思想文化的主流。道教是以《老子》思想为主体构成了它的哲学思想体系，将“道”作为世界的本体、产生万物的本源。庄子又将这一学说进一步发挥为“道”的非非有与非非无的本质[1]。可以说，道教本体的主旨便是要“顺道”而回归自然。“道”是最重要的哲学命题，反映了道教的核心思想。正是因为佛道本体思想在社会中的重要影响，而汉唐儒家又多欠缺这些内容，所以宋代新儒家便在吸收佛道本体论的过程中，将传统儒家所提倡的心、性范畴上升到本体高度，并借助佛教（特别是禅宗）和道教本体即工夫的思维模式，最终圆满地建立了融合佛道的本体论思维模式。

## 一、佛教本体论的思维模式

在印度大乘佛教般若学中，“实相”与佛性、如来藏、自性清净心、真如等实质相同，都是用以表达“万有之本源”的词汇。

佛教自东汉传入中国后，起初是被视为异端邪说而被加以禁止的，因此其发展在汉魏时期非常缓慢。晋代以后，随着西域僧人不断涌入中原，在带来大量经卷的同时，佛典翻译工作也进入新的发展阶段。可以说魏晋南北朝时期，是佛教经典的大量翻译时期，这为佛教的发展及佛教融入中国文化奠定了良好的基础。魏晋南北朝时期，汉译佛典主要是印度大乘佛教的著作，因此，中土佛教主要吸收借鉴了传自印度的大乘佛教的思维方法和思维模式。如以智顗为代表的天台宗，其主要理论是“性具实相论”。“性具实相论”的核心内容即是“一念三千”理论，即一念心即具足三千世界，这是智顗充分利用大乘佛教的经典，如《法华经》的“十如”实相说、《大智度论》的“三种世间”说和《华严经》的“十法界”说整合而来的，其基本观点是众生心中原本具足、具有世界一切万法与万有。智顗说：“若从心生

[1]《庄子·大宗师》。

一切法者，此则是纵；若心一时合一切法，此即是横。纵亦不可，横亦不可，只心是一切法，一切法是心故。”[1]“心是一切法，一切法是心”，是天台学者论心的关键，它体现了心与万法“相即互具”的思想。在智顗看来，世界万物本来就具足于一心、等同一心，心物互具，体用相即，千差万别的世间现象，都是真如实相的如实呈现。智顗还说：“一念心起，于十界中必属一界。若属一界，即具百界千法。于一念中，悉皆具足。”[2]认为“三千世间”虽然杂陈纷然，但归根结底只在一念心中。天台宗发展至九祖湛然时，他进一步提出了“真修缘修不二”及“一念心性真如”的本体论命题，并宣称“当体即实相”，“一切诸法皆是法界，无非实相，则诸法皆体”。“实相”的本体性特征表露无遗。

以法藏为代表的华严宗与以慧能为代表的禅宗是最具中国化特色的宗教派别，而且对后世特别是宋明理学的形成产生了直接的影响。华严派学者在对《华严经》分析研判的过程中，提出了一系列哲学概念，其最具代表性的理论是“法界缘起”说和“四法界”说。“法界缘起”说认为法界本身即是一个大缘起，所谓“万法融通，互为缘起”“一即一切，一切即一”，因而又称为“无尽缘起”。就是说，世界之所以是“幻相”，因为它只是一个无根无据、无穷无尽的关系之网，所谓“夫法界缘起，如帝网赅罗，若天珠交涉。圆融，自在，无尽，难名”[3]。

在华严学者看来，法界既指一切现象的本质和本源，又泛指各类具体的事物。法界作为“总相”而“包事包理”，具有作为现象最终依据的本体意义，而且也成为一切现象之所以形成的本原意义。法界与“如来藏自性清净心”“本原真心”属于同义概念。法藏说：“如来藏随缘成阿赖耶识，此则理彻于事也；亦许依他缘起无性同如，此则事彻于理也。”[4]在这里，法藏把作为世界本体或事物本质的“如来藏”概括为“理”，把代表世界万有

[1]《摩诃止观》卷5上，见《大正藏》第46册，台湾新文丰出版有限公司1996年版。

[2]《法华玄义》卷2上，见《大正藏》第33册，台湾新文丰出版有限公司1996年版。

[3]《华严三宝章》，见《大正藏》第45册，台湾新文丰出版有限公司1996年版。

[4]《大乘起信论义记》，见《大正藏》第44册，台湾新文丰出版有限公司1996年版。

的个别事物的“阿赖耶识”概括为“事”，从而推出了华严宗的“理事”思想，并由澄观总结出了著名的“四法界”学说。如澄观所说：“言法界者，一经之玄宗，总以缘起法界不思议为宗故。然法界之相，要唯有三，然总具四种：一事法界，二理法界，三理事无碍法界，四事事无碍法界。”[1]

在“四法界”上，华严宗又提出“一真法界”的概念，把世界先归结为一个包罗万象的“存在”，在这个“存在”中，一切具有差别性的事物和现象都是互相依存、互相转化的，没有真实的差别，所以宇宙万物就是互为缘起的一片“幻相”。

禅宗则主张“心本体”说，认为“心”是宇宙万物的本原。如慧能说：“汝等诸人，自心是佛，更莫狐疑，外无一物而能建立，皆是本心生万种法。故经云‘心生种种法生，心灭种种法灭’。”[2]“心量广大，犹如虚空，无有边畔。诸佛刹土，尽同虚空。”“世界虚空，能合万物色象。日月星宿，山河大地，泉源溪涧，草木丛林，恶人善人，恶法善法，天堂地狱，一切大海，须弥诸山，总在空中。世人性空，亦复如是。”“自性能含万法是大，万法在诸人性中。”[3]从以上所引几段话，我们大体可以看出，慧能认为世间万法皆是因心而生，既然“万法尽在自心”，“何不从心中顿见真如”？还说：“汝今当信佛知见者，只汝自心，更无别佛”，“菩提只向心觅，何劳向外求玄？听说依此修行，西方只在眼前”，“一切般若知，皆从自性而生，不从外入”。[4]在慧能看来，“心”本来就清净、具足，不生不灭，是一切万法的本原、根据，具有本体的意义。世俗众生若能识此，便可修成佛道。

慧能之后，真正担当起禅宗发展重任的，当推南岳怀让和青原行思。由南岳怀让、马祖道一、百丈怀海三代相传，发展出沩仰、临济二宗；由青原行思、石头希迁师徒相传，发展出曹洞、云门和法眼三宗。“五家七宗”使禅宗发展进入极盛时期。禅宗五家着力研究《起信论》《楞严经》《金刚经》

[1]《华严法界玄镜》，见《大正藏》第45册，台湾新文丰出版有限公司1996年版。

[2] 慧能著，郭朋校释：《坛经》，中华书局1997年版。

[3] 慧能著，郭朋校释：《坛经·般若品》，中华书局1997年版。

[4] 慧能著，郭朋校释：《坛经·般若品》，中华书局1997年版。

《圆觉经》等佛教经典，在继承慧能思想的基础上，发扬心性“本觉”的如来藏思想，从棒喝声中“超佛越祖”，给世俗哲学以强有力的冲击，对宋及之后的中国哲学思想产生了深远影响。

## 二、道教本体论的思维模式

道教是以先秦道家思想为基础，结合中国古代阴阳五行之说而建立的本土化宗教派别，由于先秦道家注重对宇宙本源的探讨，所以脱胎于先秦道家的道教，从其产生之时就非常关注宇宙的产生和演化，并在长期的发展过程中构建了较为完备的本体论思想体系。素有“小道藏”美称的《云笈七签》是北宋张君房编辑的一部大型道教类书，其中所展现的道教本体论思想，可以说代表了宋代道教本体论思想认识的水平。

其一是“道生说”。《太上老君常清净经》在其开篇就说：“大道无形，生育天地；大道无情，运行日月；大道无名，长养万物。吾不知其名，强名曰道。夫道者：有清有浊，有动有静；天清地浊，天动地静。男清女浊，男动女静。降本流末，而生万物。”认为“道”是宇宙生化的本源，是天地万物存在的本根和主宰。

道教的宇宙观主要继承了《老子》“道”的本体论思想。在《云笈七签》首卷《总序道德》中，有不少地方论述了道如何创生宇宙万物的问题。如《总序道德》引《韩非子·主道篇》曰：“道者，万物之始。物从道生，故曰始。”[1]直接将“道”作为宇宙万物之本根。

《老君指归略例》认为，“夫物之所以生，功之所以成，必生乎无形，形由乎无名。无形无名者，万物之宗也。不温不凉，不宫不商，听之不可得而闻，视之不可得而彰，体之不可得而知，味之不可得而尝。故其为物也则混成，为象也则无形，为音也则希声，为味也则无呈。故能为品物之

[1] 张君房著，蒋力生等校注：《云笈七签》，华夏出版社 1996 年版，第 2 页。

宗主”[1]。《老君指归略例》来自王弼所著的《老子指归》。王弼是玄学派“贵无论”的中坚人物，所以，《老君指归略例》显然是继承了《老子》道是“无”的思想以及王弼、何晏的“贵无论”，认为道具有“无”的特性，故“能为品物之宗主，包通天地”。

另外，《太上老君虚无自然本起经》中也含有丰富的“道生说”思想，如说：“道者，谓太初也。太初者，道之初也。”“初时为精，其气赤盛，即为光明，名之太阳，又曰元阳子丹。丹复变化即为道君，故曰道之初藏在太素之中，即为一也。太素者，人之素也。谓赤气初变为黄气，名曰中和，中和变为老君，又为神君，故曰黄神来入骨肉形中，成为人也；故曰人之素藏在太始之中，此即为二也。太始者，气之始也。谓黄气复变为白气，白气者，水之精也。名太阴，变为太和君，水出白气，故曰气之始也，此即为三气也。夫三始之相包也，气包神，神包精，故曰白包黄，黄包赤，赤包三，三包一，三一混合，名曰混沌。故老君曰：一生二，二生三，三生万物。”[2]意思是说道是“太初”，是宇宙最根本的存在，由“太初”演化出“太素”，“太素”是人之初，“太素”又演化出“太始”，“太始”是气之始，白、黄、赤三气混合，就是混沌之气，混沌之气经由“一生二，二生三，三生万物”的运动变化，衍生出洪荒宇宙、天地万物。

《云笈七签》中还有一种关于宇宙生成和演化的学说，即“气化说”。该说亦源于《老子》之学，通过对气的“空洞”和“混沌”特性的描述，揭示了元气生化天地万物的过程。此外，在《诸家气法部》还提出了“元气论”，认为道即元气，万物均由元气所化生。如此等等，体现了《云笈七签》的宇宙本体论和万物生化论，以此可以窥见宋代道教本体论思想之大略。

---

[1] 张君房著，蒋力生等校注：《云笈七签》，华夏出版社 1996 年版，第 1 页。

[2] 张君房著，蒋力生等校注：《云笈七签》，华夏出版社 1996 年版。

## 第二节　宋代士林对佛道本体论的批判

宋代立国之后，由于当政者的大力提倡及世俗社会中老百姓的信奉，佛教和道教在继唐代的繁盛之后又进入一个崭新发展的时代，无论是在宗教仪轨还是在教理教义上的新面貌均不断出现。它们尽管在社会上占有重要地位，影响也非常广泛，但毕竟是宗教，且它的学理内涵与儒家思想存在较大差距。因此，儒家的思想家和宋代的士人阶层在对它们吸收借鉴的同时，也针对其中不合儒家思想的种种大加批判，他们首先着力进行的是对佛道本体论思想的批判。

### 一、宋代士林对佛教本体论思想的批判

五代十国战乱之后，北宋王朝建立，历史进入了一个新的相对统一时期，时代的发展，使得复兴儒学成为思想意识形态演变中的头等大事。这不仅是因为儒学中的尊王内容符合专制皇权加强中央集权的政治需要，而且也是一种更重要的文化需要——长期的战争与佛老的广泛流行，造成了全社会严重的价值混乱和道德危机，声势浩大的儒学复兴运动势在必行。

儒家知识分子从建立和维护封建等级社会制度出发，竭力维护儒家的三纲五常原则，认为违背三纲五常就是违背天理，就是大逆不道，而佛教之害却恰在于此。所以，他们便对佛教展开了攻击，如北宋三先生之一的孙复，他认为佛教的所作所为是“去君臣之礼，绝父子之戚，灭夫妇之义”[1]。

[1]《宋元学案》卷2《泰山学案》，中华书局1986年版。

还撰写了著名的《儒辱》，阐述了儒家学说发展的困境和艰难。他在文中说："噫！儒者之辱，始于战国……汉魏而下，则又甚焉。佛老之徒，横乎中国，彼以死生、祸福、虚无、报应为事，千万其端，绐我生民，绝灭仁义以塞天下之耳，屏弃礼乐以涂天下之目……儒者不以仁义礼乐为心则已，若以为心，则得不鸣鼓而攻之乎？凡今之人，与人争詈，小有所不胜，则尚以为辱，况彼以夷狄诸子之法乱我圣人之教耶？其为辱也大哉！"

石介则更为鲜明地指出："夫天处乎上，地处乎下，居天地之中者曰中国，居天地之偏者曰四夷。""夫中国，圣人之所常治也，四民之所常居也，衣冠之所常聚也，而髡发左衽，不士不农，不工不商，为夷者半中国，可怪也。夫中国，道德之所治也，礼乐之所施也，五常之所被也，而汗漫不经之教行焉，妖诞幻惑之说满焉，可怪也。"[1]认为中国居天地之中，本为圣人常治、四民常居、衣冠常聚之地，道德所治、礼乐所施、五常所被之所，但由于佛教的传入与传播而造成了混乱，使儒家伦理文化几被湮灭，这是非常奇怪的现象。在石介看来，"仰观于天，则二十八舍在焉；俯察于地，则九州分野在焉；中观于人，则君臣、父子、夫妇、兄弟、宾客、朋友之位在焉"。因此，"非二十八舍、九州分野之内，非君臣、父子、夫妇、兄弟、宾客、朋友之位，皆夷狄也"，如果任由佛教惑乱，则会导致"天常乱于上，地理易于下，人道悖于中"，到那时"国不为中国矣"。[2]

可见，北宋早期的儒家学者批佛的主要攻击点，就是认为佛家轻易抛弃仁义礼乐，因为仁义礼乐是儒家思想的核心价值所在。北宋的儒学复兴运动之所以能蓬勃而起，就是因为越来越多的人认同了儒家这一核心价值。但要想真正从理论上彻底驳倒佛家学说，还存在着巨大的困难。如果仅仅列举一些佛教背离人伦礼法表象的事例，似乎有些苍白无力。因为佛教宣称，劝人为善正是三教之同处，且儒之伦常只是"有名之善"，而佛之心性

[1]《徂徕石先生文集》卷5《怪说》上，中华书局1984年版。

[2]《徂徕石先生文集》卷10《中国论》，中华书局1984年版。

则是“无名之善”[1]，二者相较，后者显然更高。

著名的唐宋八大家之一的欧阳修似乎注意到了这个问题。他认为，人们之所以相率而归于佛教，“以佛有为善之说故也”，因而要战胜释氏，靠韩愈那种“人其人，火其书，庐其居”的强制手段是不行的，应当“修其本以胜之”。[2]如何修其本以胜之呢？欧阳修也没有找到切实的办法。但他对佛教的批判是猛烈的，并对理学的形成产生了较为深刻的影响，最起码为清除佛教给儒学复兴造成的障碍作出了积极贡献。

气学家张载以气本论学说从理论上给佛教以有力打击。宋代范育在《正蒙序》中分析张载之所以要著《正蒙》一书时说：“(张子)闵乎道之不明，斯人之迷且痼，天下之理，泯然其将灭也，故为此言与浮屠老子辨。夫岂好异夫哉？盖不得已也。”在范育看来，张载著《正蒙》，并不是故意标新立异，而是因为不忍心看到佛教之害蔓延，以至于淹没了儒家纲常伦理。关于这一点，明末王船山也认为，张载所以要写《正蒙》一书，目的是要“养蒙以圣功之正”，即要从正确的童蒙教育入手，“以孝道尽穷神知化之致，使学者不舍闺庭之爱敬，而尽致中和以位天地、育万物之大用”，以“辟佛教邪迷，换人心之横流”。张载的气本论实际上是从存在方面来解说本体，《正蒙·太和篇》中的一段话系统地表述了他的观点：“知虚空即气，则有无隐显、神化性命通一无二，顾聚散出入，形不形，能推本所从来，则深于《易》者也。”还说：“若谓虚能生气，则虚无穷，气有限，体用殊绝，入老氏有生于无自然之论，不识所谓有无混一之常；若谓万象为太虚中所见之物，则物与虚不相资，形自形，性自性，形性、天人不相待而有，陷于浮屠以山河大地为见病之说。此道不明，正由懵者略知体虚空为性，不知本天道为用，反以人见之小因缘天地。明有不尽，则诬世界乾坤为幻化。幽明不能举其要，遂躐等妄意而然。”[3]

在这段话中，张载提出本体与现象是“通一无二”的，现象是气，本体

[1]《镡津文集》卷6《论原·善恶》，见《大正藏》第52册，台湾新文丰出版有限公司1996年版。

[2]《居士集》卷17《本论》下，见《欧阳修全集》，中华书局2001年版。

[3] 张载：《正蒙·太和篇》，见《张载集》，中华书局1978年版。

之虚空也是气，本体与现象统一于“有”，也就是气，因而无所谓“无”，只不过本体之气无形，现象之气有形罢了。张载认为，释氏的根本错误在于从个体之人出发，“以人见之小因缘天地”，以自己的精神现象比附宇宙的物质现象，致使“明有不尽”，“以山河大地为见病”。这种“以小缘大，以末缘本”的思路,或者说“以六根之微因缘天地”“以心法起灭天地”的思路，必然会彻底否定现象之气的实在性，使本体之性与现象之形断为两截，不仅歪曲了现象，而且也必然会歪曲本体，结果必然是虽略知性之为体，而不知体之有用，“妄意天性而不知范围天用”。他说：“释氏妄意天性而不知范围天用，反以六根之微因缘天地。明不能尽，则诬天地日月为幻妄，蔽其用于一身之小,溺其志于虚空之大,所以语大语小,流遁失中。”[1] 因此,“儒者则因明致诚,因诚致明,故天人合一,致学而可以成圣,得天而未始遗人,《易》所谓不遗、不流、不过者也。彼语虽似是，观其发本要归，与吾儒二本殊归矣”。张载总结说：“道一而已，此是则彼非，此非则彼是，固不当同日而语。”[2]

在张载看来，对本体的认识即《中庸》所谓“诚”，对现象的认识即《中庸》所谓“明”。佛家“以人生为幻妄，以有为为疣赘，以世界为荫浊”，这种对现象界的认识是完全错误的。与儒学相比，释氏得其一而丧其一，遗其一而存其一，本末体用分为两截。由儒释对现象世界的态度不同，可以推断其对本体的认识必定是“二本殊归”，由此可以分明断定儒佛之间的是非对错。张载的弟子范育也认为，“浮屠以心为法，以空为真，故《正蒙》辟之以天理之大”[3]。很显然,张载对佛教“世事皆幻”的本体观是持否定态度的。

二程出于重建封建伦理纲常的需要，对于佛教的批判亦不遗余力。他们认为，佛教主张的是虚幻的宗教世界观，他们对佛学“始以世界为幻妄，

---

[1]《正蒙·大心篇》，见《张载集》，中华书局 1978 年版。

[2]《正蒙·乾称篇》，见《张载集》，中华书局 1978 年版。

[3]《张载集》，中华书局 1978 年版，第 5 页。

而谓有天宫，后亦以天为幻，卒归之无”[1] 持严厉的批判态度，如说：“曰成坏则可，住与空则非也。如小儿既生，亦日日长行，元不曾住，是他本理只是一个消长盈亏耳，更没别事。”[2] 现实世界及其运动变化是自然存在，具有规律性的，而非空幻。二程由此推及自然界，说：“物生死成坏，自由此理，何者为幻？”[3]“只如一株树，春华秋枯，乃是常理，若是常华，则无此理，却是妄也。”[4]“有生者，必有死；有始者，必有终。此所以为常也。为释氏者，以成坏为无常，是独不知无常乃所以为常也。”[5]“天地之间，有生便有死，有乐便有哀”[6]，因此，人们应该“以生死为本分事”，正确认识并接受这一规律。至于“释氏以死为无常”[7]，怎么能和圣人相比呢？又如何能够修行成圣人呢？

据《河南程氏遗书》记载：“伯淳先生常语韩持国曰……禅学者总是强生事。至于山河大地之说，是他山河大地，又干你何事？至如孔子，道如日星之明，犹患门人未能尽晓，故曰：‘予欲无言。’……又曰：‘天何言哉？四时行焉，万物生焉。’可谓明白矣。”[8] 意思是说，儒家已是十分明了的问题，而到了佛家那里却纠缠不清，既然如此，“佛氏不识阴阳昼夜死生古今，安得谓形而上者与圣人同乎”？[9]“佛言前后际断。纯亦不已是也，彼安知此哉？子在川上曰：‘逝者如斯夫！不舍昼夜。’自汉以来儒者，皆不识此义，此见圣人之心纯亦不已也。《诗》曰：‘惟天之命，于穆不已。’盖曰天之所以为天也。‘于乎不显，文王之德之纯。’盖曰文王之所以为文也。纯亦不已，

[1]《二程集》，中华书局 1981 年版，第 408 页。
[2]《二程集》，中华书局 1981 年版，第 335 页。
[3]《二程集》，中华书局 1981 年版，第 4 页。
[4]《二程集》，中华书局 1980 年版，第 408 页。
[5]《二程集》，中华书局 1981 年版，第 394 页。
[6]《二程集》，中华书局 1981 年版，第 152 页。
[7]《二程集》，中华书局 1981 年版，第 408 页。
[8]《河南程氏遗书》卷 1，见《二程集》，中华书局 1981 年版。
[9]《河南程氏遗书》卷 14，见《二程集》，中华书局 1981 年版。

此乃天德也。”[1] 这就用儒家天道客观实存之德否定了佛教以宇宙为空幻的谬说。

胡寅是宋代著名的哲学家，他从儒学本位立场对佛教展开了批判，为宋代儒学获得新生作出了有益贡献。

胡寅继承了张载的气论和程颢“有成坏，无住空”的批判，对佛教所谓的世界由因缘和合而生的思想进行了批判，提出了世界是阴阳二气氤氲和合的产物的思想认识，如说：“阴阳之气，分为天地，凝为日月，散为万物。升降、晦明、消息、聚散，皆气之运，未有能外之而独立者也。聚则成，散则坏。盈虚相荡，一息不留，未尝止也，安得言在？不成则坏，不坏则成，皆可耳闻目见而心知也，安得言空？是故中国传圣人之道者正之，曰：‘有成坏，无住空。’佛以世界终归于空，故其道以空为至。然实不能空也，佛强空之耳。”[2] 认为物固然有生成与毁灭，然而气却是实有的，气聚则成物，气散则物败，气外则无物，因此宇宙是“不空”的。同时，由于气的永恒感通变化特性，使得宇宙因此而“无住空”。

对于佛教以“四轮”之说描绘宇宙图式，胡寅也对此予以批判。佛教认为空轮以上有水轮，水轮以上有风轮，风轮以上有金轮，四轮持载着大地。胡寅对这一说法进行了回应，认为“地之有水，犹人身之有血也。故‘地中有水’，《大易》八卦之明象也。若曰地浮水上，乃释氏四轮之妄谈也。水为五行之本，其气周流于天地万物，或升或降，或凝或散，皆气机之自然，故草木则有滋，山石则有液，人则有血，土则有水，金则水之所生，无足怪者。佛之学不明乎气，以气为幻，故学之者其蔽如此”[3]。

相比较来讲，南宋理学大师朱熹批佛比二程、胡寅等更加深入，态度亦更加坚决。在他看来，对于佛教的批评就如同孟子排斥杨、墨，如说：“异端之害道，如释氏者极矣。以身任道者，安得不辨之乎？如孟子之辨杨、墨，正道不明，而异端肆行，周孔之教将遂绝矣。譬如火之焚将及身，任道君

[1]《河南程氏遗书》卷 14，见《二程集》，中华书局 1981 年版。

[2] 胡寅：《崇正辨·斐然集》，中华书局 1993 年版，第 7 页。

[3] 胡寅：《崇正辨·斐然集》，中华书局 1993 年版，第 21 页。

子岂可不拯救也？”[1]还说：“惟其天下无二道，圣人无两心，所以有我底著他底不得，有他底著我底不得。若使天下有二道，圣人有两心，则我行得我底，他行得他底。”[2]

朱熹还对佛教以心法起灭天地的思想进行了批判，认为“乾坤造化如大洪炉，人物生生，无少休息，是乃所谓实然之理，不忧其断灭也。今乃以一片虚寂目之，而反认人物已死之知觉谓实然之理，岂不误哉？”朱熹还嘲笑释家说：“盖圣人之于天地，不过因其自然之理而载成辅之而已。若圣人反能造化天地，则是子孙反能孕育父祖，无是理也。”所以，“凡此好大不根之言，皆其心术之蔽，又原于释氏心法起灭天地之了意”[3]。显然，朱熹在这里摆正了心与物之间的关系。

朱熹批佛比较讲究策略，他避开佛教的空无本体思想，选择以人性论为突破口，对佛学的空无本体论进行迂回批判。他认为，儒家所谓的性是实有的，佛家则以性为空、无，所以应该批判，如说：“形有死生，真性常在，某谓性无伪冒，不必言真，未尝不在，不必言在。盖所谓性，即天地所以生物之理……何尝不在？而岂有我之所能思乎？！释氏所云真性，不知其与此同乎否也。同乎此，则古人尽心以知性知天，其学固有所为。非欲其死而常在也。苟异乎此，而欲空妄心，见真性，惟恐其而失之，非自私自利而何？！”[4]指出“佛氏所以差，从劈头初便错了”[5]，认为“吾儒心虽虚而理则实”[6]。他还继续批判说：“如只说天命之谓性，释氏便不识了，便遽说是空觉……他云不染一尘，不舍一法。既不染一尘，却如何不舍一法。”[7]“若佛家之说都是无……一切都终归于无，终日吃饭，却道不曾咬着一粒米，

---

[1]《朱子语类》卷126，中华书局1986年版。

[2]《朱子语类》卷126，中华书局1986年版。

[3]《答廖子晦书》，见《朱文公文集》卷45，商务印书馆1937年版（全十册本）。

[4]《续近思录》，商务印书馆1936年版，第232页。

[5]《朱子语类》卷126，中华书局1986年版。

[6]《朱子语类》卷126，中华书局1986年版。

[7]《朱子语类》卷34，中华书局1986年版。

满身著衣，却道不曾挂着一条丝。”[1]显然，朱熹从逻辑关系上打到了佛教思想矛盾的痛处。

关于佛家主张的空心之说，朱熹认为，其过在于“误心为性”。他指出：“释氏见得心空而无理，此见得心虽空而万理具备。”[2]在《答徐子融书》中说：“性只是理，有是物斯有是理，子融错处是认心为性，正与佛氏相似，只是佛氏摩擦得这心极精细，如一块事物，剥了一重皮，又剥一重皮，至剥到极处无可剥处，所以磨弄得这心粗光，他便认作性。殊不知，这正是圣人所谓心。”还说：“心只该得这理，佛氏原不曾识得理这一节，便认知觉运动做性。”[3]在此，朱熹是从其性即理角度来理解佛教的心性论的，并批判了佛教的心性认识上的不足。

在朱熹等理学家们看来，“视有视之理，听有听之理，言有言之理，动有动之理，思有思之理”，人们的一切视、听、言、动、思都是受“理”支配的。但佛家不这样认为，所以朱熹批评佛家“只见得个浑沦的事物，无分别，无是非，横底也是，竖底也是，直底也是，曲底也是，非理而视也是此性，以理而视也是此性。少间用处都差，所以七颠八倒，无有是处”。[4]

至于“理”的具体内容，朱熹认为应是“视思明、听思聪、貌思恭、言思从、思思睿”。所以，朱熹认为“释氏弃了道心，却去人心之危者而作用之，遗其精者，去其粗者以为道，如以仁义礼智为非性，而以眼前作用为性是也。此只是源头处错了”[5]。还说佛家“只认得那人心，无所谓道心，无所谓仁义礼智”，这样很容易使人们“陷于无父无君之域而不自觉”的境地。[6]所以，朱熹说：“释氏说到空处，又无归著，且如人心，须是其中自有父子、君臣、兄弟、夫妇、朋友，他做得到底，便与父子、君臣、兄弟、夫妇、朋友都

[1]《朱子语类》卷34，中华书局1986年版。
[2]《朱子语类》卷126，中华书局1986年版。
[3]《朱子语类》卷126，中华书局1986年版。
[4]《朱子语类》卷126，中华书局1986年版。
[5]《朱子语类》卷126，中华书局1986年版。
[6]《朱子语类》卷34，中华书局1986年版。

不相亲。吾儒做得到底，便父子有亲，君臣有义，兄弟有序，夫妇有别，朋友有信。吾儒只认得一个诚实底道理，诚便是万善骨子。”[1]

与朱熹同时代的张栻，也对佛教的“心生宇宙”之说进行了批判。《般若经》曰：“于一切法，心为善导。若能知心，悉知众法，种种世法皆由心。”[2]唐本《华严经》卷三十一亦曰：“三界所有，唯是一心。”对于佛教这种“种种世法皆由心”的观点，张栻是持反对态度的。他认为，释氏完全主张宇宙由人心所生，但人心必然有自私自利之念渗透其中，所以就难免陷于自私自利的境地。可见，张栻对于佛教的“心”说是持批判态度的。

总而言之，宋代思想家对佛教本体论的批判是比较深入的，这也是当时士人阶层的使命担当。这股批判思潮为他们改造传统儒学做好了舆论准备和理论铺垫。

## 二、宋代士林对道教本体论思想的批判

佛道是宋代宗教的两支重要力量，对社会各个阶层都产生了巨大影响。虽然两教并驱，但以佛教影响为最。生活于两宋时期的文人士大夫经常出入“佛老”，尤其是出入于“佛”较为普遍，所以宋人对于佛教褒贬较多，对于道教则褒贬相对较少，虽然有五代宋初士人在思想上积极吸收了道教思想，但道教在文人士大夫中间所受到的关注度则远低于佛教。因此，搜检宋时的史料，对于文人士大夫与道教之间的关系记述相对于与佛教的关系文字较少，无论是褒扬抑或是批判都是如此。但考虑到道教与宋代儒学复兴的研究问题，亦尽量搜集这方面的史料，旨在证明宋代士林与道教之间发生的关系，以为切题讨论之所需。尽管文字不多，但也可在一定程度上反映宋代士林对道教的基本态度。

张载主张气本论的宇宙观思想，但由于当时三教并存、合流的环境特

[1]《朱子语类》卷 34，中华书局 1986 年版。

[2]《大藏经》第 8 册，台湾新文丰出版有限公司 1996 年版，第 568 页。

点，也使得张载不免与佛道发生联系，《宋史·道学传》就有张载“访诸释老，累年穷究其说”的记载。但张载对佛教批判较多，如二程所说“张子厚尤所切齿者此尔”，所谓“此尔”，指的就是佛教主张的“以天地为妄”。但张载对道教批判则较少，不但如此，其思想中有许多是与道教相通的。

二程早年陷溺佛教较多，但以儒家道义为担当，对佛教采取了激烈的批评态度，同时也对道教思想进行了批判，主要是批判道教中的粗俗信仰，因为这些粗俗的宗教信仰稀释了人们对儒家礼仪教化的兴趣，危害了儒家正统伦理的传播与推广。但整体上，二程认为道教“其言近理”[1]，并在自己思想体系的构建中吸收了许多道家道教思想，所谓“攻斥老、佛至深，然尽用其学而不自知”[2]。

二程四传弟子朱熹，早年涉猎佛道，31 岁师事李侗后，逐渐偏离老学。对于道家道教，朱熹有自己的见解，他认为道家道教既有联系，又有区别。朱熹推崇老子，说：“今观老子书，自有许多话说，人如何不爱？”[3]但他也认为老子思想中有消极的一面，甚至批评“老子言有生于无，便不是”[4]；对于庄子，朱熹是褒扬多、批评少。对于道教，朱熹自有自己的看法和观点。他对于道教宣扬的神仙度世的说法，从理性上是不赞成的，尤其是道教提倡的“厌禳祈祷”等比较粗俗的迷信活动，朱熹持尖锐批评态度，认为道教徒沉迷于个人的修炼活动而不关心他人和社会，是“绝灭礼法”的行为，与杨朱的“为我”没有区别。

欧阳修在文学上取得了杰出成就，而其天人宇宙观等哲学思想比较薄弱，但其对宋代道教神秘主义展开的批判是值得肯定的。如他对道教“神仙”说的虚妄不经作出批判：“仍知神仙事茫昧，真伪莫究徒自传。”[5]“世说

---

[1]《二程集》，中华书局 1981 年版，第 138 页。

[2]《习学记言序目》，中华书局 1977 年版，第 751—752 页。

[3]《朱子语类》卷 125，中华书局 1986 年版。

[4]《朱子语类》卷 125，中华书局 1986 年版。

[5]《欧阳修全集》，上海世界书局 1926 年版，第 63 页。

有仙草，得之能隐身；仙书已怪妄，此事况无文。”[1]欧阳修指出，封建统治者之所以崇奉道教神秘主义，其实就是一个“贪”字，于政于民无所补益。他指责“千年佛老贼中国”[2],“甚矣！佛老之为世惑也”[3]。欧阳修对道教神秘主义的批判，对于宋代理学的兴起和发展具有积极意义。

## 第三节　宋代士林对佛道本体论的吸收、改造与新儒学本体论的构建

在宋明理学学理体系的构建中，首先要具有明确的宇宙意识，要把握核心的本体论内容，这是一切问题的出发点。所以，研究和探讨佛道对宋代儒学内部结构调整所发挥的作用与影响，首先要落实到理学总体天人宇宙图景的重建问题上。如张载提出：“一物两体，气也；一故神，两在故不测。两故化，推行于一。此天之所以参也。”[4]二程提出：“父子君臣，天下之定理，无所逃于天地之间。”[5]朱熹提出“天地之间有理有气，理也者，形而上之道也，生物之本也，气也者，形而下之器也，生物之具也。是以人物之生，必禀此理然后有性，必禀此气然后有形”[6]等。所以，研究、探讨佛道对宋代儒学内部结构调整的作用问题，首先要落实到本体论问题，也就是理学体系中总体天人宇宙图景的重建。

[1]《欧阳修全集》，上海世界书局1926年版，第1页。
[2]《欧阳修全集》，上海世界书局1926年版，第10页。
[3]《欧阳修全集》，上海世界书局1926年版，第1162页。
[4]《正蒙·参两》，见《张载集》，中华书局1978年版。
[5]《河南程氏遗书》，见《二程集》，中华书局1981年版。
[6]《朱子语类》卷1，中华书局1986年版。

## 一、无极而太极

众所周知，周敦颐享有“理学开山”的盛名，其历史功绩便是为理学天道观之本体论建构提出了一个供后人借鉴的路径。他的名作《太极图说》开篇云：“无极而太极。太极动而生阳，静而生阴。静极而动。一动一静，互为其根。分阴分阳，两仪立焉。阳变阴合而生水火木金土，五气顺布，四时行焉。五行一阴阳也，阴阳一太极也，太极本无极也。五行之生也，各一其性。无极之真，二五之精，妙合而凝。乾道成男，坤道成女。二气交感，化生万物，而变化无穷焉。”周敦颐虽出身儒家，其学说却有浓厚的道家、道教特征，也深受佛教之影响。“无极”一词出自《老子》，太极最早出现在《庄子》一书中，而周敦颐的《太极图》又是受到陈抟《无极图》的启发。由之倒序而来，他建构了一个宇宙万物的生成图式，并赋予儒家生生之内涵。

关于周敦颐《太极图说》的首句“无极而太极”之具体文字表述本应是什么的问题，已成为学界的一个公案。朱熹生活的时代，《太极图说》已有多种版本：一为宋史馆所修《国史》本“自无极而为太极”；二为九江本“无极而生太极”；三为朱子依据延平本删定为“无极而太极”。据此，周敦颐《太极图说》的首句很可能不是现在流传的“无极而太极”，而是《国史》本的“自无极而为太极”。那么，他的宇宙论也不是理学成熟时期的本体论，而应视为宇宙生成论。从《太极图》及《太极图说》中，我们可以清晰地看到这一特色。他的无极——太极、阴阳、五行、男女、万物等范畴构成的一步步推演的逻辑结构，阐发了太极是其思想的最高范畴和整个学术体系的终极根基。阴阳二气的动静、宇宙万象的大化流行，皆无一例外由它产生、发展，变化交感也为其所主宰和制约。周敦颐还说：“五行之生也，各一其性。无极之真，二五之精，妙合而凝。乾道成男，坤道成女。二气变感，化生万物，万物生生而变化无穷焉。”[1] 这一思想无疑是受到老子“道生一，一生二,二生三,三生万物”和陈抟“炼精化气，合三为二；炼气化神，合二为一；炼神还虚，一归无极”的影响。

周敦颐的《太极图》虽来源于陈抟的《无极图》，但在本质上却有重大区别。道教学者追求长生久视，所以他们格外重视对“精气神”的修炼，希望通过“炼精化气、炼气化神”的日复一日的艰苦修炼，最终达到“炼神还虚”与道合一的境界。这一过程与宇宙万象的产生过程正好相反,是逆向的。而儒家思想最为重视的是社会的人伦物用，因此,《太极图》的方向是从上而下，表示“顺而生人”。具体而言,《太极图》与《无极图》的区别是将《无极图》之“炼神还虚，复归无极”转化为《太极图》之“无极而太极”,《无极图》之“取坎填离”变为《太极图》之“阴静阳动”,《无极图》之“五气朝元”成为《太极图》之“水火木金土”五行感动而善恶分,《无极图》之“炼精化气”“练气化神”变为《太极图》之“乾道成男、坤道成女”,《无极图》之“玄牝之门”变为《太极图》之“万物化生”。

在《太极图》和《太极图说》中，周敦颐提出了一个比较完整的宇宙化生模式。首先，他将太极重新定义为宇宙本体；其次，他通过“诚”与“乾元”的沟通，使“诚”的道德本体地位得以确立，从而将儒家早在先秦便已出现的道德伦理思想作出形上论证。

所谓“诚”，早在《中庸》中便已提到，是儒家从道德实践中抽象概括出来的一个重要范畴。周敦颐认为，“诚”是人之所以为人的价值根基，是天所赋予之命，人所禀受之性。但是，此“诚”与“性命”是否可以在人生现实当中全幅朗现？如果能，原因是什么？如果不能，该如何解决问题？周敦颐给出的答案是通过“继”和“成”的方法，即“继之者善也，成之者性也”。这样，人们便可将玄远之天道性命之“诚”在现实社会中转化为本善之性。周敦颐所提出的“大哉乾元，万物资始，诚之源也”“乾道变化，各正性命，诚斯立也”，即通过论证“诚”不仅具有本体的性质，而且通过

[1] 周敦颐:《太极图说》，见《周子全书》，商务印书馆 1937 年版。

“乾道变化，各正性命”的变化过程，也可转化为现实社会中有形可见之物的品格，从而沟通天道与性命的关系，“太极”即“诚”。道教意味很浓的《无极图》经过周敦颐的改编，成为儒家的宇宙生成论，后又通过对《通书》太极之诚体的诠解，确立了儒家伦理纲常的本体论依据，进而完成其融合三教的理学本体论建构。

虽然周敦颐被后世儒家尊为理学开山，但通过以上分析可以看出，道教理论特别是陈抟的道教易学图式在理学体系形成过程中的理论贡献是不可磨灭的。

关于周敦颐借用佛道的言辞来解释儒家学说的现象，朱伯昆先生曾有精辟的评说：“佛道二教讲无欲清静，排除同外物接触，使内心保持一种永恒的虚静的状态。而周敦颐讲无欲主静，其内容是无私，所以不排除同外物接触，无思也不是废弃思考，而是实现动直，没有私心，以履行仁义道德的教条。”[1]由此，为儒家伦理道德体系的建构而铺设的“天道性命相贯通”之路便在周敦颐儒佛道会通的前提下顺利实现了。

## 二、太虚即气

张载，北宋五子之一，不仅熟读儒家经典，而且遍访佛老之书。据载：“(他)访诸释老之书，累年尽究其说，知无所得，反而求之六经。”[2]在对儒佛道三家学说都有清晰透彻理解的基础上，张载以实体之“气”作为宇宙万象产生的本原，在批判佛道的基础上建构起独特的“太虚即气”的具有本体论特色的天道观系统。

在北宋五子中，张载对佛道的批判是最激烈的。他曾对佛教自汉传入中土至唐宋发展之大略及其对社会产生的影响进行过如下概述：“自其说炽传中国，儒者未容窥圣学门墙已为引取，沦胥其间，指为大道。乃其俗达

[1]《中国古代哲学家评传》第3卷上，齐鲁书社1981年版，第56页。

[2]《宋史·道学传》，中华书局1977年版。

之天下，至善恶、知愚、男女、藏获，人人著信。使英才间气，生则溺耳目恬习之事，长则师世儒宗尚之言，遂冥然被驱，因谓对人可不修而至，大道可不学而知，故未识圣人心，已谓不必求其迹，未见君子志，已谓不必求其文。此人伦所以不察，庶物所以不明，治所以忽，德所以乱，异言满耳，上无礼以防其伪，下无学以稽其弊。自古诐、淫、邪、遁之词，翕然并兴，一出于佛氏之门者千五百年。”[1] 在张载看来，这种崇佛的社会风习危害极大，使得儒家大道几至于灭裂。如果不对传统儒学进行深刻的理论改造，就很难树立传统儒学的道统。因此，张载立志重构新的理论体系，“为往圣继绝学”。

在张载思想体系中，“太虚即气”的宇宙本体论是其核心内容，这一思想认识主要是针对佛道二教展开的，这也是理解其整个学术体系的关键。清代王植曾说：“太虚二字，是看《正蒙》入手关头，于此得解，以下迎刃而解矣。”[2] 故张载天道观建立的前提是对佛道的批判。其实，“太虚”这个词并非儒家术语，《老子》认为“道”的性质是“大而虚静”，《庄子》一书中曾有“若是者，外不关乎宇宙，内不知乎太初，是以不过乎昆仑，不游乎太虚”的提法，这里的“太虚”是超越空间与时间的“道”。佛教中也经常有“虚”的说法，如《金刚经》云：“凡所有相，皆是虚妄。”正因为佛道二教都有“虚”或“太虚”的说法，故张载在建构其天道观之本体论时，便颇有针对性地使用了“太虚”二字，并开门见山地指出：“知太虚即气，则无无。”由于佛教认为宇宙万象都不是真实的存在，是“空”和“无”，所以，张载对“太虚”的定义首先表明太虚中充满了气，不是空无，充分肯定了宇宙存在的真实性。

对于佛教“诬世界乾坤为幻化”，张载认为其根本原因在于佛教不能从“本天道为用”的角度去理解“虚空”的性空而实有，将宇宙万象与太虚当作没有联系的二物，认为虚空便是空无一物，却不知道看似空无一物的茫

---

[1]《张载集·正蒙·乾称篇》，中华书局 1978 年版。

[2] 王植：《正蒙初义·臆说》，台湾商务印书馆 1986 年版。

茫宇宙间其实充满了“气”,并在此基础上建立了它的宇宙本体——“太和”。

佛教认为整个宇宙万象包括人类社会都是“幻化”、不真实的，故此，佛教不能明确解释宇宙万象的大化流行，认为彼此之间“物与虚不相资”，形性分离、互不干涉，自然也就不能解释天人关系，从而沉溺于“山河大地为见病”之说，不能自拔。

同时，张载指出道教的天道观则是“幽明不能举其要，遂躐等妄意而然”[1]，道教的缺陷在于认为虚能生气，但“虚无穷，气有限，体用殊绝，入老氏‘有生于无’自然之论，不识所谓有无混一之常”[2]。也就是说，道教把虚与气的关系与老子的“有生于无”联系起来，认为“气”是有限的，“虚”是无限的，却没有认识到“有无”在现实中实际上是“混一”的，所以道教的虚气观从根本上来说缺点就是“体用殊绝”，将两者割裂开来。针对佛道天道观构建的问题，张载提出“太虚无形，气之本体，其聚其散，变化之客形尔；至静无感，性之渊源，有识有知，物交之客感尔。客感客形与无感无形，惟尽性者一之”[3]。为了揭露佛道割裂有无虚实的错误，张载将“太虚”解释为“气”的本来状态，又指出这一状态有“客感客形”与“无感无形”等几种不同的表现。为了说明“太虚”的各种内涵，他又指出“太虚”不仅包括了宇宙万象，还包含了人类社会的种种及人的心与性。正是由于它包罗万象，所以是当仁不让的本体。正因如此，太虚无形无象，具有至静的特征。所谓至静，不是说它永远不动，而是一种超越了动静又蕴涵动静之机的实体，贯通形上与形下。所以张载进一步将之形容为“所以妙万物而谓之神，通万物而谓之道，体万物而谓之性”[4]。显然，张载天道观构建中的术语，无论是“天道”“太和”还是“太虚”，都是天道本体，从宇宙观的角度来说，它创生万物；从心性的角度来说，它赋予人纯然至善的本性；从人类社会来说，它又是具有超越性的道德准则。因此，“虚”绝不是佛道

---

[1] 张载:《正蒙》，见《张载集》，中华书局 1978 年版。

[2] 张载:《正蒙》，见《张载集》，中华书局 1978 年版。

[3] 张载:《正蒙》，见《张载集》，中华书局 1978 年版。

[4] 张载:《正蒙》，见《张载集》，中华书局 1978 年版。

之“空无”或“体用殊绝”，它有体有用，其用为：“虚者，仁之原，忠恕者与仁俱生，礼义者仁之用。”[1]这是说因为“太虚”之体，才见“仁”之“用”。再一次区别了他的“太虚观”与佛道的截然不同。

张载天道观之“太虚即气”，虽然旗帜鲜明地反对佛道的本体论，但他以佛道术语构建的本体论之体系在体现儒家义理内涵方面还不够完备，所以，后来的二程和朱熹对他的“太虚即气”多有批判，如朱熹指出：“《正蒙》说道体处，如‘太和’‘太虚’‘虚空’云者，止是说气。说聚散处，其流乃是个大轮回。盖其思虑考索所至，非性分自然之知。若语道理，惟是周子说‘无极而太极’最好。如‘由太虚有天之名，由气化有道之名，合虚与气有性之名，合性与知觉有心之名’，亦说得有理。‘由气化有道之名’，如所谓‘率性之谓道’也。然使明道（程颢）形容此理，必不如此说。伊川所谓‘横渠之言诚有过者，乃在正蒙’；‘以清虚一大为万物之原，有未安’等语，概可见矣。”[2]认为“气”的实体性如聚散的特征决定了其不能作为生化万物之本体，所以程朱使用了更具形上特征的词汇“理”来作为本体，并在批判的基础上进一步吸收佛道的理论而构建了程朱理学的理本论思想体系。

## 三、先天之学与后天之学

北宋五子的另一位知名理学家便是邵雍。他的学术体系由两部分组成：先天之学与后天之学。先天之学讲述宇宙产生的过程，利用先天八卦的方式为宇宙万象与人类社会的产生作出模拟；后天之学是对社会人生及人类历史的发展提出自己的观点。前者来源于陈抟一系，后者则从文王后天八卦那里获得。因此，对宋代理学天道观进行研究不能避开邵雍。

学界皆认可邵雍继承了陈抟的先天易学思想，进一步发展了他以图解

---

[1]《张子语录》，商务印书馆 1936 年版。

[2]《朱子语类》卷 99，中华书局 1986 年版。

易的思路，根据象数原理和图式，运用阴阳运动往复和互体之象的方法，来说明天地万物的产生、演变与消失的过程。通过象数图式，由“太极”一分为二、二分为四、四分为八……一步步演化出世界上存在的所有事物，清晰而系统地将整个宇宙、人类社会的动态秩序和全体大用朗现于世人面前。邵雍这一思想主要体现于他的著作《皇极经世》之中。朱熹说：“康节之学，其骨髓在《皇极经世》，其花草便是诗。”[1]此言不虚。

不仅如此，陈抟的内丹修炼法也为邵雍所重视。《恍惚吟》曰：“恍惚阴阳初变化，氤氲天地乍回旋。中间些子好光景，安得功夫入语言。”[2]他对丹道按日月往来的节令修炼“精气”以“得药”的过程作出诗意解说；其《观物吟》又曰：“耳目聪明男子身，洪钧赋与不为贫，因探月窟方知物，未蹑天根不识人。乾遇巽时观月窟，地逢雷处看天根，天根月窟闲来往，三十六宫都是春。”[3]对《无极图》“炼气化神”的性命双修过程从易学的角度作出解释：乾为全阳之卦，阳极复返，一阴在下，五阳在上，成为姤卦，展现一阴初生的情状，邵雍以“月窟”名之；坤为全阴之卦，阴极复阳，成为复卦，取“一阳来复”之意，卦象表示为一阳在下，五阴在上，称为“天根”。从邵雍的六十四卦卦圆图看，乾巽二卦之间为“月窟”，即是一阴将生之处，亦即“乾遇巽时观月窟”；坤震二卦之间为天根，即是一阳将生之处，亦即“地逢雷处看天根”，也即以阳气的渊源为天根，阴气的发端为月窟。黄宗羲评价说：“康节因《先天图》而创为天根月窟，即《参同契》乾坤门户牝牡之论也……盖康节之意，所谓天根者，性也；所谓地窟者，命也。性命双修，老氏之学也。”在《参同契》中，以乾为炉，以坤为鼎，作为炼气的根本。邵雍认为，人体之内有动静之机，也有“天根”和“月窟”。从静到动，静动之间是“天根”，从动到静，静动之间是“月窟”。可以说邵雍的《观物吟》借用《参同契》及陈抟的性命双修理论，对宇宙万象及社会人生的起源过程作出了玄远高妙的诠解。此后，他又对陈抟的性命学说加

[1]《朱子语类》卷100，中华书局1986年版。

[2]《伊川击壤集》，中华书局2013年版。

[3]《伊川击壤集》，中华书局2013年版。

以改造，赋予其儒家内涵。邵雍通过儒为其里、道为其表的方式将天人关系、性命关系同时纳入其繁杂的象数易学体系中。他在《观物内篇》中说："天地人物则异矣，其于道则一也。"[1]在《外篇》中又进一步指出："夫分阴分阳，分柔分刚者，天地万物之谓也；备天地万物者，人之谓也。""自乾坤至坎离，以天道也；自咸恒至既济未济，以人事也。《易》之首于乾冲，中于坎离，终于水火之交不交，皆至理也。"

尽管邵雍对"天"的论证，语言艰涩难懂，图式纷繁复杂，似乎把全部精力都放在宇宙变化的无穷奥秘上，但仔细分析，他对人的看重并不比其他理学家少。正如余敦康先生所指出的，"邵雍称物理之学即自然科学为'天学'，性命之学即人文科学为'人学'。在物理之学上推崇道家，在性命之学上推崇儒家，超越了学派门户之见，从儒道互补的角度来沟通天人，他的这个做法是和《周易》的精神相符合的"[2]。对此，日本学者今井宇三也曾评述："宋代的新易学有邵雍的《先天图》、周敦颐的《太极图》、刘牧的《河图》、《洛书》这三易图学，它们都源于五代宋初道士陈抟一个源头"，"刘牧、朱熹《河图》、《洛书》的象数论和邵雍《先天图》中八卦的次序和方位说，显示了易象数学中的新发展，周敦颐《太极图》的一理二气五行分合说，则显示了易义理学的新发展"。[3]可以说这是对邵雍思想源自陈抟而又有许多创新的真实写照。

## 四、天理论

宋代新儒学之所以被人们习惯地称为"理学"，就在于其以"理"为本的本体论思想体系之构建。程颢说："吾学虽有授受，天理二字却是自家体贴出来。"二程一生出入于佛老十几年，受佛学浸淫甚深，但作为儒家道义的担当者，又必须坚决地批判佛学，所以走上了"明排佛学，暗窃佛学"的

[1]《皇极经世》，九州出版社2003年版。

[2] 余敦康：《内圣外王的贯通》，学林出版社1997年版。

[3] 小野泽精一、福永光司等：《气的思想》，上海人民出版社1990年版，第361、381页。

道路。他们以儒学为本位，大量摄取佛道的思辨成果以改造旧儒学，从而构建了自己的理学思想体系。

佛学的一个重要特点就是具有较强的理论思辨性，印度佛教与中国儒道思想融合后发展为中国化佛教，佛学的思辨性更是达到了一个新的理论高度。佛教学者“合众妙而有余，超言思而迥出”[1]，把佛性、真如、法界作为其理论的本体范畴，精密而严谨地论证了“佛”的至高无上性，认为“佛性”“真如”含蕴众妙，无极深沉，主宰支配天地万物，是佛学的本体和起点。

二程批判地吸收继承了佛学这些观点，将“佛性”“真如”改装为“天理”这一范畴，用以构建其理本论思想体系。程颢认为，“天为万物之祖”[2]，“上天之载，无声无臭之可闻，其体则谓之易，其理则谓之道”[3]。理或道就是天。还说：“天理云者，这一个道理，更有甚穷已？不为尧存，不为桀亡。人得之者，故大行不加，穷居不损。这上头来，更怎生说得存亡加减？是它元无少欠，百理具备。”[4] 认为天理本身是圆满自足的，它无亏欠，不加不损，是唯一的最实在的东西，“无非理也，惟理为实”[5]。

不但如此，二程认为理是普遍存在的，“凡眼前无非是物，物物皆有理，如火之所以热，水之所以寒”[6]。既然物物皆有理，那么物与理的关系又如何呢？二程认为是“实有是理，故实有是物”[7]，就是说先有理后有物，有理才有物，归根到底，一切事物都统一于理，都是理的体现。如说：“天下之理一也”，把天理独立于物质世界之上，成为万物的主宰。

《华严发菩提心章》说：“能遍之理，性无分限，所遍之事，分位差别，一一事中，理皆全遍，非是分遍。何以故？以彼真理不可分故。是故一一

[1] 澄观：《大方广佛华严经疏》。
[2]《周易程氏传》卷1《乾卦》，见《二程集》，中华书局1981年版。
[3]《河南程氏粹言》卷2，见《二程集》，中华书局1981年版。
[4]《河南程氏遗书》卷2，见《二程集》，中华书局1981年版。
[5]《河南程氏粹言》卷1，见《二程集》，中华书局1981年版。
[6]《河南程氏遗书》卷19，见《二程集》，中华书局1981年版。
[7]《河南程氏经说》卷8《中庸解》，见《二程集》，中华书局1981年版。

纤尘，皆摄无边真理，无不圆足”，“能遍之事，是有分限，所遍之理，全同非分同。何以故？以事无体，还如理故？是故一尘不坏而遍法界。”在华严宗看来，普遍存在的“理”是“无不圆足”的，它是永恒的、绝对的，是一切事物的本体。

二程承认自己提出的“天下只有一个理”是受到华严宗的影响。比如程颐在评论《华严经》时便说过，此经的要旨，“一言以蔽之，不过曰万理归于一理也”[1]。二程吸收佛家思想而建立的理本论，正好验证了陈确的话：“‘本体’二字，不见经传，此宋儒从佛氏脱胎来者。”[2]

二程四传弟子朱熹作为宋代理学的集大成者，兼蓄百家，综罗百代，在汲取周敦颐、张载、二程各家学说的基础上，构造了一个更加严密而完整的理本论思想体系，使理学发展达到成熟完善的程度。

朱熹与二程一样，为了维护儒家道统，对佛学展开了猛烈的批判，但在批判的同时，也认识到了佛学思想的强大思辨性，因此也暗地里汲取了佛学的一些有益于儒学的思想以为儒家思想服务。朱熹认为，“理”不但是神秘的，而且是神圣的，它可以统摄一切“事”，成为天地万物赖以产生的根源。如说：“天下莫尊于理，故以帝名之，惟皇上帝降衷于下民便有主宰意。”[3] 还说：“心固是主宰底意，然所谓主宰者即是理也。”[4]

为了更好地论证理是宇宙的本原，朱熹提出了天理流行、发育万物的思想，他汲取了张载的“太虚即气”说，认为“天地之间，一气而已”[5]，“气化流行，未尝间断，故日夜之间，凡物皆有所生长也”[6]。天理、天道的流行是自然界“气化”的根本，总是处于本原的地位。他说：“天道流行，发育万物。其所以为造化者，阴阳五行而已。而所谓阴阳五行者，又必有是

---

[1]《二程遗书》卷 18，见《二程集》，中华书局 1981 年版。

[2]《陈确集》，中华书局 1979 年版，第 466 页。

[3]《朱子语类》卷 4，中华书局 1986 年版。

[4]《朱子语类》卷 1，中华书局 1986 年版。

[5]《易学启蒙》卷 1，见《性理大全》卷 14，山东友谊书社 1987 年版。

[6]《四书章句集注・孟子集注》卷 11《告子上》，中华书局 1986 年版。

理而后生是气。及其生物，则又必因是气之聚而后有是形。故人物之生，必得是理，然后有以为健顺仁义礼智之性；必得是气，然后有以为魂魄五脏百骸之身。”[1]

由于理是宇宙生化的根本原因，那么，阴阳五行之气的流行、生长，是天理流行于阴阳五行之中的结果。所以，人们所观察到的世界是一个气化流行、万物化生的过程。然而，人们可以通过这个气化世界认识、领悟到天理的存在。

理不但是天地万物的本原，而且理在天地万物产生之前就本然存在着，即使万物消尽，理也仍然存在。但理又是一种无形、无象、无可名状的存在。朱熹曾反复论述了这一点：“形而上者，无形无影是此理；形而下者，有情有状是此气”[2]，“形而上之道，本无方所名状之可言也”[3]。可见，朱熹所谓的“理”和形而下的气、物不同，“理”没有任何形迹，对于人的感官来说，它是“空”、是“无”；至于形而下的气、物，则是有情有状的具体存在，正因为理、气有形而上、形而下的区别，理与物才可能共同构成世界。所以，当学生问及“形而上下，如何以形言”时，朱熹答复说：“此言最得当，设若以有形无形言之，便是物与理相间断了。”[4]因此，理作为形而上者，总是存在于形而下的气物之中。

朱熹所谓的理还有规律、规则的意思，如说：“春生了便秋杀，他住不得；阴极了，阳便生”[5]，“如草木亦有理存焉。一草一木，岂比可以格？如麻麦稻粱甚时种，甚时收：地之肥，地之硗，厚薄不同，此宜种某物，亦皆有理”[6]。

他还进一步指出：“至于天下之物，则必各有所以然之故，与其所当然

[1]《大学或问》卷1，见《四书或问》，上海古籍出版社、安徽教育出版社2001年版。

[2]《朱子语类》卷95，中华书局1986年版。

[3]《周子全书》卷1《太极图说解》，商务印书馆1937年版。

[4]《朱子语类》卷75，中华书局1986年版。

[5]《朱子语类》卷18，中华书局1986年版。

[6]《朱子语类》卷18，中华书局1986年版。

之则，所谓理也。”[1]天下之物如日月星辰、山川草木、人物禽兽等，都各有其“所以然之故”，故而各有其“形而上之理”。至于“所当然之则”，就是社会中的人所必须遵循的准则，如说：“宇宙之间一理而已，天得之为天，地得之为地，而凡生于天地之间者，又各得之以为性；其张之为三纲，其纪之为五常，盖皆此理之流行，无所适而不在。若其消息盈虚，循环不已，则自未始有物之前，以至人消物尽之后，终则复始，始复有终，又未尝有顷刻之或停也。”[2]还说：“君臣、父子、夫妇、长幼、朋友之常，是皆必有当然之则，而自不容已，所谓理也。”[3]天理是朱熹哲学的总纲，无论是天地万物还是三纲五常都产生于理，“圣人谓之太极者，所以指夫天地万物之根也”[4]。在这里，他把人们在日常生活中必须遵行的仁、义、礼、敬、孝、悌等，都作为“所当然之则”，并将天理引申为仁、义、礼、智等一系列伦理道德规范。

## 五、理一分殊

“理一分殊”是理学思想体系的重要内容，其主要是讨论一理与万物关系的关系问题。最早提出此概念的当为程颐。其四传弟子朱熹在继承程颐观点的基础上，作《西铭论》，对“理一分殊”进行了深入论述。朱熹说：“天地之间，理一而已。然‘乾道成男，坤道成女，二气交感，化生万物’，则其大小之分，亲疏之等，至于十百千万而不能齐也，不有圣贤者出，孰能合其异而会其同哉！《西铭》之作，意盖如此，程子以为明‘理一而分殊’，可谓一言以蔽之矣。盖以乾为父，以坤为母，有生之类，无物不然，所谓理一也。而人物之盛，血脉之属，各亲其亲，各子其子，则其分亦安得而不殊哉！一统而万殊，则虽天下一家，中国一人，而不流于兼爱之蔽；万

[1]《大学或问》卷 1，见《四书或问》，上海古籍出版社、安徽教育出版社 2001 年版。

[2]《朱文公文集》卷 70《读大纪》，商务印书馆 1937 年版（全十册本）。

[3]《四书章句集注·论语集注》卷 4《泰伯》，中华书局 1986 年版。

[4]《朱子语类》卷 94，中华书局 1986 年版。

殊而一贯，则虽亲疏异情，贵贱异等，而不梏于为我之私。此《西铭》之大旨也。观其推亲亲之厚，以大无我之公，因事亲之诚，以明事天之道，盖无适而非所谓分立而推理一者。”[1]这样，朱熹就从理本论的角度丰富发展了程颐的“理一分殊”思想，并使之成为朱熹理学思想的重要组成部分。

关于程朱“理一分殊”思想，学界一般认为来源于佛教华严宗的一多相摄相入、相依相持，以及有力、无力等一整套思辨方法。

华严宗认为，“一，理遍于事门。谓能遍之理，性无分限，所遍之事，分位差别。一一事中，理皆全遍。何以故？以彼真理，不可分故。是故一一纤尘皆摄无边真理，无不圆足。二，事遍于理门。谓能遍之事，是有分限，所遍之理，要无分限。此有分限之事于无分限之理，合同，非分同，何以故？以事无体，还如理故，是故一尘不坏而遍法界”[2]。华严宗认为，现实的一切事物都是千差万别的，而“理”作为本体，则是无差别的；千差万别的事物体现了本体的“理”，而“理”作为本体，则包含于千差万别的事物之中。同时，华严宗还认为，理事关系又可看成是一多关系。“一”与“多”是相对而言的，它们之间“相由以成立”[3]，是相互依存的，谁也离不开谁。把这种关系运用于分析理与事，那就是理事相依、理事相对。华严宗上述对一多、理事关系的分析，包含承认相对性的辩证思维的合理成分。但问题是，在一多、理事相互依存、相对而言中，究竟以何方为主？这就涉及问题的更深层次了。为了解决何方为主的矛盾，华严宗进一步运用摄、入，依、持，有力与无力等三对既相互对立又相互联系的范畴来加以说明。按照华严宗的观点，所谓“摄”，是指“摄他同己”；所谓“入”，则是指“废己同他”；“一”是属于“摄”“持”和“有力”的方面；而“多”则属于“入”“依”和“无力”的方面。“依持义者，一能持多，一有力，是故摄多；多依一故，多无力，是故潜入一。”[4]按照华严宗对范畴的界定，“一”能摄“多”，也就意味

---

[1]《张载集》，中华书局1978年版，第410页。

[2]《华严宗发菩提心章》，见《大正藏》第55册，台湾新文丰出版有限公司1996年版。

[3]《华严经义海百门》，见《大正藏》第45册，台湾新文丰出版有限公司1996年版。

[4]《法界缘起章》，见《大正藏》第45册，台湾新文丰出版有限公司1996年版。

着“一”能废“多”，同己，因而“多”便完全依“一”而存在，且完全包容于“一”之中。这也就是他们所说的，“有一，即有一切；却一，即却一切”[1]“一即多而无碍，多即一而圆通”[2]“一即一切，一切即一”。[3]运用于理事关系，则一理能摄万事，万事都包含一理，都在一理之中，因而从体用关系看，“理”是本体，是根源，“事”只不过是“理”的作用和显现，就像“月映万川”一样：月亮是“理”，万川是“事”，同一个月亮照临万川，显现出千万个月亮，其实这千万个月亮只是这同一个月亮的影像罢了。

二程继承了华严宗的思想，认为“一草一木皆有理”，“有物必有则，一物便有一理”[4]，“一物之理即万物之理”[5]，“物有万殊，事有万变，统之以一，则无能违也”[6]。显然，二程的“理一分殊”思想与佛教华严宗的理事无碍说是一脉相承的。

华严宗的思辨方法对朱熹的影响也很大。为了更形象地解释“理一分殊”的本体与现象的“一本而万殊的关系”，朱熹借用了佛教名词“月映万川”。“月映万川”是由唐代高僧永嘉玄觉所撰《证道歌》凝练而出的，其中说道：“一性圆通一切性，一法遍含一切法。一月普现一切水，一切水月一月摄。”此即“月映万川”这一命题的由来，对后世产生了较大的影响。叶适称赞他，“自立证解，深而易达，浅不可测，勇悟明觉，不累于生死，盖人杰也”[7]，达到了很高的境界。朱熹大胆借用“月映万川”的佛教命题，将之发展为“理一分殊”，用以阐释宇宙万象与其终极根基天理的关系。他说：“释氏云：‘一月普现一切水，一切水月一切摄。’这是那释氏也窥见得道理。”还说：“本只是一太极，而万物各有禀受，又各自全具一太极尔。如月在天，

[1]《法界缘起章》，见《大正藏》第45册，台湾新文丰出版有限公司1996年版。

[2] 法藏：《华严经探玄记》，见《大正藏》第35册，台湾新文丰出版有限公司1996年版。

[3] 法藏：《华严一乘教义分齐章》，见《大正藏》第45册，台湾新文丰出版有限公司1996年版。

[4]《河南程氏遗书》卷13，见《二程集》，中华书局1981年版。

[5]《河南程氏遗书》卷2，见《二程集》，中华书局1981年版。

[6]《周易程氏传》卷3，见《二程集》，中华书局1981年版。

[7]《宿觉庵记》，见《叶适集》，中华书局1961年版。

只一而已，乃散在江湖，则随处可见，不可谓月已分也。”[1]意思是说天理如月光映照在不同的水面一样，各个不同的事物都体现了“理”的存在。亦即说，太极包含万物之理，万物分别完整地体现整个太极；“人人有一太极，物物有一太极”[2]，每一个具体的人和物都具有那普遍的理，都统一于太极之理。

现代学者熊琬认为，“唯性字是法，余皆是喻。以性该之，皆含法喻。谓若秋空朗月，皎净无瑕，万器百川，不分而遍。性空即所依法体，满月即实报智圆。百川即喻物机，影落便为变化。故佛之智月，全依性空，惑尽德圆，无心顿应”。可谓对宋儒借鉴佛教之“月映万川”来解释“理一分殊”思想的最佳解说，清晰解释了“月映万川”与“理一分殊”在学理上的殊途同归。“理一”是万物之本体，它掌控着万物的产生与变化，对万物来说即性即理；如佛之智月，“分殊”便是百川，也即万物的变化发展过程，虽万器百川，却同属所依之法体，不分而遍。[3]

但是，朱子之“理一分殊”不仅是对玄觉和华严宗思想的吸收，同时也是对老庄思想的体认。正如王夫之所指出的：“先儒以月落（印）万川为拟者，误矣！川月非真，离月之影，而川固无月也。以川为子，以月为父母，则子者父母之幻影也，子固非幻有者也。是‘天地不仁，万物刍狗’之义也。”[4]在程颐和杨时提出“理一分殊”的理学命题之后，经过杨时的两代弟子罗从彦、李侗的继承与发展，到了第三代弟子朱熹这里已经成为一个比较完备的哲学体系。他提出：“合万物而言之，为一太极而一也。自其本而之末，则一理之实万物分之以为体，故万物之中各有一太极。”[5]即天地万物是一个完整的有机世界，太极便存在于其中，它是这个整体的终极根基，即“为

[1]《朱子语类》卷 94，中华书局 1986 年版。

[2]《朱子语类》卷 94，中华书局 1986 年版。

[3] 熊琬：《宋代理学与佛学之探讨》，文津出版社 1985 年版。

[4] 王夫之：《尚书引义》，中华书局 1962 年版。

[5]《太极图说解》，见《朱子语类》卷 94，中华书局 1986 年版。

一太极而一”[1]；而对于这个整体中的每一事物而言，他们都完整地禀受了这个太极（理）而产生，并因禀气的不同，而在现实之中呈现为不同的情状，即“一理之实万物分之以为体”。这无疑是对老子对道体性质“独立而不改，周行而不殆”论证的进一步展开，也是对庄子“夫道，有情有信，无为无形；可传而不可授，可得而不可见；自本自根，未有天地，自古已固存；神鬼神帝，生天生地；在太极之先而不为高，在六极之下而不为深，先天地生而不为久，长于上古而不为老”[2]的理论诠释。不仅是老庄，成玄英也表述过“理无分别，而物有是非”[3]的相关思想。其实，朱子的“理一分殊”之所以理论成熟，还吸收了宋初道教“顺则成人，逆则成仙”的理论，并以此而重建了“合而言之，万物统体一太极也；分而言之，一物各具一太极也”[4]的一本而万殊的总体天人宇宙图景。

总之，“理一分殊”是程朱理学思想体系中的重要命题，对理学天道观的构建起到了重要作用。

[1]《太极图说解》，见《朱子语类》卷94，中华书局1986年版。

[2]《庄子・大宗师》。

[3]（晋）郭象注：《庄子注疏》，中华书局2010年版，第47页。

[4]《太极图说解》，见《朱子语类》卷94，中华书局1986年版。

第六章

# 宋代儒学内部结构调整中的心性论构建

在儒学中很早便有“心性”的说法，如孟子提出“尽心知性”的概念，但是系统化、理论化的心性理论却出现在佛教和道教中。正如恒毓在为《佛道儒心性论比较研究》所写的《序》中所说：“本论不是简单探讨佛、道、儒的关系问题，而是从心性论的角度揭示佛、道、儒的关系，其重心在于心性论而不在佛、道、儒，佛、道、儒仅仅是作为心性论的载体而出现的。根据作者的考察和本论相关章节的揭示，从理论的角度说，最具系统性、最早形成心性论体系的是佛教，然后才是道家、道教和儒家。”[1] 此论可谓切中底里。宋儒之所以喜谈心性，便是因为看到了佛教和道教思想中细致精微的心性理论内容在解决社会问题当中的重要作用，并因此而大受启发，将心性理论引入人道之道德规范，并将之上升到本体高度，从而解决了前期儒学理论体系建构中的天道性命相贯通的难题。

[1] 恒毓、韩焕忠：《佛道儒心性论比较研究》，台湾佛光山文教基金会 2003 年版。

## 第一节　宋代佛道心性论的思想特点

中国佛教心性论是佛教心性论与传统心性哲学相结合的产物。自唐代中国化佛教宗派形成之后，佛教的心性思想不但深深烙上了中国传统文化的印痕，而且获得了更为宽阔的发展平台，形成了具有鲜明特色的中国佛教心性理论。在道教哲学思想中，最重要的是“道”的本体性与形上性，“道”下贯于人身，便赋之以“道性”。在魏晋之后，道教思想家借鉴佛性的内涵，采用道教独特的话语系统来描述这一概念，到隋唐时期形成了比较成熟的“道性”理论。这一特色鲜明的佛性与道性论，在宋代“崇文”政策的宽容学术环境下，与儒学相互争衡，又有了新的发展。

### 一、佛教心性论的思想特点

心性论是佛教的核心理论，所谓：“一藏经论义理，只是说心。”[1]“心性不异，即性即心。”[2]天台宗智顗就构建出了第一个比较完整的佛教心性论思想体系。他认为，世界的本体就是中道实相，由于实相与佛性、心性没有差别，所以不离现实世界而体悟实相即可成佛。天台宗还提出了“性具善恶”“无情有性”“佛性中道”等，这些都是天台心性思想的重要内容。华严宗主张“性起”说，认为人的自性圆明清净心包含一切佛性，做到觉悟真心、无住心体，就可以达到佛的境界，也就是一切众生皆有佛性，众生

[1] 宗密撰，邱高兴校释：《禅源诸诠集都序》，中州古籍出版社 2008 年版，第 28 页。

[2] 裴休撰，宇井伯寿注，吕宝水译校：《裴休集：黄檗断际禅师传心法要》，台湾商务印书馆 1983 年版，第 26 页。

修善即可成佛。唐以后，中国化佛教的重要代表流派禅宗的心性论影响最广，正如卢国龙先生所言："唐宋佛教之心性论，主要载体是禅宗。"[1]由于禅宗重"心"，故禅宗又称心宗或佛心宗。关于禅与心，元代明本禅师作过很好的阐释，他说："禅何物也？乃吾心之名也；心何物也？即吾禅之体也。达摩西来只说直指人心，初无所谓禅，盖于直指之下有所悟入，于既悟之间，主、宾问答，得牛、还马，随目之为禅。然禅非学问而能也，非偶尔而会也，乃于自心悟处。凡语默动静不期禅而禅矣，其不期禅而禅，正当禅时，则知自心不待显而显矣。是知禅不离心，心不离禅，惟禅与心，异名同体。"[2]由于禅宗的心性论是通过心性修持获得心性升华的心性学说，提倡"不立文字""直指人心""明心见性"，因此，心性论是了解禅宗思想的基础。

禅宗认为，心是万法的基础，"即心是佛"，无心则无佛。《五灯会元》卷一记载：世尊在灵山会上拈花示众。是时众皆默然，唯迦叶尊者破颜为笑。世尊曰："吾有正法眼藏，涅槃妙心，实相无相，微妙法门，不立文字，教外别传，付嘱摩诃迦叶。"[3]此即佛教"拈花微笑"典故的由来，也是禅宗聪明、高明之处，这样就把"不立文字"的禅宗教法追溯到了释迦牟尼佛祖那里，以体现此说的合法性。

禅宗重"心"，从其创宗开始，就一直强调"诸佛心第一"。无论是初祖达摩嵩山面壁，还是二祖慧可"是心是佛"[4]，三祖僧璨"心若不异，万法一

[1] 卢国龙：《道教哲学》，华夏出版社1997年版，第563页。

[2] 明本：《天目中峰和尚广录》，见蓝吉富主编：《禅宗全书》第48册，台湾文殊文化有限公司1989年版，第73页。

[3] 普济著，苏渊雷点校：《五灯会元》，中华书局1984年版，第10页。

[4] 静筠二禅师编撰，孙昌武、衣川贤次、西口芳南点校：《祖堂集》，中华书局2007年版，第107页。

如”[1]，四祖道信“念佛即是念心，求心即是求佛”[2]，五祖弘忍“守本真心”[3]，都突显了“心”的核心地位。禅宗发展到六祖慧能，心性理论得到了更大发展。心与性是禅宗经典《坛经》的一对重要范畴，关于“心”，慧能将之分为本心和妄心两个层次。所谓本心，就是众生自家的心，是心在排除各种世俗欲望干扰时的本来样态，也即真心。他认为，佛性就是自身的本性，在自己心中，无需向外求佛，所谓“佛是自性作，莫向身外求，自性迷，佛即众生，自性悟，众生即佛”[4]。认为只有识得本心或真心，才能通过学法修禅而成佛，如说：“菩提般若之知，世人本自有之，即缘心迷，不能自悟。”[5]如果“不识本心”，则“学法无益”；只要“识心见性，即悟大意”。[6]在他看来，只有通过静修，识得本心，众生才能由迷达悟，也才能成佛。至于“妄心”，则是指由于人的各种欲望纠结而产生的各种欲念，是人没有觉悟的表现。慧能认为，人们在觉悟之前，内心充满了各种邪念、妄念，所谓“自色心中，邪见烦恼，愚痴迷妄”[7]，“若言看心，心元是妄，妄如幻故，无所看也”[8]。那么，如何才能摆脱妄心呢？慧能认为，“菩提本清静，起心即是妄，净性在妄中，但正除三障”，只有去除贪嗔痴，才能去妄显真，脱离苦海。马祖道一更是指出：“一切法皆是心法，一切名皆是心名。万法皆从心生，心为万法之根本”[9]，“汝今各信自心是佛，此心即是佛心”，“心

[1] 僧璨：《信心铭》，见蓝吉富主编：《禅宗全书》第94册，台湾文殊文化有限公司1991年版，第4页。

[2] 净觉集：《楞伽师资记》，见蓝吉富主编：《禅宗全书》第1册，台湾文殊文化有限公司1989年版，第12页。

[3] 弘忍：《最上乘论》，见蓝吉富主编：《禅宗全书》第101册，台湾文殊文化有限公司1992年版，第177页。

[4]《六祖坛经》第35，上海佛学书局1996年版。

[5]《六祖坛经》第23，上海佛学书局1996年版。

[6] 郭朋：《坛经导读》，巴蜀书社1987年版，第74页。

[7] 郭朋：《坛经导读》，巴蜀书社1987年版，第106页。

[8] 郭朋：《坛经导读》，巴蜀书社1987年版，第97页。

[9] 道原著，顾宏义译注：《景德传灯录》，上海书店出版社2010年版，第2252页。

外无别佛，佛外无别心”[1]。道一禅师认为，修成佛道，关键在于识得本心，如果不识本心，就会产生妄心，而妄心一旦生起，就会产生各种无名烦恼。

那么，如何才能把握“心”？禅宗认为，要注重在日常生活中去把握。心就是佛，佛就是心，把握当下，静修其心，就能获得佛的智慧。如大珠慧海禅师说：“森罗万象，至空而极；百川众流，至海而极；一切圣贤，至佛而极；十二分经，五部毗尼，五围陀论，至心而极。心者，是总持之妙本，万法之洪源，亦名大智慧藏，无住涅槃。百千万名，尽心之异号耳。”[2]禅宗修心非常简单，认为日常生活中的担水砍柴都是修道，不必进行繁琐的过程。如马祖道一说：“道不用修，但莫污染。何为污染？但有生死心、造作趣向，皆是污染。若欲直会其道，平常心是道。”为何说平常心是道心呢？因为“平常心无造作，无是非，无取舍，无断常，无凡无圣”，所以修佛成道不必过于拘束繁琐，“只如今行住坐卧，应机接物尽是道”。[3]也正是因为禅宗主张以平常心去体验当下的生活，享受眼前的生活，“佛法在世间，不离世间觉”[4]。修心修行的方式简便，利于接受和操作，所以受到了普罗大众的欢迎。

所谓“性”，即法性、真如。慧能认为，真如佛性就在人的自性之中，自性即佛性。如慧能说：“佛是自性作，莫向身外求。自性迷，佛即众生；自性悟，众生即佛”[5]，“本性是佛，离性无别佛”[6]，“三世诸佛，十二部经，亦在人性中本自具有”[7]。也正因为佛性在人的自性之中，所以无须别求，应该“善知识！见自性清净，自修自作自性法身，自行佛性，自作自成佛

[1] 静筠二禅师编撰，孙昌武、衣川贤次、西口芳南点校：《祖堂集》，中华书局 2007 年版，第 610—611 页。

[2] 道原著，顾宏义译注：《景德传灯录》，上海书店出版社 2010 年版，第 2267 页。

[3] 道原著，顾宏义译注：《景德传灯录》，上海书店出版社 2010 年版，第 2252 页。

[4] 慧能著，郭朋校释：《坛经校释》，中华书局 1983 年版，第 73 页。

[5] 慧能著，郭朋校释：《坛经校释》，中华书局 1983 年版，第 66 页。

[6] 慧能著，郭朋校释：《坛经校释》，中华书局 1983 年版，第 112 页。

[7] 慧能著，郭朋校释：《坛经校释》，中华书局 1983 年版，第 124 页。

道”[1]。

显而易见，禅宗认为只有回归本心自性，才能在澄明的本心中得到超越，才能“净裸裸，绝承当；赤洒洒，无回互。踏着本地风光，明见本来面目”[2]。这也是禅宗在五代以后继续得到快速发展并影响后世深远的重要原因之一。

## 二、道教心性论的思想特点

任继愈和卿希泰均认为，道教心性论是受佛教心性论影响而产生的。道教心性,亦可谓之“道性”。道性最早源于先秦老子提出的“道生万物”“道法自然”思想,《老子河上公注》则明确提出“道性自然，无所法也”。作为《道德经》注释本的《老子想尔注》，也提出“道性不为恶事，故能神，无所不作,道人当法之”[3]和“道性于俗间都无所欲,王者亦当法之”[4]的说法，强调道的本性为纯粹的善。南北朝时，道教的道性更是直接以“清虚自然”来界定。如梁之宋文明著有《道德义渊》,其中说:“论道性以清虚自然为体。一切含识，各有其分。先禀妙一，以成其神，次受天命，以生其身。身性等差，分各有限。天之所命，各尽其极。”还说：“今论道性，则但就本识清虚以为言。若谈物性，则兼取受命形质以为语也。”[5]强调修道之要在于从心性上复归于清虚自然之道性。北齐、北周时期的《玄升内教经》说:“得其真性,虚无淡泊,守一安神。见诸虚伪,无真实法。深解世间,无所有性。”[6]在这里是以“法空”来解释“道性”。

[1] 慧能著，郭朋校释:《坛经校释》，中华书局 1983 年版，第 99 页。

[2] 绍隆等:《圆悟佛果禅师语录》，见蓝吉富主编:《禅宗全书》第 41 册，台湾文殊文化有限公司 1989 年版，第 282 页。

[3] 饶宗颐:《老子想尔注校证》，上海古籍出版社 1991 年版，第 46 页。

[4] 饶宗颐:《老子想尔注校证》，上海古籍出版社 1991 年版，第 47 页。

[5] 卢国龙:《道教哲学》，华夏出版社 2007 年版，第 206 页。

[6]《太上洞玄灵宝升玄内教经》，见《正统道藏》太平部，文物出版社等三家出版社 1987 年联合出版。

道教心性论发展到唐代，已经成为比较成熟、系统的心性理论体系。像禅宗所言一切众生皆有佛性一样，道教也认为一切众生皆有道性。如《洞玄灵宝本相运度劫期经》说："大千之载，一切众生悉有道性。"《道教义枢》亦说："一切含识乃至畜生果木石者，皆有道性。"王玄览提出："道与众生，亦常亦异，亦常亦不常。"[1]上清派宗师潘师正也明确提出"一切有形，皆含道性"，这就从心性的角度将道性与众生之性联结在一起，从而为世俗大众修道成仙敞开了方便法门。之后的司马承祯、吴筠等人更为重视心、性、神等范畴。

在唐代，对道教心性思想发展作出贡献的还有孟安排所集《道教义枢》卷二十九之《道性义》，它在学理上深化了道性论，深深影响了唐代道教心性论的发展。《道性义》强调道性乃是人修道而可以得道成仙的依据。如说，"道性者，理存真极，义实圆通，虽复冥寂一源，而亦周备万物。烦惑所覆，暂滞凡因，障累若消，还登圣果，此其致也。《太玄经》云：'言道性者，即真实空，非空不空，亦非不空，道性众生，皆与自然同也。'"[2]认为人只有通过修心炼性，才可以复归于道性。这一思想为后来全真道内丹心性学所继承和发展。

唐末五代时期，杜光庭不但认为道性是众生能够得道成仙的根本依据，而且将人的心性问题凸显出来，他说："一切众生，不得真道者，皆为情染意动，妄有所思，思有所惑。惑者，惑其情而妄动于意，意动于思而妄生于心。"因此，"逐境而感情妄动，其心故不得真道"。[3]意思是说，由于人易情染意动、生妄于心，所以难以得真道。人若妄心不生，自然清静，在自心自性上下功夫，则自然能得真道。杜光庭的这一思想认识促进了唐末五代道教的心性理论向宋代以性命双修为特色的内丹心性学的过渡。

这一时期的钟吕内丹道的出现，成为内丹心性学发展进入新时期的标

[1]《玄珠录》，见《正统道藏》太平部，文物出版社等三家出版社 1987 年联合出版。

[2]《道教义枢》卷八，见《正统道藏》太平部，文物出版社等三家出版社 1987 年联合出版。

[3]《太上老君说常清静经注》，见《正统道藏》洞神部，文物出版社等三家出版社 1987 年联合出版。

志，后来经陈抟、刘海蟾、张伯端等人的进一步阐扬，内丹道思想体系形成。特别是北宋道士张伯端对内丹心性理论贡献尤大，他认为，“性命”是儒佛道三家的共同旨归。在张伯端看来，早期道教注重炼丹养生，期望通过修炼获得长生，但过于重视命而忽视性；佛教过于重“空”，注重顿悟修行之法，试图直达彼岸，过于重视性而忽视命；儒家注重正人伦、施教化，一定程度轻忽性命修炼，所以三家皆有不足之处。张伯端认为，唯有内丹派提倡的性命双修才是修行正途。内丹派的哲学基础是对心性、性命等问题的辩证思考，主张通过“性命双修”，从而使“道”与“术”紧密地连接起来，以引导人获得生命的超越。张伯端这一“性命双修”思想，既吸收了儒佛心性思想，又吸纳弘扬了自身的养生学说，使得道教的心性思想达到成熟完善的状态。

## 第二节　宋代士林对佛道心性论的批判

隋唐之后，特别是宋代儒家学者，大多数对佛教心性论持严厉批判的态度，而对道教心性思想评论不多，特别是持激烈批判态度的更是少之又少。主要原因在于道教心性思想也主要是借鉴于佛教的心性论，并且在心性思想上没有特别大的突破。况且，道教是本土产生的宗教，自其产生之日起，就深深扎根于中土，其养生重命思想一直为人们所接受，对社会造成的危害及不良影响，远远抵不上佛家，二程即说：“道家之说其害终小。”[1]因此，儒家学者在改造传统儒学时，在心性思想方面将主要精力投入于对佛教尤其是禅宗心性思想的研究上来，关注道教相对较少。所以对道教心

[1]《二程集》，中华书局1981年版，第3页。

性论的批判之声亦非常微弱。故此，这里讲主要讨论儒家学者对佛教心性思想的批判。

佛教主张万法皆空，以“空”“无”为本，视世象为幻妄，故亦以“性”为“无”为“空”。对此，张载提出了批评意见，如说：“释氏元无用，故不取理。彼以性为无，吾儒以参为性，故先穷理而后尽性。”[1]认为佛教不以获取事理为务，儒学则以“参”为性，主张先穷理而后尽性。显然二者存在明显分歧。佛教因不知“穷理”，所以就不可能“尽性”，自然其心性思想难免会有不足之处。张载说：“释氏之说所以陷为小人者，以其待天下万物之性为一，犹告子‘生之谓性’。今之言性者，汚漫无所执守，所以临事不精。学者先须立本。”[2]所谓“立本”，即在于“穷理”而后“尽性”。但“性”有天地之性与气质之性之别。就天地之性言，不能言万物有“性”，佛教却言无情有性；就“气质之性”而言，不能有灭，佛教却言有灭。因此，佛家之性说非君子之道，故而“释氏以感为幻妄，又有憧憧思以求朋者，皆不足道也”[3]。

对于佛教主张的去人伦之性，张载指出：“释氏妄意天性而不知范围天用，反以六根之微因缘天地。明不能尽，则诬天地日月为幻妄，蔽其用于一身之小，溺其志于虚空之大。所以语大语小，流遁失中。其过于大也，尘芥六合；其蔽于小也，梦幻人世。谓之穷理可乎？不知穷理而谓尽性可乎？谓之无不知可乎？尘芥六合，谓天地为有穷也；梦幻人生，明不能究所从也。”[4]认为佛家以人之眼、耳、鼻、舌、身、意等六种感觉为万物产生之根源，这是对自然之性的扭曲，以“万物为幻”的思想认识，不可能正确理解与把握社会人生，只能给社会世俗伦理带来危害。所以张载又说：“自释氏之说炽传中国，使英才间气，生则溺耳目恬习之事，长则师世儒宗尚之言，冥然被驱，因谓圣人可不修而至，大道可不学而知，故未识圣人心，已谓不必求其迹，未见君子志，已谓不必事其文，此人伦所以不察，庶物所以不明，

[1]《张载集》，中华书局 1978 年版，第 234 页。

[2]《张载集》，中华书局 1978 年版，第 324 页。

[3]《张载集》，中华书局 1978 年版，第 126 页。

[4]《张载集》，中华书局 1978 年版，第 26 页。

治所以忽，德所以乱。”[1]

另外，佛家倡导禁欲观，主张消灭饮食男女之性。张载对此批判说：“有无虚实通为一物者，性也；不能为一，非尽性也。饮食男女皆性也，是乌可灭？然则有无皆性也，是岂无对？庄、老、浮屠为此说久矣，果畅真理乎？”[2]张载认为，饮食男女是天经地义的，是人之所以为人的本性，不可随意消灭。而佛教却对本然之性进行禁绝，很显然佛家并不真正懂得人之本性，自然也就不懂得如何尽人之性。

胡寅、胡宏也对佛教心性思想展开了批判。胡寅认为，儒学与佛学在“性”的形上依据上截然不同，因此心性自然有别。如说：“佛教以心为法，不问理之当有当无也。心以为有则有，心以为无则无。理与心一，谓理为障，谓心为空，此其所以差也。圣人心即是理，理即是心，以一贯之，莫能障者。是是非非，曲曲直直，各得其所，物自付物，我无与焉。”[3]胡寅认为，儒学之心，即所谓的理，是天理；佛学之心，是澄莹清净之心，与“理”是分离的，儒学之心与佛学之心差别很大，因此，胡寅说：“佛氏执理为障，圣人尽理而通，宜其背驰异趣，卒不可合也。”[4]认为二者由于本质上的区别而不能调和。胡寅还说：“今夫人之所以为人，异于禽兽者，为有夫妇、父子、君臣也。敢问兹三者，性邪，非性邪？若以为非性，则佛固人耳，不能舍是三者而有已也。以为性邪，则何乃立教，使天下之人去此三者以为心也。”[5]胡寅批判儒佛在心性思想上的调和论调，认为人之所以异于禽兽，是因为人拥有社会伦理属性，这一社会属性乃是天命之性的主要内容。落实到具体的社会关系中则表现为爱亲敬长的人伦之心，这与佛家倡导的别家弃子正好呈对立关系。

胡宏也批判说：“今释氏不知穷理尽性，乃以天地人生为幻化。此心本

[1]《张载集》，中华书局 1978 年版，第 391 页。

[2]《张载集》，中华书局 1978 年版，第 63 页。

[3] 胡寅：《崇正辨 · 斐然集》，中华书局 1993 年版，第 69 页。

[4] 胡寅：《崇正辨 · 斐然集》，中华书局 1993 年版，第 58 页。

[5] 胡寅：《读史管见》，岳麓书社 2011 年版，第 120 页。

于天性不可磨灭者，则以为妄想粗迹，绝而不为，别谈精妙者谓之道。则未知其所指之心，将何以为心？所见之性，将何以为性？”认为佛教的心、性等是空无其“理”的。

程颢、程颐兄弟一生“泛滥于诸家，出入于老、释者几十年”[1]，对于佛道尤其是佛教非常了解，可谓精通佛理。他们不但认识到佛教哲学思想的高明，同时也认识到佛教给予社会的危害，认为佛教的出世间、弃人伦是极其错误的，从忠孝人伦的角度指出了佛教心性说的危害，认为佛教“其术大概且是绝伦类”，世上不能够容忍这一思想行为的存在。又说：“其言待要出世，出哪里去？又其迹需要出家，然则家者，不过君臣、父子、夫妇、兄弟，处此等事，皆以为寄寓，故其为忠孝仁义者，皆以为不得已尔。”[2]所以，二程认为，“杨墨之害甚于申韩，佛老之害甚于杨墨”[3]。在二程看来，佛道之害以佛为最，指出：“道家之说其害终小，惟佛学今则人人说之，弥漫滔天，其害无涯。”[4]二程之所以如此激烈地批判佛教，主要是就其社会影响方面而发的，因为佛教抛家弃子，危害人伦，是对封建秩序的极大挑战。作为封建社会的忠实卫道者，二程自然是不容许佛教如此危害封建伦理道德秩序的，因此，对之进行批判在所难免。

朱熹也对佛教的心性说进行了批判，他说：“性中所有道理，只是仁义礼智，便是实理。吾儒以性为实，释氏以性为空。”[5]“释氏只是恍惚之间见得些心性的影子，却不曾仔细见得真实心性，所以都不见里面许多道理，致使有存养之功，亦只是存养得他所见的影子，而不可谓之无所见，亦不可谓之不能养，但所见所养，非心性之真耳。”[6]认为佛家“以天地为幻妄，

---

[1]《二程集》，中华书局 1981 年版，第 638 页。
[2]《二程集》，中华书局 1981 年版，第 74 页。
[3]《二程集》，中华书局 1981 年版，第 138 页。
[4]《二程集》，中华书局 1981 年版，第 3 页。
[5]《朱子语类》卷 4，中华书局 1986 年版。
[6]《续近思录》，商务印书馆 1936 年版，第 235 页。

以四大为假合”[1]，主张“空”“灭”的世界观，有时甚至将“心”“性”都空掉了。他说：“吾儒心虽虚而理则实。若释氏则一向归空寂去了。”[2]进一步强调说：“佛氏所以差，从劈头初便错了，如天命之谓性，他却做空虚说了。”[3]

以“空”为哲学基础的佛教心性论，主张性无善无恶，认为性是空的，这在朱熹看来显然是不合逻辑的，也不符合真理。朱熹说：“只如说‘天命之谓性’，释氏便不识了，便遽说是空觉。吾儒说底是实理，看他便错了。他云：‘不染一尘，不舍一法。’既‘不染一尘’，却如何‘不舍一法’。”[4]在朱熹看来，“不染一尘”与“不舍一法”显然存在着逻辑上的矛盾。还说：“若佛家之说都是无，以前也是无，如今眼下也是无，色即是空，空即是色，大而万事万物，细而百骸九窍，一齐都终归于无，终日吃饭，却道不曾咬着一粒米，满身著衣，却道不曾挂着一条丝”[5]，显然这是痴人梦话！所以他又说：“异端之害道，如释者极矣。”[6]

佛家不但认“心”为空，而且认“性”也为空，并且还“误心为性”。其实，在朱熹看来，“性只是理，有是物斯有是理”。他在《答徐子融书》中批评“子融错处是认心为性，正与佛氏相似，只是佛氏摩擦得这心极精细，如一块事物，剥了一重皮，又剥一重皮，至剥到极处无可剥处，所以磨弄得这心粗光，他便认作性。殊不知，这正是圣人所谓心。故上蔡云：‘佛氏所谓性，正圣人所谓心，佛氏所谓心，正圣人所谓意。’心只该得这理，佛氏原不曾识得理这一节，便认知觉运动做性”[7]。由于徐子融对心性不加认真深入的分析，以至于混淆了心性的界限，故而遭到朱熹的批评。

朱熹还认为，儒家“全体中自有许多道理，各自有分别，有是非，降

---

[1]《扪虱新话》卷135，见《宋史·艺文志五》，中华书局1977年版。

[2]《朱子语类》卷126，中华书局1986年版。

[3]《朱子语类》卷126，中华书局1986年版。

[4]《朱子语类》卷34，中华书局1986年版。

[5]《朱子语类》卷34，中华书局1986年版。

[6]《朱子语类》卷34，中华书局1986年版。

[7]《朱子语类》卷126，中华书局1986年版。

衷秉彝，无不各具此理”[1]。但佛家却是“只见得个浑沦的事物，无分别，无是非，横底也是，竖底也是，直底也是，曲底也是，非理而视也是此性，以理而视也是此性。少间用处都差，所以七颠八倒，无有是处。吾儒则只是一个真底道理，他也说我这个是真实底道理，如云：‘惟此一事实，余二则非真。’只是他只说得一边，只认得那‘人心’，无所谓‘道心’”[2]。批评“释氏弃了道心，却去人心之危者而作用之”，认为这是释氏“遗其精者，去其粗者以为道”，显然“是源头处错了”。[3]

对于佛家认性为空的说法，朱熹继续批判说，释氏说到空处，“又无归著，且如人心，须是其中自有父子、君臣、兄弟、夫妇、朋友，他做得到底，便与父子、君臣、兄弟、夫妇、朋友都不相亲。吾儒做得到底，便父子有亲，君臣有义，兄弟有序，夫妇有别，朋友有信。吾儒只认得一个诚实底道理，诚便是万善骨子”[4]。朱熹认为，佛教既然讲“性空”，那么，世俗社会中的三纲五常等也都一切皆空。如果这样，就会使人们“陷于无父无君之域而不自觉”[5]，社会就会混乱不堪了。

综上所述，理学与佛教在人性论上的分歧，其根源是本体论的分歧，只是二者都运用自己的本体论观点，集中地探讨了人性问题，所以在人性问题上的分歧便表现得更为突出和尖锐。

---

[1]《朱子语类》卷 126，中华书局 1986 年版。

[2]《朱子语类》卷 126，中华书局 1986 年版。

[3]《朱子语类》卷 126，中华书局 1986 年版。

[4]《朱子语类》卷 34，中华书局 1986 年版。

[5]《朱子语类》卷 34，中华书局 1986 年版。

## 第三节　宋代士林对佛道心性论的吸收、改造与新儒学心性论的形成

传统儒学发展到宋代，由于吸收了佛道思想而成为新儒学，其与宋之前儒学的最大区别在于新儒学丰富发展了自己的心性思想并使之达到成熟。正如余英时先生所说，宋代“新儒家和南北朝隋唐以来旧儒家的最大不同之处则在于心性论的出现”[1]。方东美先生亦认为，宋儒天人合一的心性学在形成中受到佛道二家的影响。宋代儒学之所以在心性论、本体论及境界论方面比原始儒家、汉唐儒家更具哲学的思辨性特色，主要在于它更多地汲取了佛道思想的空灵意境，而对心性论的影响更深刻。[2] 蒙文通先生则认为，就是道家思想使得理学思维更精深：“儒家心性之论，亦以兼取道家而益精。”[3] 从这些名家点评中可以清晰看出佛道对新儒学的深刻影响。同时，也正是宋儒在吸收借鉴佛道相关成果的基础上，完成了其理学心性论思想体系的建构。

### 一、性即理

中国化佛教大多主张人人皆有佛性，但佛性的理论前提与内涵是与中土固有的性论迥然不同的。先秦的孟子言性，是就人的四端而言并兼人的

[1] 余英时:《士与中国文化》，上海古籍出版社 1997 年版。

[2] 方东美:《中国哲学的精神及其发展》，中州古籍出版社 2009 年版，第 132—133 页。

[3]《蒙文通文集》卷 1，巴蜀书社 1995 年版，第 256 页。

道德超越情怀；荀子言性，多是就人的生理属性。到了汉代，则发展为气禀说。如东汉王充在《论衡·命义》中说："人禀气而生，含气而长，得贵则贵，得贱则贱。"认为人的死生贵贱都是禀气而定。佛性论学者曾经多次批评儒家的气禀说，指出佛教与儒道之不同就在于"禀缘禀气异"，即"释以森罗万象，并由缘生，儒道以富贵吉凶，皆由气命。禀气者，则可增修"。[1]这种批评对汉代沉沦化的禀气论性说无疑是一重大打击。

唐代儒学式微，而佛学在心性方面却有独到发明之处，特别是禅宗，以其心性思想深深影响着后世，对宋代理学产生了巨大影响。大慧宗杲所著《宗门武库》记载："王荆公一日问张文定公曰：'孔子去世百年生孟子，亚圣后绝无人，何也？'文定公曰：'岂无人？亦有过孔孟者。'公曰：'谁？'文定曰：'江西马大师、坦然禅师、汾阳无业禅师、雪峰、岩头、丹霞、云门。'荆公闻举，意不甚解，乃问曰：'何谓也？'文定曰：'儒门淡薄，收拾不住，皆归释氏焉。'公欣然叹服。"从大慧宗杲记载的王安石和张文定的对话可见，儒学发展到北宋依然处于衰微状态，而佛学的发展势头则不减，儒家士子因了佛教较强的思辨性而多归趋佛门求道。佛教在宋代仍然发展繁盛，原因即在于此。佛学尤其是禅宗，主张人人皆有佛性，都可以通过日常修炼而成佛。这点对宋代心性思想影响很大。针对宋儒争相归禅的社会现实及儒学理论逻辑的困乏，张载表明了自己的态度，他说："当自立说以明性，不可以遗言附会解之。"[2]认为必须重新阐发"性"的新义以完善儒学。

张载指出，佛教所提倡的佛性是有缺陷的，他说："若谓万象为太虚中所见之物，则物与虚不相资，形自形，性自性，形性、天人不相待而有，陷于浮屠以由山河大地为见病之说。此道不明，正由懵者略知体虚空为性，不知本天道为用，反以人见大小、因缘天地、明有不尽，则诬世界乾坤为幻化，幽冥不能举其要，遂躐等妄意而然。不悟一阴一阳范围天地，通乎昼夜，三极大中之矩。"[3]认为佛教从缘起论性只能造成形性、天人相分，而

[1]《华严玄谈》卷7，见《续藏经》第8册，东京大正一切经刊行会1934年版。

[2]《经学理窟·义理》，见《张载集》，中华书局1978年版。

[3]《正蒙·太和》，见《张载集》，中华书局1978年版。

只有从阴阳变化论性，才能正确展示此“性”的内涵。

张载认为性与天道是两个相等的概念，他说：“天人异用，不足以言诚；天人异知，不足以尽明；所谓诚明者，性与天道不见乎小大之别也。”[1]“天道即性也，故思知人者不可不知天，能知天斯能知人矣。”[2]张载还作《大易篇》《乐器篇》等去阐明天人共德的观点，以构架其天人共德的理论桥梁。

初步完成理学思想体系框架的二程，一生受佛道思想影响很大。二程虽然在理论上猛烈批佛，但他们从心底里并不否认佛学思想的高妙之处，并且认为佛家与儒家有契合之处。如程颢说：“释氏本怖生死，为利岂是公道？惟务上达而无下学，然则其上达处，岂有是也？元不相连属，但有间断，非道也。孟子曰：‘尽其心者，知其性也。’彼所谓识心见性是也。若存心养性一段事则无矣。彼固曰出家独善，便于道体自不足。”[3]程颢于此指出，佛儒在心性上有其相通处。与其兄相近，程颐也有类似的看法，如说：“吾儒从里面做，岂有不见？佛氏只从墙外见了，却不肯入来做，不可谓佛氏无见处。”[4]

其实，二程在批佛的同时，暗中在不断汲取佛家思想的“高妙处”。这一点也可在《朱子语类》中朱熹的话语里找到证明，如朱熹说：“天命之性，非气质则无所寓。然人之气禀有清浊偏正之殊，故天命之正，亦有浅深厚薄之异，要亦不可不谓之性。旧见病翁云：伊川言‘气质之性，正犹佛书所谓水中盐味，色里胶清’。”[5]从朱熹所言可以看出，程颐的气质说一定程度上吸收了佛教思想。至于程颐所言“水中盐味，色里胶清”，显然出自《传灯录》卷三十的佛家语。“水中盐味”即用来比喻“气质之性”。

佛性、真如是佛学理论的本体范畴，含蕴众妙，无极深沉，主宰支配天地万物，是佛学的本体和起点，具有“合众妙而有余，超言思而迥出”的

[1]《正蒙·诚明》，见《张载集》，中华书局1978年版。

[2]《横渠易说·说卦》，见《张载集》，中华书局1978年版。

[3]《河南程氏遗书》卷13，中华书局1981年版。

[4]《河南程氏外书》卷12，中华书局1981年版。

[5]《朱子语类》卷4，中华书局1986年版。

特质。二程借鉴吸收了佛学这些观点，以“天理”代换“佛性”“真如”，构建了自己的本体论思想体系。二程认为，“万物皆只是一个天理”，“天下只有一个理”。在这里，“理”与“佛性”“真如”一样成了天地万物的主宰者，是绝对的精神实体。

佛教之所以提出“佛性”“真如”的理念，并不是为了描述人世间的美好，而是以超脱生死为最高理想境界。为了使更多的人能够修道成佛，佛教提出了人人都可成佛的主张，认为人本身都具有佛性，“本性是佛，离性无别佛”[1]，“自性若悟，众生是佛”[2]，每个人都具有成佛的可能和条件。佛教还把佛性扩大到一切事物中，认为“山林水鸟皆念佛法”，所谓“青青翠竹尽是法身，郁郁黄花无非般若”。二程继承了佛教人人具有佛性的思想，指出：“道即性也。若道外寻性，性外寻道，便不是。”[3]认为道即性，无须外寻，本就在自身之中，所以“圣贤论天德，盖谓自家元是天然完全自足之物，若无所污坏，即当直而行之；若小有污坏，即当敬以治之，使复如旧。所以能使如旧者，盖为自家本质元是完全之物。若合修治而修治之，是义也；若不消修治而不修治，亦是义也；故常简易明白而易行”[4]。认为人的本性是“天然完全自足之物”，是完善自足的，无级“道外寻性，性外寻道”。二程还把人的完善自足之本性进一步具体化，认为“人性只有四端，无不底善事”[5]，“万物皆有性，此五常性也”[6]。明确指出人的完善之本性就是现实社会生活中具体的仁、义、智、信等伦理道德规范，显然比佛家的自性本然完善又向前发展了一步。

佛教尤其是禅宗主张人人都有佛性，都可以成佛。然而，现实社会中却又有许多人作恶多端，与佛的本意背道而驰。针对这一现实逻辑悖论，

---

[1]《六祖坛经·般若品》，上海佛学书局 1996 年版。

[2]《六祖坛经》，上海佛学书局 1996 年版。

[3]《二程遗书》卷 1，中华书局 1981 年版。

[4]《二程遗书》卷 1，中华书局 1981 年版。

[5]《河南程氏遗书》卷 18，中华书局 1981 年版。

[6]《河南程氏遗书》卷 9，中华书局 1981 年版。

佛教提出了“真性”与“假性”之说，认为“真性”是人先天具有的，所谓“常无相清净即为真性”，“世人性本清静”。但是，人生活在世俗社会之中，人本有的清净之性在世俗生活中容易受到外界环境的影响而变成“自性”，而这种自性由于人的不同而形成差异，从而造成众生的不同，所以世俗社会生活中就有了好人和恶人的分别。但可以通过后天修行而改变自性，从而成佛。所以，佛家认为众生是可以通过修行、觉悟而成佛的。二程大胆借鉴吸收了佛学的“真性”“自性”说，用以改造发展儒学的人性论。二程认为，“性即理也，所谓理，性是也”，指出理即性，“性”是天理在人们身上的体现，其内容是仁、义、礼、智、信等伦理道德规范，是所谓“天命之性”，人的这种本然完善之性只要不受外物所染，就会保持其天然“真性”。但是，由于“人生气禀，理有善恶，然不是性中元有此物两相对而生也。有自幼而善，有自幼而恶，是气禀有然也”[1]，所以“人生气察理有善恶”，察清气则为善，察浊气则为恶，这就是二程所谓的气察之性，亦即气质之性。气察之性不同于天命之性，它主要受后天影响颇多，因此有时会蒙蔽天命之性，从而有善恶之别的出现。因此，为了恢复天命之性，人们就必须通过学习、修养才能达到，这与佛家所谓的通过修养以改变“自性”而成佛的道理具有异曲同工之妙。

传统儒学的根本性质是政治伦理学说，思辨性相对不足，这既是儒学的弊病，也是儒学在魏晋南北朝隋唐时期逐渐衰微的重要原因。为了增强儒学的思辨性，二程吸收借鉴了佛教心性学说中具有思辨性特征的概念，旨在丰富提升儒家传统心性思想，从而使具有丰富伦理特征的“心”“性”概念转而成为宇宙万物的本体。如二程把“心”提高到宇宙万物的核心位置之上，所谓“圣人之心即天地之心”，就显然是受佛家重“心”思想的影响。不但如此，二程还把伦理道德规范纳入人性之中，认为心即性，即仁、义、礼、智、信等儒家伦理道德范畴，从而完成了儒家伦理范畴上升到本体论的高度。如关于儒家的“诚”，程颢认为“诚”即心之本体，“圣人致公，心

[1]《二程集》，中华书局1981年版，第10页。

尽天地万物之理，各当其分”。[1]故他要求弟子们要体认至诚之心，以至诚之心为“天地之道”，使得儒家的至诚之道具有了包括宇宙万物的含义。朱光庭是程颢的弟子，他在《明道先生行状》中说：“呜呼！道之不明不行也久矣。自子思笔之于书，其后孟轲倡之。轲死而不得其传，退之之言信矣。大抵先生之学，以诚为本。仰观乎天，清明穹窿，日月之运行，阴阳之变化，所以然者，诚而已。俯察乎地，广博持载，山川之融结，草木之蕃殖，所以然者，诚而已。人居天地之中，参合无间，纯亦不已者，其在兹乎！盖诚者天德也。圣人自诚而明，其静也渊停，其动也神速，天地之所以位，万物之所以育，何莫由斯道也！”[2]朱光庭认为，程颢继承了孟子之学，提出“诚”的概念，指出“诚”乃天下之至善，是“天德”，是“天地之所以位，万物之所以育”的根源。显然，“诚”已上升到本体论高度，这也就把儒家伦理纲常纳入其中，成为封建社会普遍遵循不移的根本法则。

二程的气质说是吸收了佛道思想构建而成的，可以说达到了封建社会人性论的最高峰，对当时及后世影响深远。由于二程人性论思想多受张载影响，因此当有人问及“气质之说起于何人”，朱熹则直接回答说起于张载、二程，并说：“前此未曾有人说到此。如韩退之原性中说三品，说的也是，但不曾分明说是气质之性耳。性哪里有三品来？孟子说性善，但说得本原处，下面却不曾说得气质之性，所以亦费分疏。诸子说性恶与善混，使张、程之说早出，则这许多话自不用纷争。故张、程之说立，则诸子之说泯矣。”[3]认为二程气质说远超先秦诸子和韩愈，“极有功于圣门，有补于后学”[4]。可见二程的气质说在理学发展史上占有极其重要的地位。

朱熹亦十分欣赏禅学的思辨义理，认为“佛书说六根、六识、四大、十二缘生之类皆极精妙，故前辈谓此孔孟所不及”[5]。朱熹晚年尤为喜佛，《解

[1]《二程遗书》卷 14，中华书局 1981 年版。

[2]《二程遗书》卷 25，中华书局 1981 年版。

[3]《朱子语类》卷 4，中华书局 1986 年版。

[4]《朱子语类》卷 4，中华书局 1986 年版。

[5]《朱子语录》，上海古籍出版社 2016 年版。

惑编》卷下有这样的记载："或问朱子曰：'今士大夫晚年，都被禅家引去者何故？'答曰：'是他高似你，你平生读许多书，记诵文章，所借以取功名利禄之计耳，到这里都靠不得，所以被他降下。他底且省力，人谁不悦而趋之乎？王介甫平生学许多道理，临了舍宅为寺。'"此段话不但表明朱熹晚年趋于佛教，而且还道出了改革家王安石晚年也是喜佛的。朱熹还曾在《答汪尚书》中情不自禁地说："某于释氏之说，盖尝师其人，尊其道，求之切至矣。"[1]

南宋时期，书院教育比较发达，朱熹不断地到闽、湘、赣等地讲学。他在讲学期间所制定的儒门学规，就是仿照了佛教的《禅苑清规》。江西白鹿洞书院的学规即是如此。《朱子语类》卷七曾有这样的记载："陆子寿言：'古者教小子弟，自能言能食，即有教，以至洒扫应对之类皆有所习。故长大则易语。今人自小即教作对，稍大即教作虚诞之文，皆坏起性质。某尝思欲做小学规，使人自小教之便有法。如此亦须有益。'先生曰：'只做《禅苑清规》样做，亦自好。'"陆子寿想做小学规，朱熹建议他仿照《禅苑清规》去做，可见其好佛如此。清人颜元曾对朱熹晚年尚佛提出批评，认为"朱子教人半日静坐，半日读书，无异于半日当和尚，半日当汉儒"[2]。

朱熹作为二程的四传弟子，继承了二程思想，认为"万物皆是一理"，"事事却有个极至之理"，这种"理"如佛教的精神本体"佛"一样，既统摄万物，又超越万物，是万事万物的本源。朱熹还把天理引申为仁、义、礼、智等一系列伦理道德规范，指出："宇宙之间，一理而已，天得之为天，地得之为地，而凡生于天地之间者，又各得之以为性，其张之为三纲，其纪之为五常，盖皆此理之流行，无所适而不在。"[3]在此基础上，朱熹提出了他的"性即理"观点，以阐述人性与宇宙本源的关系，如说："吾之性即天地之理"，"性者，人之所得于天之理也"[4]。认为人性是天理所赋予的。他还进一步通过

[1]《朱文公文集》卷30，商务印书馆1937年版（全十册本）。

[2]《颜元集·朱子语类评》，中华书局1987年版。

[3]《朱子语类》卷1，中华书局1986年版。

[4]《朱子语类》卷98，中华书局1986年版。

宇宙论的演化过程，阐述了“性即理”的依据，如说：“性即理也，天以阴阳五行化生万物，气以成形，硕理亦赋焉，犹命令也。于是人物之生，因各得其所赋之理，以为健顺五常之德，所谓性也。”[1] 认为性是与生俱来的，“无极是理，二五是气，无极之理便是性”，由于性与理具有形而上性，因而理不形迹，性也是没有形影的，如说“无极是有理而无形，如性何尝有形”，故而“性无形象、声嗅之可形容也”。[2] 既然人、物均是由理气构成，那么，似乎人和物就没有了区别，但人的确又与物有根本的差异，原因在于人性与物性的不同，他说：“徒知知觉运动之宏然者，人与物同，而不知仁义礼智之粹然者，人与物异也”[3]，人禀赋得全，而物禀赋得不全，所以朱熹认为：“性者，人之所得于天之理也……以理言之，则仁义礼智之禀，岂物之所得而全哉？此人之性所以无不善，而为万物之灵也。”[4] 这样，朱熹就比较完备地论述了人性来自于天理的道理。

## 二、心即理

宋代之后，中国的思想发展史是与佛教交织在一起的。无论程朱还是陆王，都与佛教有比较密切的联系。陆九渊评价宋代士人与佛老的关系说：“佛老之徒遍天下，其说皆足以动人，士大夫鲜不溺焉。”[5] 陆九渊作为南宋时期心学的代表人物，他的一生和其他士人一样，也与佛教禅僧来往密切，常出入寺庙，还为禅僧作帖。[6] 对于佛教，陆九渊有自己的认识，他认为，佛教“苟有一善，亦所不废”，他反对那种为批判佛学而拒绝和僧人交往交

[1] 朱熹：《四书章句集注》，中华书局 1983 年版。
[2]《朱子语类》卷 94，中华书局 1986 年版。
[3] 朱熹：《四书章句集注》，中华书局 1983 年版。
[4] 朱熹：《四书章句集注》，中华书局 1983 年版。
[5]《陆九渊集》卷 3，中华书局 1980 年版。
[6]《陆九渊集》卷 36，中华书局 1980 年版。

流的做法，认为“儒者好辟释氏，绝不与交谈，亦未为全是”[1]。只有对佛教有深入的了解、研究和分析，才能更好地批判佛教。陆九渊认为，“假令其说邪妄，亦必能洞照底蕴，知其所蔽，然后可得而绝之。今于其说漫不知其涯涘，而徒以名斥之，固未为儒者之善，第不知其与栖栖乞怜于其门者，其优劣又如何邪？”[2]由此可以看出，陆九渊对佛教是采取的具体分析的原则，所谓“苟有一善，亦所不废”。因此，其心学思想具有明显的禅学痕迹。四库馆臣曾说：“宋儒之学，至陆九渊始以超悟为宗”[3]，甚至“天下皆说先生是禅学”[4]。此“先生”即指陆九渊。

禅宗重“心”，陆九渊则容理于心，认为“心即理”。他说：“人皆有是心，心皆具是理，心即理也。”[5]“盖心，一心也；理，一理也。至当归一，精义无二。此心此理，实不容有二。”[6]认为心与理实为一体，不容有二。不但如此，他还认为，“万物森然于方寸之间，满心而发，充塞宇宙，无非此理”[7]。方寸之心，看似很小，但当其收敛之时，则可以容摄万物；发动之时，则可以充塞宇宙。还说：“皇极之建，彝伦之叙，反是则非，终古不易。是极是彝，根乎人心，而塞乎天地。”[8]不仅心外之物和在物之理，而且社会伦理等等，都可以在“人心”找到根子。

陆九渊认为，理无限，心也无限。因此“心，只是一个心。某之心，吾友之心，上而千百载圣贤之心，下而千百载复有一圣贤，其心亦如此。心之体甚大，若能尽我之心，便与天同”[9]。“东海有圣人出焉，此心同也，此理同也。西海有圣人出焉，此心同也，此理同也。南海，北海有圣人出焉，

[1]《陆九渊集》卷20，中华书局1980年版。

[2]《陆九渊集》卷20，中华书局1980年版。

[3]《四库全书总目》卷96《杨子折衷六卷》提要，中华书局1965年版。

[4]《陆九渊集》卷34，中华书局1980年版。

[5]《象山全集》卷11《与李宰》，民国中华书局本（全四册本）。

[6]《象山全集》卷1《与曾宅之》，民国中华书局本（全四册本）。

[7]《象山全集》卷34《语录上》，民国中华书局本（全四册本）。

[8]《象山全集》卷22《杂说》，民国中华书局本（全四册本）。

[9]《象山全集》卷35《语录下》，民国中华书局本（全四册本）。

此心同也，此理同也。千百世之上至千百世之下，有圣人出焉，此心此理亦莫不同也。”[1]“某之心”“吾友之心”，乃至东西南北、上下古今的圣人之心，就其能认识事物之理的能动性来讲，都只是“一个心”。这就是心所共有的具有思维能力的特点。正是抓住这个特点，才以一心通万理、以一理通万物，从而得出了“宇宙内事乃己分内事，己分内事乃宇宙内事”“宇宙便是吾心，吾心即是宇宙”的天人合一论。

陆象山不但与佛教禅宗关系密切，与道家道教也有联系，主张以一种开放式的大宇宙心灵接纳道教的理论并融入其学术体系。

在道教产生之前，先秦道家的代表人物老子已有“虚其心”的思想，其后继者庄子则提出了“心斋”“坐忘”说，进一步明确了心、道关系。以后随着道教的产生和发展，关于“心”“道”的认识也在不断发展变化。唐代的王玄览主张“心为道本”[2]，“是故心生诸法生，心灭诸法灭”[3]。司马承祯则进一步提出了“心体”的范畴，主张“心体以道体为本”。与陆九渊的“宇宙便是吾心，吾心便是宇宙”有异曲同工之妙。

陆九渊积极继承道教心外无物的思想，提出了“心即理”的命题，认为“人皆有是心，心皆具是理，心即理也”，“盖心，一心也，理，一理也，至当归一，精义无二，此心此理实不容有二”。[4]陆九渊所谓的“心即理”，意在强调人的道德本心与宇宙间普遍之理的同一性，如果人们能够识得本心，那么就会真真切切地感受到宇宙的大化流行。所以陆九渊说：“宇宙不曾限隔人，人自限隔宇宙。”[5]陆九渊还通过对道教“心体以道体为本”等天人一体无隔等观念的融会，以及对“心即理”的阐发，把人之“心”放在了重要地位，并赋予人以主体力量，对明代心学发展和思想启蒙发挥了巨大作用。

---

[1]《象山全集》卷 36《年谱》，民国中华书局本（全四册本）。

[2]《玄珠录》，见《正统道藏》太平部，文物出版社等三家出版社 1987 年联合出版。

[3]《玄珠录》，见《正统道藏》太平部，文物出版社等三家出版社 1987 年联合出版。

[4]《象山全集》卷 1《与曾宅之》，民国中华书局本（全四册本）。

[5]《语录》，见《宋元学案·象山学案之语录》，中华书局 1986 年版。

## 三、已发未发与心统性情

北宋时期，张载、二程对佛教的心性思想进行了吸收、融会与改造，建立了理学心性思想体系。到南宋时期，二程四传弟子朱熹又在他们的基础上，对心性思想作了深入研究，更加完善了儒家心性思想体系。这便是在他“性即理”基础上的“心统性情”和“已发未发”的思想。

佛教认为心即性，是人之所以成佛的根据，这样就把“心”提高到本体的地位，如《大乘起信论》说：“心真如门是：以心本性不生不灭相。一切诸法，皆由妄念而有差别；若离妄念，则无境界差别之相。是故诸法从本已来，性离语言，一切文字不能显说；离心攀缘，无有诸相；究竟平等，永无变异，不可破坏。”认为真如之心“恒常不变，净法圆满”[1]。指出真如是心之本然之体，它非染非净、非生非灭，一切法皆以真如为本体。还说：“诸众生依人意识转，有无名不觉起，能见，能观，能起境界。”[2]也就是说，心真如门是静，是本体；心生灭门则是动，是性体的作用。

中国化佛教的代表之一禅宗，其六祖慧能的弟子神会说：“真如之性，即是本心。”[3]认为人的本心即佛之真如之性，二者是统一的。宗密《禅源诸诠集都序》也说：“诸法如梦，诸圣同说。故妄念本寂，尘境本空。空寂之心，灵知不昧，即此空寂之知是汝真性。任迷任悟，心本自知，不藉缘生，不因境起。”认为真性即本性、佛性，本心即真如之性。神会在本心说的基础上，又提出了“众生心即是佛心，佛心即是众生心”[4]，认为本心即众生心中本来具有的清净真如心，因为众生心本净，所以众生心即佛心。这是就

[1]《大乘起信论》卷 2，见《大正藏》第 32 册，台湾新文丰出版有限公司 1996 年版。

[2]《大乘起信论》卷 2，见《大正藏》第 32 册，台湾新文丰出版有限公司 1996 年版。

[3]《荷泽神会禅师语录》，见石峻等编：《中国佛教思想资料选编》第 2 卷第 4 册，中华书局 1983 年版，第 85 页。

[4]《荷泽神会禅师语录》，见石峻等编：《中国佛教思想资料选编》第 2 卷第 4 册，中华书局 1983 年版，第 85 页。

众生心的本质而言，犹如从这个角度来说众生的佛性与佛的佛性没有区别一样。但面对社会中的现实，他又加以补充，如说：“若约不了人论，有众生有佛；若其了者，众生与佛，无不别。”[1]这里是说众生对本心有个了悟的问题，若了悟，众生心与佛心无别；若不了悟，则众生与佛有分别。一言以蔽之，真如是生灭之体，而生灭是真如之用。这一思想对朱熹心性思想启发很大。

朱熹在吸收借鉴宗密心性思想基础上，提出了“已发未发”的心性理念。他说：“心有体用，未发之前是心之体，已发之际是心之用。”[2]认为思虑未萌是心的未发状态，思虑萌发为心的已发状态。他又说：“人之一身，知觉运用莫非心之所为，则心者固所以主于身而无动静语默之间者也。然方其静也，事物未至，思虑未萌，而一性混然，道义全具，其所谓中，是乃心之所以为体，而寂然不动者也。及其动也，事物交至，思虑萌焉，则七情迭用，各有攸主，其所谓和，是乃心之所以为用，感而遂通者也，然性之静也不能不动，情之动也必有节焉，是则心之所以寂然感通周流贯彻，而体用未始相离者也。”[3]朱熹认为，人之心主导着人的知觉运用，心未发指“性之静”，心已发指“情之动”，所以性当为心之体，情当为心之用。当然，朱熹在创造自己的心性学说时还积极吸收了道教的性体心用思想，如道教的《常清静经》开通了个性与道性、心与性的联系。朱熹则以此为基础，提出“心以性为体。心将性做馅子模样，盖心之所以具是理者，以有性故也”[4]。

朱熹还继承了《大乘起信论》中的心性思想，进一步提出了“心统性情说”。《大乘起信论》认为，真如佛性就存在于众生的现实当中，真如佛性就包含在心生灭门当中，心真如门为性，心生灭门为用，二门皆摄于一心。朱熹继承了这一思想，认为心是具有创生性和超越性的主体，是一切生命

---

[1]《荷泽神会禅师语录》，见石峻等编：《中国佛教思想资料选编》第2卷第4册，第85页，中华书局1983年版。

[2]《朱子语类》卷5，中华书局1986年版。

[3]《朱文公文集》卷32，商务印书馆1937年版（全十册本）。

[4]《朱子语类》卷5，中华书局1986年版。

的内在本源。他说："思虑未萌、事物未至之时为喜怒哀乐之未发。当此之时，即是心体流行、寂然不动之处，而天命之性体段具焉。"[1]认为心未动，则喜怒哀乐未发，则为天命之性。如果心体流行，则不可谓之天命之性，而是情，所谓"以其未发而全体言之，则性也；以其已发而妙用者言之，则情也"。他还说："心则贯乎已发未发之间，乃大易生生流行一动一静之全体。"[2]因为心体贯通已发未发之间，所以"性是体，情是用，性情皆出于心，故心能统之"[3]，"盖心之未动则为性，已动则为情，所谓心统性情也"[4]。朱熹还以水比心，认为"心如水，性犹水之静，情则水之流，欲则水之波澜"[5]。"性以理言，情乃发用处，心即管摄性情者也。故程子曰：'有指体而言者，寂然不动是也。'此言性也；'有指用而言者，感而遂通是也。'此言情也。"[6]朱熹于此明确了心之体为性，心之用为情，心联通两端，统摄性与情。这就形成了朱熹的"心统性情"思想。

当然，道教心性思想也对朱熹的"心统性情"说产生了影响，尽管这种影响不是主要和深刻的。如道教《阴符经》说："天性，人也，人心，机也。立天之道以定人也。"天性即道性，道性体现于人则为人性，人性发动为心，心动则既可为智巧，亦可谓情欲。朱熹则说："性如心之田地，充此中虚，莫非是理而已。心是神明之舍，为一身之主宰，性便是许多道理，得之于天而具于心者。"[7]因此，性体离不开心之用，显然是心统性情。

---

[1]《晦庵先生朱文公集》卷67，《四部丛刊初编》缩印明刊本。

[2] 朱熹：《答林择之》，见《朱文公文集》卷43，商务印书馆1937年版（全十册本）。

[3]《朱子语类》卷98，中华书局1986年版。

[4]《朱子语类》卷5，中华书局1986年版。

[5]《朱子语类》卷5，中华书局1986年版。

[6]《朱子语类》卷5，中华书局1986年版。

[7]《朱子语类》卷98，中华书局1986年版。

## 四、天命之性与气质之性

宋明理学心性论的一个重要命题便是性二元论——天命之性与气质之性。这是理学家为解决社会善恶问题而在人性方面作出的论证，致力于为人们扬善弃恶提供可能的途径。正如唐君毅所说："世皆知中国思想素重人性问题之论述，而于人性善恶之辨，尤似为各家学术分异之关键所在。"[1]而道教的重要代表张伯端对性命学说的分析涉及的人性问题，无疑对张载及后来的理学派学者影响巨大。

张伯端气质之性的具体表现，就是在接物时表现出的善恶之情。若喜怒哀乐发用不当，在现实生活中的表现为恶，反之，则善。如果能渐渐去除气质之性中的恶，让本元之性得以充分的显现，接人待物的时候，就不会因喜怒哀乐之情发用不当而作恶，那么他的表现便是善。本元之性是人的本质，气质之性不是人生来就有的，它是后天的欲神所主宰的。所以，人通过性命双修的工夫，"善返之"，便可使"元神"彰显、"欲神"消失，去掉物质欲望，恢复先天自然的善性。在理学中，张载首提"天命之性"与"气质之性"的概念，而且在现实中的论证比张伯端更为深入，这应是受张伯端之影响。而且张伯端的"善返之"，主要集中在心性修养的层面，关心的是如何"结成金丹"，达到一种"无为妙觉之道"的境界，从而长生久视。而张载认为，"为学大益，在能自求变化气质，不尔皆为人之弊，一卒无所发明，不得见圣人之奥"[2]。主张通过学习变化气质，以克服气质之偏，复归天地之性。气质之性对于禀受它的人来说，是先天的，而不是后天的，但通过后天的努力学习，可以移去不善的气质，即所谓的变化气质。所以，张载把更多的经历放在如何变化气质上，也即如何通过为学的工夫让人知礼、守礼，遵守社会中的伦理道德，成为对社会有用的善良之人，而不是

---

[1] 唐君毅:《中国哲学原论・原性篇》，中国社会科学出版社 2006 年版，第 1 页。

[2]《经学理窟》，见《张载集》，中华书局 1978 年版。

张伯端的通过“性命双修”“善返之”，逆行归结于“道”上。因此，张载主张变化气质及将人性分为天地之性、气质之性的思想，无疑来自张伯端的内丹学说之“善返之则天地之性存焉”，且又有所发明，可以说起源于道教却发展了儒家的传统。

但是，与前面的有些理念相类似，“天命之性”与“气质之性”在发展过程中又受到了佛教的影响，而呈现出如下特色。

唐以后形成的中国化佛教大多主张性本清净说，如禅宗认为，“世人性本清净”，“一切法尽在自性，性常清净，日月常明，只为云覆盖，上明下暗，不能了见日月星辰，忽遇慧风吹散，常卷云雾，万象森罗，一时皆见”。[1] 又说：“既体知众生佛性本来清净，如云底日，但了然守真心，妄云尽，慧日即见……譬如磨镜，尘尽自然见性。”[2] 这两段话的意思是说，人的本性好比太阳或镜子，它们本来是非常清净的，可以照见善，也可以照见恶，但它们本身却并不具有善与恶的本质。至于人们在实际生活中表现出有种种善与恶的言行，那是因为人们后天或者是潜心修行、断灭惑见，或者是为各种邪念掩蔽、染污所致。后者就像太阳的光明被云雾掩盖，镜子的明净被尘垢蒙蔽一样。因而只要人们通过修行，用“慧风”吹散“云雾”，用修炼磨去“尘垢”，太阳或镜子的光辉，即人的本性便自然会显露出来。这个观点，在《传心法要·钟陵录》中讲得也很清楚，如说：“此灵觉性无始以来，与虚空同寿，未曾增，未曾减，未曾有，未曾无，未曾秽，未曾净，未曾喧，未曾寂，未曾少，未曾老，无方所，无内外，无数量，无形相，无色象。”人性的本质是什么？惟其是“空”，所以它便“无形象”“无色相”，因而也就谈不上什么增与减、有与无、老与少、多与少，当然更谈不上什么秽与净、善与恶。惟其是“空”，所以它才是“至善”之性。在这个问题上，华严宗也认为一切众生有自性清净心，如说：“犹如明镜，现于染净，虽现染净，但恒不失镜之明净，只又不失镜之明净故，方能现染净之相。以见

[1]《六祖坛经》，上海古籍出版社1993年版。

[2]《六祖坛经》，上海古籍出版社1993年版。

染净，知镜明净；以镜明净，知见染净。是故二意，唯是一性，虽见净法，不增镜明；虽见染法，不污镜净。非直不污，亦由此乃见镜之明净，当知真如，道理亦尔。”[1]“当知真如”的“真如”就是指的人性。可见，佛教在总体上认为人性本然清净，是本善的，之所以后天有善恶之别，主要是在后天受到污染和蒙蔽的结果。因此，儒学家把人性分为先天之性和后天之性。这就对人性作出了最圆融的解释。

二程对“天地之性”和“气质之性”的概念又作了进一步阐释。程颐说：“性字不可一概论。‘生之谓性’，止训所禀受也。‘天命之谓性’，此言性之理也。今人言天性柔缓，天性刚急，俗言天成，皆生来如此，此训所禀受也。若性之理也，则无不善。”“凡言性处，须看他立意如何。且如言人性善，性之本也，生之谓性，论其所禀也。”[2]在二程看来，天命之性人人都具备，是本然就有的。而气质之性则有清浊之分，“气清则才清，气浊则才浊”。圣人所禀受的是“清气”，所以可以成为圣人；愚人之所以愚，是因为他们所禀受的是“浊气”。二程关于天命之性和气质之性的人性理论，特别是其“气质之性”说，对后世影响很大，朱熹给予了高度评价，说：“孟子未尝说气质之性，程子论性，所以有功于名教者，以其发明气质之性也。以气质说，则凡言性不同者，皆冰释矣。”[3]充分肯定了二程天命之性与气质之性这一封建社会最为完善的人性理论的重要地位和重大贡献。

在二程的基础上，朱熹进一步吸收佛教的相关内容，“杂理与气”而言之，对天命之性与气质之性作出自己的论证。他说：“论天地之性，即专指理言；论气质之性，则以理与气而言之。未有此气，已有此性。气有不存，而性却常在。虽其方在气中，然气自是气，性自是性，亦不相夹杂。”[4]又说：“性只是理，气质之性，亦只是这里出，若不从这里出，有甚归著。”[5]朱熹

[1]《华严一乘教义分齐章》，见《大正藏》第48册，台湾新文丰出版有限公司1996年版。

[2]《二程遗书》卷24，中华书局1981年版。

[3]《朱子语类》卷4，中华书局1986年版。

[4]《朱子语类》卷4，中华书局1986年版。

[5]《朱子语类》卷4，中华书局1986年版。

认为，“天命之性若无气质却无安顿处，且如一勺水，非有物盛之，则水无归著”[1]。把天地之性与气质之性比作水与勺的关系，天地之性长存，气质之性是从天地之性而出的，但天地之性又以气质之性为附着。朱熹还认为，人的天地之性是本善的，是纯粹至善的道德本性，如说：“所谓天命之谓性者，是就人身中指出这个是天命之性，把杂气禀者而言尔。若才说性时，则便是夹气禀而言，所以说时便已不是性也。”[2]道出了天命之性与气质之性的关系。人之所以有善恶的分别，也是天地之性和气质之性的分别所致。即说人都具有天地之性，都有本然的善心，但由于后天环境的影响，气质之性发生变化，所以就有了善恶的分别，这都是由于人禀气不同造成的。朱熹还说：“人之性皆善，然而有生下来善底，有生下来恶底，此是气禀不同。”[3]认为当“日月清明，气候和正之时，人生而禀此气，则为清明浑厚之气，须做个好人。若是日月昏暗，寒暑反常，皆是天地之戾气，人若禀此气，则为不好底人”[4]。他还以盛水作比喻：“性譬之水，本皆清也。以净器盛之，则清；以不净之器盛之，则臭，以污泥之器盛之，则浊。本然之清，未尝不在。”[5]朱熹还借鉴吸收了佛教中的“宝珠、明珠”之喻，用以说明天地之性和气质之性的区别，他说：“禀气之清者，为圣为贤，如宝珠在清冷水中。禀气之浊者，为愚为不肖，如珠在浊水中。”[6]认为人之性犹如珠宝于水中，置放于清冷水中，则珠宝放光明，而置于浑浊水中，则不见珠宝的光亮。

总之，佛道的心性论主要是指佛性论、道性论，其实质是人性论在佛教、道教思想中的反映，是人性论的宗教形态。所以，理学对佛道心性论的整合，并借鉴佛道的内容重建了具有形上哲学思想意蕴的心性论体系，从而使中国古代心性思想发展达到了高峰。

---

[1]《朱子语类》卷 4，中华书局 1986 年版。

[2]《朱子语类》卷 95，中华书局 1986 年版。

[3]《朱子语类》卷 4，中华书局 1986 年版。

[4]《朱子语类》卷 4，中华书局 1986 年版。

[5]《朱子语类》卷 4，中华书局 1986 年版。

[6]《朱子语类》卷 4，中华书局 1986 年版。

## 第七章

# 宋代儒学内部结构调整中的工夫论构建

宋代儒学家大多有出入佛老的人生阅历，对佛教、道教理论有相当深刻的认识。他们力推的心性工夫即与佛教、道教的修行理论联系密切。佛道修行的最终目的在于追求彼岸的极乐世界，或长生久视、成仙得道。但就如何实现这一目标的方式上，两者则各有自己的特点。就佛教看，有所谓“观心看净”“识心见性”之说。这种“观”“识”的说法，两宋儒者中周敦颐、二程、朱熹、陆九渊等论议较多，比较有代表性。就道教看，则有“守静去欲”“心寂境忘”的修养方法，要求修道之人忘记人世间的一切，去除智慧、思虑、理性认识乃至欲望，使内心保持一种绝对虚静、寂灭的状态，并且认为只有在这样一种状况下，才能做到以心应物、物来而顺应。两宋儒者在发展新儒学的努力中，认识到了佛道关于修行理论的独特价值，在为复兴传统儒学而对佛道进行批判的同时，并没有完全抛弃二者的有益之处，而是大胆借鉴吸收，以为己用，使之与儒家工夫理论相融渗，从而大大丰富了新儒学的学理体系。

## 第一节　佛道修行理论的思想特点

大多数宗教都有完整的教理教义、仪轨法门和修行理论，其目的是通过一定的方式获得宗教信仰，达致最理想的境地。对于佛教来说，修行的人首先要淡泊名利，在日常生活中对自己的思想、行为加以制约，如以大乘菩萨为例，便是六度，包括布施、持戒、忍辱、精进、禅定、智慧六个方面。而中国土生土长的道教则是通过性命双修的方式，获得“精气神”的无限提升。无论怎样，佛道二教都把修行理论作为修道的最重要环节，在修行实现的过程中，逐渐形成了一系列的理论，并各自形成了自身鲜明的思想特点。

### 一、佛教修行理论之特点

佛教思想与原始儒学、汉唐儒学的一大重要区别便是前者重心性而后者重伦理。这一趋势发展到唐代更为明显。就唐代禅宗而言，心性与修行是其立教的一大特色。而有“南能北秀”之称的慧能与神秀则分别代表着禅宗心性论发展的两个主要方向。对他们的心性思想进行分析，不但能把握这一时期心性理论的演变轨迹，也可以看出宋代儒学心性工夫对他们的借鉴痕迹。

北宗神秀认为，心为万法之根本。如说：“心者，万法之根本也。一切诸法，唯心所生，若能了心，万行具备。”[1] 众所周知，《观心论》在神秀的

[1] 神秀:《观心论》，见《大正藏》第 85 册，台湾新文丰出版有限公司 1996 年版。

思想中占有重要地位，可以说是其理论的重要旨归。神秀认为，心是万法之本，也即佛法，这就将心放在一个至高无上的地位。在他看来，要想对世界上的万事万物有所了悟，只需“了心”即可。如何“了心”？他又提出：“唯观心一法，总摄诸行，最为省要。”[1]简单来说便是“观心”。什么是“观心”呢？神秀说：“身是菩提树，心如明镜台。时时勤拂拭，勿使惹尘埃。”就是将心作为一面光洁的镜子，如果能常常把它擦得干净无垢，尘世的一切便会如倒影一般照映其上，有佛性之人便可用般若智慧加以观照。其实这种观点，与先秦时期道家学派的“涤除玄览”有相似之处，都是要求当事人以直观内省的方式来认识、把握世界。也就是要求人们最大限度地摒弃欲望，彻底打扫干净自己的内心世界，而且还需极力保持内心的平静状态，即“看净”，也就是要看住净心，从而显示本有佛性，以达到无所不知的真如佛性的境界。

那么，应如何“观心”？宗密指出：“远离愦闹，住闲静处。调身调息，跏趺宴默。舌拄上腭，心注一境。”[2]神秀则认为：“超凡证圣，目击非遥，悟在须臾，何烦皓首？”[3]无论是宗密还是神秀，他们都是在教导修行者选择远离闹市的环境，在安静与沉静中打坐参悟。所谓“心注一境”，即是先让修行者的自我意识逐渐沉静，积累到一定程度，便可须臾之间获得佛性，不需日日夜夜地皓首穷经、研读佛书。但是，在觉悟本心之前，必须做“调身调息，跏趺宴默”的修行工夫，且不可一日荒废，亦不可有丝毫的懈怠。

南宗著名代表人物慧能与神秀在修行上存在很大差别，他说：“心量广大，犹如虚空”，又说：“虚空能含日月星辰、大地山河，一切草木、恶人善人、恶法善法、天堂地狱，尽在空中”，“菩提本清净，起心即是妄。净性在妄中，但正除三障”[4]。慧能在“心”的基础上又进一步提出了“性”的概念，这是

[1]《观心论》，见《大正藏》第85册，台湾新文丰出版有限公司1996年版。

[2] 宗密:《禅源诸诠集都序》卷2,见《大正藏》第48册,台湾新文丰出版有限公司1996年版。

[3]《大乘无生方便门》，见《大正藏》第85册，台湾新文丰出版有限公司1996年版，第1273页。

[4] 慧能著，郭朋校释:《坛经校释》，中华书局1983年版，第72页。

他比神秀高明处。心与性的提出，就构成了比较完整的佛性论。

在慧能看来，一切众生都天然地具佛性，所谓“我心自有佛，自佛只真佛；自若无佛心，向何处求佛？”[1]也就是说，世俗生活中的每个人都有潜在的般若智慧，都有成佛的前提种子，所以人人都具有佛性，经过修行都能成佛。而成佛的关键在于能否激发出其本然具足的佛性，在于其修行方法是否正确，所以，“一念愚即般若绝，一念智即般若生”[2]。这便是慧能的方便法门。如果能够做到可以“自然得入清净心体。湛然常寂，妙用恒沙”[3]，那么自然即可进入无生无灭的永恒涅槃境界。慧能认为佛性有两个层面：一个是实在、常有，即“真如本体”或“自性”，另一个则是虚假不实的色相，也即人们日常所看到的大千世界。它们彼此之间相互渗透，所以参佛之人应该明白这两个层面，不可执泥于“色”而忘记真如佛性。只有超越此不真空，做到“无起心”“正除三障”“我心自有佛”，才能见性成佛，即达到“无念”“无住”“无相”境界。关于此三者，慧能指出：“何名无念？无念法者，见一切法，不著一切法；遍一切处，不著一切处，常净自性，使六贼从六门走出，于六尘中不离不染，来去自由，即是般若三昧，自在解脱，名无念行。若百物不思，当令念绝，即是法缚，即名边见。悟无念法者，万法尽通；悟无念法者，见诸佛境界；悟无念法者，至佛位地。”[4]意思是说，无念是不妄念，而非不念，是要保持正念。又说：“无住者，为人本性，念念不住，前念、今念、后念，念念相续，无有断绝；若一念断绝，法身即离色身。念念时中，于一切法上无住，一念若住，念念即住，名系缚；于一切上，念念不住，即无缚也。此是以无住为本。”[5]还说：“外离一切相，名为无相；能离于相，即法体清净；此是以无相为体。”[6]以上讨论的是无念、

[1] 慧能著，郭朋校释：《坛经校释》，中华书局1983年版，第109页。

[2] 慧能著，郭朋校释：《坛经校释》，中华书局1983年版，第51页。

[3] 慧能著，郭朋校释：《坛经校释》，中华书局1983年版，第51页。

[4]《六祖坛经》，上海古籍出版社1993年版。

[5]《六祖坛经》，上海古籍出版社1993年版。

[6] 慧能著，郭朋校释：《坛经校释》，中华书局1983年版，第49—50页。

无住、无相等问题，慧能认为，应以无念为宗、无住为本、无相为体。

由于慧能所言的心与性都以佛性之本心而言，所以他与儒学之心性有很大差别。此心此性不能在现实世界中彰显，要想契悟本心，只能是通过“无念”，而“无念”即是“知见一切法，心不染着，是为无念”。无念包含三个层面，即无执念、无妄念和无分别心。而要做到“无分别心”是非常难的。因为首先需从思维上达到超越主客二分，达到圆融无碍的“一”，其次还要破除“非他心”“是非心”。慧能说：“若真修道人，不见世间过。若见他人非，自非却是左；他非我不非，我非自有过。但自却非心，打破烦恼除。”因此，慧能反对对世间事物的执泥与执着，认为这是不必要的束缚，只有在内外无住之中才能显现一切具足的清净心之本然。而无住则是更强调来去自如，通用无滞，心无挂碍。因此，他反对“时时勤拂拭”的修行，认为世间“本来无一物，何处惹尘埃”，强调众生与佛的本来不二，其区别只在于“悟”与“不悟”。

在慧能看来，若识得本心、本性，就可以成佛，即所谓“识心见性”。这也是慧能对传统佛教进行大刀阔斧改革后的认识。他还说：“自性心地，以智慧观照，内外明澈，识自本心。若识本心，即是解脱。既得解脱，即是般若三昧。悟般若三昧，即是无念。”[1] 所以说，识心的根本在于做到无念，从而明心，以使自身本性得到彰显。慧能还说：“为世有八万四千尘劳；若无尘劳，般若常在，不离自性。悟此法者，即是无念、无忆、无著，莫起诳妄，即自是真如性。用智慧观照，于一切法不取不舍，即见性成佛道。”[2] 可见，慧能所谓的“识心见性”的修行方法具有较强的可操作性，其注重当下的修行方法和成佛特点，成为禅宗之所以广泛流传和迅速发展的重要原因。

由以上神秀与慧能的修行理论可以看出，在佛教中有“顿悟”和“渐悟”之别。二者虽然都是佛教禅宗的重要修行方法，但慧能的“顿悟”说影响最大、最深远，是禅宗标志性的修行方法。慧能说：“善知识！法无顿渐，人

---

[1]《六祖坛经·定慧品》，上海古籍出版社 1993 年版。

[2] 慧能著，郭朋校释：《坛经校释》，中华书局 1983 年版。

有利钝。迷即渐契，悟人顿修，自识本心，自见本性，悟即元无差别，不悟即长劫轮回。”[1]他还说：“我于忍和尚处，一闻言下大悟，顿见真如本性。是故将此教法流行后代，令学道者顿悟菩提，令自本性顿悟。若不能自悟者，须觅大善知识示道见性。”[2]但不管怎么说，他们都认为“即心即佛”是世人修行的题中应有之义，众生本具“觉性”，通过修行而致佛性的显现，即可解脱人生苦难。

此外，禅宗还十分重视“无修之修”，如临济义玄说：“佛法无用功处，只是平常无事，屙屎送尿，著衣吃饭，困来即卧，愚人笑我，智乃知焉。”[3]认为修身养性不要拘泥太多，而是要寓于一切日常生活当中，甚至包括“屙屎送尿，著衣吃饭”等诸如此类的琐碎事情。虽然语言有些粗俗，但也反映了禅宗教义的平民化、世俗化特点。所以，禅宗认为修行即在平常，此即禅宗的“无修之修”，这一修行方法为禅宗的传播发展提供了捷径，有利于禅宗在民间社会的发展和壮大。

## 二、道教修行理论之特点

道教早期的天师道即注重修行，其修行方法之一即是静室思过。以后的上清系就主张“诵经玉诀”，存思修炼。南北朝时期，早期天师道的修炼方法发生了较大变化。到唐代，由于李唐王朝更加重视《老子》，所以一些道家学者就把注意力更多地转移到《老子》本身，特别是《老子》首章曾说：“玄之又玄，众妙之门。”使得道教的修行深受影响，开始更加注重向“心”的修炼。关于老子所说的“玄”，成玄英解释说：“玄者，深远之义，亦是不滞之名。有无二心，徼妙两观，源于一道，同出异名。异名一道，谓之深远。深远之玄，理归无滞。既不滞有，亦不滞无，二俱不滞，故谓之玄也。”意思是说，“玄”不滞于“有”，亦不滞于“无”。到此并没有停止，成玄英进而又说：“有欲之人，唯滞于有，无欲之士，又滞于无，故说一玄，

---

[1] 慧能著，郭朋校释：《坛经校释》，中华书局 1983 年版。

[2]《六祖坛经·般若品》，上海古籍出版社 1993 年版。

[3]《古尊宿语录》卷 4，上海佛学书局 1931 年影印本。

以遣双执。又恐行者，滞于此玄，今说又玄，更祛后病，既而非但不滞于滞，亦乃不滞于不滞。此则遣之又遣，故曰玄之又玄。”[1]意思是说，仅仅到达“玄”的境界，修行还是不够的，因为“玄”还是“有滞”，只有再次进行否定，从而进入“玄之又玄”，才能达到虚通无碍的最高境界。其实，这是沿袭了魏晋玄学“有无之辩”的理论来诠解《老子》，并非老子之本意，但也对“道”的“幽深玄远”作出了自己的理解。

综合来看，成玄英认为，人要想成仙得道，必须要达到重玄的最高境界，而这需要一步步地经过多重步骤，排除对世间“有无”的“双执”，也即对“有”或“无”的过分执着之“滞”都是没有必要的，这样便达到了一个初级的人生境界，即“一玄”。但是，“一玄”还是“有滞”，即“非但不滞于滞，亦乃不滞于不滞”，所以还必须经过“又玄”而再次加以否定，直到最后达到一种“玄之又玄”的否定之否定的高度玄冥之境。只有这样，人生才能真正得以解脱，才能成为无忧无虑的神仙，从而成就人生之佳境。重玄的主旨在于用否定之否定的方法，破除人世间的一切约束，包括有无、非有非无，甚至非非有非非无，以达到一种绝对自由的玄冥境界。在此境界中，一切都无所滞，也无所不滞，此即成玄英所谓的“重玄之域”。如说：“夫道，超此四句，离彼百非，名言路断，心知处灭，虽复三绝，未穷其妙。而三绝之外，道之根本，而谓之重玄之域，众妙之门。”[2]

重玄学者认为，修道者如果能够做到心与道合，复归人性的本然即自然状态，便可得道。这一观点显然与前期道教炼丹服药、辟谷服气、追求肉体长生的做法有明显不同。重玄学将修道的重点放在心性上，重视性命双修。唐代是先性后命，元代之后变成先命后性，也即道教的仙境最终要从心性上去用工夫，这也是重玄学者看到了前期道教外丹理论巨大缺陷之后在学理方面作出的回应，并为宋元内丹心性学的构建提供了必要的理论依据。

---

[1] 强思齐：《道德真经玄德纂疏》，见《道藏》第13册，文物出版社等三家出版社1988年联合出版，第361页。

[2]（唐）成玄英：《道德经开题序诀义疏》卷2。

此后，司马承祯又在成玄英的基础上将重玄学的理论发展为性命双修。他提出，心为“一身之主，百神之帅。静则生慧，动则成昏”。因此，“学道之初，要须安坐，收心离境，住无所有。因住无所有，不著一物，自人虚无，心乃合道”[1]。在他看来，“学道”首先要做到安静，能够静下心来思考一些事情，在此基础上，将心收拾住，不使之外驰，然后就可达到“住无所有”的境地。这一观念无疑来自佛教。在此情此境中，自然心无所属，也即“本来无一物，何处惹尘埃”之意，当然心不再被物所滞，从而也就是“不著一物”。既然心能到此地步，便会通体明澈，自然与老子之“涤除玄览”或庄子之“坐忘”“心斋”相似，即“与道融为一体”。也就是说，修炼的过程在于我们要对内心进行审视，不断地反思净化被凡尘污染的内心世界，使之重返洁净之本然，也即不断地向内用工夫，用一系列的方法如安坐、收心等，向“虚无”的心本体回归。如能将这一过程进行到底，便可成仙得道。这一从涵养心性入手获得“与道合一”的修炼方式，始自南北朝末期，如《大道论·心行章》讲：“修道即修心也”“修心即修道也。”司马承祯的以“坐忘”为主旨的心性修养，无疑是对修心即修道的进一步阐扬，而他的修心、修性论又以“静”为主要方法。事实上，宋代儒学工夫论的重点便是“主静”，此后又有程颐发展为“居敬穷理”，这些观点的渊源当来自于司马承祯。

到了宋代，张伯端提出：“盖人受天地中气以生，所谓命也。得天地中气以成，遂可为人。”又说：“神者，性之别名也”，“元神者，先天之性也”[2]。认为人要想生存，必须有精气神，性命才可完备。既然性命与精气神相匹配，那么修炼精气神也就是修炼性命。所以，张伯端强调说：“夫神者，有元神焉，有欲神焉。元神者，乃先天以来一点灵光也。欲神者，气质之性也。元神者，先天之性也。”[3] 人由“神”主宰，神分为“元神”与“欲神”。当人处于

---

[1] 司马承祯：《坐忘论》，见《道藏》第 22 册，文物出版社等三家出版社 1988 年联合出版，第 856 页。

[2] 王沐：《悟真篇浅解》，中华书局 1990 年版。

[3]《玉清金荀青华秘文金宝内炼丹诀，神为主论三》，转引自王沐著：《悟真篇浅解》，中华书局 1990 年版，第 230—231 页。

无思无虑的状态时，元神显现，即人禀受天地中气而形成的先天之性，乃先天以来一点灵光，是纯粹至善的，它是一种超越的形上人性，是人类社会中一切理想人性的完美化身；当心有所动时，则欲神彰显。这是受到外界因素的影响，物欲的遮蔽，间杂了理性思维与感性欲望，而在现实社会中表现出的人性，也即气质之性。所以，气质之性是后天的，由欲神所主宰。如果学者明白此道理，善于归复元神，恢复其主宰的地位，则天地之性可存，人便可恢复先天纯然的至善本性。如何从后天返回先天呢？关键在于性命双修。张伯端进一步指出："方其始也，以命而取性，性全矣，又以性安命，此是性命天机括处，所谓性命双修者，此之谓也。"[1] 所谓"性命双修"，在张伯端那里强调的不只是人如何生存的问题，而是整个人生的修养方法，也即修道之人不仅要力争长生不老，还应追求心性的修养、精神的解脱，这就将道教早有的"性功"和"命功"的概念在哲理内涵上作出了进一步的诠释。"命功"是指在道门修行得遇真师、得受真诀后，"炼形化气""炼气化神""炼神还虚"等可以在当下的生命境界中见到的显著变化的工夫，通过这一过程实现自身与道的合一（即结丹）。所以，"精气神"的修炼非常重要，这也是人生存与长生的根本。"性功"则指的是身心修养的修炼工夫。张伯端融合儒佛两家关于心性的理论，形成自己独特的"以命取性、以性安命"为核心的心性修养理论。虽然性命不相离，但"命功"却是"性功"的基础。在他看来，身心修养固然非常重要，可是没有人的生命的存在为基础，心性修养是不可能的。于是他又告诫学道之人，"始于有作人难见，及至无为众始知；但见无为为要妙，岂知有作是根基"[2]。认为必须进行有形可见的命功修炼，炼气补神，在达到一定层次之后，才能进行形上的性功修炼，"以命取性"。但无论是修性还是修命，这一行为的主宰者只能是修炼者的心或神，也即无论修炼者是修性还是修命，其最终的落脚点都在于修心。所以，修炼对象是"精气"的时候，称为修命；修炼对象集中在"神"

[1] 张振国：《〈悟真篇〉导读》，宗教文化出版社 2001 年出版，第 273 页。

[2] 张振国：《〈悟真篇〉导读》，宗教文化出版社 2001 年出版，第 168 页。

的时候，称为修性。“心”是人活动的主导，具有体认与统合“性命”的功能。修性与修命的活动都由“心”来主宰，也即“心”与“性命”是主从关系，即“心为神主，动静从心”，与理学的“心统性情”观点有异曲同工之妙。宋代以后的道教不尚符箓，而力主道德性命和内在超越，这就进一步取得了与儒家心性修养旨趣的一致。

道教金丹派南宗是南宋时期重要的道教派别，该派主张糅合佛儒道而三教合一，同时又提倡性“返本还源”、性命双修的内丹理论。《悟真篇》说：“达人心若明镜，鉴而不纳，随机应物，和而不唱，故能胜物而无伤也，此所谓无上至真之妙道也。”[1]在南宗看来，人心若能与道相合，即可达到自在无为的境界。如白玉蟾曾对自己的修道有过描述：“开禧元年中秋夜，焚香跪地口相传。朅尔行持三两日，天地日月软如绵。忽然嚼得虚空破，始知钟吕皆参玄。”[2]显然，内丹修行对其产生了很大影响。

白玉蟾认为，“天下无二道，圣人无两心”。因此，他主张“会万化而归一道”，认为心性修炼、归根复命等是儒佛道三家的共同认识，但在修炼的方法上，三家是有区别的。就道教本身的修炼，白玉蟾提出了自己的观点，他说：“气者形之根，形是气之宅，神者形之具。神即性也，气即命也。心静则气正，正则全气，全则神和，和则凝神，凝则万宝结矣。施肩吾曰：气住则神住，神住则形住，必也忘其情而全其性也，性全则形自全，气亦全，道必全也。道全而神则旺，气则灵，形可超，性可彻也。返覆流通，与道为一，上自天谷，下及阴端，二景相逢，打成一块，如是久久混无间断，变化在我，与道合真。”[3]在这里，白玉蟾深入探讨了气、形、神，神气与性命以及形、性、道的关系，大大提升了内丹修炼。

北宗的重要代表人物马钰，同样重视修行在成道中的作用，他提出了

---

[1]《道藏》第 4 册，文物出版社等三家出版社 1988 年联合出版，第 749 页。

[2]《毕竟恁地歌》卷下，见《道藏》第 4 册，文物出版社等三家出版社 1988 年联合出版，第 783 页。

[3]《琼海白真人语录》卷 3《东楼小参》，见《道藏》第 33 册，文物出版社等三家出版社 1988 年联合出版。

清静修养的理论，对全真道的心性修养工夫作出了很大的理论贡献。马钰认为，人心有尘心和真心两种状态。所谓尘心是指有欲念之心；所谓真心则是指无意念之心，是在修炼过程中排除干扰后的清静之心，保持自己内心的清静，对于修行极为重要。马钰说："行住坐卧皆是行道，诸公休起心动念，疾搜性命，但能澄心遣欲，便是神仙。"[1]认为只要不起贪心、动欲念，做到澄心遣欲，就可以修道成仙了，也即到达了修行的最高境界。但是，如何才能将尘心转为真心呢？如何才能做到澄心遣欲呢？马钰认为，做到人心安定、心中无念，自然会忘情而神气清朗。如说："心定则情忘，体虚则气运。心死则神活，阳盛则阴消。"[2]

在马钰看来，神气是性命的基础，也是修炼的主要内容，做到神气交融，即可得道。所以，马钰把神气的修炼作为整个修炼的根本。而要修炼好神气，则需保持清静的状态，如说："命清得长生，性静得久视。"[3]"道家留丹经子书千经万论，可一言以蔽之曰：清净。"[4]清静是修炼神气与性命的根本原则。

马钰还继承了道教的传统思想，主张自己掌管自己的性命，把清静的修行方法贯彻到日常生活中去，所谓"守一清静恬淡，所以养道"[5]。

[1]《丹阳真人直言》，见《正统道藏》正一部，文物出版社等三家出版社 1987 年联合出版。

[2]《金玉集》，见《正统道藏》太平部，文物出版社等三家出版社 1987 年联合出版。

[3]《金玉集》，见《正统道藏》太平部，文物出版社等三家出版社 1987 年联合出版。

[4]《丹阳真如语录》，见《正统道藏》正一部，文物出版社等三家出版社 1987 年联合出版。

[5]《丹阳真人直言》，见《正统道藏》正一部，文物出版社等三家出版社 1987 年联合出版。

## 第二节　宋代士林对佛道修行理论的批判

与理学先驱批判佛道的方式不同，宋儒对佛道的批判尽量做到能够深入人心，而不是泛泛而谈。鉴于修行理论对于佛道来说是通达终极信仰的桥梁，宋儒从形上与形下两个层面详尽阐述了佛道与儒学修养方式的本质区别，指出儒家的心性修养方法是通过提高个人素养进而实现治国平天下这一崇高人生价值理想的手段，但佛道的修行方法只是为了达到虚无缥缈的境界而无实际的现实人生意义。

### 一、宋代士林对佛教修行理论的批判

二程反佛的态度是鲜明而强烈的，他们以儒家思想为武器，对佛教学说进行了严厉的批判，主要是通过“观迹辟佛”，揭示了佛家思想的虚无荒诞和自私自利性，在宋代产生了深远影响。由于宋代著名僧人契嵩主张儒佛一贯，“其理之胜，而莫之能夺”，在社会上影响巨大，给儒家思想带来了极为不利的影响。因此，二程从“迹”上着手对佛教展开批评，如程颐说：“释氏之学，更不消对圣人之学比较，要之必不同，便可置之。今穷其说，未必能穷得他，比至穷得，自家已化而为释氏矣。”[1]既然“穷不得”，那么“且以迹上观之。佛逃父出家，便绝人伦，只为自家独处于山林，人乡里岂容有此物，大率以所贱所轻施于人，此不惟非圣人之心，亦不可为君子之心。释氏自己不为君臣父子夫妇之道，而谓他人不能如是，容人为之而

[1]《河南程氏遗书》卷15，见《二程集》，中华书局1981年版。

己不为，别做一等人，若以此率人，是绝类也”[1]。又如：“有问：‘若使天下尽为佛，可乎？’其徒言：‘为其道则可，其迹则不可。’伯淳言：‘若尽为佛，则是无伦矣，天下却都没人去理；然自亦以天下国家为不足治，要逃世网，其说至于不可穷处，他又有一个鬼神为说。’”[2]看来二程都认为，佛教主张的“逃父出家”“独处山林”，是绝人伦的行为，明人一看尽知。因此，对于佛教不必深穷其理，只要观其“迹”，就可以很好地判断佛教的是非。

在修养方法上，儒家有“敬以直内”和“义以方外”之说。二程认为佛学则不然。如说：“道之外无物，物之外无道，是天地之间无适而非道也。即父子而父子在所亲，即君臣而君臣在所严，以至为夫妇、为长幼、为朋友，无所为而非道，此道所以不可须臾离也。然则毁人伦、去四大者，其分于道也远矣。‘故君子之于天下也，无适也，无莫也，义之于此。’若有失有莫，则于道为有间，非天地之全也。彼释氏之学，于‘敬以直内’则有之矣，‘义以方外’则未之有也。故滞固者入于枯槁，疏通者归于肆恣，此佛之教所以为隘也。”[3]指出佛学不像儒家那样从礼义规范上去认识佛，而是强调通过内心顿悟去把握佛。所以，“滞固者”只管去坐禅，虽成“枯槁”，亦不得成佛要领；而“疏通者”则主观随意发挥阐释，以至于离开佛之本意，最终远离佛理。后期禅宗即如此。

二程主张，修养工夫首要的是用“敬”，“所谓敬者，主一之谓敬”[4]，意思是心中有主，则不散乱。而“敬则自虚静”，但“不可把虚静唤作敬”，因为如果只言虚静，一味追求忘物止念，则将流于佛家之说。所以，当有人问及程颐“敬莫是静否”，程颐回答说：“才说静，便入于释氏之说也。不用静字，只用敬字。才说着静字，便是忘也。”[5]

由于佛家主张万象皆空的世界观，否定一切外物的客观存在，因而“一

[1]《河南程氏遗书》卷 15，见《二程集》，中华书局 1981 年版。

[2]《河南程氏遗书》卷 15，见《二程集》，中华书局 1981 年版。

[3]《河南程氏遗书》卷 4，见《二程集》，中华书局 1981 年版。

[4]《河南程氏遗书》卷 15，见《二程集》，中华书局 1981 年版。

[5]《河南程氏遗书》卷 18，见《二程集》，中华书局 1981 年版。

务上达而无下学”[1]。儒家则认为下学上达是个体修养的一个境界，一旦达到了“下学而上达”，就可以上知天命、下通人事了。所以，二程说：“学者须守下学上达之语，乃学之要。盖凡下学人事，便是上达天理。”[2]认为懂得下学上达是做人、做事、为学的关键。但是，若“习而不察，则亦不能上达矣”[3]。还说：“若不能存养，只是说话。圣贤千言万语，只是欲人将已放之心，约之使反复入自身来，自能寻向上去，下学而上达也。”[4]圣人之所以教育人，就是要人们收敛“已放之心”，从而做到“下学而上达”。也就是说要不断加强自身修养。所谓“下学”，就是学“事亲从兄”，学“孝悌”，学“忠君”，学仁义礼智信，一言以蔽之，就是学“明人伦”，学习并践行封建伦理道德规范；“上达”就是通过学习践行封建伦理道德以体认并把握“天理”，最终实现个体与天理的“合一”，亦即天人合一。

二程出入佛老数年，对佛学有比较深刻的认识，如说：“释氏求道，犹以管窥天，惟务上见而不烛四旁，是以事至则不能变。”[5]认为佛学“所见偏”，属于狭隘之见。还说：“今之学禅者，平居高谈性命之际，至于世事，往往直有都不晓者，此只是实无所得也。”[6]由于佛学“惟务上见，而不独四旁”，所以遇事就不能顺变。后世对南宋理学家的批判“无事袖手谈心性，临危一死报君王”，正是二程这段话的很好注脚。

《河南程氏遗书》卷十八记载了一段程颐与门人的问对：“问：‘恶外物，如何？’曰：‘是不知道者也。物安可恶？释氏之学便如此。释氏要屏事不问。这事是合有邪？合无邪？若是合有，又安可屏？若合无，自然无了，更屏什么？彼方外者苟且务静，乃远迹山林之间，盖非明理者也。世方以为高，

[1]《河南程氏遗书》卷 1，见《二程集》，中华书局 1981 年版。
[2]《河南程氏遗书》卷 2，见《二程集》，中华书局 1981 年版。
[3]《河南程氏遗书》卷 2，见《二程集》，中华书局 1981 年版。
[4]《河南程氏遗书》卷 1，见《二程集》，中华书局 1981 年版。
[5]《河南程氏遗书》卷 1，见《二程集》，中华书局 1981 年版。
[6]《河南程氏遗书》卷 18，见《二程集》，中华书局 1981 年版。

惑也。’”[1] 在这里，二程对佛教的“屏事不问”进行了指责，并断言佛学在理论上不是真正的“道”。无论这种断言是否准确，但批判的态度是鲜明的。

相比较来讲，南宋理学大师朱熹批佛比二程更加深入，在他看来，对于佛教的批评就如同孟子排斥杨、墨，如说：“异端之害道，如释氏者极矣。以身任道者，安得不辨之乎？如孟子之辨杨、墨，正道不明而异端肆行，周孔之教将遂绝矣。营如火之焚将及身，任道君子岂可不拯救也？”[2] 还说：“惟其天下无二道，圣人无两心，所以有我底著他底不得，有他底著我底不得。若谓天下有二道，圣人有两心，则我行得我底，他行得他底。”[3] 朱熹反佛态度之鲜明、坚决，于此可见一斑。

朱熹认为，“天下之物，莫不有理”，要想认识天下之理，必须格物，格即推究之意，“推极我所知，须要就那事物上理会。致知是自我而言，格物是就物而言。若不格物，何缘得知？”[4] 由于一物有一理，格物就是要体认事事物物之理，因此他认为，“上而无极太极，下而至于一草、一木、一昆虫之微，亦各有理。一书不读，则阙了一书道理；一事不穷，则阙了一事道理；一物不格，则阙了一物道理。须著逐一件与他理会过”[5]。只有如此，才能做到“即物穷理”。也就是说，由于理存在于万事万物之中，人要想致知，只能通过与万事万物的接触，才能达到“即物穷理”，“即物穷理”之后就可以“致吾之知”，也就是用吾心的天理与外物的天理相印证，从而做到“众物之表里精粗无不到，而吾心之全体大用无不明”[6]。那么，格物之物到底是什么？穷理致知的目的是什么？按照朱熹的思想，主要就是要人们去发现心中固有的仁义道德，他说：“如今说格物，只晨起开目时，便有四件在

[1]《河南程氏遗书》卷 18，见《二程集》，中华书局 1981 年版。

[2]《朱子语类》卷 126，中华书局 1986 年版。

[3]《朱子语类》卷 126，中华书局 1986 年版。

[4]《朱子语类》卷 15，中华书局 1986 年版。

[5]《朱子语类》卷 15，中华书局 1986 年版。

[6]《朱子语类》卷 15，中华书局 1986 年版。

这里，不用外寻，仁、义、礼、智是也。”[1]以天下之物所体现的天理，来印证我心中所固有的天理——封建伦理道德，达到内与外的相互印证，这就是朱熹所谓格物致知的本意。可见朱熹在认识上是重视客观的经验过程。而佛家则不然，他们主张直觉顿悟的认识方法，《朱子语类》卷一百二十六载：“佛者云：置之一处，无事不办，也只是教人如此做工夫；若是专一用心于此，则自会通达矣。故学禅者只是把一个话头去看，‘如何是佛’‘麻三斤’之类，又都无义理得穿凿。看来看去，工夫到时，恰似打一个失落一般，便是参学事毕。”意思是说，佛家教人，只让他集中精力参学一个话头，不让他去探求别的思虑，这种认识和修养方法，到头来只能是落得空寂，根本达不到任何实际的效果，不像儒家“有许多义理，若看得透彻，则可以贯事物，可以洞古今”[2]。

佛教的顿悟是一种直觉的认识，是通过静坐得来的，也就是修行时的禅定工夫。儒家也主张静坐的修养认知方法，但朱熹认为两者所谓的静坐是有区别的，如说：“禅只是一个呆守法，如‘麻三斤’、‘干屎撅’。他道理初不在这上，只是教他麻了心，只思量这一路，专一积久，忽有见处，便是悟。大要只是把定一心，不令散乱，久后光明自发，所以不识字底人，才悟后便作得偈颂。悟后所见虽同，然亦有深浅。某旧来爱问参禅底，其说只是如此。”[3]而朱熹主张的静坐则是“人若逐日无事，有现成饭吃，用半日静坐，半日读书，如此一二年，何患不进？”[4]认为静坐只是集中身心的一种手段，并非是完全消除思考，而是通过静坐达到一种心里明澈、澄净、自由的状态，这样才能更好地认识体悟真理。

总之，佛教所谓的顿悟所得只能是一种空幻，这是由佛学本身的世界观决定的。但这种简洁的认识方法的确又容易为人所接受，因而其对于儒学的危害是很大的。朱熹以儒家格物致知的方法对佛教展开了批判，应该

[1]《朱子语类》卷15，中华书局1986年版。

[2]《朱子语类》卷126，中华书局1986年版。

[3]《朱子语类》卷126，中华书局1986年版。

[4]《朱子语类》卷116，中华书局1986年版。

说对于儒学发展是有积极意义的。

## 二、宋代士林对道教修行理论的批判

无论是先秦道家，还是基于道家理论而形成的道教，二者都讲究“全生葆真”“长生久视”。从东汉时期魏伯阳著《周易参同契》奠定外丹理论基础，到道教发展到宋代，完成了内丹心性思想体系的构建，他们真正的目的就是试图通过修炼而获得长生。道家道教的修炼主要是通过一系列的方术来实现。但是，由于这些方术带有巫术痕迹，所以受到了宋儒的批判。如二程与门人的一段对话:“人有语导气者，问先生曰:‘君亦有术乎？’曰:‘吾尝夏葛而冬裘，饥食而渴饮，节嗜欲，定心气。如斯而已矣。’”[1] 对话中所说的“导气”，所指即道教的“导引”之术，就是通过意念引导、俯仰屈伸、呼吸吐纳等一系列过程，使“真气”按照一定规律周流，这样可以“导气令和”“引体令柔”，从而达到修炼自身以至“长生”之目的。可以说“导引”是道教中追求“长生”的一种重要内丹修炼方术。

二程对于这种修行方法持有不同看法，认为只要“因顺天理”、节制欲望即可达到，而不必追求道教所谓的养身术法。因为二程认为，术法只是养身有用，不利于养性，不是真正的修行。朱熹也不赞同“导引”之法，他指出:“因论道家修养，有默坐以心缩上气而致闭死者。曰:‘心缩气亦未为是。某尝考究他妙诀，只要神形全不挠动。故老子曰:“心使气则强。”才使气，便不是自然。’”[2] 认为道家修养存在有弊端，强调自然却又远离了自然。

宋儒对于道家道教的修炼说，虽然也提出了不同的看法，但并没有给予彻底否定。但对于道教的“神仙之说”则持有相当坚决的批评和否定态度。如程颐与门人的对话:“问:‘神仙之说有诸？’曰:‘若说白日飞升之类，

---

[1]《二程遗书》卷4，见《二程集》，中华书局1981年版。

[2]《朱子语类》卷125，中华书局1986年版。

则无。若言居山林间，保形炼气，以延年益寿，则有之。譬如一炉火，置之风中则易过，置之密室则难过，有此理也。’又问：‘扬子言“圣人不师仙，厥术异也”。圣人能为此等事否？’曰：‘此是天地间一贼。若非窃造化之机，安能延年？使圣人肯为，周、孔为之矣。’”[1]程颐认为，通过导引方法的修炼和加强自身的修养，的确是有利于身心健康发展的，在社会实践中也确实具有一定的养生功效，但如果像道教所说的通过修炼可以“白日飞升”、成仙成神，这显然是不合天地之道的“异术”。

朱熹则从“气化”的层面对其进行了解说：“人言仙人不死。不是不死，但只是渐渐销融了，不觉耳。盖他能炼其形气，使渣滓都销融了，唯有那些清虚之气，故能升腾变化。汉书有云：‘学神仙尸解销化之术。’看得来也是好则居，然久后亦须散了。”[2]他还举例说：“且如秦汉间所说仙人，后来都不见了。国初说钟离权、吕洞宾之属，后来亦不见了。近来人又说刘高尚，过几时亦则休也。”[3]认为所谓的“仙人不死”是非常荒谬的，人皆由“气”化而成，既是气化所致，则必然都要消散的。这与其所主张的理气相依思想是一致的。

## 第三节 宋代士林对佛道修行理论的吸收、改造与理学工夫论之形成

蔡仁厚先生指出：“内圣之学，以成圣成贤为目的。儒家认为人人都可

[1]《近思录》卷 13，山西古籍出版社 2007 年版。

[2]《朱子语类》卷 125，中华书局 1986 年版。

[3]《朱子语类》卷 125，中华书局 1986 年版。

以成圣贤，都可以通过道德实践，完成自己的德性人格，以进到圣人的境地。——真的可能吗？可能的根据在哪里呢？我们如此追问道德实践所以可能的、超越客观的根据，便是关于‘本体’的问题；追问道德实践所以可能的、内在主观的根据，便是关于‘工夫’的问题。内圣之学，主要就是集中在本体与工夫这两个问题上。重视工夫，固然是满足实践的要求；讨论本体，也不是理论的兴趣，仍然是为了满足实践的要求。这是儒家学问的一大特色。”[1]蔡先生认为，对于一名真正的儒家学者来说，修身养性的终极目的是为了提升人的精神境界，以成圣成仁。而这一目标的达成主要在于“工夫”。熊铁基先生亦曰：“宋明儒重视心性修养，他们把儒学修养论和道家道教修养论相结合，推动儒学修养论向纵深发展。宋明理学家吸取了道教清静无为和主静的特色，提倡居敬、主静，通过习静修养而存天理去人欲。把无欲、虚静作为立圣之道的修养前提，通过守静、无欲，达到人极。这是对道教修养方法的吸取，体现了儒家道德修养的目的。”[2]可见，在中国哲学特别是宋明理学中，心性论构筑了工夫论形上的哲学内涵与底蕴，而工夫论则更充分鲜活地彰显和展现了儒家的心性论。

## 一、格物致知、居敬穷理

道教形成早期便使用老子的“致虚守静”“涤除玄览”和庄子“坐忘”“心斋”的修养方法，来使人排除私心杂虑，以净化内心的环境。在此前提下，人们便可以无思无虑，进入与道合一的境界，这是他们认识“道”的最初也是最有效的方法，可以说这是早期的道教心性工夫论。从南北朝到唐代，随着道教在社会中的进一步发展，人们对长生观念的渴求，道教的丹道思想开始流行。但是，炼丹的结果却是让很多人无缘无故地丢掉了性命，学养深厚的道教学者便由此出发开创新的丹道修炼方法——内丹法。它以身

[1] 蔡仁厚：《了解儒家学问的几个要点》，见《鹅湖》1976年7月号。

[2] 熊铁基等：《中国老学史》，福建人民出版社1995年版，第12页。

为鼎炉，以身心的修养为工夫，并开创重玄学的方法即“有无双遣”，由此建立起了比较系统的道教心性工夫论。

宋代儒家学者为重新确立儒家思想的社会主体地位，必须对此作出有效回应，在形上学、心性工夫论上有所发明，所以他们也就努力吸收道教的心性工夫论内容，开创了自己的工夫论。

关于宋代儒家主静的工夫修养，周敦颐很具代表性，他的心性理论非常重视“静”的工夫，提出了“圣人定之以中正仁义，而主静（自注云：无欲故静），立人极焉”的理念。《四库全书总目提要》也指出：“周子之学，以主静为宗。”“无欲”的概念在周敦颐之前儒家未曾有过（孟子只提过寡欲），为什么他要使用呢？这是他借鉴道家道教心性修炼理论的结果。道家以“静”为其根本的修养方法，旨在通过“静”来排除人为的欲望和知识，以体验心中之“道”。如庄子的“坐忘”，其实就是在静中体验“道”的境界。到唐代司马承祯，他提出性命双修必须做到主静去欲才有所收获，张伯端则在三教会通的视域下，更加重视性命双修工夫中的主静无欲状态，认为修炼金丹，返于大道，必须去除妄念和喜怒之情，这是修炼的障碍。如能抛去此种障碍，长久修行，便可达到一种“静”的境界。他提出：“但于一念妄生之际，思平日心不得静者，此为梗耳，急舍之，久久纯熟，则自然静矣。夫妄念莫大于喜怒，怒里回思则不怒，喜中知抑则不喜，种种皆然，久而自静。”[1]此句话对周敦颐的启发甚大，在张伯端心性修养的基础上又增加了儒家关注社会人生的内容，也即张伯端把重点放在内心意念的控制上，而周敦颐则认为社会大治，人人需学做“圣人”，关键要做到“中正仁义”，方能在社会中游刃有余。其重点也是要控制自己的内心，使之不妄动，认为只有在此前提下，才能对社会人生进行正确的思考。这就将主静无欲的理念上升到了哲理的高度，并比张伯端更自觉地把这种观点贯彻到人伦物用中去。可见理学家观点的提出，虽在理论内涵上受到道教思想的影响，其最终的结论却都是为儒学的发展作出形上或形下之论证，这也是宋代儒

[1]《悟真篇》，见《道藏》第64册，文物出版社等三家出版社1988年联合出版。

学产生、发展的独特之处。在周敦颐的“主静”工夫论提出之后，张载将其发展为“大其心”，二程、朱熹又先后将之与佛学思想结合起来，修改补充为“主敬”和“格物致知”。

二程的工夫论与佛教有着一定的关系。佛教重视心性修养，认为人们研习佛经、修行问道的最终目的是要把握“真如实相”。那么，怎样把握“真如实相”？《金刚经》说：“若复有人得闻是经，信心清净，即生实相，当知是人成就第一希有功德。”认为只要人们诵读、理解《金刚经》，坚信自性清净，就能体悟到“真如实相”，就能成就最高功德。而理学家们则认为，人们禀受了“天理”，人人都是天理的化身，所以每一个人的心性都是纯然至善的，但现实中恶的现象经常存在，关键是人们内心的私欲蒙蔽了“天理”，因此要做工夫，“上达返天理”。尽管佛儒做心性工夫的目的有很大差别，但他们做工夫的过程却有类似的地方。这是彼此之间互相吸收、借鉴的结果。

二程重视对天理的亲身把握和体验，如程颢说“吾学虽有所受，天理二字却是自家体贴出来”[1]，强调了亲身体验的工夫说。亲身体验和把握天理的具体方法是格物致知，什么叫“格物”？“格犹穷也，物犹理也，犹曰：穷其理而已矣。”[2]因此，“格物”就是“穷理”。理在哪里？“在天为命，在义为理，在人为性，主于身为心，其实一也。”[3]理在自然，为不可违抗之“命”；理在社会，为规范行为之“义”，理赋予人为先验之性，理寓于身为主宰之心。因此，理即一切，一切即理，理在心外，又在心中。这样一来，“一人之心，即天地之心；一物之理，即万物之理”[4]。“通天下一心耳，通天下一理耳”，达到了“理与己一”[5]“理与心一”[6]。二程还认为，“学莫大于知本末始

[1]《二程外书》卷12，见《二程集》，中华书局1981年版。

[2]《二程遗书》卷18，见《二程集》，中华书局1981年版。

[3]《二程遗书》卷25，见《二程集》，中华书局1981年版。

[4]《二程遗书》卷2，见《二程集》，中华书局1981年版。

[5]《二程遗书》卷15，见《二程集》，中华书局1981年版。

[6]《二程遗书》卷5，见《二程集》，中华书局1981年版。

终。致知格物，所谓本也，始也；治天下国家，所谓末也，终也。治天下国家，必本诸身。其身不正而能治天下国家者，无之。格犹穷也，物犹理也，若曰穷其理云尔。穷理然后足以致知，不穷则不能致也”[1]。

关于致知，二程认为，“致知，但知止于至善，为人子止于孝，为人父止于慈之类，不须外面只务观物理”[2]。在二程看来，致知主要是认识践履儒家父慈子孝之类的封建伦理道德规范。格物是认识的手段和过程，致知则是格物的目的。二程认为，人要想达到圣贤境界，就必须经过一个格物致知的过程，只有不断努力学习，勤于思考，涵养心性，才有可能“脱然自有贯通处”，从而实现进入圣贤境界的目的。

二程还汲取佛教“理即是心，心能平等，名之为理；理能照明，名之为心，心理平等，名之为佛心”[3]的思想，提出“心所感通者，只是理也”[4]的观点，认为依靠“心”的体悟关照能力，便可体认“天理”。

唐代净觉法师认为，“理”和“心”都是对大千世界、芸芸众生的看法，如果能将它们真正关照世界的作用发挥出来，彼此便无差别，都是“佛心”在现实世界中的彰显。所以，理心无二，都具有明觉透彻、感通外物的特征。二程则将之进行改造，认为“理”是这个世界的总根源，人之所以为人的本质在于“心”的明觉，能够体悟“理”在宇宙大化流行中的作用，并自觉地按照“理”的运行法则做一切事情，此即天理流行。但是，现实社会中未必人人能体会这一点，所以他们提出心性涵养的方法——“主敬”，认为“敬义夹持，直上达天德”[5]，“体物而不遗者，诚敬而已矣”[6]。

其实，关于这一点，二程自己也讲得非常明白。比如他们说：“学者先务，固在心志，有谓欲屏去闻见智思，则是绝圣弃智；有欲屏去思虑，患

[1]《程氏粹言》卷 1，见《二程集》，中华书局 1981 年版。
[2]《二程遗书》卷 7，见《二程集》，中华书局 1981 年版。
[3]《楞伽师资记》，见《大正藏》第 85 册，台湾新文丰出版有限公司 1996 年版。
[4]《二程遗书》卷 2，见《二程集》，中华书局 1981 年版。
[5]《二程遗书》卷 5，见《二程集》，中华书局 1981 年版。
[6]《二程遗书》卷 15，见《二程集》，中华书局 1981 年版。

其纷乱，则是须坐禅入定。如明镜在此，万物毕照，是镜之常，难为使之小照，人心不能不交感万物，亦难为使之不思虑，若欲免此，唯是心有主，如何为主？敬而已矣……一之谓敬。所谓一者，无适之谓一……但有此涵养，久之自然天理明。”[1] 在二程那里，认为只有“主敬”，才能摒弃内心的私欲，达到“与理为一”的境界。如何摒弃呢？他们认为，面对世界万物，人难免会浮躁，会被它们所吸引，如此则“心”脱离控制而失去主宰。所以，他们借鉴佛教的相关理念，认为坐禅入定是一种很好的排除私心杂念、修心养性的好方法，特别是将内心打扫干净，没有过多的思虑，那么它就如明镜一般，能够物来顺应，正确应对人世间的林林总总，这便是合乎“天理”的境界。如此坚持下去，时间长久，便可体认“天理”。

二程所谓的“主敬”主要是破除物欲的遮蔽，上达天理。如说：“致知在格物，非由外烁我也。我固有之也。因物有迁，迷而不知，则天理灭矣，故圣人欲格之。”[2] 在经历过一番对人生的体会之后，他们选择了佛教的“观心”“顿悟”的方法，如“悟在须臾，何烦皓首”[3]“一念净心，顿超佛地”[4] 等。禅定，佛教又称定学，指的是一种通过精神集中、观想特定对象而获得佛教悟解和佛教功德的思维修习活动。一般地说，禅定需要端庄静坐，专注真想。后来的禅宗对禅定进行了改革，认为只要注重修心以见性，也可以不必定限于静坐凝心、专注观境的形式。二程认为，这样可以更快、更好地解决人们的心性问题。

朱熹在二程的基础上，借鉴佛教思想进一步发挥了“格物致知”的心性工夫。他说：“万事只是一理”“譬如海水，一弯一曲，一洲一渚，无非海水，不成道大底是海水，小底不是。程先生曰：穷理者，非谓心穷尽天下之理，又非谓止穷得一理便到，但积累后，自当脱然有悟处。”又说：“自一身之中以至万物之理，理会得多，自然豁然有个觉处。今人务博者，却

[1]《二程遗书》卷 15，见《二程集》，中华书局 1981 年版。

[2]《二程遗书》卷 25，见《二程集》，中华书局 1981 年版。

[3]《观心论》，见《大正藏》第 85 册，台湾新文丰出版有限公司 1996 年版。

[4]《大乘无生方便门》，见《大正藏》第 85 册，台湾新文丰出版有限公司 1996 年版。

要穷尽天下之理；务约者，又谓反身而诚，则天下之物无不在我，此皆不是。且如一百件事，理会得五六十件了，这三四十件虽未理会，也大概可晓了。”[1] 这些话的意思是很明白的，就是说，人们要想在日常生活中做到“与理为一”，必须通过“格物致知”的修养工夫，而“格物致知”乃是一个由渐悟到顿悟的过程，即通过对许多事物的接触、体认，达到对涵盖一切事物之理即“天理”的“豁然有悟”。这里，他反对有人以为渐悟是要穷尽天下之物的误解，更主要的是反对那种“反身而诚，则天下之物无不在我”的只讲顿悟不讲渐悟的观点。由于禅宗南宗的一些门人和陆九渊等人只讲顿悟，不讲渐悟，所以朱熹特别对之进行了批评。他说：“某也曾见丛林中有言顿悟者，后来看这人也只寻常。如陆子静门人，初见他时，常云有所悟，后来所为，却更颠倒错乱，看来所谓豁然悟，乃是当时略有所见，觉得果是清净快活，然稍久，则却渐渐淡淡去了。”[2] 又说：“穷理之学，诚不可以顿进，然必穷之以渐，候其积累之多而廓然贯穿，乃为识大体耳。”[3] 所以，在朱熹看来，要想认识事物之“理”，需要经过渐渐的认识积累，并将认识积累到一定程度后才能达到豁然贯通，从而实现对事物的全面认识。他还认为，“至知，乃本心之知。如一面镜子，本全体通明，但被昏阴翳了。而今逐旋磨去，使四边皆照见，其明无所不到”[4]。另外，他还对佛学禅定的修养工夫进行了扬弃。如《楞严经》卷五说：“我初谛观，经之七日，见鼻中气出入如烟，身心内明，圆洞世界，遍成虚净，犹如玻璃，烟自暂销，鼻息成白。”朱熹吸收借鉴了佛家这种独特的禅定思想，认为人在“病中不宜思虑，凡百可且一切放下，专以存心养气为务；但静坐，目视鼻端，注心脐腹之下，久自温暖，即渐见功效矣”[5]。这种认识论与禅宗的“顿悟成佛”说及道家道教中的“心斋”“坐忘”等是一脉相承的。明末学者陈确对此评

---

[1]《朱子语类》卷 18，中华书局 1986 年版。

[2]《朱子语类》卷 114，中华书局 1986 年版。

[3]《朱子语类》卷 114，中华书局 1986 年版。

[4]《朱子语类》卷 15，中华书局 1986 年版。

[5]《朱文公文集》卷 51，商务印书馆 1937 年版（全十册本）。

论说："朱子'一旦豁然贯通'之说，是诱天下而禅也。"[1]

朱熹对于"敬"的理解也与佛教的思想有关，他在继承二程"主敬"理论的基础上，融合佛门之"惺惺"来形容"敬"，说"敬只是常惺惺法，所谓静中有个觉处，只是常惺惺在这里"。[2]"常惺惺"一词出自瑞岩师彦禅师"居丹丘瑞岩，坐磐石，终日如愚。每自唤主人公，复应诺，乃曰：'惺惺著他后，莫受人谩。'"[3]朱熹认为，"敬"的工夫不是一种外在的伦理制约，而是内心的道德自律，是"所谓静中有个觉处，只是常惺惺在这里"。朱熹在此借用佛教用语"常惺惺"对"敬"进行了解释，但他所主张的依然是儒家的涵养工夫。朱熹认为，只有减少内在的私欲，才能够复现天理。同时，他又将"儒家之惺惺"与"佛学之惺惺"做了比较，说："其唤醒此心则同，而其为道则异，吾儒唤醒此心，与他照管许多道理，佛氏则空唤醒在此，无所作为，其异处在此。"[4]意思是说儒家的"敬"是集中精力，严格遵守伦理道德规范的心态和行为，它常使内心处于一种高度警觉、警醒的状态。而佛家的"常惺惺"是体认无物、忘境的那种修持过程和精神状态。两者虽然在文义上有相似之处，但在根本性质上却有着不同，佛家重修持方法，儒家重道德践履。

总之，二程、朱熹之"格物致知""居敬穷理"的心性工夫认为，人们要想达致圣贤的理想境界，必须时时处处修养身心、涵养心性，只有处于恭敬状态时，才会使人的气质得到升华、涵养，人的生命境界得到提升。

## 二、发明本心

出现于唐代景云年间的《太上老君内观经》指出："内观之道，静神定心。乱想不起，邪妄不侵。固身及物，闭目思寻。表里虚寂，神道微深。外藏万境，

[1]《大学辨》，见《陈确集》，中华书局 1979 年版（全二册本），第 554 页。

[2]《朱子语类》卷 62，中华书局 1986 年版。

[3]《五灯会元》卷 7，重庆出版社 2008 年版。

[4]《朱子语类》卷 17，中华书局 1986 年版。

内察一心。了然明静，静乱俱息。念念相系，深根宁极。湛然常住，杳冥难测。忧患永消，是非莫识。”其大意是要求人们抛却欲望，以保持内心的虚静状态，从而发明本心、洞见大道。陆九渊借鉴了道教这一思想，认为人们要达到对事物的认识，特别是对封建道德伦理的认识，就必须发明本心，通过心的发用，使人的道德践履落实到社会现实的人生之中。在陆九渊看来，人的本心是纯然至善的，但现实中却有恶的存在。为了解决这一现实社会中存在的矛盾，陆九渊提出了以“发明本心”为宗旨的易简工夫。他认为，人们认识的目的是要“发明本心”，只有使本心澄明，才能真正认识“天理”。如说：“汝耳自聪，目自明，事父自能孝，事兄自能弟，本无欠阙，不必他求，在自立而已。”[1]还说：“此心此理，我固有之，所谓‘万物皆备于我’，昔之圣贤先得我心之所同然者耳。”[2]认为人的认识不必外求，只需内省而认识本心即可。陆九渊还把自己的为学历程总结为“切己自反，改过迁善”[3]，即反省内求，以发明本心固有之善。那么，如何才能做到“切己自反”“发明本心”呢？陆九渊也提出了“易简功夫”，即要“先立乎其大者”。《陆九渊集》卷三十四《语录》上有一段简短对话：“近有议吾者云：‘除了先立乎其大者一句，全无伎俩？’吾闻之曰：‘诚然。’”[4]对话中所谓“先立乎其大者”，就是首先要肯定吾心即真理，即主观的“心”是判定是非的标准，如《象山学案》记载：“四明杨敬仲，时主富阳簿，摄事临安府中，始承教于先生，及反富阳，先生过之，问‘如何是本心？’先生曰：‘恻隐，仁之端也。羞恶，义之端也。辞让，礼之端也。是非，智之端也。此即是本心。’对曰：‘简儿时已晓得，毕竟如何是本心？’凡数问，先生终不易其说，敬仲亦未省。偶有鬻扇者讼至于庭，敬仲断其曲直讫，又问如初。先生曰：‘闻适来断扇讼，是者知其为是，非者知其为非，此即敬仲本心。’敬仲大觉，忽省此心之无

[1]《陆九渊集》卷35《语录》下，中华书局1980年版。

[2]《陆九渊集》卷1《与侄孙浚》，中华书局1980年版。

[3]《陆九渊集》卷34《语录》上，中华书局1980年版。

[4]《陆九渊集》卷34《语录》上，中华书局1980年版。

始末，忽省此心之无所不通。先生尝语人曰：‘敬仲可谓一日千里。’”[1]这段记录主要是用来说明，断讼者在断案时，只要根据自己的“本心”即可，“本心”一通，案情也就“通”了。所以，认识只需通过反观内省以顿悟本心。

《语录》卷三十五记载有陆九渊门人詹子南所录之话：“他日侍坐，无所问。先生谓曰：‘学者能常闭目亦佳。’某因此无事则安坐瞑目，用力操存，夜以继日，如此者半月。一日下楼，忽觉此心已复澄莹中立，窃异之，遂见先生，先生目逆而视之曰：‘此理已显也。’某问：‘先生何以知之？’曰：‘占之眸子而已。’”[2]这段对话的意思是说，所谓的修养、内省并不复杂，只需关起门来“安坐瞑目”、向内“操存”，久而久之，“此心”就会突然“澄莹中立”“万理灿然”。陆九渊的这一思想是受到道教思想启发的，如五代时期的道士杜光庭说“理身之道，先理其心”“道果所极，皆起于炼心”[3]，认为“理身”得从“炼心”入手。后来的内丹学派吸收借鉴了这一思想，提出了修道即修心的观点。陆九渊从道教这方面的思想中得到启发，认为人要“收拾精神，自做主宰”[4]，指出要以“豁然贯通”的境界实现本心的发用，发用的目的就是要剥落障蔽本心的物欲，以发现本心固有之善。陆九渊认为，人的“本心”在没有与“物”接触时都是清明、至善的，之所以本心被蒙蔽而变得不清明，主要是追逐物欲所造成的。他说：“愚不肖者之蔽在于物欲，贤者智者之蔽在于意见，高下污洁虽不同，其为蔽理溺心而不得其正，则一也。”[5]因此，要清除掉蒙蔽“本心”的灰尘，以回复“本心”所固有的清明。当他的学生问什么事最为首要时，他回答说：“必也正乎人心。”[6]怎样“正人心”呢？他的办法就是“剥落”物欲，如说：“人心有病，须是剥

[1]《宋元学案·象山学案》，中华书局1986年版。

[2]《陆九渊集》卷35《语录》下，中华书局1980年版。

[3] 杜光庭《道德真经广圣意》卷49，见《道藏》第14册，文物出版社等三家出版社1988年联合出版。

[4]《陆九渊集》卷35《语录》下，中华书局1980年版。

[5]《陆九渊集》卷1《与邓文范》，中华书局1980年版。

[6]《陆九渊集》卷35《语录》下，中华书局1980年版。

落。剥落得一番即一番清明；后随起来又剥落，又清明；须是剥落得净尽方是。”[1] 认为只有剥落得净尽，才能使心端正。陆九渊还在《养心莫善于寡欲》一文中说：“将以保吾心之良，必有以去吾心之害。何者？吾心之良，吾所固有也。吾所固有而不能以自保者，以其有以害之也。有以害之，而不知所以去其害，则良心何自而存哉？故欲良心之存者，莫若去吾心之害。吾心之害既去，则心有不期存而自存者矣。夫所以害吾心者，何也？欲也。欲之多，则心之存者必寡；欲之寡，则心之存者必多。故君子不患夫心之不存，而患夫欲之不寡，欲去则心自存矣。”[2] 很显然，陆九渊极力主张“存心去欲”，更强调发挥本心良知来战胜物欲。如果认为人欲是本心所固有的，那就是“道大，人自小之；道公，人自私之；道广，人自狭之”[3]，不利于发挥“本心”固有的“良知”“良能”来去人欲、存天理。

在方法上，他反对“终日簸弄经语”[4]，即用读书穷理的办法来去人欲存天理，而是主张通过反思痛省，从纯然至善的本心出发，做为善去恶的工夫，剥落一切物欲、私见而使本心呈现、彰显。陆九渊这一思想对明代阳明心学特别是王门后学影响甚大，也为晚明的思想解放发了先声。

---

[1]《陆九渊集》卷 35《语录》下，中华书局 1980 年版。

[2]《陆九渊集》卷 32《养心莫善于寡欲》，中华书局 1980 年版。

[3]《陆九渊集》卷 35《语录》下，中华书局 1980 年版。

[4]《陆九渊集》卷 1《与曾宅之》，中华书局 1980 年版。

# 第八章
# 宋代儒学内部结构调整中的境界论构建

“境界”本出自佛教，后来唐代著名诗人王昌龄将其详细阐发为：“诗有三境。一曰物境：欲为山水诗，则张泉石云峰之境，极丽绝秀者，神之于心，出身于境，视境于心，莹然掌中，然后用思，了然境象，故得形似。二曰情境：娱乐愁怨，皆张于意而处于身，然后驰思，深得其情。三曰意境：亦张之于意而思于心，则得其真矣。”[1] 指出“境”有三个层次，彼此之间层层递进，由具体的自然之境到人与自然的彼此和乐，再到最深层次的心灵之意境。冯友兰先生对境界也进行了简洁概括，他说：人因有体会、理解、觉悟与反思而有境界，“宇宙人生对于人所有底某种不同底意义，即构成人所有底某种境界”[2]。可以说，人对于自身与外在世界的关系的理解就构成了境界。中国传统文化中强调天人合一，此即具有丰富的境界论思想特点，无论是先秦儒家、道家，还是后来的佛教、道教，都有对于天与人之间关系的发问和理解。宋代以降，理学家们更加重视伦理道德说教和理学理论体系的构建，故而在吸收、融会佛道二教关于境界思想认识的基础上，进一步丰富完善了儒家境界论学说。

---

[1] 张伯伟:《全唐五代诗格校考》，陕西人民教育出版社 1996 年版。

[2] 冯友兰:《三松堂全集》第 4 册，河南人民出版社 2001 年版，第 496 页。

## 第一节　宋代佛道境界论的思想特点

唐代中期佛教实现中国化之后，强调人性即佛性，认为只要去除世俗欲望，经过认真修行，就可以明现自己的真如本性，从而达到成佛的境界。而道家认为人是自然的一部分，只有去除人为、解放人性，才可以复归自然，达到物我一体的境界，这一思想对后来形成的道教思想影响很大。

### 一、佛教境界论之思想特点

关于佛教境界，《般若波罗蜜多心经》曰："色不异空，空不异色，色即是空，空即是色，受想行识，亦复如是。"华严宗四祖澄观说："色不异空，明俗不异真。空不异色，明真不异俗。色空相即，明是中道。"[1]裴休说："法界者，一切众生身心之本体也。从本已来，灵明廓彻，广大虚寂，唯一真之境而已。无有形貌而森罗大千，无有边际而含容万有昭昭于心目之间，而相不可目睹。晃晃于色尘之内，而理不可分。非彻法之慧目、离念之明智，不能见自心如此之灵通也。"[2]禅宗六祖慧能在参透《金刚经》及弘忍的教导之后提出："何期自性，本自清净；何期自性，本不生灭；何期自性，本自具足；何期自性，本无动摇；何期自性，能生万法。"[3]又如宋代吉州青原惟信禅师曾说："老僧三十年前未参禅时，见山是山，见水是水。及至后来亲

[1]（唐）澄观:《华严法界玄镜》，见《大正藏》第45册，台湾新文丰出版有限公司1996年版。

[2]（唐）裴休:《注华严法界观门序》，见《大正藏》第48册，台湾新文丰出版有限公司1996年版。

[3]《六祖坛经》，上海佛学书局1996年版。

见知识，有个入处，见山不是山，见水不是水。而今得个休歇处，依前见山只是山，见水只是水。”[1]这些都是佛教对境界的著名阐释。那么，什么是境界呢？第一,世俗所指之极乐世界,在佛教中称之为“法界”“般若”“无住”或“涅槃”等，根据佛教不同判别，名称有所不同。其主要特征是契会佛教主旨之后人在内心的一种“本自具足”的状态，它无色无相，直指本心。第二，在禅宗生活化、世俗化之后，境界便是修行者其心所想之世界，主要特征是与本体合一，也称绝对境界或真如境界。“真如境界”在印度瑜伽行派是“万法唯识”，在大乘空宗是“缘起性空”。在佛教传入中国后，从般若学之“无”到涅槃学之“真空”“妙有”，再到禅宗的“一心一切法，一切法一心”，“心”与“色”达到高度的一致、统一与和谐。

佛教境界缘起于“六识”，即眼识、耳识、鼻识、舌识、身识、意识，它们对色、声、香、味、触、法等六境产生见、闻、嗅、味、触、知之作用。其中六根和六境又合称为“十二处”,亦即认识的十二种“根据”。如果从“意识的基本元素”的角度来看待十二处及六识，则形成“十八界”；若以“五蕴”说分析，则眼根乃至身根，色境乃至触境属于色蕴；意根、法境、眼识乃至意识属于识蕴；法境同时还属于受蕴、想蕴和行蕴。[2]

慧能将佛教境界简化为“无念”，石头希迁及曹洞宗以理事圆融为最高境界。南岳系的马祖道一及其后继者临济宗则把万法看成法性，心即为万法之呈现，显现出即本体即境界的高超思维。无论是哪一派，他们都在精致的思辨化哲学重构中对境界作出了最美好的阐释，达到了圆融精妙的境界。而其中尤以禅宗最为出色，它强调心与境是相互依存的，观境即观心。现代学者张节末对禅宗的境界说进行了阐释，他说：“禅宗追求的是个体的某种觉悟境界，在这种境界中自己也成为佛。如果执著于空无，那么主体的解脱是得不到证明的，因此只有采取色即是空的相对主义的方法将色和空、性和相统一起来。这种统一必然体现为境界。”[3]

[1]《五灯会元》卷 17，重庆出版社 2008 年版。

[2] 方立天:《佛教哲学》，中国人民大学出版社 2006 年版，第 134 页。

[3] 张节末:《禅宗美学》，浙江人民出版社 1999 年版，第 22 页。

（一）无有执滞

释迦牟尼曰："诸佛世尊，唯以一大事因缘故，出现于世。"所谓"一大事因缘"，就是"欲令众生开佛知见使得清净故，出现于世；欲示众生佛之知见故，出现于世；欲令众生悟佛知见故，出现于世；欲令众生入佛知见故，出现于世"。[1] 什么是"佛之知见"？慧能进一步解释为："世人外迷着相，内迷着空；若能于相离相，于空离空，即是内外不迷。若悟此法，一念心开，是为开佛知见。佛，犹觉也。分为四门：开觉知见，示觉知见，悟觉知见，入觉知见。若闻开示，便能悟人，即觉知见，本来真性而得出现。""佛知见者，只汝自心，更无别佛。盖为一切众生，自蔽光明，贪爱尘境，外缘内扰，甘受驱驰。便劳他世尊从三昧起，种种苦口，劝令寝息，莫向外求，与佛无二，故云开佛知见。吾亦劝一切人，于自心中常开佛之知见。"[2] 从以上就可以看出，诸佛是因"因缘"而出现于这个世界，所谓"因缘"就是众生皆被大千世界的形色表象所蒙蔽，诸佛世尊不得不出现在这人世间，去开悟众生，让他们"发现"继之"悟"，再之"入""佛之知见"，从而提升自己的境界，最好能达到"佛"的境界，也即"觉悟"。所以，佛教所谓的明心、见性、成佛，不是对大千世界具体事物的认知，而是在一定环境（佛陀）诱导下对"本来真性"的顿悟。佛性人人本具，关键是能否使之朗现。因此，佛教的修行工夫之根本是成佛，佛即"觉悟"，觉悟便是境界，其目的不是为了解决思维与存在的关系。正如梁启超先生所说："境者心造也。一切物境皆虚幻，唯心造之境为真实。"[3] 正与佛教之"缘起性空""色不异空，空不异色，色即是空，空即是色"相得益彰。"境"即"色"，"心造之境"才是真实不虚之自性。

在慧能被弘忍开悟之后，他对佛性作出过如下解释："本性自有般若之智，自用智慧观照，譬如其雨水，不从天有，原是龙王于江海中将身引此水，

[1]《妙法莲华经方便品第二》，上海古籍出版社 1993 年版。

[2]《六祖坛经·机缘品》，上海佛学书局 1996 年版。

[3] 梁启超：《自由书·惟心》，中华书局 1950 年版。

令一切众生，一切草木，一切有情无情，悉皆蒙润，诸水众流，却入大海，海纳众水，合为一体，众生本性般若之智，亦复如是。”[1]“自性含万法……生六识，出六门，六尘，是三六、十八。有自性邪，起十八邪。若自性正，起十八正。”又说：“真如是念之体，念是真如之用。自性起念。”[2]慧能想通过无念的修行方法，即不执著、不拘泥，通过自性开启的方法，直接把真如佛性显现出来，使之在人世间荡漾，人人受此影响，般若智慧便像众川入海一般势不可挡，合为一体。但若有人执著于相（有形可见的事物），或者执泥于念（已有的错误想法），自性就会被这些所蒙蔽，真如本性就难以顺利反观自身乃至整个世界，人就不能获得清净般若心。所以，慧能提出无念修行法，主张顿悟成佛，只要无所执滞，一心向佛，便可成就佛道。

若冲觉海禅师的《秋空明有月》诗曰：“碧落静无云，秋空明有月。长江莹如练，清风来不歇。林下道人幽，相看情共悦。”又如：“宝月流辉，澄潭布影。水无蘸月之意，月无分照之心”[3]，“冷似秋潭月，无心合太虚”[4]，“雁过长空，影沉寒水。雁无遗踪之意，水无沉影之心”[5]，等等，这些都是平常人经常接触到的事物，看似平淡无奇，但只要当事人心境足够静寂、娴雅，无论在何时何地都可以体会佛性之和合因缘。

再如，保唐无住禅师提出：“见境心不起，名不生。不生即不灭。既无生灭，即不被前尘所缚，当处解脱。”[6]“终日说事，不曾挂着唇齿，未曾道着一字；终日着衣吃饭，未尝触一粒米，挂一缕线。”[7]如此鲜明活泼的生活场面展现在人们面前，真实无造作。所有这些无非是告诉世人，真正的极乐世界并不在遥不可及的西方，而在当下的生活之中。只要不被世俗生活

[1] 慧能著，郭朋校释：《坛经校释》，中华书局 1995 年版，第 54 页。
[2] 慧能著，郭朋校释：《坛经校释》，中华书局 1995 年版，第 50 页。
[3]《五灯会元》卷 14，重庆出版社 2008 年版。
[4]《五灯会元》卷 16，重庆出版社 2008 年版。
[5]《五灯会元》卷 14，重庆出版社 2008 年版。
[6]《五灯会元》卷 2，重庆出版社 2008 年版。
[7]《景德传灯录》卷 19，上海书店出版社 2010 年版。

所束缚，当处便可解脱。因此，在日常世俗生活中若能勤于反思，将日常生活看成是“要行即行，要坐就坐”[1]的简单易行而无所执滞，以毫无分别的“平常心”来对待日常生活中的一切，随缘安世，豁达安然地关照一切，便可使“自性”彰显，达到佛的境界。

（二）圆融无碍

法界圆融是华严宗的核心理论。关于华严宗心境关系，唐君毅先生曾指出，华严宗重在观境。但是，“华严之观境，又非如唯识宗之观境之非外，以破外境之执，而是观外境是一真法界之显现，一心之显现。心之所以异于境，在心之能摄。然依华严法界观以观法界中之一切法，皆能相摄，即皆是心。如境是法，亦即是心，万境相摄如众心相摄，我心观万境，即我心观万心之互摄，于是充塞宇宙皆成一透明之心光所照耀，更无外境可执，无执可破”[2]。唐君毅认为，华严法界心境相互依存，“境”是法界在宇宙人生中的显现，成就的不真空之空，“心”则是“境”在人身上的具体表现。心境之间虽有区别，但更多的共同点是相摄，因此，我心与万心皆是法界所化之境，彼此关照，圆融无碍。这是一种极高深的境界，它即工夫即本体，一心之显现，便是万法之关照。

唐代澄观指出：“往复无际，动静一源，含众妙而有余，超言思而迥出者，其唯法界欤！”[3]宋代净源认为：“一切世间诸所有物，皆即菩提妙明真心。一切众生，从无始来，迷却此心，妄认四大为身，缘虑为心。譬如百千个澄清大海不认，但认一浮沤耳。”“谓弥满清净，中不容他。一切妄想，本来是无。绝待真心，本来清净。”[4]

---

[1]《古尊宿语录》卷4，上海佛学书局1931年影印本。

[2] 唐君毅：《略说中国佛教教理之发展》，见《现代佛教学术丛刊》第31册，台湾大乘文化出版社1978年版，第18、19页。

[3]（唐）澄观：《大方广佛华严经疏序》，见《全唐文》卷919，（清）董诰等编，中华书局1983年版。

[4]（宋）净源：《华严普贤行愿修证仪》，见《续藏经》第74册，东京大正一切经刊行会1934年版。

因此，心境关系问题是华严宗的重要核心内容。法界无边无际，超越了人们的日常生活之言行、思辨，一切世间的所有尽为它所含摄，即“菩提妙明真心”。但世间的人未必能明此道理，而将真心迷失，妄认“四大”，其实都是“无”。因此，华严宗不得不花费大量时间探讨心境关系，消除人们对外界的执迷和对内心的执着，以达到心境融通、物我自在的境界，即所谓华严境界。

## 二、道教境界论之思想特点

由于道教主要源于道家，所以研究道教的境界，还应从先秦道家时代谈起，尤以庄子对境界思想贡献最著。庄子哲学从一定意义上说是一种心灵哲学，它指向的是人自身，主要是解决人的心灵问题，探讨的着眼点在于人的心灵存在及其价值意义、自我实现和超越。源于道家的道教，其境界无疑也具有此方面的特征。

### （一）道通为一

庄子这样一位颇有哲学理性思维的大哲不幸生活在战国时期，也即国与国之间战乱最激烈、老百姓生活最困苦的时期。面对无道的社会、无休止的战争和流离失所的生活状态，庄子有心救世，却无力挽狂澜于既倒。加之社会上的不平等现象层出不穷，基本的物质利益尚难以保证，精神生活更无从谈起。在此背景下，庄子提出了他道论视域下的“齐物论”与“齐之物论”的观点。

在庄子思想中，“道”无疑是宇宙的本体，具有超越性、先在性的特征，可以“生天生地，神鬼神帝”，自然万物的产生都离不开“道”，正如《渔父》篇所述：“且道者，万物之所由也，庶物失之者死，得之者生，为事逆之则败，顺之则成。”[1]既然万事万物都是“道”的化身，且顺道而生、逆道而亡，

---

[1]（清）郭庆藩：《庄子集释》，中华书局1997年版。

那么无论是自然界还是社会中的各种差别，特别是不公平现象的存在，应该都不是永恒的，它们只是一种现象，而不是本质。在本质上，不同事物间即使差别再大，也只是“为是举莛与楹，厉与西施，恢恑憰怪，道通为一”[1]，“其分也，成也；其成也，毁也。凡物无成与毁，复通为一”[2]。在“道”的层面上，万事万物无成与毁、美与丑的不同。

既然如此，那么人世间存在的一切差别、一切纷争都没有任何意义，任何分歧的出现都是双方自设条件泯灭大道的结果，即“方生方死，方死方生；方可方不可，方不可方可；因是因非，因非因是”[3]。所以正确的做法应该是：“是以圣人不由而照之于天，亦因是也。是亦彼也，彼亦是也。彼亦一是非，此亦一是非。果且有彼是乎哉？果且无彼是乎哉？彼是莫得其偶，谓之道枢。”[4] 对宇宙万象来说，观察的角度不同，会得出不同的结论，这个不同成为人们争论的起点。其实，这个不同只是错觉，正确的做法是站对位置，宏观看待一切。从“道”的角度分析，“是以圣人和之以是非，而休乎天钧，是之谓两行”[5]。也就是说，圣人与道同体，对于自然界与社会中的各种同与不同，采取泯灭是非的态度，而只用“天钧”来关照整个社会人生。这样一来，“物与我”“是与非”及其他的各种对立都两不妨碍，如此便可进入“朝彻”“坐忘”的心灵自由之境。此时，“至人无己，神人无功，圣人无名”[6]，社会中的一切荣辱、悲欢离合都完全消失，完全进入“与道为一”的和乐圆融之境。

章太炎先生《齐物论释·序》说：“《齐物》文旨，华妙难知，魏晋以下，解者亦众，既少综核之用，乃多似象之辞。”[7] 以佛学解释《庄子》，虽有偏

[1]《庄子·齐物论》。

[2]《庄子·齐物论》。

[3]《庄子·齐物论》。

[4]《庄子·齐物论》。

[5]《庄子·齐物论》。

[6]《庄子·逍遥游》。

[7] 傅杰：《章太炎学术史论集》，中国社会科学出版社 1997 年版。

颇之处，然庄子的心灵自由之意境与佛教圆融之极乐，也许在感同身受中确有异曲同工之妙。蒙培元先生评价说：“这是一种最高体验，在这样的体验中，内外之别，物我之分，统统都消除了，真正进入了‘天人合一’的境界。这种主客合一、内外合一的内在体验，是出于情感而又超越情感的本体体验。”[1]

对庄子“道通为一”的理念从价值方面作出分析，可以说他的齐物之论是面对当时战乱纷呈的社会状况而采取的无奈之举，也是他面对人世间诸多不公平现象而试图提出解决办法的努力尝试。然而他以愤世嫉俗之笔，绮丽独特之语言，对社会人生作出超越世俗之诠释，不仅有助于人们重新认识这个世界，从世俗的困惑纷争中解脱出来，还为人们提供了一条稳定情绪、开阔心胸的实用方法。他启发了人们的潜意识，明确了对自然本真状态的正确理解，改变了人们对境界的看法，不仅在当世受到智慧之人的称赞，而且历经千百年的时光岁月的洗礼，仍旧闪烁着皎洁的光芒，给后人的思想延展以无穷的创作空间和深刻启迪。严正教授评价说：“儒道佛，是中国哲学思想上的三大最有影响的流派。儒主张仁义道德、克己复礼，引导人们入世，引导天下书生走入仕途。佛主张四大皆空，引导人们看破尘世，‘脱离苦海’。而老庄道家是中国哲学思想中唯一能与儒家和佛家分庭抗礼的学派，它主张若即若离，顺应自然……儒道两家思想，其实都潜移默化地影响着中国人的思想和行为。”[2] 牟宗三先生认为，道家境界论开启的“冲虚玄德只是一种境界。故道之现实性只是境界形态之现实性，其为现实原理亦只是境界形态之实现原理，非实有形态之实体之为‘实现原理’也”[3]。

后世道教由道家境界思想引申出了道教的“成圣成仙”理论，并以修道程度的高下衡量其境界之高低。如司马承祯所说：“内不觉其一身，外不

---

[1] 蒙培元：《中国哲学主体思维》，人民出版社 1993 年版。

[2] 严正：《以今人视野回眸先哲庄子》，《福建论坛 · 人文社会科学版》2009 年第 12 期。

[3] 牟宗三：《才性与玄理》，台湾学生书局 1985 年版，第 162 页。

知乎宇宙，与道冥一，万虑皆遗。”[1] 成玄英也说：“境智相冥，不一不异。”[2] 此境界即工夫，工夫即境界。

(二)“与道合真”

“与道合真”是道教所追求的最高境界。张伯端认为，以前道教的外丹修炼术虽极力追求长生不老、修身养性，但最终却没有显著效果的重要原因，就在于他们只注重如何延长寿命、保持人体的形态，在实质上却没有将“与道合一”作为修炼的法门，更没有将外在的鼎炉炼丹与人自身的心性修养联系起来。所以，人的生命过程就只是一个顺序，即“道生一，一生二，二生三，三生万物”，也即“道(神)—气—精—形”的过程。一旦人禀气而生，虽有寿命的长短，却终究逃脱不了死亡的命运。只有进行性命双修之人，掌握了“炼形化气—炼气化神—炼神还虚”这样一个逆修的方法，即“逆结金丹”，才能返本还原、复归于道，与天地融为一体，如此人便可长生不死，永葆生命之树常青。而这样一个过程包括如下步骤：先以长生不死的仙术让修道之人对性命双修之术深信不疑；在身体强健之后，使人之身心进入一种“虚静”的状态，这种状态下人的体验是妙用无限、神通广大；在此基础上进一步努力，便进入如同佛教“真如觉性”所示的境界，也就是“与道合一”的境界，在此情境中所有的幻妄之念都消除了，进入无思想的纯粹超越存在之境，不知不觉中已进入“究竟空寂之本源”，即“神气精者，与天地同其根，与万物同其体”。[3] 这一永恒之境既基于道教的养性固命之术，又借鉴了禅宗的超越精神。

在白玉蟾那里，“丹道合一”的理论依据是天人同构。天、地、人在宇宙中的彰显都是“谷神”之用。他提出：“天之谷，含造化，容虚空。地之谷，容万物，载山川。”[4] 至于人之谷，“其谷藏真，一宅元神，是以头有九

[1]《坐忘论·信敬》，见《正统道藏》太玄部，文物出版社等三家出版社 1987 年联合出版。
[2]《庄子注·养生主篇》，见《正统道藏》太玄部，文物出版社等三家出版社 1988 年联合出版。
[3]《紫阳真人悟真篇拾遗》，见《道藏》第 2 册，文物出版社等三家出版社 1988 年联合出版。
[4]《紫清指玄集》，见《正统道藏》洞神部，文物出版社等三家出版社 1987 年联合出版。

宫，上应九天，中间一宫，谓之泥丸……其空如谷，而神居之，故谓之谷神。神存则生，神去则死”[1]。“谷神”在天地中的显现便是宇宙大化之流行，天覆地载，厚德载物；“谷神”在人则是最重要的器官，具有中空若“谷”的特征，可以让神灵居之。所以，人在世界上存在的过程便是人心中的“一点灵明”居住在人身的过程，神在人生，神去人死。因此，人必须保持身体的康健与“谷神”的长存。那么，如何才能保持“谷神”的长存呢？必须修道，达到“神久自守，息久自定，性入自然，无为妙用”[2]的目标，这样就能“与道为一”，进入神仙境界。但是，世俗社会中人的资质不同，他们成仙的难度也有区别，成仙之道也分为三等，即上士修炼“天仙之道”，可以变化飞升。其方法非常简易，只是“以心传心”；中士修炼“水仙之道”，可以“出入隐显”，其方法是“以口传心”；下士修炼“地仙之道”，可以“留形住世”[3]，为世人成仙得道构设了清晰的思路和方便法门。

## 第二节　宋代士林对佛道境界论的批判

佛教和道教的境界虽然玄远而美好，但是它们宗教的本质决定了境界的不可实现性，且与儒学积极入世、治国平天下的价值观格格不入。为此，宋儒在汲取佛道理论精华的同时，又对佛道的境界理论大加批判，指出佛教的境界理论太过自私，不是为社会发展贡献智慧的学说；而道教的境界又多抄袭佛教的等级制度，可以说是同源的。

[1]《紫清指玄集》，见《正统道藏》洞神部，文物出版社等三家出版社 1987 年联合出版。

[2]《紫清指玄集》，见《正统道藏》洞神部，文物出版社等三家出版社 1987 年联合出版。

[3]《紫清指玄集》，见《正统道藏》洞神部，文物出版社等三家出版社 1987 年联合出版。

## 一、宋代士林对佛教境界论的批判

二程在其理学思想体系构建过程中，可以说是“明排佛学，暗窃佛学”。之所以排佛，是因为佛教主张万物幻化、四大皆空，不利于封建统治秩序的建立；之所以窃佛，主要是因为佛学具有较强的思辨性，可以弥补儒学思辨性的不足。二程对佛学的态度，在境界论方面更多地表现为批判的态度，如程颐说：“释氏之学，又不可道他不知，亦尽极乎高深。然要之卒归乎自私自利之规模。何以言之？天地之间，有生便有死，有乐便有哀。释氏所在，便须觅一个纤奸打讹处。言免生死，齐烦恼，卒归乎自私。”[1]佛学以生死为惧，“言免生死，齐烦恼”，实质是“自私自利”，违背自然之理。还说：“佛者厌苦根尘，是则自利而已。”[2]“释氏之学，他只是一个自私奸黠，闭眉合眼，林间石上自适而已。”[3]又说“释氏其实是爱身”[4]“其实是利耳”[5]，是为一己之私利。

二程还认为，佛教是逆天理而行的，如说：“圣人致公心，尽天地万物之理，各当其分。佛氏总为一己之私，是安得同乎？圣人顺理，故乎直而易行，异端造作，大小费力，非自然也，故失之远。”[6]指出佛家出于私心，违背自然之理，“大小费力”，“失之远”。因此，“卒不可治天下国家”[7]，根本无法与圣学相比。

二程弟子谢良佐对佛教的境界观也提出了自己的看法，他说：“佛之论性，如儒之论心，佛之论心，如儒之论意，循天之理，便是性，不可容些私意，

[1]《河南程氏遗书》卷15，中华书局1981年版。
[2]《河南程氏粹言》卷1，中华书局1981年版。
[3]《河南程氏外书》卷10，中华书局1981年版。
[4]《河南程氏遗书》卷2，中华书局1981年版。
[5]《河南程氏遗书》卷22，中华书局1981年版。
[6]《河南程氏遗书》卷14，中华书局1981年版。
[7]《河南程氏遗书》卷2，中华书局1981年版。

才有意，便不能与天为一。”[1] 认为佛教也讲心性，但佛教所讲的不是性即理之性，而是将人类社会所本有的道德意识排斥在外，只是“私意”流行，认为“学佛者欲免轮回、超三界，是有利心，私而已矣”[2]，这只是极力逃避世俗义务，很自私地企图超三界，追求几世轮回，显然“不能与天为一”[3]，也与儒者“为天之所为……故敢以天自处”[4] 的道德理性意识之自觉有本质的区别，根本无法与儒家思想境界比肩。

## 二、宋代士林对道教境界论的批判

关于道教境界，宋代儒士对它的批判不太多，搜检材料，少之又少。理学集大成者朱熹对道教的法术进行过批判，如说：“人言仙人不死。不是不死，但只是渐渐消融了，不觉耳。盖他能炼其形气，使渣滓都消融了，惟有那些清虚之气，故能升腾变化。《汉书》有云：学神仙尸解消化之术。看得来也是好则居，然久后亦须散了。且如秦汉间所说仙人，后来都不见了。国初说钟离权吕洞宾之属，后来亦不见了。近来人又说刘高尚，过几时也则休也。”[5] 同时，他还对道教的神仙谱系进行了批判，如说：“道家之学，出于老子。其所谓三清，盖仿释氏三身而为之尔，遂尊老子为三清：元始天尊，太上道君，太上老君。而昊天上帝反坐其下。悖戾僭逆，莫此为甚！且玉清元始天尊既非老子之法身，上清太上道君又非老子之报身，设有二像，又非与老子为一，而老子又自为上清太上老君，盖仿释氏之失而又失之者也。况庄子明言老聃之死，则聃亦人鬼尔，岂可僭居昊天上帝之上哉？释老之学尽当毁废，假使不能尽去，则老氏之学但当自祀其老子关尹列庄之徒以及安期生魏伯阳辈，而天地百祠自当领于天子之祠官，而

[1] 朱熹：《上蔡先生语录》，商务印书馆 1939 年版，第 25 页。
[2] 朱熹：《上蔡先生语录》，商务印书馆 1939 年版，第 8 页。
[3] 朱熹：《上蔡先生语录》，商务印书馆 1939 年版，第 6 页。
[4] 朱熹：《上蔡先生语录》，商务印书馆 1939 年版，第 6 页。
[5]《朱子语类》卷 125，中华书局 1986 年版。

不当使道家预之，庶乎其可也。”[1] 还说：“论道家三清，今皆无理会。如那两尊，已是诡名侠户了。但老子既是人鬼，如何却居昊天上帝之上，朝廷更不正其位次？又如真武，本玄武，避圣祖讳，故曰真武。玄，龟也；武，蛇也；此本虚、危星形，以之故，因而名。北方为玄、武七星；至东方则角、亢、心、尾象龙，故曰苍龙；西方奎、娄状似虎，故曰白虎；南方张、翼，状似鸟，故曰朱鸟。今乃以玄武为真圣，而作真龟蛇于下，已无义理。而又增天蓬天猷及翊圣真君作四圣，殊无义理。所谓‘翊圣’，乃今所谓‘晓子’者，真宗时有此神降，故遂封为真君。”[2] 此处朱子似乎是对道教法术和神仙体系的批判，如怀疑法术的真实性，与其说灵验倒不如说像一场闹剧，又认为老子是人鬼，将之捧到天上实在不合适，而且道教所提出的“三清”看似体系完备，实则并非老庄学说系统，而是对佛教等级制度的抄袭。对此，朱子十分气愤，使用了最严厉的语言。如果再从深层次加以分析，这不仅是朱熹对道教神仙系统的批驳，也是他对道教本体论的批判。因为道教神仙系统源于道教本体，是其神仙化的外在显现。正如《洞神经》云：“大道降神，应接一切，或有名无字，有字无姓，或有位号，姓名亦无，各由感致，参差不同，是谓正神皆道应化。”[3] 道教中神仙都是“道”的化身，又如《云笈七签》也视最高神三清神为“道”所化生。它说：“混洞（沌）之前，道气未显，于恍莽之中，有无形象天尊，谓无象可察也……又经一劫，乃生元始天尊，谓有名有质为万物之初始也。极道之宗元，挺生乎自然，寿无亿之数，不始不终，永存绵绵，消则为气，息则为人，不无不有，非色非空，居上境为万天之元，居中境为万化之根，居下境为万帝之尊，无名可宗，强名曰‘道’。”所以对道教神仙体系的批判，包括它的不真实、虚幻等，也可以说是对道教境界论的批判。

[1]《朱子语类》卷 125，中华书局 1986 年版。

[2]《朱子语类》卷 125，中华书局 1986 年版。

[3]《正统道藏》太平部，文物出版社等三家出版社 1987 年联合出版。

## 第三节 宋代士林对佛道境界论的吸收、改造与新儒学境界论的构建

中国哲学从本质上说是一种以人为本的哲学，其内在的主题和特征便是对人在宇宙中的地位、存在意义，也就是关于终极人文关切及其总体宇宙关怀的问题的思考与探索。宋代理学家之所以比前代儒者具有更高的境界论修养，关键在于他们对佛道的借鉴与融合。“境界”二字，既不出于儒家，也不出于道家，而是出于佛教经典。但是，“境界”作为一种普遍性学说，却是儒释道三家所共有的。在宋儒那里，道家与道教是没有明确区分的，他们经常混用。宋儒的境界论更多的是对道家老庄思想的认同，他们的著作中经常提到“虚极静笃”“复归自然”等，这些都是对心灵自由的描绘；而庄周梦蝶等，更增添了审美之意境。如《老子》二十一章说：“道之为物，惟恍惟惚。惚兮恍兮，其中有象；恍兮惚兮，其中有物；窈兮冥兮，其中有精。”《庄子·人间世》亦曰：“无听之以耳，而听之以心；无听之以心，而听之以气；听止于耳，心止于符。气也者，虚而待物者也，唯道集虚，虚者心斋也。”看似玄远高深，其实却是对自然、宇宙、人自身最精确的阐发。付长珍对此评论说：“道家的‘自然’，其积极的意义则在于反对文明进程中的异化，倡导返璞归真，以求心灵的自由。”[1] 老庄道家及道教追求自然长生、倡导返璞归真的思想，也大大丰富了儒家境界论思想的内容。

---

[1] 付长珍：《宋儒的境界论——以儒释道会通为视角》，《华东师范大学学报（社会科学版）》2002 年第 3 期。

## 一、仁者浑然与物同体

佛教哲学以实现“涅槃”境界为目的，提出“观心”说，由一心开出智境，而又归于一心，此即境界。在佛教看来，熄灭生死烦恼而获得彻底解脱的“涅槃”境界才是佛的最高境界，他不必出离世间，只要获得心灵解脱即可实现永恒境界。

北宋时期，理学家吸收借鉴了佛教这一思想，结合传统儒家伦理，以天道流行论仁，将“仁”作为一种高尚的理想人格境界，这在一定程度上实现了对佛学的超越。

二程奠定了整个理学思想体系的基础，为宋代新儒学的形成作出了巨大贡献。人与人的生存问题自然也是他们关注的核心问题之一。如何为人？人如何立世？程颢提出了自己的认识和看法，他用“仁者浑然与物同体”来表达儒家的圣贤境界学。所谓圣贤境界，是人生修养的终极目标，其实就是指圣贤气象。程颢说：“学者须先识仁。仁者浑然与物同体，义、礼、智、信皆仁也。识得此理，诚敬存之而已。不须防检，须穷索。此道与物无对，不足以名之，地之用皆我之用。”[1]仁的基本特征是浑然与物同体，义、礼、智、信等本是各自独立的德目，但在仁的总体呈现下皆是仁的内容、仁的涵养，仁为体，义、礼、智、信为用。这样，程颢通过对传统儒家的“仁”进行具有哲学意味的创造性转化，从而将之提高到本体的高度——理。天理落实到人，就成为每个人都具有的本然之体；当人的个体生命达到“闲来无事不从容”时，也就达到了“仁”的境界。

另一方面，儒家的境界论借鉴了庄子“天地与我并生，万物与我为一”的境界论思想。道家、道教思想的最高本体是“道”，但这个“道”究竟是什么？在不同思想家那里有不同的内蕴：老子的“道”无为而无不为；庄子的“道”则自本自根，齐物我、任逍遥，“他只描述体‘道’以后的心灵状态。

---

[1]《二程遗书》卷 2，中华书局 1981 年版。

在这里，‘道’成为人生所达到的最高境界，人生所臻至的最高境界便是称为‘道’的境界”。[1]

程颢借鉴了道家道教这一理念，以自然、生意论“仁”，说：“万物之生意最可观，此元者善之长也，斯所谓仁也。”[2]“仁者，以天地万物为一体，莫非己也，若不有诸己，自不与己相干，如手足不仁，气已不贯，皆不属己。”[3]可以说，二程首开了理以生意论仁的先河。那么，该如何来体悟这一“仁”境呢？程颢提出“观天理，亦须放开意思，开阔得心胸，便可见”[4]，认为人只需敞开心胸，便可体认天理，达到“仁”境。

二程弟子谢良佐则进一步提出：“觉者，是要觉得个道理。须是分毫不差，方能全得此心之德，这便是仁。”[5]认为体认天理要有明觉意识，如果没有明觉意识，则“譬如不食，终不知味”[6]。谢良佐的“以觉言仁”之“觉”，当来自佛教的《大乘起信论》“心性本觉，妄念所蔽”，《坛经》亦曰：“佛者，觉也”“自性觉，即是佛。”也许正是谢良佐吸收佛教“觉”的思想，才使得其说比其师更进了一步。陈来先生对上蔡这一思想给予了很高的评价，说：“谢良佐在理学中最有影响的思想是‘以觉言仁’。他说‘心有知觉之谓仁’，这个思想继承了程颢以人的感受性为基础建立新仁学的方向。”[7]

那么，谢良佐所追求的境界是怎样的呢？这可从他对曾点气象的诠释看出端倪，他说：“学者不可著一事在胸中，才著些事，便不得其正。且道曾点有甚事？‘列子御风事’近之……只是无心，近于忘。”[8]所谓“不可著一事”，显然是谢良佐接受了佛教“无执无著”的理念。黄檗希运曾说：“若

[1] 梁恒：《庄子的心灵自由境界论》，《兰州交通大学学报（社会科学版）》2006年第5期。
[2]《二程遗书》卷11，中华书局1981年版。
[3]《二程遗书》卷2上，中华书局1981年版。
[4]《二程遗书》卷25，中华书局1981年版。
[5]《朱子语类》卷101，中华书局1986年版。
[6]《论语精义》卷6下，见《儒藏》第109册，北京大学出版社2007年版。
[7] 陈来：《宋明理学》，华东师范大学出版社2004年版，第102页。
[8]（宋）朱熹：《上蔡先生语录》，商务印书馆1939年版。

欲无境，当忘其心，心忘即境空，境空即心灭。”[1]认为真正的“忘”是无境之忘，是心、迹与境都要泯灭。只有如此，才能达到没有任何纷扰的“内外之两忘”。相比较，谢良佐境界思想中也明显有此倾向。所以，程颢提醒他“施之养生则可，于道有害”[2]，指出儒与佛两者具有根本性区别，儒家的超越与有意弃绝外物、摒弃人伦的佛教之“忘”有本质的不同。谢良佐尽管积极吸收佛教之“忘”，但其并未丢失其儒者情怀，所以“知勿忘勿助长，则知此。知此则知夫子与点之意”[3]，其境界论的最终落脚点还是“尧舜气象”。

既然“仁者浑然与物同体”“万物与我齐一”，那么又该如何认识世界？如何体认“道”？如何获得“仁”？庄子给世人的答案是“心斋”与“坐忘”，也即抛弃人之形体、感官，保持内心的虚灵明觉去与外界相感应，从而获得对“道体”的心灵默契。程颢的答案则是“夫天地之常，以其心普万物而无心，圣人之常，以其情顺万物而无情”，“与其非外而是内，不若内外之两忘也。两忘，则澄然无事矣。无事则定，定则明，明则尚何应物之为累哉！”[4]这是对人生、对社会、对宇宙自然的真实体验，无疑是庄子人生哲学思想的翻版。但是，程颢虽然提到了“内外之两忘”，却与庄子之“忘”有本质不同。儒者在心灵达到一定境界时，天理的本然得以全副朗现，任何事物都不是负累，看上去似乎“内外之两忘”，其实是“不思而得，不勉而中，从容中道”的圣人之境。

林继平认为，“自程明道‘识仁篇’为孔子仁的观念觅得仁的本体后，无异乎就把仁的观念提升其层境，跃入一形上的明莹的本体世界。安住此本体世界，自可享受无穷的精神快乐，这就是理学家所谓的孔颜之乐……这一思想来源，与庄子、禅宗有密切关联”。

[1] 大正一切经刊行会：《大正新修大藏经》第12册，台湾新文丰出版有限公司1996年版。
[2]《二程集》，中华书局1981年版。
[3]（宋）曾恬：《上蔡语录》卷2，见《四库全书》子部儒家类，商务印书馆2005年版。
[4]《二程遗书》卷2，见《二程集》，中华书局1981年版。

## 二、“存顺没宁”的生死豁达

在周敦颐之前，宋初“三先生”为理学开风气之先；自周敦颐始，才为理学思想体系的形成奠定了根基。当然，他的所有成果的取得都与北宋初年的三教合流特别是道教兴盛的大背景有关。在此关联下，再加上周敦颐本人性情平淡，喜好山水，在为官之余，他经常与禅门、道门中好友遍访周围的名山大川。据他自述，他常与僧人、道人“跨松箩，喷雪岭，弹琴吟经，经月不还”。如《右宿山房》中写道：“久厌尘坌乐静元，俸微犹乏买山钱。徘徊真境不能去，且寄云房一榻眠。”确有些超凡脱俗、飘飘欲仙的意境。周敦颐五十岁时，曾写一首《书春陵门扉》：“有风还自掩，无事昼长关。开阖从方便，乾坤在此间。”游道观时曾作：“琳宫金刹接峰峦，一径潜通竹树寒。是处尘劳皆可息，时清终未忍辞官。”[1]“退之自谓如夫子，原道深排佛老非。不识大颠何似者，数书珍重更留衣。”[2]又如：“书堂构其上，隐几看云岑。倚梧或欹枕，风月盈中襟。或吟或冥默，或酒或鸣琴。数十黄卷轴，贤圣谈无音。窗前即畴圃，圃外桑麻林。千蔬可卒岁，绢布足衣衾。饱暖大富贵，康宁无价金。吾乐盖易足，名溪朝暮侵。元子与周子，相邀风月寻。”[3]从留下的诗文中我们可以清晰地看到，周敦颐不慕求做官的名利，寄情于山水间的怡然与自得。也只有如周敦颐这般的心胸与意境，他才能在吸收道教思想的基础上提出“道充为贵”的观点：“至富至贵可爱可求者，仁而已。仁者，天地生物之心，而人所受以生者，为一心之全德、万善之总名。体即天地之体，用即天地之用，存之则道充，居之则身安，故孟子既以天之尊爵目之，复以人之安宅名之，所以为天地间之至贵至富可爱可求者也，岂轩冕金玉之贵之富可同日而语哉？”[4]也即世界上可以追求的东西很多，

[1]《周濂溪先生全集》卷 8，民国正谊堂本（全五册本）。

[2]《周濂溪先生全集》卷 8，民国正谊堂本（全五册本）。

[3]《周子全书》卷 17，商务印书馆 1937 年版。

[4]《通书述解》卷 2，见《四库全书》子部儒家类，商务印书馆 2005 年版。

“轩冕金玉”只能带来物质上的富足和地位上的高贵，却不能让人们的精神安逸、身心安宁，所以这个世界上最可贵的东西，不是名利地位，而是“一心之全德、万善之总名”。如果用孟子的话来说，道充和身安就是“天之尊爵”和“人之安宅”。也就是与山水为伴、让自由与安宁时刻相随的不慕权贵、不羡官位的自由和乐之境。

周子一生恬淡无为，很多人对他的评价都比较高，如黄庭坚指出：“人品甚高，胸怀洒落，如光风霁月，廉于取名而锐于求志，薄于徼福而厚于得民。”[1]二程兄弟曾从周敦颐学习，在周敦颐的教导下体认“孔颜之乐”后，程颢这样评价周敦颐：“周茂叔窗前草不除去，问之，云：‘与自家意思一般。’”[2]又曰：“自再见周茂叔，吟风弄月以归，有‘吾与点也’之意。”[3]程颢之所以能得出“仁者浑然与物同体”的观点，又被学生赞誉为“如沐春风”，当与周敦颐的细心教导不可分。可以说，他们作为理学的开创与奠基者，任务虽是极力批判佛老以维护儒家传自孔子的学理体系与道统，但是他们在境界上没有排斥佛道，也正是在与佛道人士的日常交往中，在与他们一起探讨形上之道的过程中，内心得到了极大的净化，思想境界得到了升华，而被后人所敬仰与称道。

在北宋五子中，对境界论比较重视的还有张载。他的“横渠四句”名扬千古，受到世人称赞。张载学术体系成熟之后，成为一位典型的儒家学者，传播理学思想不遗余力。但他年轻时也曾“出入佛老，返于六经”，故其思想的形成也深受佛道的影响，并对相关内容进行合理的转化，为其理学思想作铺垫，比较突出的则是生死观与境界论。

张载说：“气之不可变者，独死生寿夭而已。故论死生则曰‘有命’，以言其气也。”[4]在他的学理体系中，“太虚即气”，万事万物都在一定条件下由“气”产生，在一定条件下又会因“气散”而消失归复于“太虚”。所以，

[1]《周濂溪先生全集》卷9，民国正谊堂本（全五册本）。

[2]《宋元学案·濂溪学案下》，中华书局1986年版。

[3]《宋史·道学传》，中华书局1977年版。

[4]《正蒙·诚明》，见《张载集》，中华书局1978年版。

人的生命长度也是如此，不可改变。人生的这一特点，人们应该如何面对？他继续说："学者但养心识明静，自然可见，死生存亡皆知所从来，胸中莹然无疑，止此理尔。富贵之得不得，天也。至于道德，则在已求之而无不得者也。"[1]既然人的寿命是既定的，生死存亡不能争取，那么我们便不要在此浪费过多的时间，日常生活中只需修身养性，自然对社会、人生具有明觉意识，我们便可获得身心康宁，内心也会非常的坦荡。人人都追求富贵显达，并想尽一切办法去争取，但是否都能得到，这要靠运气，即"天命"，也即所谓"谋事在人，成事在天"。但是，人生活在世界上，还有比荣华富贵更重要的东西——道德，而且对道德的追求不需要外在的力量，只需个人努力，修身养性便可。所以，他认为正确的人生态度应当是："富贵贫贱皆命也。今有人均为勤苦，有富贵者，有终身穷饿者，其富贵者即是幸会也。求而有不得，则是求无益于得也。道义则不可言命，是求在我者也。"[2]人的一生可以做的事情很多，不要在富贵与贫贱上纠结，重要的是把握好人生，追求道义，这也是个人通过努力能够获得的。这不仅是张载对学者、弟子的要求，也是他本人一生的真实写照。无论为学还是为官，无论从政还是从军，张载的一生都是孜孜以求、道义为先的一生。

《庄子·至乐》篇曰："天下有至乐无有哉？有可以活身者无有哉？今奚为奚据？奚避奚处？奚就奚去？奚乐奚恶？夫天下之所尊者，富贵寿善也；所乐者，身安厚味美服好色音声也；所下者，贫贱夭恶也；所苦者，身不得安逸，口不得厚味，形不得美服，目不得好色，耳不得音声；若不得者，则大忧以惧。其为形也亦愚哉？"还曰："庄子妻死，惠子吊之，庄子则方箕踞鼓盆而歌。惠子曰：'与人居，长子老身，死不哭亦足矣，又鼓盆而歌，不亦甚乎！'庄子曰：'不然。是其始死也，我独何能无概然！察其始而本无生，非徒无生也而本无形，非徒无形也而本无气。杂乎芒芴之间，变而有气，气变而有形，形变而有生，今又变而之死，是相与为春秋

---

[1]《宋元学案·横渠学案》，中华书局 1986 年版。

[2]《张载集·张子语录》上，中华书局 1978 年版。

冬夏四时行也。人且偃然寝于巨室，而我噭噭然随而哭之，自以为不通乎命，故止也。'”以上《庄子·至乐》中的这两段话是经常为人所评论与称道的。庄子对整个人生与世界的豁达态度，对死生的透悟，一般人难以企及。也许正是他的思想的前瞻性与特立独行，才造就了名垂千古的一代思想大哲。他的齐万物、齐生死，流传甚广。为什么能做到如此呢？就在于他将自己的人生纳入到宇宙大化流行的整个过程中，认为生死也如白天、黑夜般平常，如说："死生，命也，其有夜旦之常，天也。人之有所不得与，皆物之情也。"[1]既然追究没有任何作用，又为何不放宽心胸呢？再者，人与自然中的万事万物一样，本来没有生命甚至形体，只是一些偶然的原因如"杂乎在芒芴之间"，通过一些变化形成了人，在经历人世间的几十年之后，又变回到这样一种状态中去，可以说一切都是无缘无由的，又何必为此而悲伤呢？在生死面前，人们采取旷达的态度，安时而处顺，就如同"鱼相忘乎江湖，人相忘乎道术"，这才是最佳的状态。

为了更好地表达自己的思想，庄子曾借传说中"真人"的话来为自己开辟道路："古之真人，不知说生，不知恶死；其出不䜣，其入不距；翛然而往，翛然而来而已矣，不忘其所始，不求其所终；受而喜之，忘而复之，是之谓不以心损道，不以人助天。"[2]他又利用儒家学说是当时显学的关系，在《德充符》中借孔子之口说出"死生、存亡、穷达、贫富、贤与不肖、毁誉、饥渴、寒暑，是事之变，命之行也"，把死生、存亡与寒暑等放在一起，认为这些都是人在世界上必须经历的，所以没必要回避，也没有必要莫名地恐惧或者盲目地高兴。人生在世，如能平和、安然地面对人生，无所欲求，等死亡来临之时，又能坦然地面对，视死为一种自然回归，那么，他的一生便平凡而伟大，没有任何遗憾。

总之，庄子的想法是通过对死亡的讴歌来帮助人们彻底认识死亡，以坦然、平静的心态，去迎接死亡。死亡并不可怕，它是重生的开始。正如

---

[1]《庄子·大宗师》。

[2]《庄子·大宗师》。

蒙培元先生所述："凡是讲心灵境界的哲学，都追求一种精神快乐，儒、道、佛都是如此。'乐'也是境界，是对'仁''无''空'的境界的自我体验……道家以'无'为乐，以'自然'为乐，即以美学境界为核心而实现了德美合一，此即所谓'至乐''天乐'。"[1]

显然，张载对生死的态度无疑是对庄子生死观的完全肯认。不仅如此，他还在《西铭》中作了进一步阐述。《西铭》原名《订顽》，是对学者的教导。《西铭》认为，人生的意义和价值不在于富贵和显达："富贵福泽，将厚吾之生也；贫贱忧戚，庸玉女于成也。"生活的富贵，只是让人的生活质量得到了提高，贫贱忧戚的生活，并非是上天要惩罚人，只是它对人生的考验，让人在磨练中获得成功的时机。在此状况之下，人要慎独，做到"不愧屋漏为无忝，存心养性为匪懈"。时时刻刻要注意修养自己的心性，处处光明磊落，这样的人生才完美。人生在世，只要一息尚存，就要按照社会的道德规范，一丝不苟地对社会尽义务，通过一次又一次地超越自我、超越人生，实现自己的人生价值，从而达到人生的康健安宁，此即谓"存，吾顺事，没，吾宁也"。

继之，张载在《西铭》人生境界的基础上进一步提出"圣人同乎人而无我"的观点。何谓"无我"？在《正蒙·至当篇》中他这样讲道："天地合德，日月合明，然后能无方体。能无方体，然后能无我。"又在《横渠易说》中进一步解释说："神与易虽是一事，方与体虽是一义，以其不测，故言无方，以其生生，故言无体。然则易近于化。"在这里，张载提到了圣人无我，又提到了"神无方、易无体"，又以不测为无方，生生为无体。很显然，这是对道家和易学思想的综合。其实"无"是个用途很广的概念，周易可以用，道家、道教可以用，儒家也可以用。后来的道教又对此作了进一步阐释："至道之中，寂无所有，神用无方，心体亦然。源其心体，以道为本，但为心神被染，蒙蔽渐深，流浪日久，遂与道隔。分若能净除心垢，开释神本，名曰修道。无复浪流，与道冥合。"张载这位"出入佛老而返于六经"的儒

[1] 蒙培元：《心灵的超越与境界》，人民出版社1998年版。

家学者无疑对这些都非常熟悉，他用“无我”“无方”“无体”来形容圣人对家庭、社会，对自然、宇宙的无私奉献和全身心的投入之情感，可谓至当。这种“无”，在道家、道教那里是修道的过程，其最佳状态是“与道冥合”，在张载和宋代儒家那里则是“为天地立心，为生民立命，为往圣继绝学，为万世开太平”[1]的人世情怀。

朱熹也与其他宋儒一样，与佛道有着不可分割的联系，常出入寺观，与僧道交往颇多，他一生创作了1000多首诗词，其中也不乏关于道教的佳作。绍兴二十二年（1152年），朱熹暂时抛却做官的一切俗务，在大自然中流连忘返。一次拜访武夷山的冲佑观之后，他怀着异常欣喜之情写下了《宿武夷观妙堂》二首：

> 阴霭除已尽，山深夜还冷。独卧一斋空，不眠思耿耿。
> 闲来生道心，妄遣慕真境。稽首仰高灵，尘缘誓当屏。
>
> 清晨扣高殿，缓步绕虚廊。斋心启真秘，焚香散十方。
> 出门恋仙境，仰首云峰苍。踌躇野水际，须将尘虑忘。[2]

朱熹向往山水、恋慕仙境的人生追求，在这短短的几十字中显露无余。虽然这是朱熹做官不得志、其远大志向难以实现的遗憾之情的流露，但也是朱熹这位具有高远意境的大哲在人生困境中的觉醒。他寄情、陶醉于“真境”之中，“闲来生道心”，“须将尘虑忘”，将个人形体乃至名利是非通通忘却，最终达到了一种仙境的超脱，他的精神境界也得到了超越的升华，透彻了悟了生命之真谛。

一年之后，他又在《读道书作六首》中写道：

---

[1]《张子语录》，见《张载集》，中华书局1978年版。

[2]《朱熹集》，巴蜀书社1992年版，第16页。

岩居秉贞操，所慕在玄虚。清夜眠斋宇，终朝观道书。
形忘气自冲，性达理不馀。于道虽未庶，已超名迹拘。
至乐在襟怀，山水非所娱。寄语狂驰子，营营竟焉如。

失志堕尘网，浩思属沧洲。灵芝不可得，岁月逐江流。
碧草晚未凋，悲风飒已秋。仰首鸾鹤期，白云但悠悠。

白露坠秋节，碧阴生夕凉。起步广庭内，仰见天苍苍。
东华绿发翁，授我不死方。愿言勤修学，接景三玄乡。

四山起秋云，白日照长道。西风何萧肃，极目但烟草。
不学飞仙术，日日成丑老。空瞻王子乔，吹笙碧天杪。

郁罗耸空上，青冥风露凄。聊乘白玉鸾，上与九霄期。
激烈玉箫声，夭矫餐霞姿。一回流星盼，千载空相思。

王乔吹笙去，列子御风还。至人绝华念，出入有无间。
千载但闻名，不见冰玉颜。长啸空宇碧，何许蓬莱山。[1]

如果说此前的诗歌表达的是朱熹对学仙修道的一种憧憬，现在的朱熹则已经完全沉浸在与仙人的遨游和对话之中了，“空瞻王子乔”“聊乘白玉鸾”，在完全脱除了人世俗务的羁绊之后，朱熹认为他得到了生活的至乐，获得了畅快淋漓的人生——“长啸空宇碧，何许蓬莱山”。

到了淳熙三年（1176 年），彻底厌烦了官场生活的朱熹又得到了休憩的机会，他在几次申请担任武夷山冲佑观提举的职务之后，终获朝廷的批准。在宋代，奉祠官员只领半俸，是个无人理睬的闲职，但对于朱熹来说

[1]《朱熹集》，巴蜀书社 1992 年版，第 16 页。

却是一个绝好的治学机会。欣喜之余，他又写下了《武夷七咏·丹灶》："仙人推卦节，炼火守金丹。一上烟宵路，千年亦不还。"表达了他对道教性命双修观点的向往，期盼一生能在学术研究中度过，通过研究《周易》和性命的关联及与仙人论辩，体悟清净空寂的人生乐趣。

关于道家、道教的境界，徐复观曾说："老学的动机与目的，并不在于宇宙论的建立，而依然是由人生的要求，逐步向上面推求，推求到作为宇宙根源的处所，以作为人生安顿之地。因此，道家的宇宙论，可以说是他的人生哲学的副产物。他不仅是要在宇宙根源的地方来发现人的根源，并且是要在宇宙根源的地方来决定人生与自己根源相应的生活态度，以取得人生的安全立足点。"[1]这一评论是非常中肯的。深受道家、道教思想影响的宋儒，追求的是集道德主义、人文主义和理性主义为一体的理想人格模式，他们偏重人的内在层面，强调通过人的内在德性潜能的开掘，达到在现实社会人生中无小我、无私欲的廓然大公的圣贤境界。

## 三、宇宙内事乃己分内事，己分内事乃宇宙内事

程朱所主张达至的圣贤境界，需要通过日复一日的涵养心性的过程，这一点的确有繁琐嫌疑，也是陆王诟病程朱的所在。南宋陆九渊则另辟蹊径，在借鉴道教思想的基础上，提出了其理想人格愿景。他说："宇宙内事乃己分内事，己分内事乃宇宙内事。"[2]还说："人须是闲时大纲思量：宇宙之间，如此广阔，吾身立于其中，须大做一个人。若某则不识一字，亦须还我堂堂地做人。"[3]以宇宙内事为己分内事，是陆九渊的终极人生理想；而"大做一个人"则体现了他对社会人生的担当。陆九渊认为，所谓"大做一个人"，就是要通过伦理道德的修养与践履，成就天人一体之"大我"。他认为，圣贤境界就是人生修养的终极目标，是最为高尚也是最为完美的境

[1] 徐复观:《中国人性论史》，上海三联书店 2001 年版，第 287、288 页。

[2]《陆九渊集·语录》下，中华书局 1980 年版。

[3]《陆九渊集·语录》下，中华书局 1980 年版。

界，每一个人的本心之中都含蕴着同一个天理，都生来就具备成圣成贤的价值资源，理想的人生与理想的社会就在我所生活的当下，所以要“收拾精神，自作主宰”“反求诸己”，以达圣贤境界。陆九渊说：“诚者自诚也，而道自道也。君子以自昭明德。反谓自反，得谓自得。福祸无不自己求之者，圣贤道一个‘自’字煞好。”[1] 陆九渊的这一思想受到了道家、道教思想的影响，如庄子说：“天地与我并生，而万物与我为一。”[2] 司马承祯说：“内不觉其一身，外不知乎宇宙，与道冥一。”[3] 他们都强调生命存在的价值和意义在于弘扬人的主体性，把人理解为大宇宙中的人。因此，陆九渊认为，人的心灵净化与境界的提升，不仅仅是为了满足个体的生存，更重要的是要挺立自身的生命主体性，负起应然的社会人生担当。

无论是“仁者浑然与物同体”“存顺没宁”的生死豁达，还是“宇宙内事乃己分内事，己分内事乃宇宙内事”，都彰显了宋代儒家淡泊名利、豁达生死的道德境界和心存天下、修贤成圣的人格追求，这是对传统儒家君子人格理想的超越，也是宋儒追求价值人格超越的必然结果。

---

[1]《陆九渊集》，中华书局 1980 年版。

[2] 郭庆藩：《庄子集释》，中华书局 1997 年版。

[3]《庄子・坐忘论》。

# 第九章

# 宋代新儒学之现实观照

传统思想属于过去，但却深深地影响着现在。当代学人之所以还要在故纸堆中认真检讨、孜孜以求，其根本原因就是在对传统文化进行再解释与再研究的过程中重构儒学之价值体系，使之适合当前乃至未来社会的发展。正如习近平总书记在孔子诞辰 2565 周年学术会议上讲话时所指出的，“中国优秀传统文化的丰富哲学思想、人文精神、教化思想、道德理念等，可以为人们认识和改造世界提供有益启迪，可以为治国理政提供有益启示，也可以为道德建设提供有益启发。对传统文化中适合于调理社会关系和鼓励人们向上向善的内容，我们要结合时代条件加以继承和发扬，赋予其新的涵义……让中国优秀传统文化同世界各国优秀文化一道造福人类”[1]。历史是现在的过去，现在则是未来的历史。学术思想史也是如此。翻检历史上儒释道三家的思想资料，从中探索发现其历史借鉴和未来启迪价值，对于未来的发展具有重要意义。宋代新儒学之所以能够影响中国封建社会长达 700 余年，一方面说明其强大的包容性，另一方面也说明其理论创新性。

---

[1]《儒学古今谈——论习近平在纪念孔子诞辰 2565 周年大会上的讲话》，新华网 2014 年 9 月 25 日。

新的具有强大生命力的思想体系的构建，也正说明了其开拓性。两宋时期的新儒学不但蕴含了中国古代思想学术的精华，而且也孕育着承继、发展的因子，具有昭示、启迪未来的价值意义。

## 第一节　宋代新儒学的核心价值与时代意蕴

何谓儒家的核心价值观？不同的学者有自己的见解，早在先秦时期已经开始此方面的论争与论证。如《庄子·天下》写道："其明而在数度者，旧法、世传之史尚多有之；其在于《诗》、《书》、《礼》、《乐》者，邹鲁之士、缙绅先生多能明之。《诗》以道志，《书》以道事，《礼》以道行，《乐》以道和，《易》以道阴阳，《春秋》以道名分。其数散于天下而设于中国者，百家之学时或称而道之。"认为儒家学者删定五经，将社会人生之志向、情势、道德践履、宇宙大化之阴阳消息、历史发展之名分定位等表述得十分准确，为社会与国家治理提供了可资借鉴的线索。韩非说："仲尼，天下圣人也，修行明道以游海内，海内说其仁、美其义而为服役者七十人。盖贵仁者寡，能义者难也。"[1]"无参验而必之者，愚也；弗能必而据之者，诬也。故明据先王，必定尧、舜者，非愚则诬也。愚诬之学，杂反之行，明主弗受也。"[2]他从儒家治世之道的不足方面指出儒学缺少实践检验的环节，遇事只会到尧舜那里讨教，是"非愚则诬"的行为，认为尽管他们极力提倡仁义道德，但他们的力量是非常有限的，有道之君也不会采用儒家的治国之术的。儒

---

[1]《韩非子·五蠹》。

[2]《韩非子·显学》。

家学者自己的评价则由孔子的“仁者爱人”[1]、孟子的“亲亲而仁民，仁民而爱物”[2]到荀子的“今夫仁人也，将何务哉？上则法舜、禹之制，下则法仲尼、子弓之义，以务息十二子之说。如是则天下之害除，仁人之事毕，圣王之迹著矣”[3]而彰显出来。他们认为，作为儒家君子，最理想的状态便是仁人的境界，在此境界中必须做到对宇宙万象、社会众生施以博大无私的爱，并由此推而广之，效仿“舜、禹之制”“仲尼、子弓之义”，除天下之害，彰显圣王业绩。无论思想家的立论基础是什么，他们都有明确的指向，即儒家思想的核心价值观是“仁”。

## 一、宋代新儒学核心价值之所以存在的可能之缘由

从先秦时期的大哲孔子提出“礼、仁”合一的道德践行理论开始，历代的儒家思想家都对“仁”十分关注。从汉代开始，儒家学说成为官方统治哲学，“仁”的核心理念也就成为中国传统文化乃至中国古代社会的核心价值观。到了两宋理学时代，思想家们一方面继承孔孟“仁学”的核心意蕴，另一方面吸收佛道思辨哲学的形上思维方式，对传统儒学进行了合乎时代要求的改造。对此，刘宗周深有感触，他说：“孔子之道大矣，然其要旨不外乎求仁。孔、孟之书，往往此略彼详，互相发明，无一句蹈袭，而其学以求仁，则若合符节，故曰：‘先圣后圣，其揆一也。’后之学圣人者，亦仁而已矣。”[4]作为宋明理学的终结者，他的话还是有一定道理的，这也说明了宋明儒家对“仁”的重视。当然，宋代新儒学之所以为新，就在于对儒家核心价值观“仁”的新诠解[5]，以及由“仁体”的本原而生发的心性、工夫乃至境界，前文已论及，在此不赘述。

---

[1]《孟子·离娄下》。

[2]《孟子·尽心上》。

[3]《荀子·非十二子》。

[4]《刘宗周全集》第2册，浙江古籍出版社2007年版，第197页。

[5]《朱子语类》卷1，见《朱子全书》第14册，上海古籍出版社2002年版，第114页。

但是，为什么“仁”能够成为中国封建社会绵延2000多年之久的核心价值观念，并由此而生发一个完整的体系呢？关键之处在于儒学的“存在”意识。到了宋明理学时期，随着三教论争的加剧，儒学为能在争论中胜利，便将已存续千年之久的“仁”之理念上升到本体的高度。《宋元学案》卷十七载：程子曰：“《订顽》之言，极纯无杂，秦汉以来学者所未到。意极完备，乃仁之体也。”刘蕺山曰：“凡以善承天心之仁爱，而生死两无所憾焉，斯已矣！此之谓立命之学。至此而君子真能通天地万物以为一体矣。此求仁之极则也。”[1]这一段话可以说是对“仁”的内涵的绝妙诠释。它把“仁”与生命相融合，以生命的长度和广度诠释“仁之体”，这一“仁之体”既内在又超越。当然，这一超越不是必然的，只有德才兼备的贤者和圣人才有可能实现，而这一实现的前提便是“天道性命的双向贯通”，所以每一个人都应学做圣人或将自己的本心朗现。正是因循“与理为一”或“宇宙即是吾心”的理路，以佛道思辨哲学理念为工夫和方法，宋代新儒学彰显了对“仁”之体的创新性构建，实现了本体架构、心性哲学、工夫进路与道德境界的四位一体，并将之扩充为宇宙、社会和家庭秩序、伦理与规则。也即“万物一体”本就是自然的原发性存在，人是其中的一员，也是最灵秀的存在，自然具有“继善成性”的能力。人也应具有这种使命感，以彰显、阐扬上天之明德，使之在人类社会中“发育万物”，这才是“人的存在与发现”——也即孔子的“我欲仁斯仁至矣”。这在哲学史上第一次彰显了人对自己生命的全面把握和道德自律。

周敦颐提出“诚无为，几善恶”[2]，程颢有“仁者浑然与物同体”[3]，朱熹则将仁爱并提。一切都指向这样的事实：人生活在世界上，便是“在场”和“存在”。人的一生的演绎，所展开的是对自身、社会和宇宙的“此在”之真实诠释。在此理念之下，人与世界息息相关，天道与性命完全合一，那么，人在社会中的真实存在便是充满生机与盎然生意的美好生活。在此逻辑之

[1]《宋元学案》卷17，中华书局1986年版。

[2] 周敦颐：《通书·诚几德第三》，见《周子全书》，商务印书馆1937年版。

[3]《河南程氏遗书》卷2，见《二程集》，中华书局1981年版。

中，人的此岸生活才是唯一的真实，成仙得道或彼岸世界都是虚幻不实的。人以自身存在全副投入到现实生活的洪流中，才能实现自身的价值，这才是人类的唯一生活，也即彼岸不实，此在全有。若不能体悟此点，人就会迷失自己，从而陷入真正无家可归的生存困境。关于这一点，牟宗三先生说："儒家所肯定之人伦，虽是定然的，不是一主义或理论，然徒此现实生活中之人伦并不足以成宗教。必其不舍离人伦而经由人伦以印证并肯定一真美善之'神性之实'或'价值之源'，即一普遍的道德实体，而后可以成为宗教。此普遍的道德实体，吾人不说为'出世间法'，而只说为超越实体。然亦超越亦内在，并不隔离。"[1]

为什么儒家学者如此重视"仁"及其存在的意义？宋代儒者又如何对之进一步阐释呢？关键在于儒家信仰体系的先天性缺陷。中国儒学产生于历史大变动的春秋时期，王纲解纽、周礼不张，使得儒家把关怀的重心转向治世之道，目的是欲为变动中的社会提供人际关系准则和政治运行规范体系，而对信仰体系则关注不足。对此，佛教和儒家学者都有共同的认识。北宋僧人契嵩曾说："儒者，圣人之大有为者；佛者，圣人之大无为者。有为者以治世，无为者以治心。故治世者，非儒不可也；治出世者，非佛亦不可也。"[2]

契嵩虽为佛门中人，却是佛门中的儒者，他对儒佛二教同等推崇。契嵩认为，儒学虽有治世功能，在治心上却显得无能为力，必须依靠佛教的心性。他的说法虽有偏向佛教的嫌疑，却也在一定程度上说明了儒学在心性问题，特别是形上层面上的缺失。宋儒也发现了这一问题，朱熹指出："今之学者往往多归异教，何故？盖为自家这里工夫有欠缺处。奈何这心不下，理会处，又见自家这里说得来疏略，无个好药方治得他没奈何底心。而禅者之说，则以为有个悟门，一朝入得，则前后际断，说得恁地见成捷快，如何不随他去。"[3]

[1] 牟宗三:《生命的学问》，台湾三民书局 1970 年版，第 74 页。
[2]《镡津文集》卷 8《寂子解》，见《大正藏》第 52 册，台湾新文丰出版有限公司 1996 年版。
[3]《朱子语类》卷 126，中华书局 1986 年版。

此处朱熹已经非常明确地指出儒家的心性工夫存在欠缺，即“说得来疏略”“没奈何底心”，也即没有对“性与天道”等问题作出形上的诠解，在终极价值上没有很好地解释人从哪里来等问题，从而导致儒家学者在遇到社会困境时因无法解脱，而对自己的学说失去信心，不得不将信仰和信任放在佛道二教上。但是，佛教将现世与彼岸世界斩断，人们一旦进入佛门，便再难领悟儒学的真谛。

在宋儒看来，人生活的世界便是这有限的现实世界，虽说心体与性体可以既内在又超越，却不是每一个人都能够成功把捉的。那么，作为儒家学者一项重要的任务便是在了悟生命真谛之后为现世立法，为有限的人生和社会建构足够让人安身立命、让社会安定有序的法律和道德准则。在宋儒那里，理想是美好的，现实却是残酷的，所以他们预设了一系列概念，诸如“天命之性”与“气质之性”、“形上”与“形下”、“道心”与“人心”、“格物致知”与“发明本心”等，并将人的心性作出纯然至善的判定。但是，现实中却有很多丑恶的现象、不善的事实，面对这些，宋儒又不得不作出理论的阐释，这便是“天理”与“人欲”的分际。人们需要不断地涵养心性、发明本心，才能成功地完成君子人格的培养任务，直至成为圣人。正如周敦颐所谓的“士希贤，贤希圣，圣希天”[1]。因之，宋儒将人世间的所有美好化身为“天理”，并将之作为永恒的、纯粹的终极价值根基，为人类社会的发展提供道德依据。如果两者能够双向贯通，那么便实现了天理的纯然至善。宋儒的理想是崇高的，他们的理论也是有根据的，但是，天理作为有限与无限世界的共同价值根基，却很难在这两个世界中同时畅行无阻。理想化的道德标准（无限）不可能直接进入人类社会即有限世界，现实总是那么难以尽如人意。所以，无论是天理还是本心，宋儒之所以如此设定，其主观意向是在为社会人树立一个经过自身努力可以达到的道德目标，并可以内化为自身的道德修养，直至与天道之本然相近相契。这是人的一种需要，也是社会秩序得以保持的必须。人与动物的最大区别在于他的社会性，

[1] 周敦颐:《通书·志学》，见《周子全书》，商务印书馆 1937 年版。

而社会性的最高境界便是他对终极价值的不懈追求与超越，这一追求和超越既是人之所以为人的本质，也是人的精神境界。正因如此，才会出现周敦颐的“主静立人极”[1]、张载的“为天地立心，为生民立命，为往圣继绝学，为万世开太平”[2]。所以，宋儒在对佛道相关思想极力吸收的前提下，经过一代又一代的不懈努力，终于对前期儒学的缺陷与不足在一定程度上作出修正，找回了儒学的终极价值根基——“性与天道”，也为人心的挽救提出了一些改进措施，从而建构起一个相对完整的信仰体系，同时也为人世间道德法则的确立提供了理论线索。

## 二、宋代新儒学核心价值的理论内涵

宋明理学作为一种影响中国封建社会七百余年的学术思潮，之所以有强大的生命力与穿透力，是因为它所讨论的问题与所使用的理念都极具时代特色，而“万物一体”则是其中最具代表性的理念。正如陈荣捷先生所指出的，“万物一体之理论，为宋明理学之中心”[3]。无论是“有道有理，天人一也，更不分别”[4]，还是“天下事有万不同，然以理观之，则未尝异。君子须当于异中而求同，则见天下之事本未尝异”[5]。这些都文义鲜明地表达了天地万物一体的理念。

在先秦儒家思想中，也有万物一体的相关理念，如《中庸》说：“喜怒之未发，谓之中；发而皆中节，谓之和；中也者，天下之大本也；和也者，天下之大道也。致中和，天地位焉，万物育焉。”[6]《易传》说：“夫大人者，与天地合其德，与日月合其明，与四时合其序，与鬼神合其吉凶。先天而

[1] 周敦颐：《太极图说》，见《周子全书》，商务印书馆 1937 年版。

[2]《张子语录》，见《张载集》，中华书局 1978 年版。

[3] 陈荣捷：《王阳明与禅》，台湾学生书局 1984 年版。

[4]《二程集》，中华书局 1981 年版。

[5] 朱熹：《四书章句集注》，中华书局 1983 年版。

[6] 朱熹：《四书章句集注》，中华书局 1983 年版。

天弗违，后天而奉天时。”[1]这些都体现了理想社会视域下有道君子的仁民爱物情怀。但是，这些更多的是从实然角度，从人类社会伦理制度的角度来论述。那么，从本然角度、从思辨的角度又应如何看待“天人关系”呢？先秦儒家没有很好地说明，这一任务历史地落到宋儒那里。现代新儒家的代表人物牟宗三先生从形上学的角度指出，“万物一体”是“宋儒”用来“说明吾人之自觉的道德实践所以可能之超越的根据。此超越根据直接地是吾人之性体,同时即通‘于穆不已’之实体而为一”[2]。从本体的角度说明了“万物一体”在人类社会中存在的重要作用，为人类社会的道德实践提供了终极价值根基。所以，宋明理学又称为“形上学”，它与前期儒学的最大差别就在于为宇宙自然、社会人生的先天存在依据作出了既超越又内在的理论论证。

首先，在宋儒那里，“万物一体”体现了宇宙万象产生、变化的生意盎然景象。把人与天理同一起来，更明显地呈现出天理本体道德化的倾向。如程颢说:“若夫至仁，则天地为一身，而天地之间，品物万形为四肢百体。夫人岂有视四肢百体而不爱者哉？”[3]谢良佐说:“学者且须是穷理,物物皆有理，穷理则能知天之所为。知天之所为，则与天为一；与天为一，无往而非理也。”[4]吕祖谦说:“天下事有万不同，然以理观之，则未尝异。君子须当于异中而求同，则见天下之事本未尝异。理之在天下，犹元气之在万物也。一气之春，播于品物，根茎枝叶……名虽千万而理未尝不一也。”[5]在他们看来，理是表述具有超越性的本体性质的哲学范畴，是赋予大千世界中的万物以无限盎然生意的本原。正是由它产生了生生不息的生命世界。正如宗白华先生所言:“大自然中有一种不可思议的活力，推动无生界以入有机界，从有机界以至于最高的生命，理性、情绪、感受，这个活力是一

[1] 周振甫:《周易译注》，中华书局 1991 年版。

[2] 牟宗三:《心体与性体》上册，上海古籍出版社 1999 年版。

[3]《二程集》，中华书局 1981 年版。

[4] 朱熹:《上蔡先生语录》，商务印书馆 1939 年版。

[5]《宋元学案 · 东莱学案》，中华书局 1986 年版。

切生命之源泉，也是一切美的源泉。”[1]

其次，万物一体的一个重要内涵——“理一分殊”也是宋代新儒学的核心理念，其主要源自于佛道。“理一分殊”主要讨论一理与万物的关系，学界一般认为它主要来源于华严宗的“理事说”，如法藏说：“一，理遍于事门。谓能遍之理，性无分限，所遍之事，分位差别。一一事中，理皆全遍。何以故？以彼真理,不可分故。是放一一纤尘皆摄无边真理。无不圆足。二，事遍于理门。谓能遍之事，是有分限，所遍之理，要无分限。此有分限之事于无分限之理，合同，非分同，何以故？以事无体，还如理故，是故一尘不坏而遍法界。”[2]认为大千世界，物象丰富且千差万别，但是，作为万物本体的“理”则是无差别的，无差别的“理”包含于有差别的事物之中，而有差别的事物则体现了本体的“理”。

从另外一个角度分析，“理一分殊”的理念也来源于庄子。杨时指出：“用未尝离体也，以人观之，四肢百骸具于一身者，体也。至其用处，则首不可以加履，足不可以加冠，盖即体而言，而分已在其中矣。”[3]杨时从人的四肢百骸这一简单的例子入手，解释了“理一”与“分殊”密不可分的关系，即“理一”是体，它包含了“分殊”;“分殊”是用，它由“理一”决定，并彰显了“理一”。这就是“理一分殊”的体用兼举思想。朱熹提出：“合万物而言之，为一太极而一也。自其本而之末，则一理之实万物分之以为体，故万物之中各有一太极。”[4]即天地万物是一个完整的有机世界，太极便存在于其中。它是这个整体的终极根基，即“为一太极而一”，而对于这个整体中的每一事物而言，它们都完整地禀受了这个太极（理）而产生，并因禀气的不同，而在现实之中呈现为不同的情状，即“一理之实万物分之以为体”。显然，“理一”的理念无疑是庄子“道通为一”与“万物殊理”的本体性理论抽象,“分殊”则是“理一”在现实社会的真实展现。崔大华先生说：

[1] 宗白华:《美学散步》，人民出版社 1987 年版。

[2]《华严发菩提心章》，见《大正藏》第 45 册，台湾新文丰出版有限公司 1996 年版。

[3]《杨龟山集》，商务印书馆 1936 年版。

[4]《朱子语类》，中华书局 1986 年版。

"虽然不能排除理学从佛学那里受到的感召与启迪，但是，'理一分殊'的理论观念实际上也正是庄子'道'的思想观念，是庄子的'道通为一'和'道无所不在'两个思想观念的叠合。"[1] 此言信矣！

再次，理学的终极追求是达到"仁者浑然与物同体"的境界。北宋时期，很多理学家继承了先秦儒家"仁"的思想，并在此基础上，以天道流行论仁，形成了"仁"的境界说。如程颢说："仁者，以天地万物为一体，莫非己也；认得为己，何所不至？若不有诸己，自不与己相干，如手足不仁，气已不贯，皆不属己。"[2] 开理学家以生意论仁之先河。二程的弟子谢良佐则将这种"仁境"进一步发挥为"心与天地同流，体与神明为一"[3]，并指出其具体表现为："若动若植，何物非我，有形无形，谁其间之？至此，盖人与书相忘也，则向所谓辞近而指远者，可不信乎？"[4] 认为真正的人生乐境、仁境，是泯灭了是非、物我形体的"内外之两忘"的境界，是消除物我对立从而使天理自然彰显的本然状态。对于这一状态的体会，显然要对佛道的思想有深刻的领悟。但是，他们的境界与庄子的"忘"又有本质的区别，正如王阳明的解释："圣人与天地万物同体，儒、老、庄皆吾之用，是之谓大道。二氏自私其身，是之谓小道。"[5] 也即儒者必须返回主体自身，通过心灵的体验与感悟，使世界呈现于心中，进而达到"不思而得，不勉而中，从容中道"[6] 的圣人之境。

## 三、宋代新儒学之时代意蕴

党的十八大将建设中国特色社会主义事业的总体布局由经济建设、政

[1] 崔大华：《庄子哲学》，北京大学出版社 2001 年版。

[2]《河南程氏遗书》卷 2，见《二程集》，中华书局 1981 年版。

[3] 黄宗羲：《宋元学案》卷 24，中华书局 1986 年版。

[4] 朱熹：《上蔡先生语录》，商务印书馆 1939 年版。

[5] 钱德洪：《王阳明年谱》卷 3，隆庆本。

[6]《中庸 · 治国》。

治建设、文化建设、社会建设“四位一体”拓展为包括生态文明建设的“五位一体”，这是党中央总揽国内外大局、践行社会主义核心价值观的又一重大决策，同时也体现了儒家的核心价值观念。

首先，“万物一体”的生态伦理智慧。当前，经济的迅速发展与生态环境遭到破坏成为一对突出的现实矛盾。经济要发展，但人们的生存又不能脱离环境，如何处理这一对矛盾？西方哲学中的主客二元对立的观点显然无法对此提供有效的帮助，但如果对中国传统哲学的相关理念进行现代化的解读和阐释，则其中的一些理念可为摆脱当今社会发展的困境提供有益的借鉴和启迪。无论是孟子的“苟得其养，无物不长，苟失其养，无物不消”[1]、董仲舒的“天生之，地养之，人成之，三者相为手足，合以成体，不可一无也”[2]，还是宋代儒者的“万物一体”观念，在消解人与宇宙自然的冲突与不和谐方面为现代人提供了实然或应然角度的哲学思考。

在这些思想家的眼中，人不只是个体性的存在，更是一个社会的人，当然要承担社会的责任，也就是陆象山所提之“宇宙便是吾心，吾心便是宇宙”的人生使命担当。因此，他们特别重视在现实中协调好人自身、人与自然、人与社会等各种关系，在任何角色中做好自己。实际上，“作为一种与世界有积极联系的存在者，人与这个世界有一种灵性的关联，并不是靠单单为自己活着这个事实，而是靠自己与其存在领域的所有生命是一体的这一感情……生存对于自己来说要比只为自己而活要艰难得多，但同时，这又是一种更丰盛、更美妙、更幸福的生存”[3]。

儒家将天地万物视作一个整体，人在宇宙人生中的最佳生活状态是参赞天地的化育过程，即大而化之之谓圣之境，也即程明道的“仁者浑然与

[1]《孟子·告子上》。

[2]《春秋繁露·立元神》，台湾商务印书馆 1976 年版。

[3] 马兰、薛勇民：《宋明理学“万物一体”的生态伦理意蕴——基于境界论视域》，《理论探索》2014 年第 4 期。

物同体”[1]、朱熹的“人之神明,所以具重理而应万事者也”[2],以及陆象山的“吾心便是宇宙”[3]。这是人在社会发展、宇宙大化流行中的一份责任担当,是儒家学者义不容辞的道德义务,也是儒家“亲亲而仁民,仁民而爱物”[4]这一对世界大爱的递推演进的落实方法。因而仁者浑然与物同体,必然要对天地万物有所担当,人必须担负起宇宙大我之社会责任。不仅要以仁爱之心对待人类,也要以此心对待宇宙自然中的万事万物,使之各得其所,使宇宙万象之自然本性在实然中得到全幅朗现。这便是“自诚明,谓之性;自明诚,谓之教。诚则明矣,明则诚矣”[5]。也是程颐的解释“自其外者学之,而得于内者,谓之明。自其内者得之,而兼于外者,谓之诚。诚与明一也”。此就是说人能够感通到自己与宇宙生命的一体合流,以“万物皆备于我”的诚敬之心参赞天地之化育,完成天地赋予人的责任与使命。在此理论前提下,人与万物的存在息息相关,所以,人的生存和发展不能干涉他人、他物的正常生存,只有这样才能成就人、我、物的生存共同体,从而使自己达到尽己之性、尽人之性,最终达到“知天”的最高境界。

这种“参赞化育”就是儒家学者的最高境界,在此情境中“心与天地同流,体与神明为一”[6],天人一体无隔,最大限度地展现了人与自然的和谐与自由。这些生态智慧不仅在古代为社会的发展提供了极为丰富的思想资源,也为当代中国生态文明建设和可持续发展及“五位一体”建设提供了可资借鉴的实证之路。这些思想火花比现代人的理论更彻底地认同人与万物的一致性。天人一体的形上论证给古人以敬畏之心,他们像敬畏神灵一般对待宇宙自然,而这些正是现代人所缺乏的。当代社会的生态危机造就了生态伦理学的出现,但西方主客二元对立的锐利锋芒却难以在此处有所

[1]《二程遗书》卷 2,见《二程集》,中华书局 1981 年版。

[2] 朱熹:《四书章句集注》,中华书局 1983 年版。

[3]《陆九渊集·语录》,中华书局 1980 年版。

[4]《孟子·尽心》。

[5]《中庸》。

[6] 朱熹:《上蔡先生语录》,商务印书馆 1939 年版。

发挥和贡献。为了消解人类面临的全面危机，并为未来发展留出足够的发展资源和空间，人类必须反思为了 GDP 的发展而不惜牺牲环境所付出的代价，并将此提升到理论的高度。

改革开放以来，高速发展的经济确实给人们的生活带来崭新的变化与便利，然而，与之相应的生态问题却紧接着在一定程度上加剧破坏了他们的生活平衡，由此而产生的天灾人祸给人们带来了更多的痛苦，人们在刚获得生产力为他们带来的便捷之时，就不得不重新审视另外一个问题：我们该如何应对现代文明社会中的不文明现象？这就要求当代中国必须对生态文明建设、生态伦理观教育、生态文明法制建设和生态文明制度建设等四个方面进行路径优化，以实现生态伦理观的健康完善、有序和谐发展，从而保证经济社会的可持续发展。

就当前来看，生态文明建设不是一朝一夕的事情，我们要积极寻求多种方法来尽力改变现实困境，营造一种适合中国发展的特色发展模式。如坚持节约资源和保护环境的基本国策，坚持节约优先、保护优先、自然恢复为主的方针，着力推进绿色发展、循环发展、低碳发展，形成节约资源和保护环境的空间格局、产业结构、生产方式、生活方式，从源头上扭转生态环境恶化趋势，为人民创造良好的生产生活环境，为全球生态安全作出贡献。

其次，宋儒乐观豁达的精神境界为我们现代人的身心调适作出很好的示范。其中最为突出的是宋儒对“孔颜乐处”的新诠释。关于“孔颜之乐”，首先出现于《论语》。如《论语·述而》：“子曰：饭疏食饮水，曲肱而枕之，乐亦在其中矣。不义而富且贵，于我如浮云。”表达了孔子视富贵为浮云的精神境界。《论语·雍也》则记载了孔子对颜回的称赞：“贤哉，回也！一箪食，一瓢饮，在陋巷。人不堪其忧，回也不改其乐。贤哉，回也。”孔子肯定了颜回安贫乐道的品质。后世儒家学者追慕先贤遗风，将两者之乐合称为“孔颜之乐”。显然，“孔颜之乐”指的是一种建立在仁的境界基础上的价值追求，是一种至高的人生境界。这一命题发展到宋代，理学家将它发展成为一种崇高的境界学说。

程颐说："昔受学于周茂叔，每令寻仲尼、颜子乐处，所乐何事。"[1]程颐回忆说，在他们兄弟问学周敦颐时，周敦颐曾给他们讲过孔颜之乐，并希望他们能够向孔、颜那样在人生中达到乐的境界。对于孔颜之乐，周敦颐并没有直接对之进行阐释，但他提出了"道义者，身有之则贵且尊"[2]，认为"君子以道充为贵，身安为富，故常泰，无不足。而铢视轩冕，尘视金玉，其重无加焉耳"[3]。并对颜子的行为大加赞赏："颜子'一箪食，一瓢饮，在陋巷，人不堪其忧，回不改其乐'。夫富贵，人所爱也，颜子不爱不求而乐乎贫者，独何心哉？天地间有至贵至爱，可求而异乎彼者，见其大而忘其小焉尔。见其大则心泰，心泰则无不足，无不足则富贵贫贱处之一也；处之一则能化而齐，故颜子亚圣。"[4]周敦颐在此充分肯定了颜回安贫乐道的精神，认为它已超越了贫贱与富贵，达到了一种崇高的精神境界。显然，周敦颐所言之乐是一种内心自足的快乐，是一种超越物质欲求的崇高精神境界。二程深刻领会了老师的意图，对颜回也给予了很高的评价，如程颐说："饭疏食，饮水，曲肱而枕之，乐亦在其中矣。不义而富且贵，于我如浮云。虽疏食饮水，不能改其乐，故云乐亦在其中矣，非乐疏食饮水也。不义而富贵，视之轻如浮云也。"[5]程颢说："仲尼，元气也；颜子，春生也；孟子，并秋杀尽见。仲尼无所不包；颜子示不违如愚之学于后世，有自然之和气，不言而化者也；孟子则露其才，盖亦时然而已。仲尼，天地也；颜子，和风庆云也；孟子，泰山岩岩之气象也。观其言，皆可以见之矣。仲尼无迹，颜子微有迹，孟子其迹著。"[6]二程的四传弟子朱熹亦指出："颜子之贫如此，而处之泰然，不以害其乐，故夫子再言贤哉回也，以深叹美之圣人之心，浑然天理，虽处困极，而乐亦无不在焉。其视不义之富贵，如浮云之无有，

---

[1]《二程集》，中华书局 1981 年版，第 16 页。

[2] 周敦颐：《通书》，见《周子全书》，商务印书馆 1937 年版。

[3] 周敦颐：《通书》，见《周子全书》，商务印书馆 1937 年版。

[4] 周敦颐：《通书》，见《周子全书》，商务印书馆 1937 年版。

[5]《二程集》，中华书局 1981 年版，第 1154 页。

[6]《二程集》，中华书局 1981 年版，第 476 页。

漠然无所动于其中也。”[1] 由此可见，二程、朱熹都把“孔颜之乐”当作一种崇高的精神境界，认为这应是儒家士人追求的终极理想价值目标。

宋代理学境界论之“孔颜之乐”，不仅体现了有理想有抱负的儒家学者在面临人生困境时的安贫乐道精神，也在一定层次上丰富了人生哲学的理论，从思想深处诠释了幸福的真谛。人在精神世界得到极大丰富之后，对物质的需求也就不那么重要了，他们所追求的是更高层次的“身安”与“道充”，这一精神境界对我们当前的社会生活来说，特别是经济迅速发展之后，人们的精神层次却没有提高，面对社会上的种种诱惑而产生各种负面情绪，如信仰的缺失、道德的失范等，也有一定的思想启发意义。我们不妨重新审视古人的思想，从中吸收有益的资源，从而构建新的精神健康标准。同时，无论面对怎样的人生困境，面对多大的苦难和困难，我们都应保持乐观豁达的心态，汲取《周易》的君子之精神：天行健，君子以自强不息；地势坤，君子以厚德载物。奋发有为，积极进取，做时代的主人，以自身刚健有为之魄力奏响时代乐章的最强音。

## 第二节　宋代新儒学现代化慧命之期许

儒学的发展历程大体可分为三个阶段：先秦元典儒学，即孔孟儒学；两汉经学，即今古文经学尤其是董仲舒的天命神学；宋明理学，即程朱理学和陆王心学。宋代儒学之所以被学界称为新儒学，主要是它的思想理论体系已由原来儒家的政治伦理之学上升到具有思辨性本休论哲学，这是儒学发展的根本性转变。这一转变的重要契机就是隋唐五代一直到两宋的儒

[1] 朱熹:《四书章句集注》，中华书局 1983 年版，第 354 页。

释道三教合流，使得儒学内部结构发生了转变。

## 一、重新确立儒学的合理合法地位

三教合流既是时代的要求，也是三教本身发展的历史使命。儒家重入世，而佛道重出世，正是这种宗教精神构成了中国传统知识分子儒道佛兼具的人格特点。但从整体发展来看，传统知识分子是以入世成就事业、实现人生理想为根本人生旨归的。所以，知识分子对社会责任的担当依然是其肩负的道德使命。无论佛道如何发展，知识分子铁肩担道义的精神从来没有被泯灭过，这也是唐宋以来中国传统知识分子致力于批判吸收佛道思想精华而恢复光大儒学的精神动力。佛道尽管主张出世哲学，但其"有补治道"的思想特点决定了他们在社会发展中的不可或缺的历史地位，特别是佛道的宗教伦理思想对辅助王权、道德教化确实大有裨益，是对儒家思想扶助治道的一个有价值的补充。因为佛道的宗教性思想在世俗社会生活中影响深远，已成为规约人们思想和行为的强有力手段，尤其是佛教提倡的"报应说"，对世俗社会生活影响巨大，可起到显著的教化作用。所以，佛道与儒家教化虽形式不同，却殊途同归，这也是佛道能够生存发展的重要原因。

儒佛道三家合流是在既攻击批判又相互吸收借鉴的形式下进行的，以儒家批判佛道为最显著形式。无论是东汉佛教的传入还是这一时期道教的形成，在之后的发展过程中，都不同程度地遭到了儒家的批判和攻击，即使发展至唐宋时期，儒家对佛道的批判之声仍不绝于耳。但这并没有能够阻止佛道的发展，相反，佛道经过唐宋的发展，其影响越来越大，终至"收拾不住"的境地。所以，两宋儒学家便采取新的策略应对佛道的快速发展，此即"明排佛道，暗窃佛道"，尤其是对待佛学，这一方式更为突显。宋儒也正是以这种方式，从本体论、心性论、工夫论和境界论等方面，大胆吸收佛道思想精华，用以改造传统儒学，从而使得作为政治伦理学说的儒家思想上升到哲学思想的高度，使儒学实现了华丽转身与新生，成为统治封建社会长达七百余年的官方意识形态。正如牟宗三先生所言："如果宋明儒所讲者可称为新儒学,则其新之所以为新首先即是对上述两点而为新。(一)对先秦之庞杂集团，齐头并列，并无一定之传法统系，而确定出一个统系，藉以确定儒家生命智慧之基本方向，因而为新……(二)对汉人之传经为儒而为新。……直就孔子生命智慧之方向而言成德之教以为儒学。"[1]但不管怎么说，宋代儒学已随着时代的发展被淹没于历史的尘埃中，其思想的创造者也只能或清晰或模糊地显现在现代人的脑海里。但是，之所以直到现在还要光大儒学，并努力实现儒学的现代化，是因为儒学本身的魅力和永葆青春的生命力。重新焕发儒学的生命力，无论是内圣成德之教化，还是外王淑世之践履，对于在当前研究宗教与儒学互动关系，对于当前研究文化融合与软实力的发展，都有一定的理论与现实意义。

在当前，对待传统文化的态度是批判继承、创新发展，去掉不适应社会发展的过时的东西，对其精髓则要在深刻理解原意的基础上赋予时代的内涵，实现儒学的转化与转型。宋代儒学作为官方意识形态，其立足点是封建宗法制，与其相适应，宋代儒学的本质在于如何维持这一制度的合法性和长久性，并对当时社会现象作出合理的论证。我们国家现在实行的是社会主义制度，宋代儒学存在的社会基础已经消失，它所提倡的一些内容也已经过时，现在对此分析的时候，要采取辩证思维方式，剔除糟粕，挖掘出宋代儒学所蕴含的时代精髓，尤其是与时代密切联系的生态思想、仁爱思想、境界理论等。由于时代和社会的不同，这些观念值得我们学习，却不能照搬，必须做适合现代的转化，唯其如此，才能符合现实和未来的要求。对传统儒学作出批判继承和深刻反思，其根本目的在于返本开新，以传统文化为基础，创造出更加灿烂的社会主义新文化。

[1] 牟宗三:《心体与性体》，上海古籍出版社 1999 年版，第 13、14 页。

## 二、价值重构与理想社会之愿景

宋代新儒学现代化慧命之延续要秉持可持续发展原则，在保持和增进未来发展机会的同时，满足人的心灵安顿与社会发展的各种需要，要求社会与自然、文化和人类的生存环境成为一个有机和谐的整体，实现人的生存与发展的经济效益、社会效益与生态效益的统一。

宋代新儒学现代化慧命之延续要秉持实用原则。历史上的真正儒者无论他的思想如何深邃、境界如何高远，他所赞同的仍是与社会人生联系密切的体用兼备之学问。因此，“刚健有为”“厚德载物”“经世致用”“学做圣人”抑或“吾心即是宇宙”等高妙理念背后，都是充满了大有为精神的实践理性，这才是儒学的根本。也正因如此，它才能在中国文化的历史长河中绵延不息，成为中华传统文化的真正代表。

宋代新儒学现代化慧命之延续要秉持创新原则。宋代新儒学是封建社会后期的官方哲学，在思想意识领域占有绝对统治地位。尽管其有诸多不足之处，但它能够延续数百年，自然有其可取之处。它不但继承了先秦孔孟思想，而且吸收了佛道思想的精华，新生了儒学，显然从一定意义上说这也是与时俱进的，而与时俱进的品格离不开创新，所以，在新的历史时期，宋代新儒学的创新发展也是必然的，必须要与现代握手，除去其封建性，建立现代性，除去其保守性，建立创造性，使得儒学更加适应社会的发展和时代的需要，以辉煌灿烂的姿态走向广阔的世界文明，为人类的发展作出应有的贡献。

宋代新儒学现代化慧命之延续还应对儒学在未来的地位有正确的认识。儒家教化思想在未来社会到底有没有用？归根到底取决于其自身的价值，取决于其理论能否化解当代人类面临的诸多社会问题。那种断言儒家教化思想在未来能成功跃居中国乃至世界主流文化地位的想法显然过于乐观，但将其鄙视为已脱离时代的“幽魂”或文化垃圾的想法，不仅对本民族的历史发展持虚无主义的态度，而且对整个世界文化的发展趋势缺乏了解，这种态度显而易见也是不合时代要求的。所以，儒家教化思想在未来的走向到底如何，是否能与未来的社会发展相适应，也是当代学者应认真思考的问题。可以说，我们现在的态度决定未来的发展。我们要坚信儒家教化思想具有强大的生命力，不仅在当今，在未来的价值同样是非比寻常的。目前关键的是，我们应以什么样的态度来对待它。陈来先生指出："儒学在现代社会传布其文化价值的途径是多种多样的，而每一种传布的方式都提示了一种儒学的现代生存路径，在这个意义上传布与建制不是截然分开的。如果一定要用建制化的角度来看现代的儒学生存，那么，我们可以说，与传统社会不同，儒学与现代建制的结合是'弥散性'的，也是'松散性'的，这正是现代儒学与社会相关联的特色。"[1] 不仅是现在，可以想见，未来的儒学也必将以这种形式存在。

[1] 陈来：《20 世纪儒学的学术研究及其意义》，《文史哲》2011 年第 1 期。

# 主要参考资料

## 一、论文

陈正夫:《儒、佛、道的融合与程朱理学》,《南昌大学学报(人文社会科学版)》1979 年第 4 期。

陈克明:《论周敦颐的哲学思想》,《社会科学辑刊》1979 年第 5 期。

张立文:《论朱熹的"一分为二"和他的形而上学观》,《哲学研究》1979 年第 6 期。

冯友兰:《程颢、程颐》,《哲学研究》1980 年第 10 期。

冯友兰:《程颢、程颐(续)》,《哲学研究》1980 年第 11 期。

赵继颜:《范仲淹的政治思想》,《山东师范大学学报(人文社会科学版)》1980 年第 2 期。

陈正夫:《朱熹哲学思想研究》,《江西社会科学》1981 年第 1 期。

张岂之:《关于二程的〈易〉学思想及其他》,《西北大学学报(哲学社会科学版)》1981 年第 2 期。

周德丰:《张载朴素辩证法的思想》,《天津师范大学学报(社会科学版)》1981 年第 2 期。

刘象彬:《程颢程颐的天理观试析》,《中州学刊》1981 年第 3 期。

张立文:《试论朱熹关于动静、变化的学说》,《浙江学刊》1981 年第 3 期。

陈国钧:《朱熹理学与儒、佛、道的关系》,《江西师范大学学报(哲学社会科学版)》1981 年第 4 期。

乐寿明:《佛教的理事说与朱熹的理气观》,《哲学研究》1981 年第 9 期。

黎汤匡:《朱熹的"一旦豁然贯通"和禅宗的"顿悟"是一回事吗?——从理学和佛学在认识论上的差异谈起》,《上饶师范学院学报》1981 年第 Z1 期。

刘文英:《评朱熹的"豁然贯通"说》,《甘肃社会科学》1982 年第 1 期。

丁宝兰:《评程朱理学的神学特色》,《社会科学战线》1982 年第 2 期。

焦克明:《陆九渊哲学本体论的性质》,《江西社会科学》1982 年第 2。

卢连章:《程颢程颐哲学思想异同论》,《中州学刊》1982 年第 2 期。

屈志清:《论张载哲学思想的内在矛盾及其与程朱理学的关系》,《中山大学学报(社会科学版)》1982 年第 2 期。

张立文:《论宋明理学的基本特点》,《社会科学辑刊》1982 年第 2 期。

贾顺先:《论朱熹哲学思想的二重性》,《社会科学研究》1982 年第 3 期。

李景文:《浅析朱熹的辩证法》,《辽宁大学学报(哲学社会科学版)》1982 年第 3 期。

刘雨涛:《关于朱熹哲学的几个问题》,《社会科学研究》1982 年第 3 期。

孙明章:《闽学略论》,《厦门大学学报(哲学社会科学版)》1982 年第 3 期。

徐远和:《略论二程的理欲观》,《中州学刊》1982 年第 3 期。

尹星凡:《罗钦顺与朱熹的"理一分殊"辨》,《南昌大学学报(人文社会科学版)》1982 年第 3 期。

张立文:《论陆九渊的"格致"学说》,《江西社会科学》1982 年第 3 期。

张申:《关于朱熹天理人欲之辨的几个问题》,《东北师大学报(哲学社会科学版)》1982 年第 3 期。

段景莲:《周敦颐"无极"、"太极"辩》,《河北大学学报(哲学社会科学版)》1982 年第 4 期。

贾顺先:《儒释道的融合和宋明理学的产生》,《四川大学学报(哲学社会科学版)》1982 年第 4 期。

邱汉生:《朱熹的理学思想——天理论与性论》,《社会科学辑刊》1982 年第 4 期。

田文军:《周敦颐哲学的辩证思维及其局限》,《中南民族大学学报(人文社会科学版)》1982 年第 4 期。

鲁林:《略论张载哲学的两个问题》,《人文杂志》1982 年第 5 期。

姜广辉:《试论张载的"天人合一"思想》,《人文杂志》1982 年第 6 期。

邱汉生:《论朱熹"会归一理"的历史哲学》,《哲学研究》1982 年第 6 期。

姜国柱:《"关学"与"洛学"》,《哲学研究》1982 年第 9 期。

冯友兰:《宋明道学中理学心学二派之不同》,《清华大学报(自然科学版)》1982 年第 S1 期。

刘兴邦:《略论朱熹的理气观》,《湘潭大学社会科学学报》1983 年第 1 期。

孙国珍:《谈程朱理学中的人性论问题》,《内蒙古师范大学学报(哲学社会科学版)》1983 年第 1 期。

尹协理:《陆九渊认识论和修养方法的特点》,《江西社会科学》1983 年第 1 期。

姜国柱:《张载的辩证法思想研究》,《暨南学报(哲学社会科学版)》1983 年第 2 期。

金春峰:《论二程唯心主义哲学思想的理性主义实质》,《中州学刊》1983 年第 2 期。

马序:《朱熹"理一分殊"辨析》,《社会科学战线》1983 年第 2 期。

曹德本:《评张载的认识论》,《社会科学战线》1983 年第 3 期。

陈德:《张载哲学思想述评》,《西北师大学报(社会科学版)》1983 年第 4 期。

黎洪模:《试论朱熹哲学的二重性》,《齐齐哈尔大学学报(哲学社会科学版)》1983 年第 4 期。

苗恒泰:《朱熹"理一分殊"刍议》,《内蒙古大学学报(人文社会科学版)》1983年第4期。

张岱年:《先秦儒学与宋明理学》,《中州学刊》1983年第4期。

卢广森:《二程的崇儒重道思想》,《中州学刊》1983年第6期。

蔡方鹿:《试论张栻的哲学思想》,《社会科学研究》1983年第6期。

曹德本:《试述张载的认识论》,《吉林大学社会科学学报》1983年第6期。

蒙培元:《论朱熹理学向王阳明心学的演变》,《哲学研究》1983年第6期。

徐远和:《略论二程的泛神论》,《中州学刊》1983年第6期。

陈战国:《略论张载哲学的是非功过》,《人文杂志》1984年第1期。

何乃川:《朱熹"逃禅归儒"的思想转变》,《福建论坛(人文社会科学版)》1984年第1期。

袁德金:《试论程颢程颐理气说之异同》,《中州学刊》1984年第1期。

任金丽:《周敦颐、邵雍哲学思想研究》,《哲学动态》1984年第10期。

何满子:《元祐蜀洛党争和苏轼的反道学斗争(上)》,《吉林师范大学学报(人文社会科学版)》1984年第2期。

潘富恩:《论吕祖谦的历史哲学》,《哲学研究》1984年第2期。

张立文:《论柳宗元对宋明理学的影响》,《学术论坛》1984年第2期。

安京:《试论程颐的心学理论》,《中州学刊》1984年第3期。

安京:《试析陆九渊的思想结构》,《江西社会科学》1984年第3期。

冯契:《张载的天道观和逻辑思想》,《陕西师范大学学报(哲学社会科学版)》1984年第3期。

舒金城:《试论周敦颐的动静观》,《江汉论坛》1984年第3期。

崔大华:《二程与宋明理学》,《中州学刊》1984年第5期。

刘仲宇:《试论程颐思想的个性特点》,《求是学刊》1984年第6期。

张立文:《论朱熹的"体"与"用"范畴》,《学术月刊》1984年第7期。

任金丽:《陆九渊哲学思想研究》,《哲学动态》1984年第8期。

贾顺先:《魏了翁与宋代理学》,《社会科学研究》1985年第1期。

徐远和:《略论二程的人性论思想》,《中州学刊》1985年第1期。

金诤:《论苏轼与理学之争》,《学术月刊》1985年第2期。

张立文:《周敦颐“无极”、“太极”学说辨析》,《求索》1985年第2期。

高令印:《论朱熹集理学之大成》,《晋阳学刊》1985年第4期。

韩强:《张载哲学思想研究》,《哲学动态》1985年第4期。

石倬英:《朱熹的“理”与黑格尔的“绝对理念”》,《河北学刊》1985年第5期。

陈来:《朱熹理气观的形成和演变》,《哲学研究》1985年第6期。

赵德志:《陆九渊哲学体系的逻辑结构》,《辽宁大学学报(哲学社会科学版)》1985年第6期。

刘国梁:《试论道教对程朱理学宇宙生成论的影响》,《宗教学研究》1986年第1期。

李禹阶:《朱熹对湖湘学说的批判继承》,《哲学研究》1986年第10期。

黎昕:《杨时“理一分殊”说的特色及其对朱熹的影响》,《福建论坛(人文社会科学版)》1986年第2期。

叶玉殿:《二程的“德性之知”与“闻见之知”》,《中州学刊》1986年第2期。

张立文:《论宋明理学逻辑结构的演化》,《青海社会科学》1986年第3期。

朱永龄:《陆九渊伦理思想管见》,《赣南师范学院学报》1986年第3期。

刘蕴梅:《论张栻哲学的特点》,《四川大学学报(哲学社会科学版)》1986年第4期。

潘富恩:《论二程对佛、道的批判和汲取——兼论对鬼神说的批判和让步》,《浙江学刊》1986年第4期。

沈善洪、王凤贤:《评二程溶天理论、修养论为一体的伦理学说》,《孔子研究》1986年第4期。

吴震:《试析朱熹哲学中“心”“性”“理”的关系》,《中州学刊》1986年第4期。

张岱年:《朱熹哲学体系及其形成和发展》,《文献》1986年第4期。

张立文:《论宋明理学逻辑结构的演化(续)》,《青海社会科学》1986年第4期。

陈来:《朱熹哲学的“心统性情”说》,《浙江学刊》1986 年第 6 期。

冯正刚:《从张载到王夫之——兼论宋明“气化论”发展的脉络》,《船山学刊》1987 年第 1 期。

李禹阶:《朱熹“太极”、“天地之心”、“仁”范畴同异辨》,《重庆师范大学学报(哲学社会科学版)》1987 年第 1 期。

卢连章:《程颐天理史观辨析》,《中州学刊》1987 年第 1 期。

车离:《重评朱熹的认识论》,《求是学刊》1987 年第 2 期。

罗国杰:《陆九渊伦理思想新探》,《中国人民大学学报》1987 年第 2 期。

钮福铭:《陆九渊哲学思想属性之我见》,《甘肃社会科学》1987 年第 2 期。

张立文:《略论朱熹道的思想》,《中州学刊》1987 年第 3 期。

张梦孝:《朱熹“即物穷理”的方法论思想》,《探索与争鸣》1987 年第 3 期。

赵永忠:《论张载“民胞物与”的泛爱思想》,《道德与文明》1987 年第 3 期。

乔卫平:《二程对佛性说的吸收与批判》,《中州学刊》1987 年第 4 期。

刘仲宇:《道教影响下的朱熹》,《中州学刊》1988 年第 1 期。

苏德凯:《程颐的〈易传〉》,《周易研究》1988 年第 1 期。

朱忠明:《二程“天命之性”论试析》,《中州学刊》1988 年第 1 期。

蔡方鹿:《张栻与宋代理学》,《船山学刊》1988 年第 2 期。

陈正夫:《朱熹哲学思想的基本范畴和逻辑结构》,《江西社会科学》1988 年第 2 期。

刘宗贤:《陆九渊哲学中的“道”及“心”、“道”关系》,《齐鲁学刊》1988 年第 2 期。

夏镇平:《周敦颐〈太极图说〉与朱熹〈太极图说解〉辨异》,《孔子研究》1988 年第 2 期。

黄广琴:《朱熹的理学与道家、道教的关系》,《湘潭大学学报(哲学社会科学版)》1988 年第 3 期。

蒋建华:《朱熹理、性、情、欲的逻辑联系及理欲之辨的理论实质》,《学术界》1988 年第 3 期。

孙以楷:《论二程人性学说的历史地位》,《安徽大学学报(哲学社会科学版)》1988 年第 3 期。

陈澍:《从司马承祯、王玄览看唐代道教对宋明理学的影响》,《宗教学研究》1988 年第 4 期。

梅溪:《论二程的“道”范畴——兼论二程哲学体系结构特征》,《青海社会科学》1988 年第 4 期。

王越:《对北宋道(理)学家程颐的剖析》,《暨南大学学报(哲学社会科学)》1988 年第 4 期。

冯憬远:《二程的心性修养论》,《郑州大学学报(哲学社会科学版)》1988 年第 6 期。

戢斗勇:《二程的“以易胜佛”与儒学的突变》,《江西社会科学》1989 年第 1 期。

黎昕:《从〈四书集注〉看朱熹对杨时理学思想的批判和继承》,《福建论坛(人文社会科学版)》1989 年第 1 期。

詹石窗:《论朱熹对道教的影响》,《福建师范大学学报(哲学社会科学版)》1989 年第 1 期。

蔡方鹿:《朱熹和张栻关于仁的讨论》,《江西社会科学》1989 年第 2 期。

高建立:《论程颢程颐宇宙观之差异》,《黄淮学刊(社会科学版)》1989 年第 4 期。

黄宝华:《禅宗与苏轼》,《上海师范大学学报(哲学社会科学版)》1989 年第 4 期。

田文军:《朱熹理欲观评析述要》,《武汉大学学报(人文科学版)》1989 年第 5 期。

刘述先:《由朱熹易说检讨其思想之特质、影响与局限》,《周易研究》1990 年第 1 期。

李禹阶:《论朱熹对儒家伦理思想的再造》,《重庆师范大学学报(哲学社会科学版)》1990 年第 2 期。

杨仁忠:《略论二程“援引佛学改造儒学”的思想》,《河南师范大学学报(哲学社会科学版)》1990年第3期。

蔡方鹿:《朱熹哲学之心论及其与陆九渊心学的区别》,《天府新论》1990年第6期。

蒙培元:《从心性论看朱熹哲学的历史地位》,《福建论坛(人文社会科学版)》1990年第6期。

蔡方鹿:《气与宋明理学》,《重庆师范大学学报(哲学社会科学版)》1991年第1期。

解光宇:《略论程颐人性学说的地位》,《安徽教育学院学报》1991年第1期。

商聚德:《朱熹“格物致知”论析评》,《河北大学学报(哲学社会科学版)》1991年第1期。

傅云龙:《评朱熹的“道心”说》,《孔子研究》1991年第2期。

陈俊民:《宋明“三教合一”思潮中的“心性”旨趣》,《河北学刊》1991年第3期。

陈正夫:《论朱熹对儒学继承和创新》,《江西师范大学学报(哲学社会科学版)》1991年第3期。

李景林:《二程心性论之异同与儒学精神》,《中州学刊》1991年第3期。

蔡方鹿:《朱熹“心统性情”说新论》,《孔子研究》1991年第4期。

方光华:《张载在批判佛学中建立的哲学体系论析》,《中州学刊》1991年第5期。

王俊华:《试论佛道对苏轼的影响》,《求是学刊》1991年第5期。

赵宗诚:《论道教哲学对宋明理学的影响》,《宗教学研究》1991年第Z2期。

孙以楷:《朱熹与道家》,《文史哲》1992年第1期。

王煜:《胡宏、张栻与魏了翁对佛教的批判》,《湖南大学学报(社会科学版)》1992年第1期。

徐刚:《佛道与朱熹自然哲学》,《上饶师范学院学报》1992年第1期。

康中乾:《论张载“气”范畴的逻辑矛盾——兼论关学衰落的理论根源》,《人文杂志》1992 年第 2 期。

饶国宾:《陆九渊的人生哲学及其意义》,《抚州师专学报》1992 年第 2 期。

徐洪兴:《试论范仲淹与北宋理学的兴起》,《复旦学报(社会科学版)》1992 年第 2 期。

严书翔:《从程朱学派的“异端之学”看理学与释道的关系》,《学术研究》1992 年第 2 期。

游彪:《张栻非佛刍议》,《天府新论》1992 年第 2 期。

詹国彬:《张载斥佛思想辨析》,《陕西师范大学学报(哲学社会科学版)》1992 年第 2 期。

高建立:《朱熹、陆九渊哲学思想辨异》,《商丘师范学院学报》1992 年第 3 期。

孙以楷:《朱熹与〈太极图说〉》,《孔子研究》1992 年第 3 期。

曹刚:《论张载的“德性所知”》,《湖南师范大学社会科学学报》1992 年第 4 期。

何乃川:《略论朱熹对老子的评价》,《厦门大学学报(哲学社会科学版)》1992 年第 4 期。

蒙培元:《范仲淹的哲学与理学的兴起》,《北京社会科学》1992 年第 4 期。

宁新昌:《张载“性”说辨析》,《渭南师范学院学报》1992 年第 4 期。

王世荣:《论张载哲学的主体意识》,《宝鸡文理学院学报(社会科学版)》1992 年第 4 期。

姜广辉:《朱熹哲学余论》,《哲学研究》1992 年第 8 期。

陈勇:《“理一分殊”在朱熹伦理学体系建构中的核心作用》,《孔子研究》1993 年第 1 期。

李振纲:《陆九渊与南宋心学》,《河北大学学报(哲学社会科学版)》1993 年第 1 期。

鲍希福:《张栻朱熹论心性》,《中国哲学史》1993 年第 2 期。

毕素娟:《苏轼和佛教》,《中国历史文物》1993 年第 2 期。

黄宗理:《无极——周敦颐哲学最高范畴》,《九江师专学报》1993年第3期。

徐声扬:《周敦颐哲学思想管窥》,《九江师专学报》1993年第3期。

高建立:《试论程朱理学由伪学到正宗的转变》,《信阳师范学院学报(哲学社会科学版)》1993年第4期。

姜广辉:《朱熹心性哲学的范畴定位》,《孔子研究》1993年第4期。

惠吉兴:《陆九渊心学特征探究》,《江西社会科学》1993年第5期。

黎昕:《论闽学对佛学思想的扬弃》,《福建论坛(人文社会科学版)》1993年第5期。

徐仪明:《张载的天论与气论》,《复旦学报(社会科学版)》1993年第5期。

蔡方鹿:《二程的理想人格和价值取向及其对后世的影响》,《天府新论》1994年第3期。

蔡方鹿:《二程哲学的异同变化及其对陆王心学的影响》,《河北学刊》1995年第3期。

徐佩印:《浅论朱熹对人才理论的卓著贡献》,《江西电力职工大学学报》1995年第3期。

屠承先:《论朱熹哲学在王夫之哲学形成过程中的历史作用》,《中国哲学史》1995年第4期。

王勇:《周敦颐对儒学的主要贡献》,《江西教育学院学报》1995年第4期。

何明栋:《试论佛教对朱熹的影响》,《江西教育学院学报》1995年第5期。

梅焕庭:《论朱熹哲学体系诸范畴的理论价值》,《学术研究》1995年第5期。

葛荣晋:《程朱的格物说与中国古典科学的发展》,《开封大学学报》1997年第1期。

牟小东:《与儒道交融的中国佛教》,《探索与争鸣》1997年第12期。

李作勋:《儒佛交融与朱熹心性论的形成》,《贵州社会科学》1997年第2期。

张家成:《论宋明理学的道德修养途径与方法》,《浙江大学学报(人文社会科学版)》1997年第3期。

张学强:《宋明理学德育思想的评价与反思》,《教育理论与实践》1997年第3期。

姜国柱:《论胡宏的哲学思想》,《甘肃社会科学》1997年第4期。

文碧方:《论程朱"主敬"的工夫和境界》,《嘉应大学学报(社会科学版)》1997年第4期。

殷迈:《儒学"内圣外王"到心性之学的转变》,《山西师大学报(社会科学版)》1997年第4期。

朱岚:《儒家内圣外王之学论要》,《齐鲁学刊》1997年第4期。

李传印:《略论宋明理学家的理想人格设计》,《江汉论坛》1997年第8期。

孔令宏:《宋明理学与道家、道教的关系研究述要》,《中山大学研究生学刊(社会科学版)》1998年第1期。

李锦全:《朱熹理学的历史命运与陈献章的思想关系》,《齐鲁学刊》1998年第1期。

彭永捷:《"理一分殊"新释——兼论朱子对"理"的本体地位的论证》,《中国人民大学学报》1998年第1期。

郭齐:《朱熹从道谦学禅补证》,《人文杂志》1998年第2期。

李锦全:《从孔、孟到程、朱——兼论儒学发展历程中的双重价值效应》,《孔子研究》1998年第2期。

刘兴邦:《论理学向心学的转向》,《求索》1998年第2期。

龙文茂:《禅宗的无著智慧及其对宋明儒家的影响》,《孔子研究》1998年第2期。

宁新昌:《周敦颐的人生境界论探微》,《北京社会科学》1998年第2期。

孔令宏:《道家、道教与宋明理学的关系研究述要》,《河北学刊》1998年第3期。

王宜峨:《略述陈抟道教思想及其影响》,《北京图书馆馆刊》1998年第3期。

赵岚、立仁:《程颐人生境界理论探析》,《渭南师专学报(社会科学版)》1998年第3期。

[韩]河妊和:《论儒、佛、道的融合及对宋代美学的影响》,《理论学刊》1998年第4期。

钮福铭:《陆九渊的认识论的心学特征》,《会科学辑刊》1998年第6期。

朱汉民:《宋代学术思想特征简论》,《求索》1998年第6期。

朱汉民:《论宋学兴起的文化背景》,《湖南大学学报(社会科学版)》1999年第1期。

陈来:《道德的生态观——宋明儒学仁说的生态面向及其现代诠释》,《中国哲学史》1999年第2期。

陈丽、李馥明:《宋代理学官学化原因探析》,《洛阳大学学报》1999年第3期。

杨立华:《性命先后——关于金丹南宗与金元全真道的比较研究》,《中国哲学史》1999年第3期。

亦清、立群:《宋元道德修养论初探》,《怀化师专学报》1999年第3期。

刘振东:《从悔过观看佛教文化对宋明理学的影响》,《孔子研究》1999年第4期。

孙兴彻:《从"理一分殊"到"气一分殊"的逻辑管窥》,《南京师大学报(社会科学版)》1999年第5期。

向世陵:《性学传承与胡、张之间》,《求索》1999年第5期。

许总:《论宋明理学的性质及其演变》,《中州学刊》1999年第5期。

张艳清:《程朱理学与道家、道教关系研究概述》,《哲学动态》1999年第9期。

李琳:《论道家"天人合一"思想的现实意义》,《湖北商业高等专科学校学报》2000年第4期。

肖永明:《北宋理学诸子的经世追求》,《湖湘论坛》2000年第2期。

孔令宏:《试论朱熹理一分殊思想的道家道教渊源》,《朱子学刊》2001年第11辑。

任冠文:《朱熹与佛道文化》,《朱子学刊》2001 年第 11 辑。

董群:《论华严禅在佛学和理学之间的中介作用》,《中国哲学史》2000 年第 5 期。

韩焕忠:《佛性论与儒家人性论比较》,《宗教学研究》2000 年第 1 期。

孙亦平:《张伯端"道禅合一"思想述评》,《中国哲学史》2000 年第 1 期。

孔令宏:《周敦颐思想与张伯端的关系》,《合肥联合大学学报》2000 年第 2 期。

章启辉:《程颢、程颐与周敦颐的佛学思想》,《求索》2001 年第 5 期。

孔令宏:《张伯端性命思想研究》,《复旦学报(社会科学版)》2001 年第 1 期。

韩焕忠:《佛性论与程朱人性论重建》,《孔子研究》2001 年第 6 期。

杨柱才:《周敦颐〈太极图说〉儒道解之比较研究》,《南昌大学学报(社会科学版)》2001 年第 1 期。

彭永捷:《论儒家道统及宋代理学的道统之争》,《文史哲》2001 年第 2 期。

黄世福:《朱熹思想与佛禅》,《安徽农业大学学报(社会科学版)》2002 年第 6 期。

洪修平:《儒佛道三教关系与中国佛教的发展》,《南京大学学报(哲学社会科学版)》2002 年第 3 期。

陈廷湘:《中国文化中两种信仰体系的冲突——论宋代理学的排佛及其理论局限》,《中华文化论坛》2002 年第 1 期。

丁原明:《朱熹理学对道家、道教思想的援用》,《孔子研究》2002 年第 2 期。

孙利:《道学心态下的朱熹》,《南开学报(哲学社会科学版)》2002 年第 3 期。

孙金波:《周敦颐的佛学思想剖析》,《广西社会科学》2003 年第 3 期。

高秀昌:《论道家、道教的生死观》,《河南师范大学学报(社会科学版)》2003 年第 6 期。

付长珍:《宋儒境界系统解析》,《厦门大学学报(哲学社会科学版)》

2003 年第 3 期。

李承贵:《朱熹佛教常识论——朱熹对佛教常识的认知及其检讨》,《江西师范大学学报(社会科学版)》2004 年第 2 期。

邸永君:《关于儒释道相互关系的思考》,《中国社会科学院研究生院学报》2004 年第 6 期。

张艳清:《理学“性即理”的儒道根源》,《理论学刊》2005 年第 9 期。

赵旗:《试论禅学思想对宋明理学形成和发展的影响》,《西安电子科技大学学报(社会科学版)》2005 年第 1 期。

徐洪兴:《唐宋间儒学的转型及其提供的思考》,《中华文化论坛》2005 年第 1 期。

李祥俊:《北宋时期儒家学派的排佛论》,《齐鲁学刊》2006 年第 1 期。

赖永海:《朱子学与佛学》,《江西社会科学》2006 年第 2 期。

奚刘琴:《隋唐儒士排佛思想探微——以著名排佛文献为例》,《学习与实践》2006 年第 7 期。

张艳清:《天理与自然——宋儒境界中的儒道之辩》,《中国哲学史》2006 年第 4 期。

王丽梅:《论佛学在宋明理学形成与发展中的作用与地位》,《青海社会科学》2006 年第 5 期。

李承贵:《朱熹视域中的佛教心性论》,《福建论坛(人文社会科学版)》2007 年第 3 期。

王国良:《郭蕾.欧阳修与北宋儒学复兴运动》,《安徽大学学报(哲学社会科学版)》2007 年第 6 期。

朱岚:《论儒佛孝道观的歧异》,《世界宗教研究》2008 年第 1 期。

孔令宏:《宋明理学的纳道入儒与儒学的新发展》,《河北学刊》2008 年第 1 期。

唐大潮、周治:《南宋元明时期佛教“三教合一”思想略论》,《世界宗教研究》2009 年第 3 期。

李承贵:《王安石佛教观研究》,《中山大学学报(社会科学版)》2009

年第 4 期。

向世陵:《宋代儒佛的“一心”说辨》,《中国人民大学学报》2009 年第 5 期。

陈斐:《契嵩的“非韩”与宋代的儒释互动》,《河南师范大学学报(社会科学版)》2009 年第 4 期。

丁为祥:《践形与践行——宋明理学中两种不同的工夫系统》,《中国哲学史》2009 年第 1 期。

张建民:《谈陆九渊的“心即理”》,《西北大学学报(社会科学版)》2009 年第 2 期。

李伏清:《柳宗元:唐宋思想转型与宋明儒学复兴的先驱》,《河南师范大学学报(社会科学版)》2010 年第 1 期。

黄世福:《朱熹理学与佛学心性论比较研究》,《合肥工业大学学报(社会科学版)》2010 年第 5 期。

汤一介:《儒学与外来文化的传入》,《东吴学术》2010 年第 1 期。

刘立夫、张立姬:《儒佛生死观的差异——以二程对佛教生死观的批判为中心》,《孔子研究》2010 年第 3 期。

施保国、李霞:《“外斥内援”朱熹佛教观探析》,《江西社会科学》2010 年第 7 期。

丁为祥:《从理学不同反佛侧重到研究理学之不同进路》,《中国哲学史》2011 年第 1 期。

张玉璞:《宋代“三教合一”思潮述论》,《孔子研究》2011 年第 5 期。

乔清举:《朱子心性论的结构及其内在张力》,《哲学研究》2011 年第 2 期。

宋志明:《论宋代理学二重人性论的演化》,《东岳论丛》2011 年第 1 期。

刘依平:《胡寅的佛学批判与宋代儒学的自我认同》,《深圳大学学报(社会科学版)》2012 年第 3 期。

彭耀光:《二程辟佛与理学建构》,《哲学动态》2012 年第 11 期。

陶新宏:《朱熹理欲观视域下的伦理转向与异化》,《福建论坛(人文社会科学版)》2012年第1期。

徐仪明:《论禅宗对周敦颐思想的深刻影响》,《现代哲学》2012年第2期。

王毓:《二程“圣人气象”说及其理论意义初探》,《船山学刊》2012年第1期。

赵玉强:《宋明理学的秩序重建向度及其内在理路阐析》,《湖南师范大学学报(社会科学版)》2012年第2期。

张凯作:《朱子理学与古典儒家礼教》,《北京大学学报(社会科学版)》2012年第2期。

崔海东:《辟佛老视域下张载本体义理的展开》,《中州学刊》2013年第11期。

代云:《朱熹人心道心论的辟佛意旨》,《中州学刊》2013年第11期。

林乐昌:《论张载对道家思想资源的借鉴与融通——以天道论为中心》,《哲学研究》2013年第2期。

颜冲:《宋代居士的“三教融合”思想及其影响》,《江西社会科学》2013年第3期。

李勇刚:《佛教对儒家道统观的影响——以韩愈和朱熹为中心》,《五台山研究》2013年第7期。

文碧方:《韩愈与佛教》,《海南大学学报(社会科学版)》2013年第4期。

高建立:《陈荣捷与20世纪美国的朱子学研究》,《郑州大学学报(社会科学版)》2013年第4期。

李晓虹:《天理:仁性与程颢的修身之道》,《中州学刊》2013年第9期。

刘学智:《关于“三教合一”与理学关系的几个问题》,《陕西师范大学学报(社会科学版)》2013年第5期。

赵常淇:《二程的佛道思想》,《学理论》2014年第14期。

刘学智:《张栻“儒佛之辩”刍议》,《湖南大学学报(社会科学版)》2014年第1期。

丁为祥:《宋明理学形上本体意识的形成及其意义》,《陕西师范大学学报(社会科学版)》2014年第3期。

杨权:《从孟子升格看佛教对宋明理学的影响》,《湖南大学学报(社会科学版)》2014年第4期。

李承贵:《朱熹思想与佛老关系研究述论》,《福建论坛(社会科学版)》2014年第5期。

张培高:《论智圆对〈中庸〉的诠释》,《宗教学研究》2014年第3期。

高建立:《论陆九渊心学与孟子心性思想之关系——陆九渊读〈孟子〉而自得之释读》,《河南师范大学学报(社会科学版)》2015年第1期。

高建立:《从本体论看朱熹对佛学思想的吸收与融会》,《天中学刊》2015年第6期。

闫鑫:《论二程的佛老观》,《晋中学院学报》2015年第6期。

郑毅:《论张载批佛的三个向度》,《理论月刊》2015年第12期。

翟奎凤:《经学与理学之历史及儒学未来》,《江西社会科学》2015年第3期。

姚婷婷:《论"民胞物与"的佛教思想渊源》,《重庆科技学院学报》2015年第8期。

郭峰航:《宋代禅僧的儒学观研究》,《湖北社会科学》2015年第10期。

吴晓番:《理学批判的三个进路》,《现代哲学》2015年第6期。

刘京菊:《杨时"中"论发微》,《中国哲学史》2015年第1期。

丁为祥:《儒佛因缘:宋明理学中的批判精神与排拒意识》,《文史哲》2015年第3期。

吴宣德:《二程教育哲学研究》,华东师范大学1990年博士学位论文。

李尚鲜:《横渠哲学思想"气"之研究》,台湾辅仁大学1991年硕士学位论文。

方蕙玲:《张载思想之研究》,台湾东海大学1994年硕士学位论文。

张艳清:《程朱理学与老庄道家》,南开大学2000年博士学位论文。

## 二、著作

《张载集》，中华书局 1978 年版。

《二程集》，中华书局 1981 年版。

《朱子语类》，中华书局 1986 年版。

《朱子语录》，上海古籍出版社 2016 年版。

《上蔡先生语录》，商务印书馆 1939 年版。

《四书章句集注》，中华书局 2003 年版。

《陆九渊集》，中华书局 1980 年版。

《象山先生全集》，商务印书馆 1935 年版。

《柳河东集》，上海人民出版社 1974 年版。

《苏轼文集》，中华书局 1986 年版。

《白居易集》，中华书局 1979 年版。

《韩愈全集》，上海古籍出版社 1997 年版。

《全宋文》，巴蜀书社 1988 年版。

《宋人逸事汇编》，中华书局 2003 年版。

《历代名臣奏议》，上海古籍出版社 1989 年版。

《陈确集》，中华书局 1979 年版。

《颜元集》，中华书局 1987 年版。

《崇正辨》，中华书局 1993 年版。

《宋元学案》，中华书局 1986 年版。

《近思录》，山西古籍出版社 2007 年版。

《续近思录》，商务印书馆 1936 年版。

《周子全书》，商务印书馆 1937 年版。

《旧唐书》，中华书局 1975 年版。

《唐六典》，中华书局 1992 年版。

《宋史》，中华书局 1977 年版。

《宋朝事实》，中华书局 1955 年版。

《续资治通鉴》，中华书局 1957 年版。
《续资治通鉴长编》，中华书局 1978 年版。
《续资治通鉴长编拾补》，中华书局 2004 年版。
《续资治通鉴长编纪事本末》，北京图书出版社 2003 年版。
《皇朝类苑》，日本京都中文出版社 1981 年版。
《金石萃编》，中国书店出版社 1985 年版。
《文献通考》，中华书局 1986 年版。
《全唐文》，中华书局 1982 年版。
《大正藏》，台湾新文丰出版有限公司 1996 年版。
《正统道藏》，文物出版社、上海书店出版社、天津古籍出版社 1987 年版。
《续藏经》，东京大正一切经刊行会 1934 年版。
《出三藏记集》，中华书局 2008 年版。
《道藏》，文物出版社、天津古籍出版社、上海书店出版社 1988 年版。
《中华道藏》，华夏出版社 2004 年版。
《儒藏》，北京大学出版社 2007 年版。
《六祖坛经》，上海佛学书局 1996 年版。
《坛经校释》，中华书局 1983 年版。
《景德传灯录》，上海书店出版社 2010 年版。
《古尊宿语录》，上海佛学书局 1931 年影印本。
《五灯会元》，重庆出版社 2008 年版。
《弘明集》，上海古籍出版社 1991 年版。
《高僧传》，陕西人民出版社 2010 年版。
《悟真篇浅解》，中华书局 1990 年版。
《云笈七签》，华夏出版社 1996 年版。
杨天石：《朱熹及其哲学》，中华书局 1982 年版。
宇野哲人：《中国近世儒学史》，中国文化大学出版社 1982 年版。
张锡勤、霍方雷：《陆王心学初探》，黑龙江人民出版社 1982 年版。
陈正夫、何植靖：《朱熹评传》，江西人民出版社 1984 年版。

侯外庐等:《宋明理学史》,人民出版社 1984 年版。

贾丰臻:《中国理学史》,上海书店 1984 年版。

蒙培元:《理学的演变》,福建人民出版社 1984 年版。

方东美:《新儒家哲学十八讲》,台湾黎明文化公司 1985 年版。

张立文:《宋明理学研究》,中国人民大学出版社 1985 年版。

河南省社会科学院:《二程思想研究文集》,河南人民出版社 1986 年版。

贾顺先:《宋明理学新探》,四川人民出版社 1987 年版。

刘象彬:《二程理学基本范畴研究》,河南大学出版社 1987 年版。

石训等:《北宋哲学史》,河南人民出版社 1987 年版。

蒙培元:《理学范畴系统》,人民出版社 1989 年版。

程鹰、张红均:《二程故里志》,河南大学出版社 1992 年版。

石训等:《中国宋代哲学》,河南人民出版社 1992 年版。

张立文:《走向心学之路: 陆象山思想的足迹》,中华书局 1992 年版。

赵士林:《心学与美学》,中国社会科学出版社 1992 年版。

郝万章:《程颢与大程书院》,中州古籍出版社 1993 年版。

姜广辉:《理学与中国文化》,上海人民出版社 1994 年版。

梁绍辉:《周敦颐评传》,南京大学出版社 1994 年版。

吴雁南主编:《心学与中国社会》,中央民族学院出版社 1994 年版。

周忠生:《道学宗师周敦颐》,百花洲文艺出版社 1994 年版。

祝瑞开:《宋明思想和中华文明》,学林出版社 1995 年版。

吕思勉:《理学纲要》,东方出版社 1996 年版。

陈来:《宋明理学》,辽宁教育出版社 1996 年版。

冯达文:《宋明新儒学略论》,广东人民出版社 1997 年版。

余敦康:《内圣外王的贯通: 北宋易学的现代阐释》,学林出版社 1997 年版。

周诗永等:《周敦颐传》,漓江出版社 1997 年版。

张立文:《朱熹评传》,南京大学出版社 1998 年版。

卢广森、卢连章:《洛学及其中州后学》,河南大学出版社 1999 年版。

（宋）周敦颐撰，徐洪兴导读：《周子通书》，上海古籍出版社 2000 年版。
姜国柱：《张载的哲学思想》，辽宁人民出版社 1982 年版。
范寿康：《朱子及其哲学》，中华书局 1983 年版。
林继平：《陆象山研究》，台湾商务印书馆股份有限公司 1983 年版。
刘述先：《朱子哲学思想的发展与完成》，台湾学生书局 1984 年版。
潘富恩、徐余庆：《吕祖谦思想初探》，浙江人民出版社 1984 年版。
李之鉴：《陆九渊哲学思想研究》，河南人民出版社 1985 年版。
陈俊民：《张载哲学思想及关学学派》，人民出版社 1986 年版。
［日］岛田虔次：《朱子学与阳明学》，陕西师范大学出版社 1986 年版。
李日章：《程颢·程颐》，台湾东大图书股份有限公司 1986 年版。
钱穆：《朱子新学案》，巴蜀书社 1986 年版。
孙振青：《宋明道学》，台湾千华出版公司 1986 年版。
杨金鑫：《朱熹与岳麓书院》，华东师范大学出版社 1986 年版。
程宜山：《张载哲学的系统分析》，学林出版社 1987 年版。
黄秀矶：《张载》，台湾东大图书股份有限公司 1987 年版。
徐远和：《洛学源流》，齐鲁书社 1987 年版。
张立文：《朱熹思想研究》，中国社会科学出版社 1987 年版。
陈来：《朱熹哲学研究》，中国社会科学出版社 1988 年版。
卢连章：《二程学谱》，中州古籍出版社 1988 年版。
潘富恩、徐余庆：《程颢程颐理学思想研究》，复旦大学出版社 1988 年版。
邓艾民：《朱熹、王守仁哲学研究》，华东师范大学出版社 1989 年版。
武夷山朱熹研究中心编：《朱熹与中国文化》，学林出版社 1989 年版。
朱建民：《张载思想研究》，台湾文津出版社 1989 年版。
喻博文：《正蒙注释》，兰州大学出版社 1990 年版。
蔡仁厚：《儒家心性之学论要》，台湾文津出版社 1990 年版。
蔡方鹿：《张栻及其哲学》，巴蜀书社 1991 年版。
陈谷嘉：《张栻与湖湘学派研究》，湖南教育出版社 1991 年版。
朱汉民：《湖湘学派与岳麓书院》，教育科学出版社 1991 年版。

潘富恩、徐余庆:《吕祖谦评传》, 南京大学出版社 1992 年版。

庞万里:《二程哲学体系》, 北京航空航天大学出版社 1992 年版。

束景南:《朱子大传》, 福建教育出版社 1992 年版。

祝平次:《朱子学与明初理学的发展》, 台湾学生书局 1994 年版。

胡自逢:《程伊川易学述评》, 台湾文史哲出版社 1995 年版。

蔡方鹿:《程颢程颐与中国文化》, 贵州人民出版社 1996 年版。

陈钟凡:《两宋思想述评》, 东方出版社 1996 年版。

龚杰:《张载评传》, 南京大学出版社 1996 年版。

郭齐家、顾春:《陆九渊教育思想研究》, 江西教育出版社 1996 年版。

潘富恩:《程颢程颐评传: 倡明道学观理识仁》, 广西教育出版社 1996 年版。

田浩:《朱熹的思维世界》, 台湾允晨文化公司 1996 年版。

徐洪兴:《思想的转型: 理学发生过程研究》, 上海人民出版社 1996 年版。

陈代湘:《圣心苦雨: 朱熹传》, 北京燕山出版社 1997 年版。

刘宗贤:《陆王心学研究》, 山东人民出版社 1997 年版。

祁润兴:《陆九渊评传》, 南京大学出版社 1998 年版。

粟品孝:《朱熹与宋代蜀学》, 高等教育出版社 1998 年版。

牟宗三:《从陆象山到刘蕺山》, 上海古籍出版社 1999 年版。

潘立勇:《朱子理学美学》, 东方出版社 1999 年版。

周天令:《朱子道德哲学研究》, 文津出版社 1999 年版。

[英] 葛瑞汉:《中国的两位哲学家: 二程兄弟的新儒学》, 大象出版社 2000 年版。

陈来:《朱子哲学研究》, 华东师范大学出版社 2000 年版。

邓艾民注:《传习录注疏》, 法严出版社 2000 年版。

丁为祥:《虚气相即: 张载哲学体系及其定位》, 人民出版社 2000 年版。

葛荣晋等编:《张载关学与实学》, 西安地图出版社 2000 年版。

郭齐:《朱熹传》, 四川大学出版社 2000 年版。

徐洪兴:《旷世大儒——二程》,河北人民出版社2000年版。

朱汉民:《宋明理学通论：一种文化学的诠释》,湖南教育出版社2000年版。

陈来:《朱子哲学研究》,华东师范大学出版社2000年版。

牟宗三:《从陆象山到刘蕺山》,上海古籍出版社2001年版。

关长龙:《两宋道学命运的历史考察》,学林出版社2001年版。

孔令宏:《朱熹哲学与道家道教》,河北大学出版社2001年版。

漆侠:《宋学的发展与演变》,河北人民出版社2002年版。

孔令宏:《宋明道教思想研究》,宗教文化出版社2002年版。

高建立:《二程哲学思想研究》,当代中国出版社2003年版。

何俊:《南宋儒学建构》,上海人民出版社2004年版。

何锡蓉:《佛学与中国哲学的双向构建》,上海社会科学院出版社2004年版。

[日]荒木见悟:《佛教与儒教》,中州古籍出版社2005年版。

杨曾文:《宋元禅宗史》,中国社会科学出版社2006年版。

陈荣捷:《朱学论集》,华东师范大学出版社2007年版。

陈荣捷:《朱子新探索》,华东师范大学出版社2007年版。

卿希泰、詹石窗:《中国道教思想史》(四卷本),人民出版社2009年版。

潘桂明:《中国佛教思想史稿》,江苏人民出版社2009年版。

蔡仁厚:《宋明理学·南北宋篇》,吉林出版集团有限责任公司2009年版。

蔡方鹿:《宋明理学心性论》,巴蜀书社2009年版。

吴国武:《经术与性理》,学苑出版社2009年版。

刘立夫:《佛教与中国伦理文化的冲突与融合》,中国社会科学出版社2009年版。

蒋维乔、杨大膺:《宋明理学纲要》,岳麓书社2010年版。

谭丕谟:《宋元明清思想史纲》,上海书店出版社2010年版。

[日]小林正美:《中国的道教》,齐鲁书社2010年版。

孔令宏等:《江西道教史》,中华书局2011年版。

王心竹:《理学与佛学》,长春出版社 2011 年版。

洪修平:《中国儒佛道三教关系研究》,中国社会科学出版社 2011 年版。

[美]田浩:《朱熹的思维世界》,江苏人民出版社 2011 年版。

傅凤英:《理学与道家道教》,长春出版社 2011 年版。

闫孟祥:《宋代佛教史》,人民出版社 2013 年版。

[日]小林正美:《唐代的道教与天师道》,齐鲁书社 2013 年版。

李玉用:《宋元道教"三教合一"思想研究》,台湾花木兰文化出版社 2013 年版。

孔令宏等:《浙江道教史》,中国社会科学出版社 2015 年版。

# 后　记

这本著作是我主持的国家社科基金项目“佛道与宋代儒学内部结构调整研究”（11BZJ003）的最终成果，承蒙国家社科基金委的厚爱与项目成果评审专家们的抬爱，最终项目成果鉴定为优秀等级。能得到这样的荣誉，我感到由衷的感激与欣慰。同时，也非常感谢课题组同志的辛勤付出与艰苦努力，他们是安徽大学哲学系博士生导师解光宇教授、河南省社科院代云副研究员和商丘师范学院的王蕾博士、孙旭博士、韩坤硕士，特别是王蕾博士为课题研究作出了很大贡献。

申报此课题时，之所以选择这一方向，一是我本人长期从事宋明理学研究，发表相关论文 60 余篇，学术专著 2 部，有一定的学术积累；二是我主持有国家教育部人文社科研究项目、河南省哲学社会科学规划项目、河南省软科学研究项目和省教育厅人文社科研究项目等 10 余项，积累了一定的课题论证和研究经验；三是受到理学研究贤达的影响，特别是我在北京大学哲学系访学时受到陈来教授的教导和影响。原浙江大学哲学系教授、现任杭州师范大学副校长的何俊先生也给予了我很大的帮助。

本书在出版过程中得到了河南人民出版社副总编辑蔡瑛先生和责任编辑葛凯丽老师的大力支持，在此表示衷心的感谢！

高建立

2017 年 11 月 16 日于静远斋

**图书在版编目（CIP）数据**

佛道与宋代儒学内部结构调整研究 / 高建立，王蕾著. —郑州：河南人民出版社，2017.11(2019.1 重印)
ISBN 978-7-215-11284-1

Ⅰ. ①佛… Ⅱ. ①高… ②王… Ⅲ. ①佛教-研究-中国-宋代②道教-研究-中国-宋代③儒家-研究-中国-宋代 Ⅳ. ①B949.2②B959.2③B222.05

中国版本图书馆 CIP 数据核字(2017)第 305807 号

---

河南人民出版社出版发行
（地址：郑州市经五路 66 号　邮政编码：450002　电话：65788028）
新华书店经销　　河南新华印刷集团有限公司印刷
开本　710 毫米×1000 毫米　1/16　印张　23.25
字数　327 千字
2017 年 11 月第 1 版　　2019 年 1 月第 2 次印刷

---

定价：58.00 元